师友笔下的冯其庸

周退密年九十八题端

李经国 主编

文化艺术出版社
Culture and Art Publishing House

十年错认团缘同赋艳迹晚罗恨天可

是今朝深诚两南田画幸句似青

莲

天假残年逾九六幸持晚节不差竹

白主诗句大癫吟无选止卷日三渡

渡

静待无妨再十年申江重遇祖国

缘迟丹九转愿公乞同作长生不老

仙

一九八九年初月中澣

南沙　苏局仙

奉酬

其眉大法家惠眎書畫

天馬行空不可羈氣吞河岳長遷雄

姿古人畫琉華綠外只兩陰陽違

化師

老來塼芼似頑童貓識珍奇拜下

風反快山齋瓦缶薄寶光直射斗

牛宮

英滿懷挹不尋常一擲千金寧望

償教告余藏傳洗一帯輕上市探壺

觴

苏局仙致冯其庸书信

冯其庸同志：

两本信都收到，谢谢您。

您送来的女子古文研究，我已经续阅了。

"闺秀词钞集"我已买了一部，多

谢您。至于那部"庄书"回

又市面说，是卫铄妇体毛，也有说羊

的。我有这是赵模构帖，比较可信。

现在为了收集资料，派有用章。

敬礼！

郭沫若 六十五.

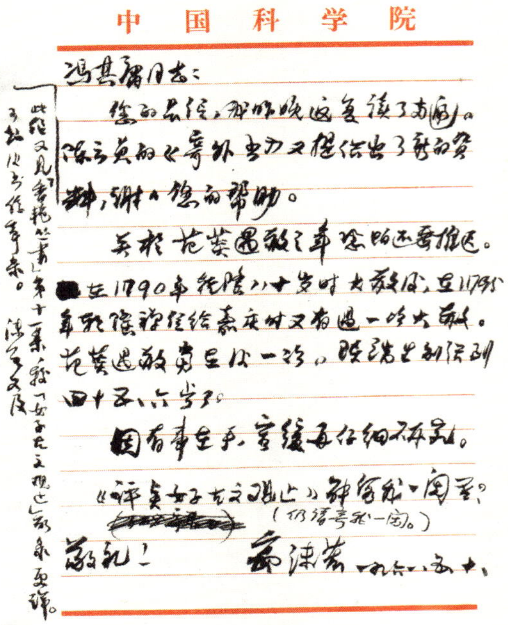

中　国　科　学　院

冯其庸同志：

（此处为手写书信，字迹为行草，内容从略）

| 郭沫若致冯其庸书信 |

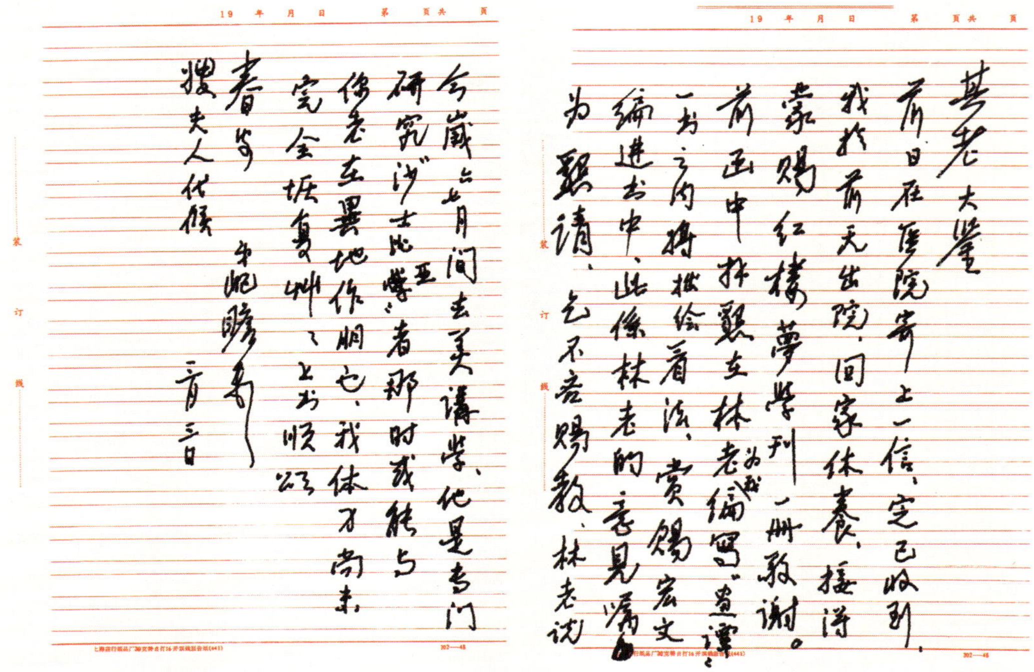

19　年　月　日　第　页共　页

19　年　月　日　第　页共　页

（此处为手写书信，字迹为行草，内容从略）

| 朱屺瞻致冯其庸书信 |

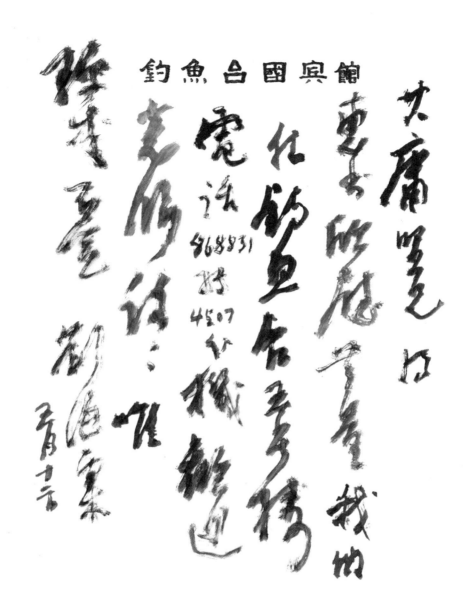

釣魚台國賓館

電話
868831
转
4507

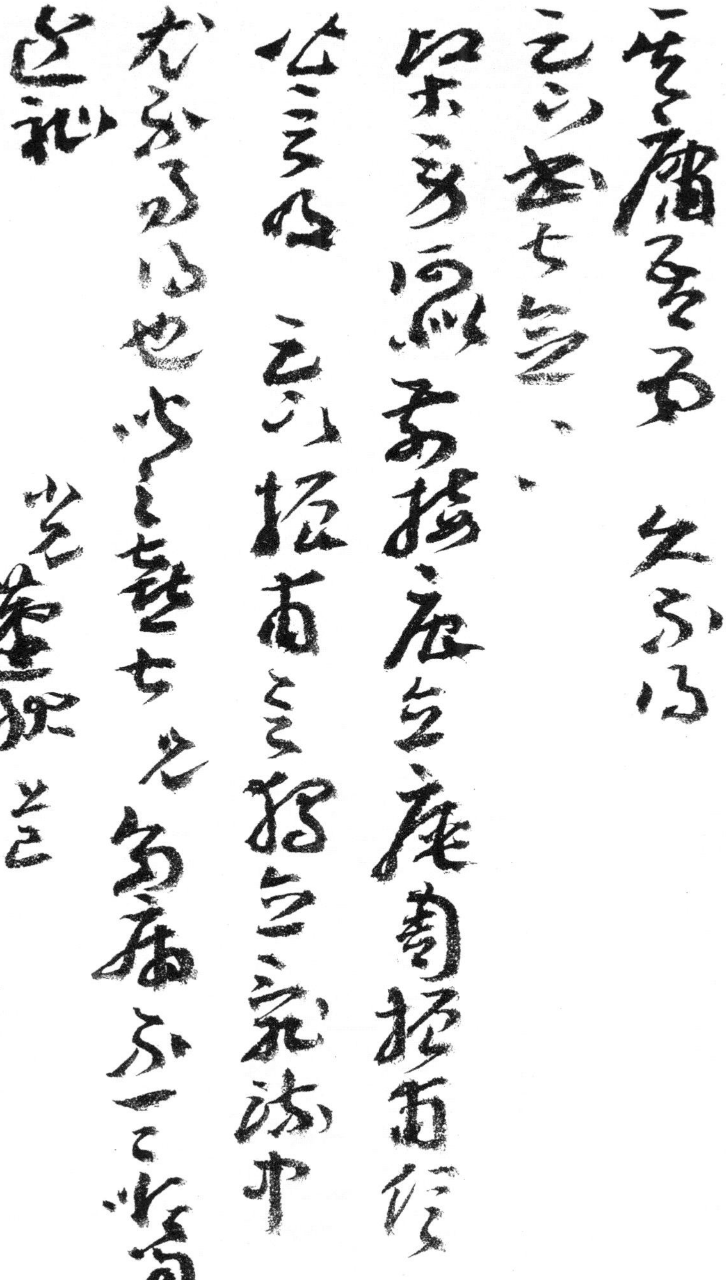

王蘧常致冯其庸书信

此半世紀所作 其庸先生出以相示 回首前塵 不勝慨然 余不擅倚聲 此特情而已 益請

先生兩正

己卯冬 錢仲聯 時年九十三

舊巢花都傍戰塵 開春風冷於秋 倚亂山高處 萬松撼碧 如此危

樓望裏浮雲起 滅東海有回流 鬢底殘陽影 紅下崑丘 攜手江湖

倦侶念南征歲月 歌哭同舟 更夢腸百折 夜:繞峯頭算餘生閒

殘千劫甚重來 不是舊金甌 人雙老睇闌干外 來日神州

丁亥仲春 偕內子登虞山望海樓 調寄八聲甘州

夢苕

飛天神女何来　明璿翠羽全身寶　東流不盡一江

春水　較才多少　紅學专門画　禪南北慧珠高照

看鵬图九萬風斯在下有斥鷃供君笑　昆

閬早曾插脚下天山氣吞圓嶠碧霄下顧

苔痕簾室幾人東到把柏儒玄步君趨高

聆君清教望所向诗城蹴踏踢千夫倒

水龍吟　敬貽

其庸学人兩正　壬午夏錢仲聯　时年九十五

其庸同志：

　　昨奉手书，敬悉一一。

　　承许为敬飙纪念论文集撰文，先我筹帷，尤深感荷。

　　大著苏庼年谱考略，甚好。本诗以廿年华。尚荷，近闻稿成冈长年谱目录，庼像年谱当付缺如。今作出，足弥此憾。

　　闻京中甚热，上海尚不过二十八九度，诸祈珍摄。

　　匆复，不尽一一。祗诗

撰安，
　　　　　　　　　　　顾廷龙 拜上
　　　　　　　　　　　　6/20

| 顾廷龙致冯其庸书信 |

其庸先生：

　　承赐大作《论垮两经东传入境去送致宗》，具见 玻沙芟薰革，考察周详，不胜感佩。窃拟拈载佛协会刊《法音》，不知能见许否。此荷惠允，更盼赐予有关图片，以满足佛教信众之睹墓，功德无量。

　　顺颂 吉祥如意，並贺

新禧
　　　　　　　　　　赵朴初 拜具
　　　　　　　　　　1999.1.8.

| 赵朴初致冯其庸书信 |

路漫漫其修远

其庸先生

季羡林

乘危遠邁

杖策孤征

侯仁之

冯蒸先生承先遗业
先生之学术艺术为文史〇考
中文史考又复释〇横贯
〇部之经完此僅乃涉〇之
一端耳勤先民所刊〇论
境小地理考证译碣之功
力之深比〇〇来不弹风沙
重望波沙之苦偻〇〇小楷
立兴传师取径之深入〇画
帖是生北综学藝而二莲诸
後好〇以表我〇佩之私
二〇〇七年十二月 饶宗颐

当年弟与启功先生通作自撰联

一日鱼浮启先生来作析闻即

见翠先生将予所书晚字撕

在行纸上寄遐此印此作之由来

也今翠先生病重入院令人忧心

不已　寬堂沙吞孟冯记乙酉春书尽

其庸同志先生

尊谊敬

璧

弟启功敬上

久仰～未得承 教，前由吕恩祥

其庸同志：

同志转来 两幅 大作蔺菡一幅，

诗书画俱臻妙境，不胜钦佩！

功苦砚久荒，青竹曾习学书，

画笔卅年未勤，原思勉学

缓缓奉报，藉求

教益，不意二週来左眼忽视黑蒙，

僅用右目，手不随心，且写不及一幅

即一片模糊，不能成字。昨晨专到

军都督医院诊视，恐一时不易恢复，

如待缮卷奉诗，必将拖延过久，谨

先申谢忱，容写趋呈 雅教，专致

敬礼！弟 启功敬上 廿六日

瓜飲樓詩鈔

乙酉夏月
鈍叟仁愷題

杨仁恺题签

宽堂吾兄　如晤、厚承
赐题拙作序言，溢美之词，实不敢
敢当，谨在中弥，尤久怀言辞雪亮之
行，届时还高论超异俗也。
都谢，匆此
文祺　　弟仁恺　七·六

和宽堂兄见怀七律二首

满園芳草一房書　博綜多聞愧不如
白玉堂中尊大老　黄金臺畔卜新居
積名莘莘吾何有　道本虚无佛亦無
安得相攜歸隴畝　細分五穀問田夫

病起初聞金玉音　天風道目一披襟
獨揚古跡逸人少　樂得新知惠我深
為寫林泉明素志　每思詩酒會高岑
臨丹橘綠清相岸　秋色忩忩一往臨

逸夫初稿塗改筆之五
戊子年七月初三日

宽堂吾兄道右：惠詩大抄　氣鐵言宜詳韻恐
令人味之不畏　愧不敢當　謹和二律
聊芬雅玩　率卯見晒　今國運蒸蒸　平海內者
碩果無多　建紅阆氣　紅重道遠　責在足筆
于弟絲慶　书樂永康！　　　逸夫頓首

| 虞逸夫致冯其庸书信 |

| 侯北人致冯其庸书信 |

贺冯老其庸先生米寿

抢救遗产　功在当代

弘扬国学　泽惠后昆

庚寅嘉平　谢辰生

其庸學兄 不奉

台儀忽又旬日、懷戀時

縈心難

間雷兄返京否

甚念聆其所屬頗有

而变待也 下再又池山多

士徵稿共期社會科學我

儀振共學術文化為松綱治

圆作出贡献可 江兄友

人藝君方震舒域姚文字誠

不乃多得人材不乙向歷史

而同志及季蕃林先生推

春唯十卷舉戎学名書推

毅之責 每此即頌

潭安

木楊之福 乙〇·六

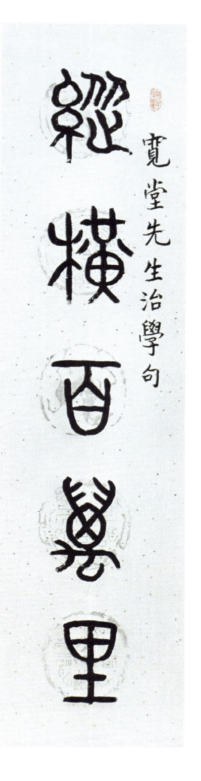

纵横百万里

上下五千年

宽堂先生治学句

卜庐张颔八十又八

其庸先生道席：

　　南京一会，有缘识荆，何幸如之！承惠大作以庶事鞅掌，未遑卒读，迨前赴大连开会，方得于大车中卒读全书。从知先生出身寒微，多历忧患，而坚忍过人，笃志勤学，卒得从诸老辈游，于书画诗文词曲皆卓然一时之选，钦佩无似。

　　仆早年志切革命，老于岁时，解放以后一行作吏，为大俗人，但自丁酉遭难为右派者二十二年，载笔不敢望天，故于举世文人才士率所艳羡，更少翰墨之缘。居处嚣隘偪仄，六十以后，方得一间书斋，几尺素壁。今愿得先生惠赐丹青尺幅，以光我蓬荜，清我鄙吝。不情之请，书有堂诛。

　　专此奉恳，即颂

文祺

同弟 李慎之 上
1991.5.24

舍下致信 5006005

| 李慎之致冯其庸书信 |

重九登臨四望，
妝淡如黃菊自
清道痴心已在
榮寧府逸氣還
留瓜飯樓
天際夢浪中鷗
猶堪大阪記西
游煌煌緗帙名
山業好景人生
玉露秋　鷓鴣天

賀馮其庸先生八十八壽辰幷
馮其庸文集出版　庚寅仲秋
故宮博物院院長鄭欣淼詞　張志和書

敬題筆下集　徐秀棠

寬壺顧老結壺之緣　丁蜀陶瓷山

格外妍　承釋顧翁傳絕藝

還淺馮老學文禪

馮老与我師顧景舟交誼信深故有緣紫砂

壺藝之樂事延至吾輩學也有幸因蓋此

其庸老先生之學問　辛卯春月秀棠恭記玉於

京華鵬風堂

目　录

相知五十年（代序）

［李希凡］

　　我和其庸同志已是 50 多年的老友，或者说最早还有半师之谊。1954 年，其庸同志进入人民大学任教，我于 1953 年秋，从山东大学中文系毕业进入人大哲学班做研究生的。事有凑巧，1954 年暑假，人大学生会组织同学们进行暑期论文竞赛，当时我刚刚读完苏联小说《远离莫斯科的地方》，深受小说主人公巴特曼诺夫的坚毅性格所感动，就写了一篇评论参加比赛。其庸同志是评委，是他推荐了我这篇文章，评为二等奖，因此，可以说我们那时虽不相识，却已有神交了。1956 年，新闻工作者协会举办学习讲座，其庸同志来人民日报社五楼小礼堂讲古代散文，我也是听课者之一。所以说，有半师之谊，是实实在在的。到了 60 年代，其庸同志已是我主编的《人民日报·文艺评论版》的作者了。

　　其后，1963 到 1964 年，我们又曾一起在林默涵同志领导下参加反修写作组。"文革"来临，各自经历了一番磨难，劫后重逢，我还得到了其庸亲自镌刻的一方印章。我记得，他送给我时，还说了一句："可惜右下角缺了一小块，但并不影响字体。"我很高兴，因为这是老友的深情厚谊，缺角也有纪念意义。70 年代又在一起校注《红楼梦》，1986 年至 1996 年，文化部又把我们一同调来接掌中国艺术研究院，最后工作到离休。

　　当然，使我们在思想感情上联系得更为密切的，是我们共同爱好的"红学"。1974 年，在周总理的指示下，《三国》《水浒》《西游》《红楼》，都得到了重印。这时，文化部下属成立了"文化艺术机构"，袁水拍同志是领导成员之一。他曾向上建议，要校订注释一部恢复曹雪芹原作前八十回面貌的新版《红楼梦》，因为当时出版的《红楼梦》，仍然是所谓百二十回的"程高本"。那时，在红学界一般都认为"程高本"不仅后四十回是高鹗续写，他们对前八十回也有所篡改，进行校订注释，绝对是一项对广大读者有益的学术工程，上级批准了袁水拍的建议。就由袁水拍负责组织校订注释组，并从全国各高校调集《红楼梦》研究者来做这件事，袁水拍就借调其庸同志和我做他的助手——校注组副组长。能参加这项学术工程，无论对于其庸还是我，都是大喜事。很快，北京和各省大专院校都推荐了人选，也很快就开始了工作，并校注出《红楼梦》前五回，分赴各地去征求意见。

我之所以要特别讲这件事，一是因为这个校订组的工作，对近三十年红学发展，确实做出了一定的贡献。在开展红学研究方面培养了人才，参加校注组的同仁，几乎每一位都有《红楼梦》研究专著问世，有的已著作等身。二是这项工程完全是在其庸同志领导下完成的。因为我只在校订组工作了一年多，就被张春桥下令离开。那时，我虽是《人民日报》工作领导成员之一，文艺部的工作领导小组组长，却又是文艺部造反派的斗争对象，在他们的包围监督之下，无法正常工作，所以，我虽被他们逐出校订组，却不想回《人民日报》，就赖在校订组未走，而其庸同志有事也还找我商量。直到粉碎"四人帮"后，我才奉召不得不回《人民日报》，但半年后又成了被审查对象，又去"五七干校"，虽心系校订组，却已无能为力了。袁水拍更是早已成了审查对象。于是谣言四起，说校订组是"四人帮"的阴谋组织，有的单位还贴出大字报。其庸独力支撑着校订组，日子很不好过。校订注释《红楼梦》能有什么阴谋？有几位刚恢复工作的文艺界老领导，他们经历了"文革"的磨难，也反对"四人帮"，却也不支持校订《红楼梦》，使其庸同志的工作更加困难。我很感谢其庸同志，在此艰难时刻，正是他的奔走和坚持，得到了文化部和研究院贺敬之、苏一平、冯牧等同志的支持，让他继续完成这项任务。当时不少人已经调回去了，于是又向各地借调了一些人来，工作了一段时间，不久也因本单位的工作回去了，最后只剩其庸等少数几位一直坚持到最后，终于完成了这第一次恢复曹雪芹原作的校订注释工程，1982年由人民文学出版社出版。截止到去年夏天已发行四百万套。我们并不认为，当时的校注就尽善尽美了，但它毕竟掀开了现代红学研究新的一页，集中各种《石头记》手抄本，以庚辰本为底本，进行了恢复曹雪芹前八十回原作的努力。近几年曾接受读者意见，在其庸同志主持下，又修订了一次。新版《红楼梦》无论在广大读者中，还是在红学发展史上，都产生了重大影响，起了促进学术研究的积极作用。

《石头记》（即《红楼梦》）诞生二百多年以来，评批很多，并形成了各种学派，其中不乏精彩的见解。但在红学史上影响最大的，还是"索隐派"旧红学和"自传说"新红学。胡适批评索隐派红学切中要害，但新红学完全不把《红楼梦》看成一部真实、深刻反映现实生活的伟大文学作品，而一口咬定，曹雪芹写的是自己的家事——是"感叹自己身世的"，是"为十二钗作本传的"，是"写闺友闺情的"。他们对曹雪芹和《红楼梦》的考证，虽做出了一定贡献，却大大曲解了《红楼梦》的历史内涵、时代意义和文学价值。1954 年对新红学的批评虽有过火之处，却引领红学研究走上了回归文学之路。其庸的红学视野并不始于版本校订，在"文革"的苦难中他已开始抄录《红楼梦》并思考红学问题，以排遣无聊的时光，并有了思考他的研究规划了。

校订《红楼梦》，首先是选底本问题，虽有过一番争论，最后还是决定以庚辰本为底本，其庸写了《论庚辰本》，阐述了他的选择。不管怎么说，庚辰本是最早发现的比较完整的曹雪芹原作前八十回的抄本，其后他又写了《石头记脂本研究》、《脂砚斋重评石头记》汇校。完成了他对《红楼梦》版本的系统研究。尽管"汇校本"缺乏现代化的技术手段，那时只能靠一两个人的对照抄写，成书时出现了不少讹误，后来，他又与季稚跃同志一起，花了多年的时间，重新完成了《脂砚斋重评石头记汇校汇评》一书，不但改正了前书的错误，还集合了全部脂评（含非脂评）的评语，成为一部研究"红学"重要的工具书，也了却了他改正原汇校本错误的心愿。《红楼梦》的汇校本是红学版本研究中的一个新的开拓。

《红楼梦》的创作，当然与作家曹雪芹的身世经历密切相关。其庸在校订《红楼梦》时，就已经开始了对曹雪芹身世的文献考证和实际调查，完成了《曹雪芹家世新考》和《文物图录》两部专著。三十年来，其庸有关红学的系列著作自成系统，循序渐进，版本的校订和研究，家世的调查和考证，评批的整理和集成，其庸是学国学的，治学有朴学的求实之风，他并非为考证而考证，也不像新红学派一些学者为趣味而考证，他的考证是服务于对作家和作品的科学论断，以便正确深入理解和解读曹雪芹这位伟大作家和《红楼梦》这部伟大杰作。其庸近年来出版的两部红学著作是《论红楼梦思想》和冯评本《石头记》，可以从其庸红学著述中看出，他是在文本、文献、文化的相互融通中完成的。这是现代红学最有系统的开拓性的研究成果。我以为，其庸的红学研究，虽继承了朴学的求实传统，却没有把小说作为考证对象，也没有把它看成是孤立的古已有之的文学现象，而是深入到小说所反映的复杂的社会现实，以及产生它的历史背景和时代思潮中分析和评价了曹雪芹和《红楼梦》对"传统思想和写法的打破"，这是现代红学研究中的马克思主义的观点和方法，也是科学的论证。

其庸在"红学"上的贡献，还不止在他的著作等身，开拓了红学研究的新视野。三十多年前成立的中国红楼梦学会，一直延续至今，开展国际国内学术交流，举办各种专题的研讨会，培养一大批中青年红学研究者，中国红学会的工作，至少有二十年是他在支撑着。至于创刊三十多年的《红楼梦学刊》，更是他和几位青年同志一手操办创建的，至今在广大读者中间有着广泛的影响，成为学术研究的一面旗帜。这里有着我们共同的经历，使我感到歉意的是，在几次艰难的关键时刻，我都未能和他分忧。

其庸同志多才艺，不只书画创作独具风格，就是西部摄影作品集，那雄浑的气势，也令人震撼！即使在学术研究中，他的成就也不只在红学方面，他一生都是在中华文化大视野中拼搏、奋斗，有着多方面的建树，比传统国学更宽广。可惜这些领域，我都是无知无识，只能表示由衷的钦佩！

李经国同志编辑的《师友笔下的冯其庸》一书，为大家全面地了解、认识冯其庸同志的学术研究、艺术创作提供了很好的机会，因此我愿聊赘数语以为序。

李希凡

2011 年 4 月

题 诗

师友笔下的冯其庸

钱仲联

题其庸先生墨荷图

涨天十丈墨荷工。百草千花孰与同。

临水浑知珍惜意，不教摇落向秋风。

其庸同志绘赠墨荷，小诗报谢，即请是正。

弟仲联呈稿　八月二十六

题其庸先生泼墨葡萄图

马乳龙须墨晕香。扶来倒架意何长。

分明璎珞诸天会，不待金茎肺已凉。

其庸诗人同志画赠葡萄，小诗报谢，即请是正。

同门弟钱梦苕

题冯其庸教授书画摄影展

二〇〇〇年秋举行"冯其庸教授发现·考实玄奘取经路线暨大西部摄影展"于上海，闻讯神驰，以屠躯病后不克亲往观光，爰赋诗二首志贺。

一

七踏天山天外天，楞严中有地行仙。

慈恩归路君亲证，法相神光照大千。

二

红学专门众所宗，画书摄影更能工。

何人一手超三绝，四海堂堂独此公。

九十三叟钱仲联书于吴趋

冯其庸先生辛巳年冬八十大寿
参用玉川子体为长歌以祝

风坛持大地，激荡物万千。人为物之灵，异才出其间。异才不世出，千载毓一焉。才中有特异，又与特异角。特异角特异，斯见才岳岳。求其特异之才而高寿，斯又前代偶逢近代亦罕逢。人生百岁称期颐，能臻此者有几翁。八十去百仅二十，到此称觞礼合隆。并世求其选，乃得冯其庸。冯君大名满天下，奚待戋戋者言致敬恭。聊择古今同岁客，一隅比附显高格。天水放翁当是岁，北伐败衄已多时，归卧三山寄后望，铁弹子歌农民起义翁能知。南明于皇当是岁，诗坛推祭尊。阴为复明大计中心人，朝野多志士，为之周旋几历秋与春。我家东涧当是岁，曼殊盗我禹九州岛，貌为降臣盲敌目，反清复明志必酬，隐迹绛云楼、红豆庄，潜与南明永历延平、定国通声气。上书述政千百言，弟子东皋瞿公为陈帝座陨危涕。我家澄之当是岁，息影皖南几蹈艰危地。藏山阁集田间集，寿世上追浣花里。毛家西河当是岁，已非逊国旧遗臣。儒林文苑诗词骈散千载人，著作四百余卷真等身。复次数近代，香宋御史当是岁，清亡已历数十春。不为遗民为高隐，诗词戏剧无不精绝伦。下笔千言一刹那，横扫流辈石遗诗话状其真。此外不复计，八十高寿如君已无几。维君与我昔同侍听唐师旧讲座，君来以后居在左，同门游夏辈，赐何敢望颜同座。沧桑有正道，神皋飘赤旗，君身居京师，进入新兴大庠坐皋皮。我身栖省庠，蛙鸣清浅池。唐门积薪后居上，君高我下奚容疑。君有巨著梅村谱，年谱学中畴与徒，我亦曾谱文廷式，小巫见大巫。差能写作梅村体，胡蝶两曲而已矣。而于梅村之生平所知仅得君一二。两人度长絜短止于是。君才堂堂，亦狷亦狂，红学魁首星煌煌，挥笔作画追徐黄，两脚踏遍天山南北路，融入画与摄影兼文章。著作厚逾尺，倾佩惊倒千万客，九十四岁梦苕一翁那不俯首列其旁。何况君生寒冬腊月中，松竹梅者三友同。高举兕觥书寿笺，聊为期颐导其先，必将骥附雄视千百年。今冬君寿即八十，再阅二十便逾百，我老犹能举兕觥，高歌汉家乐府寿人曲，堂堂堂堂复堂堂。

同门九十四叟钱仲联敬祝

2001 年

水龙吟

飞天神女何来，明珰翠羽全身宝。东流不尽，一江春水，较才多少。红学专门，画禅南北，慧珠高照。看鹏图九万，风斯在下，有斥鷃，供君笑。　　昆阆早曾插脚，下天山，气吞圆峤。碧霄下顾，苔痕帘室，几人来到。抱拍儒玄，步君趋尚，聆君清教。望所向，诗城蹴踏，踢千夫倒。

壬午夏钱仲联，时年九十五

2002 年 5 月 17 日

叶嘉莹

赠冯其庸先生七绝三首

维州当日记相逢，三绝清才始识公。

妙手丹青蒙绘赠，朱藤数笔见高风。

我与冯公相识于一九八〇年美国威斯康星州红学会中，冯公曾当场手绘藤花一幅相赠。

研红一代仰宗师，早岁艰辛世莫知。

惠我佳篇时展读，秋风一集耐人思。

一九九三年我与冯公再次相逢于马来西亚大学所召邀之汉学会议中，次年又与冯公在北京相晤，蒙冯公以大作多种相赠，读其《秋风集》之《往事回忆》一篇，始知冯公少年生活曾备历艰苦，而能有今日之成就，其精勤力学之精神可以想见矣。

一编图影取真经，瀚海流沙写性灵。

七上天山奇志伟，定随玄奘史留名。

此次来京与冯公相晤，又蒙冯公以其近日在上海展出之《冯其庸发现考实玄奘取经路线暨大西部摄影展》之图影集一册相赠。冯公以三绝之才，余事摄影，探奇考古迥不犹人，此一图集固当为传世之作也。

2001 年

王世襄

题诗

下相英豪盖宇寰，奈何残骑突围难。

楚中子弟来凭吊，泪洒东城四溃山。

项王自刎误作乌江由来已久，宽堂先生遍稽古籍，详征博引，复经实地勘查，确定其地在定远县南东城之四溃山，一扫千古迷霾，厥功甚伟。爰赋小诗以志钦佩。

2007 年 9 月

题联语

宽堂可容万象
名庸杰出千秋

丁亥重阳后二日王世襄撰句并书

2007 年 10 月 19 日

饶宗颐

书画题跋

冯其庸兄承王蘧常先生之学艺，发扬光大，颛志于文史，世人多称其红楼梦说部之研究，此仅其治学之一端耳。观其去岁所刊布论垓下地望考证详确，足见功力之深。比岁以来，不殚风沙，万里跋涉之苦，仆仆于西北。蹈玄奘法师取经之路入于画幅，是真能综学艺于一途。谨识数言以表我敬佩之私。

2007 年 12 月

虞逸夫

宽堂兄见怀七律二首

满园芳草一房书，博综多能愧不如。
白玉堂中尊大老，黄金台畔卜新居。
楼名万有吾何有，道本虚无佛亦无。
安得相携归陇亩，细分五谷问田夫。

病起初闻金玉音，天风送月一披襟。
独扬古路逢人少，乐得新知惠我深。
为写林泉明素志，每思诗酒会高岑。
枫丹橘绿清湘岸，秋色正佳肯一临。

逸夫初稿，时年九五　戊子年七月初三日

2008 年 8 月 3 日

张伯驹

题联语二首

其鱼有便书能达
庸鹿无为福自藏

古董先生谁似我
落花时节又逢君

巫君玉

春暮怀其庸兄

江南又见柳华滋。正是忆君最剧时。

迷眼新花春欲暮，牵心旧梦觉还迟。

家山不买五湖宅，市阁忍听陌路歧。

人我因循两未就，燕支明月引深思。

1977 年

刘宗汉

敬题《师友笔下的冯其庸》二首

少岁清暇日，铁狮进谒初。

陈公赞誉盛，朱子步趋徐。

语蔼颜兼霁，心宽室有余。

贪观八部记，临去竟踟蹰。

乾旋坤运日，回黄转绿初。

惜才怜蹭蹬，援手未纡徐。

高义云天厚，私心感愧余。

频年思往事，铭记莫踟蹰。

冯其庸先生当今耆宿，道德文章均足称道，红楼研究、西域考古贡献尤巨。余初识先生，由陈从周先生介绍，谒先生于铁狮子胡同寓所，同行者尚有亡友朱君文相，时在"文革"前也。"文革"后，先生曾转请王昆仑先生介绍余到团结报社工作，事虽未果，然援手之德良可感也。辛卯桐月上浣，用老杜《登兖州城楼》韵赋此并记。

红学篇

———

师友笔下的冯其庸

《曹雪芹家世新考》后序

[杨廷福]

　　近百年来，世界各国有无数学者对 19 世纪的现实主义大师巴尔扎克的生平和《人间喜剧》进行了探讨，至于对震撼世界的戏剧家莎士比亚的研究，那更是难以数计了。可是，我国最伟大的小说家曹雪芹，直到清末才有人开始认真探索，近半世纪来《红楼梦》的研究者，从不同的立场、角度，覃思考察，分析、评论，或多或少地取得了一定的成果。国内外千千万万《红楼梦》的读者，多少年来若大旱之望云霓，盼望有一部翔实的曹雪芹传记或年谱问世。然而就连曹雪芹的家世和籍贯，至今还聚讼纷纭，更难说其他。因此，认真地弄清楚这些问题，应该是我们责无旁贷的任务。

　　要写成一部翔实的曹雪芹传记或年谱，除了应正确地掌握马克思列宁主义的理论外，还必须搜集丰富而信实的史料，然后才谈得上以生动的文笔如实地传达出人物的生平活动来。然而，要做到这一点，真是谈何容易！科学研究，原无捷径，探索历史人物首先要实事求是，既不能想当然，更不能向壁虚构，要有充足的文献根据，经得起事实的检验。尤其是曹雪芹，在封建社会里坎坷蹭蹬，颠沛流离，沉沦了一个多世纪。史料渺茫，记载阙如，给科学研究带来了极大的困难。科学研究是一门老老实实的学问，为了恢复我国最伟大的小说家的本来面目，使其接近历史真实，如果没有坚毅勇敢的实事求是的精神；没有为学术而"求法"与"献身"的精神，是很难有所发展、有所发明的。治学犹如在沙漠中跋涉，当"上无飞鸟，下无走兽"，四顾茫然，"夜则妖魑举火，烂若繁星；昼则惊风拥沙，散如时雨"，"而无一滴霑喉，口腹干焦，几将殒绝"的时候，是知难而进，还是畏难退却？是攻关到底，抑逡巡而返？这就是对一个研究者的考验。考查文献不足征故的曹雪芹生平及其家世，如同大海捞针。即使"针"捞到了，还得搜集旁证，经过一番鉴别、考辨，才能去伪存真，去芜存菁，获得历史的真实。科学研究者在治学过程中的甘苦与辛酸，是识者所共喻的。

其庸同志在"四害"横行的岁月里，白天"斯文扫地"，夜里回来偷偷地抄写全部庚辰本《红楼梦》，笔退成堆，积稿盈案，并且潜研《红楼梦》及其作者。后来获见《五庆堂重修曹氏宗谱》，对于曹雪芹的家世和籍贯，好比沧海浩波中捞到了"针"，似乎有了线索，但还得从文献和实物中进行实事求是的考核；几年来于翻阅资料外，多次风雪载途，炎暑蒸人到河北省涞水县山区及辽宁沈、辽地区访问五庆堂曹氏祖墓和有关曹雪芹上世的历史文献，剔除苔藓，摩挲碑碣，进行调查研究，终于在沙漠中发现了绿洲，才写成《曹雪芹家世新考》（下简称《新考》）。《新考》是其庸同志研究《五庆堂重修曹氏宗谱》（下简称《五庆堂谱》）的一部专著，通过大量历史资料的搜集和剖析，证明了曹雪芹上世的籍贯是辽阳（后迁沈阳）。作者用确凿的材料，证实了曹雪芹的上世与五庆堂上世是同宗。从而考定了曹雪芹的籍贯确是辽阳而不是河北丰润。于是几十年纷争的问题，得到了确切的结论。下面略举数例，以见作者功力所在。

《新考》据《五庆堂谱》细核《明实录》、《明史》等资料以印证地方志的记载，仅《寿州志》一书就查阅了今存最早的嘉靖本和顺治本，并探究《浭阳曹氏宗谱》考定曹良臣原籍是安徽寿州安丰，与五庆堂的远祖不是一家，更非五庆堂的始祖；同时以《呆斋存稿》、《仪真县志》和史料对勘，疏证地理沿革，考出曹义为曹胜之子，把他的上三代下六代也弄清楚了。其逻辑之严密，可以令人信而不惑。

考定一个伟大作家的家世，"是亦论世知人之学也"。《新考》的功绩就在于，从实物《圹记》复核《奉天通志》、《辽阳县志》与有关史料，考出曹雪芹的真正祖上和入辽的始祖是曹俊，并证明他与曹良臣、曹义是风马牛不相及的。尤其《新考》于"三房诸人"，翻阅了几十种史籍、宗谱、方志、诗文集，凡查考出二十一人，为了解曹雪芹的上世提供了具体的材料。把康熙、嘉庆、道光的《沈阳甘氏宗谱》和《辽东曹氏宗谱》细校，查清楚了曹权中和甘体垣、甘文焜的姻亲关系及其辈次，甘国基（文焜子）就是曹寅的表兄，从而证明了三房"礼"和四房"智"（即曹雪芹上世）确是同宗，也就证实了曹俊确是曹雪芹的始祖，其籍贯确为辽东。诚如作者所云："创作了《红楼梦》这部伟大作品的曹雪芹，在他自身历史尚且无从查察清楚的情况下，我们居然还保存着他的上世谱牒，基本上能了解他上世的历史情况，这不能不说是一件幸事。"

"四房"（智房）十一人，就是曹雪芹的一家六代。当代《红楼梦》的研究者均有所考论，已毋庸置疑。但作者将近年来陆续所发现的新资料一一考释，对于曹雪芹的上世活动事迹，更为了然。在浩繁的文献中，罕见的方志中，作者细心抉择，一一和碑碣考校，就更进一步证明了"三房"（礼房）和"四房"（智房）确是同一父亲的兄弟。这一可喜的收获，确实来之不易。

此外，如《新考》根据《曹氏宗谱》，钩稽《清实录》中的天聪、天命史实，校核《新建弥陀寺碑记》、《大金喇嘛法师宝记碑》、《重建玉皇庙碑记》等实物，查明"三房"为孔有德部下，"四房"属佟养性管辖，而曹振彦诸人的归附后金则早于"三房"；如在"人物考五"中，用《五庆堂谱》对勘《八旗满洲氏族通谱》、《浭阳曹氏宗谱》，参证史料，剖析其第十世曹邦与五庆堂的祖上，他们只是同姓而不是同宗。凡此等等，都是物证俱全的铁案，也可以说是不刊之论。《新考》皮相地看来引文长篇累牍，似乎是一部资料书，其实则大不然。"在历史科学中，专靠一些公式是办不了什么事的"，"科学的态度是'实事求是'"，必须从事实出发，充分地占有材料，这是稍具马列主义观点的人都知道的。可是在"四害"肆虐时，这一马克思主义的科学态度早就被践踏了，流毒所及形成极其恶劣的学风和文风，那些大讲"儒法斗争"的所谓"学术论著"，实际上是游谈无根，不学无术，引文则寻章摘句，截头去尾，随心所欲，以逞臆说。驯至人们不悦学，不读书，甚至只要所谓观点，无视资料与事实，还自以为是。"志士多苦心"，《新考》有鉴于此，所以引文原原本本，以明真相，而能清楚说明问题，更何况所录的大都是罕见的资料，为读者和研究者提供了许多方便呢！至于纠正某些论著将两个"桑额"误以为是一人的疏忽，考辨把"西堂"当做是曹频的错误等等，就不一一列举了。

《新考》是从《五庆堂谱》和其他"宗谱"、"家谱"、"族谱"中细心爬梳，广稽文献才考定曹雪芹家世、籍贯的，因此不能不涉及"谱牒之学"。

谱牒学原本是中外历史科学中的专门学科，而至今在中国几乎成了绝学！现即借此略作叙述。

谱牒之学，由来已久。《史记》卷十三《三代世表·序》："序其历谱牒。"司马迁据《帝系》而为《世表》。《周礼·春官》："小史奠系世，序昭穆。"郑玄注："系世谓帝系世本之属，小史主次序先王之世，昭穆之系，述其德行。"贾公彦疏："天子谓之帝系，诸侯卿大夫谓之世本。"所以梁朝的刘杳认为谱牒始于周代，大体还是可信的。《国语·鲁语上》有"夫宗庙之有昭穆也，以次世之幼，而等胄之亲疏也。故工史书世，宗祝书昭穆，恐其逾也"。三闾大夫屈原是大家比较熟悉的伟大诗人，而他就是掌管王族屈、景、昭三姓，叙其谱属的长官。周代的谱牒，已不得其详，今天我们只能看到《大戴礼记》中的《帝系篇》和后人所辑的《世本》以及见于著录的《春秋公子血脉谱》而已。恩格斯锐："氏族是以血缘为基础的人类社会的自然形成的原始形式。"周代利用从氏族制度演变而来的血缘纽带关系和祖先崇拜观念建立宗法制度。而这种组织是"同姓从宗合族属"的结合，因此必须有谱牒来说明他们的所自和血胤的支派。《白虎通义·宗族》云："族者，凑也，聚也。谓恩爱相依凑也。生相亲爱，死相哀痛，有合聚之道，故谓之族。"族和宗是有区别的，族凡血统有关的人统称为族，宗则于族中奉一人以为主，主者死了，就奉其嫡子为继世的主。《诗经·公刘》："君之宗之。"《毛传》："为之君者，为之大宗也。"《诗经·板》："大宗维翰。"《传》："王者天下之大宗。"这说明在奴隶社会中自天子之于诸侯，诸侯之于大夫，是大宗之于小宗。族与宗必须有一记载，才不致紊乱，此所以有《帝系》和《世本》，后世的"宗谱"、"族谱"由此而起。

族权源于宗法，封建制取代奴隶制，宗法组织随之瓦解。封建郡县制时代，官无世禄，各代虽有爵位、封邑，其继承者限于一人，自无大小宗之别，故宗法成了历史遗迹。但新社会脱胎于旧社会，必然存在旧的陈迹，谱牒并未随之消失，宗法的变相在魏晋南北朝演变成为左右社会政治文化的世家士族。例如《宋书》卷八十八《薛都传》载世为豪宗强族，同姓凡千余家。宋孝王《关东风俗传》谓瀛冀诸刘，清河张宋，并州王氏，濮阳侯族，一宗将近万室，都是明证。在封建大土地所有制基础上起而代之的是大家族。家长类似小宗，成为一家或一支派之主；族长好像大宗宗子，为全族之主（但族长、家长之分并不严格，有时族长也称家长）。要联系这个大家族，须得有谱牒，故程颐谓："使人不忘本，须是明谱系。"张载认为"宗法不立，则人不知统系来处。古人亦鲜有不知来处者。后世尚谱牒，犹有遗风"，正说明了这个道理。实际上，在阶级社会里，宗族内部总是划分为阶级的。宗族内部的不断分化，族权也标志着宗教中的阶级分化，是统治与被统治的关系。

在封建的自然经济中，家庭是随着私有制的产生而产生的，一开始就不仅以血缘关系为其自然基础，并且以私有财产作为其经济基础。其"安土重迁"，以族居的形式出现，所以有强烈的家族观念与地域观念，此所以凡"宗谱"、"族谱"必冠以地望。北齐颜之推《颜氏家训·治家篇》记载"至能守其业者，闭门而为生之具以足"的生产、生活情况，正说明自然经济的农民家庭是一个小单位。但是在封建大土地所有制的剥削形态下，把一个个小单位都组合起来，所谓"以亲九族"，目的就是使劳动人民服从父权家长制和宗族的绝对统治，借以巩固地主阶级的专政。因此在父权家长制下，亲属关系，只从父亲方面来计算。《尔雅·释亲》："于父曰宗族。"凡是同一始祖的男系后裔，都属于同一宗族集团，所谓"九族"，包括自高祖至玄孙九个世代。

为了了解封建社会中国宗族的特殊形态，这个历史陈迹还是要提一下的。《仪礼·丧服传》："大宗收族者也。"《礼记·大传》："有百世不迁之宗，有五世则迁之宗。百世不迁者，别子之后也。宗其继别子之所自出者，百世不迁者也。宗其继高祖者，五世则迁也。"是故，大宗是百世不迁的，也是百世不易其宗的，凡始祖的后裔都包括在这一宗体之内，都以大宗子为宗主。《白虎通德论》说："宗，尊也，为先祖主也，宗人之所尊也。"所云宗者主也，宗的本身就是一种统治，宗子权即统治之权。"宗谱"、"族谱"宣扬"尊宗爱亲"的血缘关系，把人们联合成一个共同体，就以"温情脉脉的面纱""把人们束缚于天然首长的形形色色的封建羁绊"下了。

汉代的谱牒之学已莫能详考，仅知汉承秦制设宗正以管理皇室的亲属，明帝室诸王的谱系，《汉书·艺文志》著录《帝王诸侯世谱》二十卷。唐宋的宗正寺，金代的大睦亲府，元代的宗正院和明清的宗人府均仿自此。私家的谱录，今可知的只有《扬雄家谱》、《邓氏官谱》和《万姓谱》而已。

封建统治集团为了选拔它所需要的人才。从西汉的"征辟"，发展到东汉形成了察举制度。它注重社会上的"清议"，必须有头面人物的"月旦评论"，就渐渐讲究门第和家世了。门第和声望，形成了封建特权的官僚集团，这和大土地所有制的庄园剥削形态是分不开的。曹魏代替刘汉政权，曹操的智囊之一法学家陈群，为了巩固曹魏的统治，压制倾向刘汉的集团以收揽人才，笼络人心，制定九品官人法（九品中正制）。它在州郡设中正评定士人的品德，在中央设吏部尚书执选用人才的权柄。这种人才由地方评议推举，经中央诠叙任用的办法，当初的立法用意不能说不对。但在阶级社会里，有几个能真正做到"内举不避亲，外举不避仇"呢？事物总是一分为二的，九品官人法到两晋南北朝却形成了士族门阀制度，则非立法者始料所及了。在登庸入仕的道路上，大多数中正官只依据士人的籍贯及其祖、父、官品的门第高低，吏部也把门第的高低作为用否的标准，称之为"门选"。它流弊所及，不仅成为辨天下氏族，品评门第之法，而且"文之弊，至于尚官；官之弊，至于尚姓；姓之弊，至于尚奸"。我们不是经常看到"上品无寒门，下品无士族"的陈言吗？

"有司选举，必稽谱牒"，负责选官的固然必须了然谱牒，就是被选人，也要明白谱牒。而九品取得官人的特权，其后又取得荫亲属的特权，在阶级社会里，地主阶级中真正淡泊的那是凤毛麟角，因此，大小地主无不热衷，辄以门第相夸耀，几乎家家有谱系，而家谱就纷纷出笼了。清代大学者王鸣盛说："北史凡一家之人，必寓于一篇，而昆弟子孙后裔，咸串联之，令国史变为家谱。"赵翼也有同样的看法。由于谱牒之学已成为当时社会的实用学问，而一时蔚为风气，群相钻研，著作极多，今虽荡然无存，但见于各书所征引和《隋书·经籍志》、《新唐书·艺文志》、《旧唐书·经籍志》所著录的，有一百几十种。郑樵的《通志·氏族略氏族序》对这一时期谱牒之学的兴盛，曾作了总结：

> 自隋唐而上，官有簿状，家有谱系。官之选举，必由于簿状，家之婚姻，必由于谱系。历代并有图谱局置令郎令史以掌之，仍用博古通今之儒，知撰谱事。凡百官族姓之有家状者，则上之官，为考定翔实，藏于秘阁，副在左户；若私书有滥，则纠之以官籍，官籍不及，则稽之以私书。此近古之制，以绳天下，使贵有常尊，贱有等威者也。所以人尚谱系之学，家藏谱系之书。

社会风气积重难返，隋代虽然废除了九品官人法，但直到唐宋仍然以氏族、郡望相夸耀。李澄是辽东襄平人，"始封陇西公，后乃进王爵，每上章，必叠署两封，时人笑其野。"李义府贵显了，"乃言系出赵郡，与诸李叙昭穆"，重新修撰《姓氏录》，甚至收集过去的氏族志付之一炬，以掩尽天下人耳目。同样，朝廷也沿以往遗风，诏修《大唐氏族志》，私人撰修的据《新唐书·艺文志》所著录计有《皇室谱》十种、《总谱》二十种、《家谱》三十一种。也涌现出像刘知几、柳冲、韦述、萧颖士等对于谱牒之学深有研究的学者。

唐末五代，藩镇割据，战乱频仍，历代尚存的谱牒都化为灰烬，荡作寒烟了。文献不足征故，这对历史学家来说，是莫大的损失，宋代学者欧阳修、苏洵等感慨万分，极注重谱牒之学，撰《欧阳氏谱图》《苏氏族谱》。新旧《唐书》互有优劣，而《新唐书》的《宗室世系表》和《宰相世系表》正是欧阳修的功力所在，也是胜于《旧唐书》之处。欧、苏二谱流传至今，后世的宗谱大都奉其体例而有所损益，原书俱在，不引录。

辽、金、元三代的谱牒，均已失传。卢文弨《补辽金元艺文志》，缪荃孙《补辽史艺文志》对于辽代的谱牒，一无著录。金门诏《补三史艺文志》和钱大昕的《元史艺文志》著录金代的姓氏谱录只有三种，元代的家谱、宗谱、皇室谱著录的也不到三十种。《明史·艺文志》列有谱牒一门，所著录的只有三十八部，五百四卷，而明代的宗谱、族谱、家谱还有些保存至今。《清史稿·艺文志》"史部"十六类，虽不列谱牒，但谱书却存在不少。清代的史学家，大都对谱牒之学做了研究，像万斯同、纪昀、章学诚等在这方面更有成就。

前面谈到小生产自然经济是家族的基础，随着封建经济的发展，租佃制的确立，各地方聚族而居的大小地主为了把同姓的佃农束缚在固定的土地上，加强主奴的依附关系，借口"敬宗睦族"，无不大修谱牒，沿用历来通行的如族谱、宗谱、家谱、支谱、家乘等名称，不一而足。"中国的国家以家族为基础"，毛主席深刻地指出："封建的家族组织十分普遍"。所谓家族，指家与族，家长与族长都是一个单位的首脑，这还得从父权家长制谈起。父，《说文》云："矩也，家长率教者，从又举杖。"它本义就含有统治和权力。中国封建社会的家族是父权家长制的，一切权力都集中于父、祖，支配着家族中所有人口的经济、政治、法律、文化等权益。族是家的综合，家只是一个经济单位，族则是共同生活团体。家虽由家长父权负统治之责，而一族中家与家之际，必有一个最高的主权者，使家与家之际受其统治，故族长权是父权的延伸。它以宗法血缘为纽带，为了家族的绵延与凝结，所谓"慎终追远"，即以崇拜祖先为核心。族长权因家族祭司（主祭人）的身份而神圣化。历代封建法律承认并予支持，它的权力就盘根错节不可摇撼了，这正是封建统治者加强其国家机器反动职能的需要。正说明"宗法封建性的土豪劣绅，不法地主阶级，是几千年专制政治的基础"。也正因为封建的土地所有制用以束缚、奴役农民，就需要"恤农以系其家"，"聚其骨肉以系其身心"，必然需要与之相适应的谱牒和族规。以维护族权和父权。同时地主阶级凭借它的政治、经济特权，为维持其所属之族的绵延和扩张，也必须修谱牒以明系统，宋代以后，尤其在明清时期，族谱如雨后春笋般地涌现，并规定三十年一修（旧社会叫做"进谱"）的原因，即在此。

上面把中国谱牒之学的沿革及其实质作了简略的回顾，《五庆堂谱》是清代修的，就有必要把明清的族谱、家谱的编纂体例、书法、内容作些说明，以见二者的关系。从现存的明清宗谱、家谱看来，在卷首都载有编纂的体例和书法。例如《须江蓝田王氏宗谱》光绪十七年瞿鸿序，说明其体例云：

> 谱学本于史汉，而成于苏、欧。溯远祖犹本纪也，分房派犹世家也，系图蝉联，则有似于八表，辈行雁序，则有仿于列传，其他闾里坟茔，则与地之遗意，传赞诗词，则艺文志之成规，以家拟国，以族拟天下，横竖错综，既繁且远，其为事不亦重大也哉。

他将宗谱看做宗族的历史，故仿效史书的体例。

明代以前的谱牒之书，荡然无存，就现知的明代《率东程氏重修家谱·凡例》看来，它明白地规定："谱史例也，史则善恶具载，谱则载善不载恶，为亲讳也。"而《洪氏家乘·谱例》也明示："谱记一家之事，善者书而恶者削，虽所以严删次之法，实亦为亲者讳也。"谱书既然为亲者讳，就只记载"好"的，而删削"坏"的，几乎成了通例。另外，修谱就是为了明血统，序昭穆。对于"防乱宗也"一事，极为重视。纪昀的《景城纪氏家谱序例》开宗明义就说:"谱题景城,示别也,有同县而非族者也。"法坤宏的《宗谱例言》提出"干犯名义者不书,逃入二氏(僧、道)者不书,螟蛉抱养者不书,不详所出者不书,防乱宗也",这个原则也成了通例。这里例举光绪年间何乘势的《方何宗谱》的凡例、书法以见一斑。它在《宗谱》中揭示削其名不书的九种人和不齿者六条:九种人指男子为乐艺、僧、道、义男、奸盗、过恶、并犯祖茔、盗卖坟地、嫁娶不计良贱;不齿者六条是一曰弃祖、二曰叛党、三曰犯刑、四曰败伦、五曰背义、六曰杂贱。

《五庆堂谱》"四房"下未载曹雪芹,从上面所举"削其名不书"的凡例中,再据《新考》所记曹仪策的话,可以得到参证。《红楼梦》在清代是禁书,为封建礼法所不容,按谱法曹雪芹是属于所谓"过恶"的人,是列于"背义"、"杂贱"的不齿者,《五庆堂谱》当然要"削其名"了。

宗谱、家谱还有一个特别的通例,即严禁公开,是"内部发行"的。谱书修好后每部编好号码,只颁给族人,不能借与外人,更不许私售,否则便是大逆不道的行为。明代成化年间汪让的《休宁城北汪氏族谱·凡例》规定:"立宗子为号,次第分给,俾其谨藏,毋容私鬻别系。有此许族众经公惩治责赎,若能改过,使众周知,仍将原帙付给。"《尤氏苏常镇宗谱》引乾隆癸卯旧谱跋云:"编号发给,注名领取,以绝冒滥私售之弊。"宣统年间刊印的《吴趋汪氏支谱》附刊有《领谱总号》,编成"久长绵世泽,孝弟振家风"十个字号,凡支下承领的"将其世系及名注于某字、某号之下,以备考核"。《桐城陈氏支谱·家规》明定:"甚或鬻谱卖宗,又或誊写原本,瞒公射利,钻改涂抹,借端生衅,此种不肖,深可痛恨,重加惩罚,并出黜之,追其谱牒,不许入祠。"

《五庆堂谱》业经《新考》考定,论证俱全,绝非伪作。以上引证谱牒凡例不许外传、私售,更可说明《五庆堂谱》决非赝品。从中国谱牒学的史实看来,唐代以前为了出仕和地位,多以氏族郡望相矜,所以谱牒学盛,有假造谱牒,联于甲族的事,唐以后谱牒完全失去作用,渐形泯废,不为人所注重。这在郑樵的《氏族略·氏族序》中已作了说明,所以乾隆收天下之书编《四库全书》独不收家谱,《清史稿·艺文志》也不为谱牒列目。凡作伪造假,都有目的和作用。非图名即牟利。谱牒禁止私售,曹氏又不是显赫的大族,即以常识与常情来判断,哪有这样的呆汉痴子去伪造一部宗谱呢?

宗谱、家谱的内容一般先叙族姓的源流，世系谱表，次明郡望及分派和移住始末；然后是所谓恩荣表，举凡制诰、进士、举人、武进士、武举、贡生、仕宦、征辟、封荫、文学、武学、国学、恩例、冠带、顶戴、旌节、耆寿，无不备载。《祠宇志》记载祠堂，并及祠规、祠记、祠产、义壮、义田以至家礼。"冢墓志"以明祖先茔墓之所在及其四至，有些谱牒还附有图记。以下则是家传，并收录其墓志铭、行状、寿序，或年谱、像赞等。最后有著述一门，载族中祖先的著述、诗文等。

修谱之一就是为了明血统，序昭穆，所以最忌"窜入别派，紊乱吾宗"，认为是"获罪前人"、"获戾于先世"的，除因历世邈远，考核失真以致错误外，是泾渭分明的。纪昀的《景城家谱序例》首先声明："谱题景城，示别也，有同县而非族者也。崔庄著矣，曰景城不忘本也。汉将军，晋司徒，族系既别，少瑜吴姓，史亦明书，流合源殊，邈无显证。"像曹寅著述等身，一时名流，皆与交游，曹鼎望之子曹鈶（冲谷）和曹寅的交往尤为深切，但曹鼎望在康熙九年重修《浭阳曹氏族谱》时却只字不提曹寅一家，这只能说明正因为曹寅既不是丰润人，又"非我族类"，所以只字不提。特别是到了康熙三十一年由曹鼎望修撰、曹冲谷订正重修《丰润县志》时，仍不提曹寅一字，由此足证曹雪芹的籍贯确实不是丰润，而是辽阳。

正因为屡次修谱，后谱多收录前谱的旧序跋，以宗谱统支谱，追溯较远，说明其分派和移居始末，后世的纂修者考核不清楚，此所以《五庆堂谱》误羼入不是同宗的元末明初的曹良臣，这可能是一个原因。

修谱必明郡望，谱前大都著明里籍，但在封建社会里为了炫耀自己的祖先，多虚经动阀，自抬声价，谱牒作为史料的缺点正在此。钱大昕《十驾斋养新录》卷一二《郡望》条云：

> 魏晋以门第取士，单寒之家，屏充弗齿，士大夫始以郡望自矜。唐宋重进士科，士皆怀牒就试，无复流品之分。士既贵显，又多寄居他乡，不知有郡望者，盖已五六百年。惟民间嫁娶名帖，偶一用之，言王必曰琅玡，言李必曰陇西，言张必曰清河，言刘必曰彭城，言周必曰汝南，言顾必曰武陵，言朱必曰沛国。至于始祖何时，迁徙何时，则概置之不问，此习俗之至为可笑者也。

攀附陋习，不仅流播民间，《汉书·萧望之传》颜师古注有一则记载：

> 近世谱牒，妄相依附，乃云望之萧何之后，追次昭穆，流俗学者，共祖述焉。夫酇侯，汉室功臣，名高位重。望之巨儒硕学，博览古今，若其相承，何以后之史传不详。《汉书》既不序论，后人焉所取信？不然之事，斯可讥矣。

一个时期的社会积习，要消除它的影响不很容易，明太祖朱元璋是雄才有为的一代开国之主，却也未能免俗，几乎闹了笑话。

吕毖《明朝小史》卷一载："帝（朱元璋）始与诸臣议修玉牒，欲祖朱文公。一日，见徽州有姓朱者，为黄史，问其果为文公后乎？其人对曰'非也'。帝心顿悟，谓一典史，尚不肯祖朱子，而我国家，又可祖乎？乃却众议。"

引录这几条资料，无非说明一个问题，为什么明清曹姓的宗谱、家谱多以曹参、曹彬为先祖？杜甫是有识见的伟大诗人，同时佩仰曹操老气横秋的诗篇，所以在《丹青引》赠曹将军霸，恭维他"将军魏武之子孙"，也有些根据。明清时期姓曹的颇讳言为曹操之后（封建社会流俗对曹操的评价，与近现代是截然不同的），同时又多根据欧阳修"姓氏之出，其来也远，故其上也，多亡不见"的谱例，说是曹参之后，又怕扯得太远，所以《五庆堂谱》会附会一位明代的开国功臣，皇帝赐"铁券"的曹良臣作为始祖吧。总之，《五庆堂谱》的始祖不是曹良臣，这一点已是无可怀疑的事实，那么，现在此谱以曹良臣为始祖，如果不是误会，便是出于攀附，除此之外似乎不大可能再有别的原因了。

谱牒，已是历史陈迹了，但谱牒之学是历史科学中的一项专门学问，用以佐证历史，并且可供研究社会学、民俗学、人文地理、遗传学等的参考，还可以补地方志的不足，它是有一定作用的。我们翻阅习见的书籍，如裴松之注《三国志》就引用了家谱，裴骃的《史记·索隐》和颜师古的《汉书注》就引用家谱来证史事，此外像李善的《文选注》，郦道元的注《水经》，刘孝标的注《世说新语》等，都是引证家谱而获得实证，有的还纠正了原书的错误。至于欧阳修的《新唐书·宰相世系表》，集诸家谱牒而成，这是稍具史学史知识的同志所了解的。

后序

其庸同志治学谨严，据《五庆堂重修辽东曹氏宗谱》，参证大量文献与实物，考定曹雪芹的籍贯，为我们坚持马克思主义的科学态度，实事求是的研究方法提供了一个样式。但考定曹雪芹的籍贯，仅仅是研究《红楼梦》及其作者的新的长征起点而已。为提高整个中华民族的科学文化水平，任重道远，还有无数艰巨的工作在后头哩！

1978 年 9 月 22 日序于京华旅次

《曹雪芹家世·红楼梦文物图录》序

［周策纵］

　　冯其庸教授一年以前告诉我，他正在编辑一部《曹雪芹家世·红楼梦文物图录》，并且要我写一篇序。我听到他编辑这书的消息，特别高兴：一方面因为过去虽然已有了好些关于《红楼梦》图咏的书，但都只是些绣像、题咏、书影、影录或连环画之类，很少注意到文物和史料的图片。他这书正好填补了这个缺失，可说是空前之作，也该是大家十分乐于见到的。另一方面，因为近些年来，其庸从事并推动《红楼梦》研究，非常努力，他对曹雪芹家世史料的发掘整理，和《红楼梦》版本的考订校刊，都有很多贡献。由他来编辑这部《图录》，该是最恰当了。

　　图画和影像往往是解说一件事物或观念最有效的方式。多年来，在西洋流行着一句据说是中国的谚语：One picture is worth a thousand words. 可是我一直找不到它在中国的准确根源，也许是《南史》萧摩诃传所说"千闻不如一见"的意译。《汉书·赵充国传》作"百闻不如一见"。但都不说到图画。现在姑且译回作"一图值千言"或"千言万语不如一幅画"。总之，这句谚语可能真是中国的；就我所知，欧美 19 世纪或以前，有些作家虽然也说过图画比语言更便于解说，却不见说过上面这句话。不论如何，这简短有力的至理名言，正可说明其庸这册《图录》的重要性。

　　这书包括辽、沈、北京、苏州、南京、扬州等地的碑拓和遗迹图片三百八十四件，史籍谱牒等文献图片六十七件，书画、塑像、笔山、石砚、木箱等文物图片一百一十二件，版本书影一百六十七件，加上附录等共收图片七百三十二件。这即使仍不能说是十全十足，至少是洋洋大观了。"一图值千言"，若要把这些文物史迹只用语言文字来说明，不但千言万语说不清，而且读者更不会得到《图录》所给予的印象那么直接、准确而亲切。

不但如此，这些图片中，有些实物具有极高度的史料价值，许多红学家早已知道了。可是也有些似乎是大家还不曾充分注意的，例如辽阳《大金喇嘛法师宝记》碑文中说："钦奉皇上旨，八王府令旨，乃建宝塔。"这里所说的"八王"，应即多尔衮的同母兄阿济格。同县的《重建玉皇庙碑记》里也有"念我皇上、贝勒、驸马总镇佟养性"云云。这个"贝勒"，自然也是八贝勒阿济格。这就使我们更能了解曹雪芹的高祖曹振彦不但和多尔衮本人有过旗属关系，而且和他的兄弟也有些关联。因此又能使我们了解为什么阿济格的第四代孙墨香会成为目前所知《红楼梦》的最早收藏者，为什么阿济格的第五代孙敦敏、敦诚又会是曹雪芹的好友。关于这点，还有曹家和佟养性一家的关系，以及这些关系所引起的许多后果，我在另一长文《曹雪芹家世政治关系溯源》里已详细论列，这里便不再说了。

不过我仍须在这里指出，这册《图录》出版后，一定会引起许多红学家和一般《红楼梦》爱好者的绝大兴趣，大家一定能从这些图片中得到许多启发，作出更进一步的研究成果来。

现当这珍贵的《图录》付梓之际，特题小诗一首，以志一时观感：

> 长白寻碑翠墨繁，一编辛苦溯渊源。
>
> 红楼梦幻真何地？黄叶凄迷或有村？
>
> 岂有箱图追韵迹？曷从笔砚摁情根？
>
> 绳床日夕琳琅伴，闳奥风骚敢细论。

1982 年 5 月 31 日于香港中文大学雅礼宾馆

积学集成　大家风范

——初读冯其庸《瓜饭楼重校评批红楼梦》

[吕启祥]

　　宽堂冯其庸先生积十数年之功倾力完成的《瓜饭楼重校评批红楼梦》于 2005 年元月由辽宁人民出版社出版发行。全书由墨色正文和朱色批语组成，共计一百六十万字，书前彩色书影及印章二十幅，书中彩色工笔画插图三十幅，封面雅致，装帧大气，印制上乘。本书以其体式的包容性、内容的集成性展现出丰厚的学术含量和作者的大家风范，它的面世是学术界和出版界值得庆贺的一桩盛事，也是红学爱好者和广大读者欢迎的一件幸事。

　　我们可以从文化品位、学术内涵和治学精神诸方面来认识这部新著（冯评本）对读书界和学术界的意义。

　　冯评本采用繁体字、直排，评批文字取浅近文言，体式承继传统的评点而有所革新。此种风貌绝不是简单的形式问题，而是一种具有远见卓识的文化选择，要求评者具备深厚的文化修养和文字功力，体现出一种很高的文化品位。如今的年轻人已不识繁体字，包括文科学生，这样就难读中国古籍，对传统文化不能继承，何谈创新。因而少量图书采用繁体字是必要的、有远见的。红楼梦本身是古典白话小说，即用繁体字，可以作为识繁的一种读本。

　　"评点批阅"是传统的文学鉴赏和批评的一种形式，渊源有自，在红学史上早已成为一大流派，从《脂砚斋重评石头记》起，自嘉道以降风行不绝，建国以后遂而消歇，至近年方又复起。冯评本承继了这种传统的形式而又有革新和发展：在全书之前撰写了一篇三万余字的长序作为导读；每回之后均有回后批，平均在六七百字，长者达四千余字，总说本回要点特色，或叙成议或举证，其实相当于百余篇文章；再加上大量的随文眉批和双行小字批。可以说从宏观、中观至微观都照顾到了，这样，既避免了传统评点的零星片断、只重即兴感发的缺欠，又保留和发扬了它自由度大、包容量强的优长。今天的读者看到这种朱墨两色套印的评批本，可以十分直观地感受这种传统体式的优长，在评批者的引领下进入红楼梦的艺术世界。

全书的评批文字采用浅近文言，言简意赅、语约义丰，且常以诗句炼语作评，更觉韵味深长，传统评点中那些精彩的评语往往给人留下了深刻印象，如清代一位评家曾以"两个黄鹂鸣翠柳"、"数声清磬出云间"来形容凤姐和贾芸两人对话的宛转流利、清脆可闻。现在我们在冯评本中看到了这样的风貌，而且新意迭出，更胜前人。兹举数例，以窥一斑。如批宝黛诉肺腑，非言语所能达，则曰"长恨言语浅，不如人意深"（三十二回）；批元妃省亲之候驾肃静场面谓"万木无声待雨来"也，离去之际强忍悲痛批曰"别时容易见时难"也（十七、十八回）；批宝玉离开村姑二丫头则曰书中"车轻马快，转眼无踪"两句如读古诗"人生寄一世，奄忽若飙尘"（十五回）；批宝玉闻金钏死讯，恨不得跟了去，则谓"魂一夕而九逝"矣，精诚已随金钏去也（三十二回）；批鸳鸯难逃贾赦魔掌则谓"茫茫大难愁来日"也（四十六回）；批文章高潮过后之余横生则谓"余霞散成绮"也（第九回）；批妙玉亲自烹茶，引东坡句云："磨成不敢付僮仆，自看雪汤生玑珠"（四十一回）；批宝钗之诗签"任是无情也动人"则当做"任是动人也无情"解（六十三回），余不多举。关于小说中诗会之作虽是代言，而评者谙作诗之道，对各人之诗及联句，亦指点高下，有助于读者鉴赏。

当然评批并非都用诗句才见精彩，多数是散体，如批凤姐不信报应谓只"迷信权力"、迷信银子，"到底开价了"，并在回末评中指出弄权一事揭露之深不亚于乱判葫芦案（十五回）；又如黛玉曾对宝玉说："我为的是我的心"，袭人劝箴也说"可知我心里是怎么样"，此处批曰"前面是与黛玉论心，此处却与袭人论心，然所论却非一心也"（二十一回）；批宝钗训斥莺儿回护贾环是"只有主奴之分，没有是非之分"（二十回）；提示"小红一串话连用十六个奶奶"（二十七回）；五十四回元宵夜宴将尽，批语特意抉出凤姐话中的"散了，散了"、"完了，完了"、"那里还知道底下的事了"，并指出小戏子打的《莲花落》，"乃乞食之歌也"，警示读者此皆衰败之兆。

总之，一字、一词、一句、一段的点拨提示有赖于评者文字、文学包括小说、诗歌、戏剧、绘画等多方面的修养。从人物塑造到谋篇布局，从遣词造字到写景状物，都是评点这种体式可以发挥也是极见评点家识力的地方。

试想一部百万字大书，从头至尾要费多少神思气力！具有如此文化品位的著作，在当代出版物中实属难得。

正因为评批本这种体式相对自由、包容度大或曰弹性很大，因而它具有丰富的学术内容，更能充分体现评批者的学养阅历、襟怀气度。冯先生是学问家，他治红学，亦治中国文学史、文化史、戏曲史、艺术史。以红学论，几十年来冯先生在家世研究、版本研究、思想研究等方面都不断有专著问世，还主编过多种《红楼梦》的校本、辞典等。这些成果或曰其中的精华都荟萃浓缩在这个重校评批本之中。

好的版本是阅读和评批的基础，选择早期脂本作为底本和主要校本原是不言而喻的事，因为它比较接近曹雪芹的原著，这本是红学界多数的共识，也得到广大读者的认同。然而由于有否定脂本、认其为伪为劣的意见和著作在，因而重申脂本为真为优也就有其必要。冯先生有《石头记脂本研究》等版本方面的著作，选择庚辰本为底本，以甲戌、己卯、列藏等为主要校本是他的一贯主张，此次仍本此旨而重新校阅一遍，其于程本的长短优劣自不必一一列出，而某些关键处则仍在评批中加以说明，相信对读者是很有助益的。

评批部分量大、面广，凡例已经说明本书将早期抄本的脂评"择要录入"，这样，读者可以从本书直接看到这些最早的具有文献价值的脂评，而且通过冯评得到进一步的理解和证实。比如在作品的素材来源即曹家的家世方面脂评有所点醒和提示，往往只寥寥数语，冯评则以翔实的材料给予拓展和充实。曹家由盛而衰的最大关节在于南巡接驾和抄家败落两大事件，脂评都有所透露。第十六回回前脂批有"借省亲事写南巡，出脱心中多少忆昔感今"之语，冯评本在眉批中进一步揭示凤姐与赵姨一段闲话"是明指康熙南巡也"，"按康熙三十八年，第三次南巡，曹寅第一次接驾，以后康熙四十二年，四十四年，四十六年，共四次，均由曹寅接驾。此处明写接驾四次，脂批有说是'点正题正文'、'真有是事，经过见过'。""'拿着皇帝家的银子往皇帝身上使'，此是警醒之笔，意外之言，实即指曹寅当年接驾，大量亏空，皆'往皇帝身上使'也，孰知竟因此败家乎！"在本回回后评中引述了当年泰州诗人张符骧《竹西词》中咏南巡接驾的四首诗，其中有句云"五色云霞空外悬，可怜锦绣欲瞒天"、"三汊河干筑帝家，金钱滥用比泥沙"等等，可见排场之奢，耗费之钜。关于曹家的发家及败落在第一回甄士隐故事、第二回"成则王侯败则贼"、第五回荣宁二公嘱托、第七回焦大醉骂、第十三回秦氏托梦，以及五十三回乌庄头送租等多处都有寓托喻指，冯评本均在脂批的基础上拓展充实。比如说："曹家最初确是以军功起家的。""曹寅四次接驾，亏空巨额国帑，赖康熙维持，康熙一死，则曹家再无靠山矣。"终至在雍正六年，获罪抄家，彻底败落。可以见出评批本吸纳了家世研究的成果。

这些史实，当然不可能是自传说的依据，正如第一回回后评中所说"作者只是家庭兴衰之过来人，其作小说，只是以故家祸福及亲朋祸福为素材"，而平生的闻见、社会的风习、时代的氛围、思潮的激荡更会给作家以深刻的多方面的影响，正是在这些方面冯评本有更为开阔的眼界，给读者提供了理解作品更丰富的资源。

清初社会号称康乾盛世，而敏感的作家觉察到了回光返照的末世景象，所谓外面的架子虽未甚倒，内囊却已虚空腐朽了。第四回乱判葫芦案的描写和护官符的讽世意义已为人所熟知。清代贪官之多贪污之甚有出于人们意想者，本书第四回冯评眉批有云："护官符写透官场，写透世情。""康乾盛世，其高官都有贪黩劣迹，如康熙朝之徐乾学、高士其、李光地、王鸿绪等，皆为贪官，乾隆宰相和珅，更是大贪污犯，雪芹写此一桩小小官司，亦即小见大也。"和珅是大贪，人们都知道，而上举那些清初名臣，竟然都有贪污劣迹，可见官场空气之污浊，居然像传染病一样，如此盛世焉能持久！曹家在伺候皇帝之外还要上下里外打点，以致落到精穷、落下赔补不完的亏空也就不足奇怪了。在思想领域里，明末清初出现的有悖正统的学说应是那个时代重要的思想资源，这对理解小说主人公贾宝玉的乖僻心性、痴狂言行至关重要，也是本书批语的重要方面。如第三回之后评谓宝玉"除四书外，杜撰的太多"一语，是当时反程朱理学思潮之透露，自明以来，反理学者咸以为程朱曲解孔孟。第十九回"禄蠹"一段眉批云"一段石破天惊之语"、"骂尽天下腐儒"。第三十六回之回后评宝玉痛骂士大夫死名死节一段痛快淋漓，谓可与晚明李卓吾，清代黄宗羲、顾炎武、王夫之、傅山、颜元、唐甄、戴震、袁枚诸人的思想言论对看互参。指出这些反正统的思想，正是雪芹的思想渊源之现实基础。在第三回"女子无才便是德"之眉批中特别强调理学扼杀女性生机，"清廷大力提倡程朱理学，提倡妇女守节。夫死，守节三十年者为'节妇'，夫死殉夫者为'烈妇'，未婚夫死而以死殉者为'烈女'，各树贞节牌坊，免其赋役。故愚民殉死者成风，所谓'饿死事小，失节事大'也。……此戴震所言'以理杀人'之又一形态也。"冯先生近年有《论红楼梦思想》一书，可以说此书的许多心得都已融入评点本中了。

此外，清初社会还有一些为现代读者感到隔膜的风气和制度，评批本也给予了相当的注意，如王公贵戚的狎昵戏子、同性恋之风以及国丧期间的守制停乐等等。第三十三回忠顺王府索要琪官，谓"断断少不得此人"，该回在回后评中以几近一页的篇幅引用曹雪芹同时代人赵翼著作中《梨园色艺》的记载，见出其时"京师梨园中有色艺者，士大夫往往与之相狎"。不仅有名有姓，且与之交游，为之风靡。同回眉批更引蒋士铨诗《戏旦》末句"不道衣冠乐贵游，官妓居然是男子"。此类背景材料，对忠顺王府索人这一宝玉挨打的导火线，当有更为真切的了解。五十八回回后评中针对本回老太妃薨逝须按例守制遣散戏班的描写，评语中特别记叙康熙二十八年国丧期间，京中因演《长生殿》传奇，致使作者洪昇落职，十五年后，曹寅在南京隆重延请洪昇重演此剧。这些史实，既涉及"国丧停乐"，又表现了曹寅与洪昇的情谊和他的戏剧造诣。均有助于了解小说情节及作者家学。小说中出现不少西洋物品，本书在相关批语中也提供了相当丰富的背景材料。

以上从时代、历史、家世、版本诸多方面来看评批本的学术含量，可以看出具有一种集成的风貌。

冯先生今已八十开外，以他的人生阅历和广闻博见，在评批中不期而然地会发出慨然之叹，何尝不与昔之作书人与今之读书人相通呢！如四十八回写讹诈石呆子古扇，冯批曰，"四人帮"败后，"予曾见故宫展览康生所藏古砚极多，皆第一流珍玩。""康生等亦是用贾雨村之法得之。"又如书中写凤姐挪用月钱放债生息及等人送贿，评者联想到抗战时亲历欠薪之苦，"其时物价飞涨，半月后已贬去其半矣，不意凤姐早已发明在先"。又"凤姐要等送足了方办此事"；"雪芹一支笔，于二百年前，直写到今天"（见三十六、三十九回眉批）。此外，冯先生还以自己多方面的阅历闻见来参证书中的某些描写，如说自己曾在江西种茶，自采自制自烹乃初识茶味；

数十年来喜看传统戏曲，故深味一举手一摔袖便能通情；三汊河行宫遗迹亦曾多次亲临考察，可以想见昔日之水上豪华。总之，丰富的人生阅历在书中留下了时代的和个人的印记。

冯评本是一笔精神财富，告诉人们应当怎样治学。冯先生是实践家，他行万里路，七度西行，入沙漠，越冰山，阅尽艰险。研究、评批《红楼梦》正如攀登一座文学的高峰、文化的高峰。十八年前冯先生在他的《八家评批红楼梦》序言中，主张"应该给评点派红楼梦以应有的历史地位"，呼吁有当世学者来"评批一部《红楼梦》"，冯先生以坚忍不拔的毅力实践了这个期盼。这里要特别提到本书卷首的照片，这是收入书中的唯一一张作者个人照，为冯先生 1998 年 8 月在帕米尔高原之明铁盖达阪山口，系一千多年前唐僧取经回国入口处。冯先生何以珍视这张照片？记得当时赵朴老尚在世，曾对冯先生说："这件事是中国佛教界想做而未曾做之事，而你居然做到了。"可见其意义之重大。而对冯先生个人而言，始终以玄奘取经之宏愿毅力自我策励，此重校评批本巨帙，虽长途跋涉，未尝懈怠，终至告竣。置此照片于首，当有深意存焉。冯评本所体现的坚忍不拔、锲而不舍的精神，是超越红学、超越学术的。

写于 2005 年 1 月

——发表于《博览群书》2005 年第 2 期

冯其庸先生的红学研究

[李广柏]

　　冯其庸先生是研究文史和传统艺术的专家，又是诗人、书法家、画家。在各个领域，都有精深的造诣。他学生时代就对《红楼梦》有较为深入的了解，后来到中国人民大学中文系任教，《红楼梦》是他的授课内容之一。20 世纪 70 年代，冯先生在《红楼梦》研究中新的发现和新的成果，为学术界所瞩目。我国历史进入新时期以后，冯先生继续致力于《红楼梦》研究，并成为新时期红学的中心人物。

　　1979 年 1 月，文化部文学艺术研究院（1980 年更名为中国艺术研究院）在文化部《红楼梦》校注小组的基础上成立红楼梦研究所，冯其庸任所长。1979 年 5 月《红楼梦学刊》创刊，茅盾、王昆仑任顾问，王朝闻、冯其庸任主编（实际主编是冯其庸）。

　　1980 年 6 月 16 日至 20 日，由美籍华裔学者周策纵发起的首届国际《红楼梦》研讨会，在美国威斯康星大学举行。与会学者来自世界各地，共八十多人。中国的冯其庸、周汝昌、陈毓罴、潘重规（台湾）应邀参加会议。俞平伯受到邀请，因年高有病未能成行。美国参加会议的有周策纵、赵冈、余英时、韩南、马幼垣等。其他参加会议的著名红学家有日本的伊藤漱平，英国的霍克思，加拿大的叶嘉莹等。大会对《红楼梦》的作者、版本、思想、社会意义和文学价值，进行了探讨。

　　1980 年 7 月 21 日至 30 日，首届全国《红楼梦》学术讨论会在哈尔滨举行，来自全国各地的与会学者 137 人。大会就三十年间红学研究的成败得失进行了热烈讨论，并对解放思想、寻求学术上重大突破的问题，提出了某些设想。经过酝酿与磋商，在 7 月 30 日本次讨论会闭幕式上成立了"中国红楼梦学会"，推选茅盾、王昆仑担任名誉会长，吴组缃担任会长，冯其庸、李希凡、张毕来、陈毓罴任副会长；而后来实际主持学会工作的是副会长兼秘书长的冯其庸。吴组缃因年事已高，于 1983 年辞去会长职务。1985 年在贵阳召开的第五次全国《红楼梦》学术讨论会期间，经学会理事和常务理事联席会议酝酿讨论，推举冯其庸为会长。

冯其庸先生为促成中国红楼梦学会的成立，促成红学研究机构、红学刊物的创立，推动海峡两岸学术交流和国内外学术交流，团结和培养红学研究队伍，作出了重要贡献。他除了个人独立进行红学研究以外，还倡导和组织了多种卷帙浩繁的红学基础工程，如《红楼梦》校注，"脂评"本汇校，《红楼梦大辞典》的编纂，《八家评批红楼梦》的纂辑，都在学术文化界产生了重大影响。

一、作为学者和艺术家的冯其庸先生

冯先生，名迟，字其庸，号宽堂，1924 年 2 月 3 日（农历癸亥年十二月二十九日）出生于江苏无锡县前洲镇北二里许的名叫冯巷的村落。小时候家境贫寒。他每当回忆起幼年瓜菜为食的日子，便凄然动容。他将自己的书斋取名为"瓜饭楼"，就是因为不能忘记那苦难的经历和当年患难相依的亲人。

冯先生读小学时，是半耕半读；读到五年级，抗日战争爆发，学校停办，便回家做农活。从 1940 年起他到前洲镇上的青城中学（初中）读书，仍是半耕半读。1943 年上无锡工专（高中），学纺织科印染学，因交不起学费，只读了一年。那些年，无论是半耕半读，还是完全在家做农活，幼年的冯先生，总是雪窗萤火，读书，写字，画画。江南的山水和学术文化氛围，启迪了他的灵性。他先后读的书有：《论语》、《孟子》、《大学》、《中庸》、《左传》、《战国策》、《史记精华录》、《古文观止》、《东莱博议》，以及《三国演义》、《水浒传》、《西游记》、《荡寇志》、《西厢记》、《聊斋志异》、《东周列国志》、《封神演义》、《三侠五义》、《红楼梦》、《古文辞类纂》、《六朝文絜》、《唐诗三百首》、《古诗源》、《水云楼词》、《饮水词》、《秋水轩尺牍》、《雪鸿轩尺牍》、《夜雨秋灯录》、《浮生六记》、《陶庵梦忆》、《西湖梦寻》、《琅嬛文集》、《西青散记》，等等。同时，他十多岁便在诗词和书画方面表现出颖异的天分。就读无锡工专（高中）时，国文老师组织了湖山诗社，邀冯其庸参加，并要冯其庸写一首诗出来看看。冯其庸踌躇之后就以无锡的"东林书院"为题写了四句："东林剩有草纵横，海内何人续旧盟。今日湖山重结社，振兴绝学仗先生。"这是冯其庸先生生平写的第一首诗。国文老师看后在诗稿上批了一句："清快，有诗才。"

1946 年初冯先生考进无锡国专（无锡国学专修学校）。1948 年 12 月在无锡国专毕业。无锡国专是一所"以整理固有学术、发扬民族文化为宗旨"的带有书院色彩的大学，也是我国现代史上坚持国学教育时间最长、培养国学人才最多的国学专门院校。冯先生就读无锡国专，这对他一生的学术文化事业有着重要意义。

无锡国专创办于 1920 年，初名无锡国学专修馆，聘请曾任南洋大学校长的前清进士唐文治任馆长。1927 年改名为无锡国学专门学院。1930 年由南京国民政府教育部更名为无锡国学专修学校。抗日战争期间，无锡国专辗转迁到桂林，又一度在上海租界设立分校。抗战胜利后学校返回无锡。无锡国专坚持国学教育，直至 1950 年新中国大学调整，并入他校，前后历史共三十年。毕业的学生总数有一千八百人左右。无锡国专自始至终，由唐文治任校长，而且名师云集。早先的教授有陈衍、钱基博、李审言、顾实、朱文熊等，章太炎也经常来校作专题讲座。40 年代以后，又有王蘧常、冯振心、周予同、周谷城、蔡尚思、钱萼孙、童书业、朱东润、吴白匋、赵景深、周贻白、徐震、张世禄等，在此任教。国专的课程除文字学、音韵学、修辞学、目录学、中国文学史、中国文化史、中国哲学史等综论以外，研读的都是经史子集的专书，而且要求"熟读精审"、"虚心涵咏"，尤其注重培养独立研究探讨与赋诗填词、写作各类文章的功力。这样的教学内容、教学方法和学术风气在 20 世纪 20 年代以后的中国大学文科中，可以说是独树一帜。

冯先生在无锡国专，致力于文字学、目录版本学、诗词学及《史记》、"杜诗"、《老子》、《庄子》等专书。童书业讲《秦汉史》，冯振心讲《说文》，王蘧常讲《诸子概论》和《庄子》，顾廷龙讲目录版本，朱东润讲"杜诗"、《史记》，吴白匋讲词，周贻白讲戏曲史，钱宾四讲如何作学术研究，等等，都给他留下深刻印象，给他无穷的启迪。在校学习期间，冯先生开始在当地的《大锡报》上发表一些词和短文。有一篇《澄江八日记》登在1947年10月20日《大锡报》上,是调查清兵入关后江阴屠城之遗迹的,是冯先生以后在学术研究中注重实地考察的开端。因为爱好诗词,冯先生还和同学组织了"国风诗社",出了诗词刊《国风》。1947年冯先生因参与学潮,无锡城防指挥部要逮捕他,他得知后,秘密转移到无锡国专上海分校,得到在上海分校主持教务的王蘧常先生的掩护与帮助。半年后又回到无锡。冯先生由此机缘得与大书法家、学问家王蘧常亲密交往,受益多多。冯其庸先生在无锡国专的三年,是他学习国学的三年,也是学习书法、绘画的三年。无锡国专,使他在国学和诗词书画方面打下了深厚基础。

1949年4月人民解放军渡过长江,冯先生参加解放军,先分配到苏南行署工作,1949年9月派到无锡第一女中教书。1954年冯先生调到中国人民大学中文系教古典文学。在中国人民大学历任讲师、副教授、教授等职。

冯先生在中国人民大学任教的时候,仍然刻苦读书,几乎每天要工作到深夜一二点钟。为了教好"中国古典文学"这门课,他从先秦的《诗经》《楚辞》到明清文学,依次重读深研,并撰写了一部六七十万字的"中国文学史"讲义。同时,从1954年到"文革"前的短短十二年,他在报刊上发表了上百篇论文。其中有关古代文学史和古典文学作品的论文,后来编成《逝川集》,由陕西人民出版社1980年出版。那时大学中文系的"中国文学史"课还要配合讲"作品选",冯先生在讲授作品选的基础上,主编了一本《历代文选》,1962年由中国青年出版社出版。这是新中国流行的第一部古代散文选,至今一直在重印。当年毛泽东主席读到这本书,给予称赞。

冯先生从小爱好戏剧,接受过江南一带戏曲的熏陶。到北京工作以后,更接触到北京的戏剧艺术以及从全国各地赴京表演的戏剧艺术。于是,他开始了戏剧研究和戏剧评论。第一篇戏剧评论是国庆十周年之际在《戏剧报》上发表的,题目是《三看"二度梅"》,评论湖北陈伯华的汉剧艺术。戏剧家田汉读后大为赞赏,特地请冯其庸同吴晗、翦伯赞等人一起吃饭,向吴、翦等介绍这篇文章。此后数年,冯其庸又连续发表一批戏剧评论文章,如《从"绿衣人传"到"李慧娘"》、《麒派杰作〈乌龙院〉》、《戏曲表现现代生活的几个问题》及评《芦荡火种》的文章,都在当时产生过较大影响。后来编为《春草集》,由上海文艺出版社1979年出版。《春草集》中还收有一篇因古典戏剧而联系到哲学问题的文章，题为《彻底批判封建道德》。文章中针对当时学界完全否定清官和清官戏的言论，提出"我们没有必要否定封建社会的清官"、"不主张把历史上的清官廉吏都一笔抹倒"的看法。这篇文章在当时得到毛主席的称赞。

冯先生从小就爱好书法和绘画。早年下功夫临写欧阳询的楷书《九成宫碑》、《皇甫君碑》、《虞恭公碑》、《化度寺碑》。又临写文征明的小楷《离骚经》，临魏碑《张猛龙碑》和《张黑女墓志》，临隶书《张迁碑》、《曹全碑》、《孔宙碑》、《衡方碑》、《朝侯小子碑》，临篆书《滑台新驿记》、《石鼓文》，等等。后来冯先生游历各地，细心寻访碑刻墨迹，如到汉中仔细观察了从褒斜道取出的《石门铭》，到曲阜看西汉的五凤刻石，到山东莱州细读《郑文公碑》以及邹县的《莱子侯碑》，到洛阳观赏"龙门二十品"，到长沙看《麓山寺碑》，还看了兰州汉简研究所保存的出土汉简、新疆高昌墓志墨迹、山西出土的画像石上的墨书汉隶，敦煌写经，等等。冯先生寻访各地碑刻墨迹，对古人的笔锋墨痕有亲切的感知，便使其书艺日臻上上境。不过，冯先生最喜欢的还是王羲之的行书、草书，如《圣教序》、《兰亭序》和《十七帖》，曾反复临摹，对神龙本《兰亭序》双钩多次；而尤为钟情的是《丧乱帖》、《二谢帖》、《得示帖》、《频有哀祸帖》、《孔侍中帖》，认为此五帖"真能传右军之风神"。冯先生得力于右军书札笔法的行草，风神潇洒，意远韵长，最富魅力。

冯先生幼年临习《芥子园画谱》。在无锡工专（高中）读书时得遇无锡著名山水画家诸健秋，受益匪浅。冯先生后来忙于教学和学术研究，但绘画的兴趣丝毫不减，除用心揣摩五代两宋名家及徐文长、齐白石等前贤的画作以外，还先后结识了刘海粟、朱屺瞻、谢稚柳、唐云、启功、徐邦达、张伯驹、许麟庐、周怀民等画苑大师，亲眼看他们挥毫点染。这些经历使他悟到什么是第一流的境界，悟到古人之"构图用笔，皆师造化所得"。他的画先以花卉为主，后来拓展到山水。近二十年十次考察新疆丝绸之路和玄奘取经之路，我国西北的山川风物进入他的绘画，他的画也因此上升到更高的境界。

冯先生几次在北京、上海举办书画展，受到各界人士的宝重与推崇。文物出版社2005年出版《冯其庸书画集》，中华书局2009年出版《冯其庸山水画集》。当代书画大家徐邦达、启功、刘海粟、杨仁恺等赞赏冯先生的书法得二王之神韵，绘画得文人画之真意。他的书画蕴涵诗情韵味，透露他的学养和人格精神。笔者以为，冯先生是才子型的学者，又是学者型的艺术家，集学问和艺术于一身。

冯先生涉猎的领域，还有原始文化和傩文化、汉代画像石和画像砖、紫砂艺术、园林艺术及摄影艺术。凡涉及的领域，他都有相当精到的思考与见解。这方面的重要论著有《关于中国文化史的几点随想》（1988）、《陈从周〈园林谈丛〉序》（1979）、《一个持续五千年的文化现象——良渚玉器上神人兽面图形的内涵及其衍变》（1991）、《关于傩文化》、《〈傩面具图册〉序》（1993）、《中国古代壁画论要》（1993）、《汉画漫议》（1995）、《汉画的新生》（1996）、《关于中国的陶文化、茶文化及其他》（1989）、《宜兴的紫砂艺术》（1991）、《记陶壶名家顾景洲》（1982）、《走在世纪前列的艺术家——记紫砂工艺大师徐秀棠》（2000）、《工极而韵，紫玉蕴光——周桂珍大师紫砂画册序》（2001）、《天然图画，无尽江山——读周宏兴所藏天然石画集》（1999）、《清水出芙蓉，天然去雕饰——记青年陶瓷家高振宇》（1997），等等。

冯先生的学术工作，坚持将文献研究、实物对证与实地考察相结合。除了关于曹雪芹和《红楼梦》的研究这样做以外，他所有关于中国文史的研究都是这样做的。他把实地调查称为"读天地间最大的一部大书"。他爱山水，喜游历，更推动了他天南地北考察文物古迹的热情。早在1964年，冯先生在陕西终南山下与朋友一起发现了一个蕴藏十分丰富的原始文化遗址；"文革"中他曾在家乡抢救出五件战国时楚国的青铜器，其中一件是有长篇铭文的大型铜鉴，称"鄝陵君鉴"，具有很高的学术价值。他把这五件青铜器捐献给了南京博物馆。他还抢救出一件正德九年明武宗的"罪己诏"，是全国仅存的一件皇帝的罪己诏，具有极高的文献价值和文物价值。他捐献给了第一历史档案馆。为了考证项羽是死于乌江还是死于东城的问题，冯先生三次前往安徽，调查历史上垓下、东城、乌江的地形，了解其方位及各地之间距离，再细心研读种种史料，结合起来进行推断，得出项羽"死于东城"而非死于乌江的结论。

从20世纪80年代起，冯先生除研究红学、主持红楼梦学会和红楼梦研究所的工作以外，又展开更广泛的历史文化研究，特别是从事中国西部历史文化的研究。自1986年他第一次考察天山以北的唐北庭都护府故城和玄奘西行路线上的吐鲁番交河、高昌故城、焉耆、库车（古龟兹国地）以后，二十年里，冯先生十次考察新疆丝绸之路和玄奘取经之路，登昆仑之巅，历罗布泊、塔克拉玛干大漠之险，探居延之奇，寻黑城之谜，艰辛跋涉，到人之所未到，见人之所未见。1995 年，七十三岁高龄的冯其庸先生，拄杖登上四千九百米高的冰雪绵亘的红其拉甫，与公格尔峰和号称冰山之父的慕士塔格峰擦肩而过。1998 年 8 月，七十六岁高龄的冯先生第七次赴新疆考察，攀上海拔四千七百米的喀喇昆仑山巅之明铁盖达坂山口，找到玄奘取经归国入境之古道。冯先生将他的发现写成《玄奘取经东归入境古道考实——帕米尔高原明铁盖山口考察记》，在《法音》、《中国文化研究》、《敦煌吐鲁番研究》等刊物上发表，轰动中外学术界。2005 年 8 月中央电视台和喀什市政府根据冯先生的考证，在明铁盖山口立碑。因为这个活动，冯先生第九次赴新疆，再次登上喀喇昆仑山巅之明铁盖达坂山口，为玄奘立东归碑。碑高两米，正面镌刻"玄奘取经东归古道"，为冯先生所书写；背面有长文介绍此古道的历史及发现过程。立碑之后，冯先生复寻瓦罕古道，至玄奘所记之"公主堡"，得见古建筑尚存；再循此而下即达揭盘陀。经过冯先生的前后考察，玄奘自瓦罕地区逾葱岭，循古道东归之线路，便很明晰了。

　　冯先生九次实地考察，几乎走遍了玄奘取经时走过的国内路线，唯独楼兰、罗布泊因为不易进入，没能进行实地考察。为此，冯先生心里感到不够踏实。2005 年 9 月，八十三岁高龄的冯先生，作为大型文化考察活动"玄奘之路"的总顾问，随考察团从米兰进入，穿越罗布泊，到楼兰、龙城、白龙堆、三陇沙，最后到敦煌，其中整整七天在沙漠中夜宿。这是冯先生第十次考察丝绸之路和玄奘取经之路。十次考察，他终于亲历了玄奘取经时走过的所有国内路线。

　　1995 年文化艺术出版社出版冯先生的《瀚海劫尘》（中国大西部摄影集、西行散记）。这是一部用文字和摄影图片反映西部的历史地理和人文风情的巨著，也是他考察丝绸之路和玄奘取经之路的前期成果。2000 年和 2001 年，分别在上海图书馆和北京中国美术馆举办"冯其庸发现考实玄奘取经之路暨大西部摄影展"，再次用文字和摄影图片，展示出他考察丝绸之路和玄奘取经之路的成果。《瀚海劫尘》和两次大型摄影展，都是学术与艺术的美妙结合。此外，冯先生还撰写了《玄奘西天取经的第二个起点——

〈吐鲁番市方志〉序》（1997）、《〈敦煌吐鲁番学论稿〉书后》（2001）、《流沙今语》（1998）、《〈东方的文明〉初读——雷奈·格鲁塞〈东方的文明〉序》（1998）以及《对新疆石窟艺术的几点思考》（1995）等。新疆石窟是敦煌石窟的先驱。事实上，冯先生十次到西北的考察活动，也包括考察西部的古城遗址、地上地下文物和石窟艺术。他考察了敦煌莫高窟、天水麦积山石窟、永靖炳灵寺石窟、安西榆林窟，又考察了龟兹境内的石窟和高昌石窟（吐鲁番地区的石窟）。出土文物方面，冯先生在甘肃看过放马滩出土的秦简和秦代地图，看过古黑水城一带散落在老百姓手中的竹简，在新疆看过高昌出土的写在砖上的墓志铭，看过吐鲁番出土的《论语》写卷和大量的文书，……冯先生感叹西部文物的丰富超出人们的想象。他说："敦煌文物的发现，诞生了一门世界性的显学：敦煌学。西域文物的大量发现，也会诞生一门新的显学：西域学。"

冯先生曾说："中华民族的强盛之途，除了改革、开放、民主、进步而外，全面开发大西北是又一关键。从历史看，我们国家偏重东南已经很久了，这样众多的人口，这样伟大的民族，岂能久虚西北？回思汉、唐盛世，无不锐意经营西部。现在正是到了全面开发大西北的关键时刻了！我们应该为开发大西部多做点学术工作，多做点调查工作。"当中央开始制定开发大西部的宏伟计划时，冯先生欣欣鼓舞，写了篇《欢呼西部大开发》的文章发表。冯先生从事中国西部历史文化的研究，就是出于对国家、对民族的挚爱和一个人文学者的远见。

冯先生年轻时读《大慈恩寺三藏法师传》和临习《圣教序》时，即为这位圣僧以万死不辞的勇气西天取经的精神所震撼。《圣教序》中有几句话几乎刻在了冯先生的心上："乘危远迈，杖策孤征；积雪晨飞，途间失地。惊砂夕起，空外迷天；万里山川，拨烟霞而进影；百重寒暑，蹑霜雨而前踪。"因此，冯先生很早心里就深藏一个愿望：一定要到西域去，追寻这位圣僧的足迹。冯先生无论是在西行考察途中遇到险阻，还是在"研红"、"考红"时遇到疑义奥区或疾病纠缠，他都以玄奘追求真经的意志和毅力策励自己。

20世纪80年代以后，冯先生除在中国人民大学担任教职、在《红楼梦》研究机构和团体担任领导职务外，又任中国艺术研究院副院长、中国汉画学会会长、中华炎黄文化研究会副会长、中国戏曲学会副会长、敦煌吐鲁番学会顾问。2007年3月文化部聘他为国家古籍保护工作专家委员会顾问；同年 5 月，国务院聘他为点校本"二十四史"及《清史稿》修订委员会顾问。

　　冯其庸先生的红学研究是建立在他的学问和文化艺术修养的深厚基础之上的。

二、与《红楼梦》的结缘

　　冯先生 1943 年上无锡工专（高中）一年级时，有位范老师见他喜欢做诗，就建议他从《红楼梦》里学习做诗，引导他开始步入《红楼梦》的艺术世界。1947 年，冯先生一度转移到无锡国专上海分校学习。在上海分校，听了刘诗荪先生开的《红楼梦》课。一所专门讲授"国学"的学校，开有《红楼梦》的课，这使年青的学子们确立了这样的观念："研究《红楼梦》是一门学问。"

　　1954 年冯先生从江南调到北京中国人民大学中文系任教，适逢全国开展批判胡适、俞平伯的运动。冯先生没有撰写文章，但密切关注运动的发展，并反复研读《红楼梦》以及报刊上有关《红楼梦》的文章。冯先生后来说："这是我认真读《红楼梦》的开始。""文革"初期，冯先生读的《红楼梦》被抄家的人抄走，他便在每天深夜用毛笔抄写影印的庚辰本《石头记》，依原著行款朱墨两色抄写，整整抄了一年。历经世事风雨，个人也遭受了许多磨难，又联想到当时社会的混乱状况和许多友人的遭遇，所以他一字一句抄写时，觉得与曹雪芹的心意相通了，抄到动情之处往往掩卷痛哭。抄完时，他题了一首诗："《红楼》抄罢雨丝丝，正是春归花落时。千古文章多血泪，伤心最此断肠词。"可以说，冯先生手抄庚辰本《石头记》，是"真正深入《红楼梦》的过程"。他日后对《红楼梦》诸方面的深入研究，实有藉于此抄书也。

　　1974 年秋天，国务院文化组副组长袁水拍先生到冯其庸先生住处，就文化事业和古籍整理问题征询冯其庸先生的意见。冯先生建议校订《红楼梦》。袁水拍很重视这个建议，不久就要冯先生草拟一个报告。后来国务院文化组批准成立"《红楼梦》校注组"，由袁水拍担任组长，冯其庸、李希凡任副组长，并向各地借调了一批研究《红楼梦》的学者，而实际主持校注工作的是冯其庸。从此，冯先生便与《红楼梦》结下了不解之缘，一直从事了几十年研究曹雪芹和《红楼梦》的工作。冯先生主持的《红楼梦》的校注，经过七年努力，人民文学出版社于1982年出版了这个校注本。

"五四"以后，胡适提倡"整理国故"。在古典白话小说方面，胡适主张出版"整理过的本子"——本文用标点符号，分节分段，前面有一篇对该书历史的导言。但是，胡适的红学研究主要是小说作者的传记资料以及版本的源流，他并没有对《红楼梦》作过真正意义的"校勘"。在胡适的策划与帮助下，上海亚东图书馆1921年出版《红楼梦》标点本（汪原放点校），底本用的是源出于程甲本的道光十二年（1832）的双清仙馆刻本。1927年，汪原放用胡适所藏的程乙本作为底本重新标点排印《红楼梦》，操作方法不是直接用程乙本排印，而是将程乙本的不同之处在亚东初排本上加以校改，同时也用过别的本子参照校改。因此，亚东初排本和重排本，既与曹雪芹原著的风貌相去甚远，亦失程甲本、程乙本之真。20世纪50年代，俞平伯校订、王惜时（王佩璋）参校的《〈红楼梦〉八十回校本》，是第一次从恢复《红楼梦》本来面貌的目的出发而作出的校订。由于俞校本选择有正本作底本，又因为受到当时客观条件的限制，俞校本的成绩不能令人满意，影响也不大。冯先生主持校注的本子，选择庚辰本作为前八十回的底本。就目前我们所知的情况，"庚辰秋月定本"是曹雪芹生前最后一个改定本，它属于最接近于曹雪芹原稿的本子而又最近于完整的本子。由于选择底本恰当，又做了精细的校订工作和注释，所以冯其庸先生主持的校注工作，使《红楼梦》有了一个便于阅读又接近曹雪芹原著风貌的本子，很快改变了以程本为主的流传局面，在《红楼梦》传播史上具有重大意义。

三、对《红楼梦》版本的研究

1974年12月中国历史博物馆的王宏钧将他早些年为该馆购得的三回又两个半回的《石头记》残抄本（第五十五回的后半回，第五十六、五十七、五十八三整回和第五十九回的前半回），送给吴恩裕先生鉴定。吴恩裕先生怀疑这册残抄本是己卯本的一部分，即邀约冯其庸先生一起到北京图书馆（今国家图书馆）去查看己卯本的笔迹，并合作进行这项研究。在查对和研究中，冯其庸先生又找到一本乾隆时期原抄本《怡府书目》。两人经过研究，得出结论：

1. 中国历史博物馆所藏三回又两个半回的《石头记》残抄本是北京图书馆所藏己卯本《石头记》早先散失的部分；并不是现在已知的《石头记》抄本之外新发现的另一个抄本。

2. 无论北京图书馆藏己卯本，还是历史博物馆藏残抄本都存在着"玄"、"祥"、"晓"等避讳的字，进一步推断己卯本这个抄本是怡亲王府的原抄本。因为除"玄"字缺笔是避康熙皇帝"玄烨"的讳以外，只有怡亲王（允祥、弘晓……）家，才需要避"祥"和"晓"字的讳。同时，在北京图书馆发现的《怡府书目》原抄本上，也同样避"玄"、"祥"、"晓"等字的讳，还避"弘"字的讳。这些情况，更加证实了己卯本（包括残抄本）是乾隆时怡亲王府的一个原抄本，主持抄藏此书的人当是怡亲王弘晓。

3. 考虑到曹家和怡亲王府的关系，这个抄本所据的底本极有可能是直接来自曹家或脂砚斋等人之手。还可以推测，在现存《红楼梦》的早期抄本中，这个己卯本可能是过录时间最早的一种。

吴恩裕、冯其庸两先生将他们的研究成果写成《己卯本〈石头记〉散失部分的发现及其意义》，发表于 1975 年 3 月 24 日《光明日报》。这是冯先生研究《红楼梦》版本的第一篇论文。

己卯本曾为近代著名文献学家董康所收藏，后归陶洙，然后归北京图书馆。在很长的时间里，学术界没有人对这个本子进行细心的研究。俞平伯从事《脂砚斋红楼梦辑评》和《红楼梦八十回校本》的工作时，曾从北京图书馆借到己卯本使用，但没有多加研究。陈仲箎在《文物》1963 年第 6期发表《谈己卯本脂砚斋重评石头记》，首次向读者系统介绍了己卯本，但没有探索到这个抄本的真正重要的方面。吴恩裕、冯其庸两先生关于己卯本的研究成果，是对己卯本的深入全面的定性的研究，也是《红楼梦》版本史上的一次重要发现。

1975 年冯其庸先生开始进行《红楼梦》的校注工作。校勘古籍必须明了所校书籍版本的渊源流别，所以冯先生在完成己卯本研究之后，接着就深入研究庚辰本。冯先生首先拿庚辰本同己卯本一字一句对照着读，并到北京大学图书馆查看现存庚辰本抄本原书，还访查了这个抄本晚近收藏情况。经过反复研究，冯先生得出结论：

1. 庚辰本是曹雪芹生前最后的一个本子。它的最初的底本，是乾隆二十五年（1760）的改定本，这时离开曹雪芹的去世只有两年了。截至目前，还没有发现比这更晚的曹雪芹生前的改定本，因此这个"庚辰秋月定本"，是曹雪芹生前的最后一个改定本，也是最接近完成和完整的本子。现存庚辰本是过录本，过录的时间约在乾隆三十三、四年。现存庚辰本抄本存七十八回，就完整性和早期性来说，现存的《红楼梦》其他早期抄本都无法与庚辰本相比。如甲戌本只存十六回，视八十回原书只剩五分之一；现存己卯本的实际抄成年份在《红楼梦》现存早期抄本中应是最早的，但它只存三十八回加近年发现的三回又两个半回；蒙古王府本、戚序本（包括南图本）虽然八十回齐全，但已经明显的是经后人整理润色补作过的；梦稿本的正文抄定比较草率，其前七回是据己卯本系统的本子抄的，第四十一到五十回已缺，是后来据程甲本补配的，其余的文字是据另本抄录的，并且又用程本去校改过，其后四十回有一半是据程本抄录的，它的抄定时间当在程本之后。再如梦觉主人序本，其抄定时间，可能是在乾隆甲辰（乾隆四十九年，1784），但此本文字已经后人作了较多的整理和润色，离原本文字出入较大。至于列宁格勒藏本，则是嘉庆初年的抄本，其正文是几个本子拼合而成的。还有其他两种本子，一是残损较多，二是经过后人加工，从抄本的角度来说，都不能说是珍贵的本子了。所以，我们完全有理由说，庚辰本是现存《石头记》乾隆抄本中最好的一个本子。

2. 庚辰本是据己卯本的过录本过录的。在庚辰本里，保存着己卯本的原貌，"两本相同者十之九而有余"。以两本的双行小字批语来说，己卯本上717条双行小字批，庚辰本上只差一个"画"字，作为批语来说，庚辰本是716条；作为单个字来说，庚辰本与己卯本的双行小字批，只有一字之差（因为这一个"画"字也是一条批语，所谓一字之批）。特别是庚辰本的回目、抄写的款式，与己卯本完全一样；甚至己卯本上的空行、缺字、衍文，以及正文以外对抄手的提示文字，庚辰本也照抄不误。所以可以肯定地说，庚辰本是据一个完整的（内缺第六十四、六十七两回）己卯本的过录本而过录的。吴世昌先生在《论脂砚斋重评〈石头记〉(七十八回本)的构成、年代和评语》中提出这个庚辰本抄本是由四个不同的底本"拼凑起来的合抄本"，是"百衲本"或"集锦本"。吴世昌先生的"这个说法是不符合实际的"。

3. 庚辰本上的批语，实际包括己卯本上全部的批语。在庚辰本上，集中了"脂评"的最主要部分和一批珍贵批语；凡有脂砚斋、畸笏叟等人署名的批语都集中在庚辰本上。这对探索《红楼梦》的创作情况及曹家的史事，具有无比重要的作用。

4.这个本子是一个遗留有部分残缺的本子，从作品的完整性来看，似乎是缺点，但从研究曹雪芹作品的原貌来说，它却是一份最宝贵最真实的记录，它有助于我们对照出后来许多完整的《石头记》的"完整文字"的增补性质，为我们研究曹雪芹创作和修改此书提供了珍贵的线索。

5.这个抄本是仅次于作者手稿的一个抄本。曹雪芹的《石头记》手稿至今已不存了，这个庚辰本虽是过录本，但除错别字和极少几处抄漏外，却未经人有意篡改，所以它确可以说是仅次于作者亲笔手稿的一个本子。

冯其庸先生根据研究庚辰本的成果，写成《论庚辰本》一书，约十万字，先在香港《大公报》上连载，上海文艺出版社 1978 年 4 月出版单行本。1992 年夏冯先生又写出《重论庚辰本——〈校订庚辰本脂评汇校〉序》。1993 年，冯先生又写出《影印〈脂砚斋重评石头记〉庚辰本序》。1997 年冯先生在《石头记脂本研究》一书自序中再次论述了他对庚辰本的研究。这些论著完整地反映了冯先生研究庚辰本的结论。

在对庚辰本研究取得重要成果之后，冯其庸先生又对甲戌本进行了研究。1980 年 6 月在美国威斯康星大学举行的第一次国际《红楼梦》研讨会上，冯先生宣读了《论〈脂砚斋重评石头记〉甲戌本"凡例"》这篇论文。会议期间，胡适原藏甲戌本拿到会场展览，冯先生借回旅馆细看了一周，并摄有一部分照片。2004 年冯先生又撰写《论甲戌本》（纪念曹雪芹逝世 240 周年重印《脂砚斋重评石头记》甲戌本弁言）一文。冯先生对甲戌本的研究所得的结论是：

1.甲戌本的原底本，无疑是乾隆十九年 (1754) 的本子，是迄今所见《石头记》乾隆抄本中署年最早的一个本子。现传这个甲戌本用的也是乾隆竹纸，其黄脆程度超过己卯、庚辰两本。但是，现传这个甲戌本，是经过后来重新整理过录的本子，这个本子抄成的年代在乾隆末期或更晚。

2.现存甲戌本的"凡例"不是《石头记》原本上所有的，其第五条是就脂砚斋重评《石头记》第一回的回前评改窜之后移过来的，前四条是后加的。

3.甲戌本上脂批的署名统统被删去，有的脂批被移动了位置，批语与正文不相应，造成错位，还有的一条脂批被分拆成几条移位抄录，等等。这证明此书不是按原款式抄的。

4. 现存甲戌本署年早，保存着《石头记》的一些原始面貌，正文多有可与其他抄本对校取资处；又有不少脂批，极有研究价值；而正文第一回独多"说说笑笑"以下四百余字，为其他各本所无。所以这个本子仍是一个极为珍贵的本子，可惜只残存十六回。

冯其庸先生曾首次提出甲戌本上"玄"字不避讳的问题，为众多研究者所赞同。2005 年上海博物馆购回胡适原藏甲戌本，请冯其庸先生前去鉴定。冯先生在近距离检看时，发现这个本子上原以为不避讳的"玄"字的最末一笔是后人加的，墨色和笔法都与原迹不一致。为此，他又邀请上海博物馆书画鉴定专家"会诊"，并置于高倍度的放大镜下细看，看出甲戌本的"玄"字的确原是缺末笔而避讳的。这同现存《红楼梦》早期抄本避"玄"字讳是一致的。冯先生将此重要发现写入《读沪上新发现的残脂本〈红楼梦〉》一文。甲戌本上的"玄"字本来是缺最末一笔的，这从影印本上看不出来，从胡适所藏原本上也不容易看出来，所以冯其庸先生 1980 年写的《论〈脂砚斋重评石头记〉甲戌本"凡例"》一文中提出甲戌本不避"玄"字讳，而于美国威斯康星大学举行第一次国际《红楼梦》研讨会期间，冯其庸先生和周策纵、赵冈、余英时、叶嘉莹、伊藤漱平等先生在周策纵先生家里同看胡适所藏原本上的"玄"字时，也没有人看出"玄"字最末一笔是后加的。冯先生 2005 年发现甲戌本上"玄"字的末笔是后加的，这在甲戌本的研究上是个很重要的发现。

1984 年 12 月，冯其庸、周汝昌、李侃一起赴苏联鉴定当时苏联科学院东方学研究所列宁格勒分所收藏的《石头记》抄本。这是一次外事活动，有关部门指定冯其庸任组长。在两国专家的鉴定会上，冯其庸先生代表中国专家作了鉴定发言，指出：（1）这个本子是脂本系统的抄本。（2）这个本子是一个拼抄本，底本不止一个，其中有庚辰本的部分。（3）抄成的年代，当在乾隆末年更可能是嘉庆初年。这个本子的正文和脂批，多有可以借鉴处。如"冷月葬诗魂"的"诗"字，关于林黛玉眉目描写的文字，得此抄本则可作定论。冯其庸先生的这个鉴定发言，得到了苏方的赞同，随即冯其庸与李侃在我国驻苏使馆起草了两国联合出书的协议，经国务院、外交部、文化部批准后，即授权我国驻苏大使签署协议，此书遂得由我国中华书局出版。

　　冯先生在完成了列藏本回归和初步研究后，1989 年初又对梦觉主人序本做了研究，研究的结果写成了长文《论梦序本》(影印梦觉主人序本《红楼梦》序)。冯先生研究梦觉本是为了探索这个本子与脂本的关系及与程本的关系。冯先生认为这个本子既是从脂本系统走到程本系统的一个桥梁，又是保存着脂本的某些原始面貌的一个具有独特面貌的本子，也可以说，无论是研究脂本或研究程本，都用得着它。

　　关于程甲本，冯先生写过两篇文章，一篇是《论程甲本问世的历史意义》，主要论述了程甲本问世的历史功绩，不同意对程本全盘否定的片面看法。另一篇是《论红楼梦的脂本、程本及其他》，这是因为不同意把程本拔高为《红楼梦》最早本子的说法而写的。全盘否定程本和全盘否定脂本只承认程本，这两种态度都是片面的不符合历史事实的。事实上程本的历史功绩是不可抹杀的，程本对脂本也确有删改，这两种情况都应该实事求是地加以分析说明。冯先生特别指出，那种说脂本是伪本、只有程甲本才算真本的说法，完全是无稽之谈，他们不知道程甲本的底本就是脂本，程甲本里还残留着五条脂砚斋的批语被混入了正文。

　　2006 年深圳卞亦文从上海拍卖会上购得一种题名《红楼梦》的残十回本，请冯其庸先生鉴定。冯先生研究后，确认此本是一个残脂本，抄成年代大致在嘉庆前期。为此，冯先生写出《读沪上新发现的残脂本〈红楼梦〉》一文。北京图书馆出版社 2006 年出版此书影印本，将冯先生的《读沪上新发现的残脂本〈红楼梦〉》一文置于卷首。冯先生又为此影印本题写书名："卞藏脂本红楼梦"。

　　总起来看，冯其庸先生对《红楼梦》版本的研究成果，既相当透彻地阐述了主要脂本的性质、特点，又对脂本进行了系列研究，阐明了从早期抄本到印本的渊源流别，也大体摸清了各脂本之间的横向关系。特别难得的是，冯先生的版本研究，是依据原本进行的，不只是停留在影印本上。冯先生先后检看己卯本、庚辰本、甲戌本、俄藏本(列藏本)、王府本、戚宁本(南京图书馆藏戚序本)、郑藏本、甲辰本、卞藏本的原本以及程甲本的原本。在红学研究史上，再没有第二人能像冯先生这样看那么多原本。

　　人民文学出版社 1998 年出版冯其庸先生的《石头记脂本研究》，汇集了他在 1998 年以前研究《红楼梦》版本问题的论文。如前所述，1998 年以后他还发表研究《红楼梦》版本的论文多篇。除了论文以外，冯其庸先生研究《红楼梦》版本的成果还反映在他主编的《红楼梦》校注本和《脂砚斋重评石头记汇校》（文化艺术出版社 1987 年出版）上。《脂砚斋重评石头记汇校》用新创的排列校勘法汇集所有脂本的异同，对《红楼梦》早期抄本作了一次总清理。由冯其庸先生主编的《脂砚斋重评石头记汇校汇评》（国家图书馆出版社 2008 年出版）和冯先生个人著作《瓜饭楼重校评批红楼梦》（香港天地图书有限公司、辽宁人民出版社分别出版精装本，浙江华宝斋书社出版线装本），也包含着他研究《红楼梦》版本的成果。当然，《脂砚斋重评石头记汇校会评》和《瓜饭楼重校评批红楼梦》又不仅仅是版本研究的成果；尤其是后者，是冯先生集《红楼梦》的时代、作者家世、抄本、思想、人物、结构以及美学的研究于一体的综合性的研究成果，是全面反映他的红学研究成果的一部代表性著作。

四、关于曹雪芹家世、身世的研究

冯其庸先生主持《红楼梦》校注组和《红楼梦》研究所的工作，首先着手的是《红楼梦》版本研究和曹雪芹家世的研究。他认为，研究文学作品，离不开"知人论世"，而《红楼梦》的创作包含着作者对自己家庭往事的回忆、哀伤和思考，当然就更需要弄清作者家世，否则，其他方面的研究很难深入下去。要弄清曹雪芹的家世，遇到的头一个问题就是史料。冯先生首先从寻找史料入手。1963 年故宫文华殿举行曹雪芹和《红楼梦》文物展览时，展出过一件《五庆堂重修辽东曹氏宗谱》，当时冯先生隔着玻璃见过。后来这个"宗谱"不知下落。1975 年冬，因偶然的机会，冯先生从著名的微型面塑艺术家曹仪策那里借到了此谱的另一抄本，开始进行研究。后来又经过相当的努力，在有关单位的协助下，1963 年展出的那部《五庆堂重修辽东曹氏宗谱》竟然找到了。冯先生研究之后，确认 1963 年展出的那部是五庆堂当时的正式清抄本，用的是五庆堂特制的抄写宗谱的朱丝栏纸，从曹仪策那里借到的那本用的是红格纸。两本的纸张不同，谱文内容则基本是一样的，只有极少数的地方两本各有改动而略现差异。

冯先生的研究工作先从查实《五庆堂重修辽东曹氏宗谱》上的人物入手，结果查出来一系列重要的文献资料，既有书面文献资料，也有实物文献资料，大大丰富了曹雪芹家世的研究。

1.《清太宗实录》记曹振彦史料和两篇"曹玺传"的发现与研究

1975年冯先生从《清太宗文皇帝实录》卷十八天聪八年四月条下发现关于曹雪芹的高祖曹振彦的一段记录：

> 墨尔根戴青贝勒多尔衮属下旗鼓牛录章京曹振彦，因有功加半个前程。

这是清代官方文献中有关曹雪芹上世的最早的史料，对研究曹雪芹家世有着重要价值。同年，冯先生查阅有关史料的过程中，与友人李华共同发现康熙年间未刊稿本《江宁府志·宦迹》之"曹玺传"和康熙《上元县志》卷十六的"曹玺传"。

康熙年间未刊稿本《江宁府志·宦迹》之"曹玺传"的全文是（括号内的"安"字是冯其庸先生校字）：

> 曹玺，字完璧，宋枢密武惠王裔也。及王父宝宦沈阳，遂家焉。父振彦，从入关，仕至浙江盐法道，著惠政。公承其家学，读书洞彻古今，负经济才，兼艺能，射必贯札。补侍卫之秩，随王师征山右建绩。世祖章皇帝，拔入内廷二等侍卫，管銮仪事，升内工部。康熙二年，特简督理江宁织造。江宁局务重大，黼黻朝祭之章出焉，视苏杭特为繁剧。往例收丝则凭行侩，颜料则取铺户，至工匠缺则金送，在城机户，有帮贴之累。众奸丛巧，莫可端倪。公大为厘剔。买丝必于所出地平价以市，应用物料官自和买。市无追胥，列肆案（安）堵。创立储养幼匠法，训练程作，遇缺即遴以补。不金民户，而又朝夕循拊稍食。上下有经，赏赉以时，故工乐且奋。天府之供，不戒而办。岁比祲，公捐俸以赈，倡导协济，全活无算，郡人立生祠碑颂焉。丁巳、戊午两督运，陛见，天子面访江南吏治，乐其详剀。赐御宴、蟒服，加正一品，更赐御书匾额手卷。甲子六月，又督运，濒行，以积劳感疾，卒于署寝。遗诫惟训诸子图报国恩，毫不及私。江宁人士，思公不忘，公请各台崇祀名宦。是年冬，天子东巡，抵江宁，特遣致祭。又奉旨以长子寅仍协理江宁织造事务，以缵公绪。寅，敦敏渊博，工诗古文词。仲子宣，官荫生，殖学具异才。人谓盛德昌后，自公益

验云。

康熙《上元县志》卷十六的"曹玺传"的全文是（括号内的"子"、"楝"字是冯其庸先生校字）：

> 曹玺，字完璧。其先出自宋枢密武惠王彬后，著籍襄平。大父世选，令沈阳有声。世选生振彦，初，扈从入关，累迁浙江盐法参议使，遂生玺。玺少好学，沉深有大志，及壮补侍卫，随王师征山右有功。康熙二年，特简督理江宁织造。织局繁剧，玺至，积弊一清，干略为上所重。丁巳、戊午两年陛见，陈江南吏治，备极详剀，赐蟒服，加正一品，御书"敬慎"匾额。甲子卒于署，祀名宦。子寅，字于（子）清，号荔轩，七岁能辨四声，长，偕弟子猷讲性命之学，尤工于诗，伯仲相济美。玺在殡，诏晋内少司寇，仍督织江宁，特敕加通政使，持节兼巡视两淮盐政。期年，疏贷内府金百万，有不能偿者，请豁免。商立祠以祀。奉命纂辑《全唐诗》、《佩文韵府》，著《练（楝）亭诗文集》行世。孙颙，字孚若，嗣任三载，因赴都染疾，上日遣太医调治，寻卒。上叹息不置，因命仲孙𫖯复继织造使。𫖯字昂友，好古嗜学，绍闻衣德，识者以为曹氏世有其人云。

冯其庸先生在《文艺研究》1976年第1期发表《曹雪芹家世史料的新发现》，报告他发现的两篇"曹玺传"和《清太宗实录》卷十八关于曹振彦的记载，以及他对新发现的史料所作的研究。冯先生指出："康熙未刊稿本《江宁府志》的编纂者于成龙是江宁知府，他与曹玺同时，于任江宁知府，曹玺任江宁织造。按当时的惯例，他们必然会有交往的，甚至他们还可能有较密切的关系，因为于成龙（汉军）也是'奉天辽阳人'，他与曹玺不仅同时在江宁做官，而且还可能是同乡。""康熙六十年刊《上元县志》的纂修者唐开陶，据同书卷四说：'唐开陶，康熙五十五年任县令'，……唐开陶既然于康熙五十五年任上元县令，则他与曹𫖯是同时，唐任上元县知事时，曹𫖯任江宁织造，因此唐开陶与曹𫖯，也同样会有交往的，……""这两篇传记的材料，应该说是比较可信的。其中关于曹家的家史和祖籍等的记述，其材料很有可能直接来自曹家。甚至于、唐等人修《志》之事，曹玺、曹寅和曹𬤲，也完全有可能曾先后与闻其事的。"两篇"曹玺传"的发现，是曹雪芹家世研究的一大进展。冯先生归纳两篇"曹玺传"给我们新增的认识：一是曹世选单名"宝"，曾"令沈阳有声"，并且家沈阳；二是曹家的远祖是宋武惠王曹彬；三是曹家"著籍襄平"，"襄平"是辽阳的古称，也即是说曹雪芹的祖籍是辽阳；四是曹振彦是"扈从入关"的，但未提曹世选；五是曹玺曾参加平姜瓖之乱，并选拔为内廷二等侍卫，在江宁织造任上做了不少有益于民众的事，郡人立生祠碑以颂；六是曹寅于康熙二十三年曹玺死后即奉命"协理江宁织造事务"，他"偕弟子猷讲性命之学"，即程朱理学；七是曹荃确实原名"曹宣"；八是曹颙字"孚若"；九是曹𬤲字"昂友"。这些都是过去研究红学的人不知道的。

从《清太宗实录》记天聪八年四月"多尔衮属下旗鼓牛录章京曹振彦，因有功加半个前程"一条看，冯先生指出：这说明"曹家上世归旗的时间很早"，曹振彦到天聪八年，已到多尔衮属下，而且已升为"旗鼓牛录章京"即"旗鼓佐领"了。"旗鼓"是指作战部队，以与"管领下人"——从事生产的农奴、工奴相区别。"佐领"是掌握三百人的军职，是有实权的。曹振彦"因有功"，又升了半级。当时明金双方战争频繁，曹振彦的"功"自当是战功，在此之前天聪五年有大凌河之战，曹振彦也可能是参加这次战争而立功的。

2.《大金喇嘛法师宝记》碑及《重建玉皇庙碑》、《东京新建弥陀禅寺碑》

1977年11月辽阳市文物管理所（1984年扩建改名为辽阳市博物馆）的邹宝库先生偶然在所内保存的《大金喇嘛法师宝记》碑的碑阴题名中发现"曹振彦"三字，认为是有关曹雪芹的重要文物资料，随即向上级作了报告。辽宁省博物馆的曹汛先生到辽阳察看了此碑并做了捶拓。曹汛又写信告知正在研究、校注《红楼梦》的冯其庸先生，还给冯先生寄了此碑的拓本。冯先生随即到辽阳察看此碑。冯先生到辽阳，得到曹汛和辽阳市文物管理所工作人员的协助。曹汛和冯其庸两先生对《大金喇嘛法师宝记》碑阴阳两面文字的认读和解释是一致的。曹汛先生在《文物》1978年第5期发表《有关曹雪芹家世的一件碑刻史料——记辽阳喇嘛园〈大金喇嘛法师宝记〉碑》。冯其庸先生于1978年2月写出《〈大金喇嘛法师宝记〉碑题名考》的初稿，8月改定，先发表于香港《大公报在港复刊卅周年纪念文集》，后收入《曹雪芹家世新考》书中。以前，曾有多种文献著录过此碑，但从没有人注意到它与曹雪芹家世的关系。

《大金喇嘛法师宝记》碑，原为后金天聪四年（1630）辽阳囊素喇嘛塔竣工时所立，囊素喇嘛塔于"文化大革命"时被毁，此碑遂移入辽阳市文物管理所。此碑碑阳为满、汉文对书的碑记（满文还是老满文，满文占左半，汉文占右半，中间半行满文与半行汉文共为一行）。碑额刻云纹，中题汉文"勅建"二字。碑记简要介绍了囊素的经历和逝世的日期，说明"太祖有敕，修建宝塔，敛藏舍利"，只因累年征伐，到天聪四年白喇嘛奏请皇上（皇太极），方由皇上敕旨修建宝塔；"事竣镌石以志其胜"。碑记之末记竣工时间是"大金天聪四年岁次庚午孟夏吉旦"，总管是"钦差督理工程驸马总镇佟养性"，下有"委官备御蔡永年"是具体监管工程的。末尾记"游击大海、杨于渭撰"，这两个人撰写碑记。碑阴汉文二十行，分组排列喇嘛门徒、僧众、官员、教官、千总、匠人的名单。"曹振彦"排在"教官"行列内。

冯其庸先生的《〈大金喇嘛法师宝记〉碑题名考》提出：《大金喇嘛法师宝记》碑的重要之处是它揭示了曹家上世在属多尔衮之前，先是属佟养性的"旧汉兵"或"旧汉军"，属"乌真超哈"部队（红衣大炮部队），曹振彦是佟养性乌真超哈部队的"教官"。其次，两篇"曹玺传"说"著籍襄平"，"及王父宝宦沈阳，遂家焉"。"襄平"就是辽阳，现在这块《喇嘛碑》又在辽阳发现，则对两篇"曹玺传"所说的曹家祖籍辽阳，是一个重要的实证。碑阴与曹振彦并列的人，冯其庸先生当时查清楚十名，其中如宁完我、石廷柱、金玉和、祝世昌、吴守进、张大猷、金砺等七名都是辽阳人。

需要说明的是，在《大金喇嘛法师宝记》碑的碑阴碑阳，都有若干年后有人加刻在上面的文字。在碑阳，碑记的七、八两行下，即"奏请钦奉"一行和"皇上敕旨"一行（这两行都是四个字一行，下边各有半行空白，合起来是两个半行的空白并列）下，刻有"总兵耿仲明、都元帅孔有德、总兵尚可喜"三行并列的文字（孔有德的官称比其余两人高出一字）。这三行文字，不言而喻，是后来刻上的，不会是碑记的原文。因为孔有德、耿仲明都是在天聪七年四月降金的，皆赐称"天佑兵"，尚可喜是天聪八年降金的，赐称"天助兵"；当天聪四年建碑时，孔有德等人还是明朝的将官，哪有可能到辽阳来奉皇太极之旨参与建碑。在碑阴，"西会广佑大宁慈航寺僧"下第三行尾部"游备郎位、郎熙载、臧国祚"也是后来刻画上的，字迹显然不同，特别是"游备"（游击、备御）为官名，不可能与僧侣混在一起。此外，还有两组名字是后来刻画上去的。一组在碑阴的左肩，刻着"皇上侍臣"四字，"皇"字高一格，然后横排向左顺次刻"库滴、义马哈、龙十、偏姑、温台十、木青、乞力干、□□、何不利"等九人的名字，这九个人的名字是自右向左并列的，不是上下竖行衔接的。另一组是"副将佟一朋"（这五个字插在"千总金世逵"下的）和刻在左侧边缘的"柯参将（此三字与右边的'千总'两字并齐）、杨旗鼓、马应龙、陈五、炮塔泥水匠崔果□……"这一组使"副将"在"千总"之下，"参将"在"千总"之后，与"千总"并齐，当然与"皇上侍臣"一样，也是后来刻画的。

曹汛在《有关曹雪芹家世的一件碑刻史料——记辽阳喇嘛园〈大金喇嘛法师宝记〉碑》一文中，特别提到，碑阴碑阳都有"后来补刻的"文字，如碑阳的"总兵耿仲明、都元帅孔有德、总兵尚可喜"，碑阴左肩的"皇上侍臣库滴、义马哈、龙十、偏姑、温台十、木青、乞力干、□□、何不利"以及左侧的"副将佟一朋"、"柯参将、杨旗鼓、马应龙、陈五、炮塔泥水匠崔果□……"等名字。曹汛发表的"碑文摹本"和"碑阴题名摹本"即将补刻在碑阳的"总兵耿仲明、都元帅孔有德、总兵尚可喜"三行文字，及补刻在碑阴左肩的"皇上侍臣库滴、龙十、偏姑、温台十、木青、乞力干、□□、何不利"以及碑左侧的"副将佟一朋"、"柯参将、杨旗鼓、马应龙、陈五、炮塔泥水匠崔果□……"等用黑线圈出，以示非此碑所原有。但曹汛未指出"游备郎位、郎熙载、臧国祚"为后来所补刻，亦未将此三人名字用黑线圈出。

冯先生的《〈大金喇嘛法师宝记〉碑题名考》，录载《大金喇嘛法师宝记》碑的碑文，没有录后来加刻的"总兵耿仲明、都元帅孔有德、总兵尚可喜"三行文字；录碑阴题名，从"总镇副参游备等官"录起，没有录碑阴左肩的"皇上侍臣库滴、义马哈、龙十、偏姑、温台十、木青、乞力干、□□、何不利"以及左侧的"副将佟一朋"、"柯参将、杨旗鼓、马应龙、陈五、炮塔泥水匠崔果□……"等加刻的文字，也没有录"游备郎位、郎熙载、臧国祚"三个名字。显然，冯先生当时注意到"游备郎位、郎熙载、臧国祚"三个名字，亦为后来所加刻。冯先生录载碑上的文字，将后来加刻上去的全部剔出。冯先生为研究此碑，先后察看此碑四次以上。他近年写的《〈大金喇嘛法师宝记〉碑"教官"考论》，明确提出"游备郎位、郎熙载、臧国祚"三个名字"也是后添"。

曹汛先生的《有关曹雪芹家世的一件碑刻史料——记辽阳喇嘛园〈大金喇嘛法师宝记〉碑》和冯其庸先生的《〈大金喇嘛法师宝记〉碑题名考》发表以后，笔者看到过此碑的拓片。1996 年笔者有机会到辽阳，特地到博物馆看了《大金喇嘛法师宝记》碑，笔者看到那些后来加刻的文字，刻的很浅，字也拙劣歪斜，位置也与前后不相衔接。特别是"皇上侍臣库滴、义马哈、龙十、偏姑"那一排与原刻有相当的距离。凡是细心和负责的人，都可以看出，原刻刻的深，字体统一，排列整齐，是经过书丹由匠人细心刻的，而后来加刻的是随意刻画的，近似于"某某到此一游"之类。后来刻画的与原刻判然有别。如果将加刻的部分与原刻区别开来，就可以楚地看出，"教官"与"总镇副参游备等官"、"千总"并列为领行的职务名。作为一种职务，"教官"介于"总镇副参游备等官"和"千总"之间，也合乎情理。再说碑上的"教官"二字，虽碑面剥蚀较甚，"教"字仍可辨认出来。"教"的楷书写法，左下方为"子"。碑上这个字的左下方，横钩下面一个竖钩，竖钩由细到粗，竖笔垂直，钩很长——这正是"子"的写法。碑上这个字必定是个"教"字。

冯先生的《〈大金喇嘛法师宝记〉碑题名考》已经交代，对于《大金喇嘛法师宝记》碑这件文物，过去日本稻叶君山的《清朝全史》、萧一山的《清代通史》、日本《东洋文化史大系清代之亚细亚》、郑天挺的《清史探微》，都有著录，但俱未涉及碑阴题名。

最早著录这个碑的碑阴题名的，是 1934 年沈阳刊印的《奉天通志》。这部《奉天通志》著录此碑的碑阴题名，将后来加刻的同原刻混杂一起统统录下，又任意移动位置，而且错漏很多。其最大的讹误，是将后来加刻上去的"皇上侍臣库滴、义马哈、龙十、偏姑、温台十、木青、乞力干、□□、何不利"一横排文字，同间隔着一块空白的原刻对行紧接，使"皇上侍臣"下面的名字是"李思中、殷廷辂、杨万朋、佟整、张世爵、李灿……"，一直到碑的左侧边缘，包括补刻的"副将佟一朋"、"柯参将、杨旗鼓、马应龙、陈五、炮塔泥水匠崔果□……"，共 79 人全是"皇上侍臣"。半边碑阴的名字，均在领行的"皇上侍臣"之下，连木匠、铁匠、石匠、炮塔泥水匠都属于"皇上侍臣"了。同时，又将"柯参将、杨旗鼓"错成"参将杨□□"，将"陈玉治"错成"陈主治"，将"崔应太"变成

"岁应泰"、将"曹振彦"变成"曹振",将提行刻写的职衔名"教官"变成人名"敖官",原与"教官"并列的职衔名"千总"不见了,原为"千总"的"房可成、李三科"等人都变成了"皇上侍臣"。这样,由于半边碑阴全部变为"皇上侍臣",前面的"总镇副参游备等官"(总镇、副将、参将、游击、备御等官)只余下九人,九人中又有两人无名字,都是打的空格(□□□、□□),剩下的七人中又有两人只有姓,名字也是空格。其实,这几个打□□的人,碑上的字迹至今还可以辨认,特别是鲍承先、祝世昌是后金时期的名人,《奉天通志》的编者都没有把他们的名字认出来。

还有,"侍奉香火看莲僧"在碑上至今清晰可辨,《奉天通志》却把"看莲"错成"者连",并与下面的名字相连,成为"侍奉香火者连僧大成";而"西会广佑大宁慈航寺僧"这行字原是抬头与"喇嘛门徒"、"侍奉香火看莲僧"及后边的"总镇副参游备等官"并列的,此《通志》却把它紧接"侍奉香火看莲僧"下最后一个名字"祖俊"之后,使人不解其意。其中,又有几个名字弄错、几个名字漏掉,特别是后面列入"游备郎位、郎熙载、臧□□",使身为游击、备御的武官成了僧侣。

《奉天通志》著录此碑碑阳的文字,将后来加刻的"总兵耿仲明、都元帅孔有德、总兵尚可喜"三行文字,移在碑文末尾("游击大海、杨于渭撰")之后,不伦不类,使人误以为此三人也是"钦差督理工程"的。

梁启超早说过:方志"大半成于俗吏之手",不可尽信。《奉天通志》关于《大金喇嘛法师宝记》碑碑文和碑阴题名的著录,其错讹、混乱是很明显的。而铁岭的李奉佐在1997年出版的《曹雪芹祖籍铁岭考》中,根据《奉天通志》抄录《大金喇嘛法师宝记》碑碑阴题名,又加以增删。其中有"侍奉香火者"一行,下面仅三人加省略号;"总镇副参游备等官"是十个名字加"□□";"总镇副参游备等官"之后即全为"皇上侍臣",共77人。李奉佐书中照抄《奉天通志》上的"敖官","曹振"则补成"曹振彦"。2001年春风文艺出版社又出版李奉佐、金鑫合著的《曹雪芹家世新证》,书中复印《奉天通志》所著录的《大金喇嘛法师宝记》碑碑文和碑阴题名,以为依据。李奉佐、金鑫在书中说:《曹雪芹祖籍在辽阳》一书的'文献史料辑录'中编录了《大金喇嘛法师宝记》碑碑文。……竟然对碑文内容也进行了让人难以想象的篡改","就是一种'伪造史料欺骗读者'的行为。"李奉佐、金鑫所说的"篡改",即是指《曹雪芹祖籍在辽阳》一书的"文献史料辑录"删去了"游备郎位、郎熙载、臧国祚",删去了碑阴左肩的"皇上侍臣库滴、义马哈、龙十、偏姑、温台十、木青、乞力干、□□、何不利"以及左侧的"副将佟一期"、"柯参将、杨旗鼓、马应龙、陈五、炮塔泥水匠崔果□……"等文字。笔者看到李奉佐、金鑫说的话，觉得他们讲的没有道理。《曹雪芹祖籍在辽阳》一书的"文献史料辑录"将那些后来加上去的东西去掉，显露出碑的本来面目，怎么成了"篡改"、"伪造"！冯先生在《曹雪芹家世新考》中刊载了《大金喇嘛法师宝记》碑碑阳碑阴拓本的照片和碑阴题名细部拓本的照片，又刊载了曹汛提供的碑阴碑阳的文字摹本，原刻与后来补刻的都在上面，没有什么"欺骗"。

令人诧异的是，为《曹雪芹祖籍铁岭考》、《曹雪芹家世新证》写"序"的周汝昌先生，在"序"中附和李奉佐、金鑫，说："假学的特点之一是篡改史料，公开蒙世。例如'辽阳三碑'上本来无有什么'教官''千总'之类的抬头分栏。"周汝昌先生又在《红楼梦新证》1998 年版中强调《大金喇嘛法师宝记》碑碑阴题名中只有作为人名的"敖官"，没有"教官"，曹振彦是列名于"皇上侍臣"。周汝昌先生还说："有人引《大金喇嘛法师宝记》碑阴振彦列名，称言其职衔是'教官'，……其辑录碑文竟将'皇上侍臣'重要字迹遗缺不书，将'敖官'改为'教官'，且提行排列，予人以极大错觉。其做法之荒唐，实为学术界罕见。"

以周先生的目力，不可能去认真辨认《大金喇嘛法师宝记》碑上的文字。周先生是听李奉佐等人说《奉天通志》上的著录如何如何，他就相信了。

为了回答李奉佐、周汝昌等先生的指责，冯其庸先生于 2007 年 6 月再次赴辽阳察看《大金喇嘛法师宝记》碑，辽阳博物馆将围在碑周围的玻璃罩拆掉供他察看。冯先生仔细看了全碑，特别认真看了"教官"二字，并请人作了拓本，拍了全照和局部特写的照片。在此前后，冯先生又研读了大量文献资料。他随即写出《〈大金喇嘛法师宝记〉碑"教官"考论》一文，发表在《红楼梦学刊》2007 年第 5 辑。这篇文章共四节：（1）曹振彦在天聪八年以前的经历、身份、职衔和他与佟养性的关系；（2）《大金喇嘛法师宝记》碑的由来和碑文的解读；（3）《大金喇嘛法师宝记》碑的著录和研究状况；（4）余论。文章对《大金喇嘛法师宝记》碑作了系统研究和全面论述，是冯先生研究《大金喇嘛法师宝记》碑的一篇总结性论文，也是对周汝昌等先生一个负责的答复。

《〈大金喇嘛法师宝记〉碑"教官"考论》对此碑的碑额、碑身、正面的碑文、碑阴题名，作了完整的准确的描述，特别是对原刻与后加的作了明白的区分与论证，合情合理，令人觉得可信。后加的文字，曹汛的文章称为"后来补刻"，似不够确切；冯先生这篇文章称为"后加的"，更为贴切。冯先生这篇文章叙述此碑的著录和研究状况，从日本稻叶君山的《清朝全史》、萧一山的《清代通史》、日本《东洋文化史大系清代之亚细亚》、郑天挺的《清史探微》，到《奉天通志》、《满洲金石志》和曹汛的研究文章。关于《奉天通志》，冯先生经过细心查考，举出了《奉天通志》的八项主要错误。这本《通志》不仅把后加的"皇上侍臣"一横排名字与有明显空白间隔着的原刻对行紧接，使半边碑阴的几十个名字成了"皇上侍臣"，也不仅"把碑上提行刻写的职衔名'教官'改为人名'敖官'"，而且在碑阴题名中没有了"曹振彦"这个名字，只著录了"曹振"。冯先生又查考了由罗振玉作叙、由罗福颐纂辑校录的《满洲金石志》，这本《满洲金石志》虽然只晚于《奉天通志》两年多一点，但在《大金喇嘛法师宝记》碑的志录上，却纠正了《奉天通志》的多处错误。如恢复了"教官"的职衔，去掉了人名"敖官"，又有了"曹振彦"的名字。这样，就把高应科、曹振彦等十八人从误列入"皇上侍臣"的行列里区别出来，恢复了他们原来"教官"的职衔。同时，《满洲金石志》还恢复了"千总"这个职衔，使房可成等人也从"皇上侍臣"的行列里区别了出来。但是，《满洲金石志》也留下未曾解决的问题，这就是未能鉴别出后来加刻的文字，因而其志录将后来加刻的与原刻混在一起。这个问题到曹汛才基本说清楚，到冯先生的《〈大金喇嘛法师宝记〉碑"教官"考论》才完全说清楚。

冯其庸先生的《〈大金喇嘛法师宝记〉碑"教官"考论》，重点是辨析"教官"问题。首先是，经过从碑上辨认以及用拓片同其他文献资料比较，再次确认碑上的字是"教官"，不是什么"敖官"。冯先生说：

> 所以归结起来，《宝记》碑上确是"教官"，"教官"两字原刻就是提行台头，与右边的"副参游备"，左边的"千总"并齐，并不存在故意"提行"之类弄虚作假。而曹振彦决非"皇上侍臣"，周汝昌把他列入"皇上侍臣"是不符合事实的，硬要说曹振彦在天聪四年就当了皇

太极的"侍臣"，是制造新的混乱。

至于"教官"是什么样的职务，冯先生说：

> 曹振彦是佟养性乌真超哈部队，即红衣大炮部队的"教官"当是无可怀疑了。至于他到底是文职教官，还是武职教官，还有待进一步考实，……

> 但据我的分析，不大可能是文职，因为四年后他就是"旗鼓牛录章京"了，而且还"因有功，加半个前程"。"旗鼓牛录章京"是武职，是带兵打仗的，那时刚刚打完大凌河之战不久，佟养性的红衣大炮部队发挥了重大的作用。曹振彦"因有功"，当然是军功，不可能是教书的"功"。何况，进关时，他参加了山海关战役。顺治年间，又参加了平山西大同姜瓖之乱的战斗，如果他在红衣大炮部队时不是武职而是文职"教官"，怎可能有后来这些战斗经历和军功。

冯先生第一次到辽阳察看《大金喇嘛法师宝记》碑的时候，曾向辽阳文管所的工作人员提出，请他们仔细查找一下，是否还有第二块有关曹家的碑。1978 年 8 月，辽阳市文管所在辽阳城南玉皇庙旧址附近一个菜窖墙砌体中，找到用作石料的碑石残块，经过拼对，大部分尚未缺失，碑名《重建玉皇庙碑》。辽阳市文管所函告冯其庸先生，说找到了另一块有曹振彦署名的碑。冯先生接信后，又立即赶去辽阳验看。此碑碑阳有《重建玉皇庙碑记》，末记"天聪四年岁次庚午秋九月上浣之吉立"。碑阴题名中的官员与《大金喇嘛法师宝记》碑相同者多，唯此碑中"曹振彦"列于"致政"行列内——此碑中无"教官"一类，"致政"则有二十多人。就在冯先生验看《重建玉皇庙碑》的同时，辽阳文管所的工作人员又提出红光小学门口还有一块碑，冯先生又请他们带去验看。此碑名《东京新建弥陀禅寺碑》，寺和碑为孔有德所建立，耿仲明、尚可喜助之，范文程撰写碑文。时间在清崇德六年。碑正面有"碑记"，碑阴依次排列职官及匠人名单。冯先生在上面发现了曹得先、曹得选、曹世爵三个人的名字，这是《五庆堂重修辽东曹氏宗谱》中三房的人。

冯先生对《重建玉皇庙碑》和《东京新建弥陀禅寺碑》也进行了研究。

他研究之后说:

> 《玉皇庙碑》是天聪四年九月,比《喇嘛碑》只晚五个月,而此碑已无曹振彦军职,只署"致政",当是其隶属及职务正在变动之际,尚未确定。至天聪八年,则已归多尔衮之正白旗,为"旗鼓牛录章京"(旗鼓佐领)。则此碑为我们提供了曹振彦由佟养性属下转变为多尔衮属下的一个变动初步的情况。这同样是曹雪芹上世的重要实证资料。《弥陀寺碑》则是《五庆堂》曹氏三房上祖的署名碑,碑阴曹得先、曹得选、曹世爵三人,都是五庆堂谱上的人名。《五庆堂谱》原称"辽东曹氏宗谱",现在在辽阳发现五庆堂上祖的署名碑,则对《五庆堂曹氏宗谱》亦是提供了一件重要的实物证据。五庆堂三房是孔有德的部下,此碑的功德主正是"恭顺王孔有德、怀顺王耿仲明、智顺王尚可喜",与史实全合,则更加增加了《五庆堂谱》的可信性。(柏按:冯先生在《〈大金喇嘛法师宝记〉碑"教官"考论》中曾补充说,天聪八年时,多尔衮是镶白旗旗主,曹振彦当时应属镶白旗,多尔衮后来成为正白旗旗主。)

《大金喇嘛法师宝记碑》、《重建玉皇庙碑》和《东京新建弥陀禅寺碑》,现已陈列于辽阳市博物馆,称为"辽阳三碑"。冯其庸先生认为:碑上有曹振彦、曹得先、曹得选、曹世爵等人题名,他们同属《五庆堂谱》上的人物。所有这些史料明白无误地证明了曹氏祖籍是在辽阳,而不是原来所说的丰润。这些史料中所提及的人物从曹雪芹的高祖曹振彦到曹雪芹的父辈曹颙、曹頫,几十人连成一线,中间所透露出的丰富信息,使我们对于曹氏从发迹到"烈火烹油之盛"再到被抄家败落的一段家族史,有了比以往清晰得多具体得多的认识。

3. 撰著《曹雪芹家世新考》

冯其庸先生得到《五庆堂重修辽东曹氏宗谱》以后,为核实《宗谱》的人物和记载,查阅大量的历史文献资料,包括档案史料、实录、《明史》、《清史稿》、方志、家谱、文人诗文集及笔记杂录,等等;又进行了大量的实物考察与实地调查,并将他发现的和经他研究过的文献、实物及历史遗迹,摄成图片。冯先生坚持将文献研究、实物对证与实地考察相结合的治学方法。他四次去辽阳验看那里发现的"三碑"，三次登上千山，又多次到山海关、南京、苏州、扬州，凡是有关曹雪芹家的遗迹以及保存着有关文献的地方，天南地北，他都要亲赴其地。最有意思的是，他从《五庆堂谱》中得知曹德先"葬顺天府房山县张坊镇西，涞水县之沈家庵村北"，就想到曹德先的坟有没有可能还在呢，于是在1977年的冬天，和朋友驱车二百多公里，一路询问，几经周折，真的找到了沈家庵，并且确实有"曹家大坟"。坟地已经在平整土地中平掉了，但残存下来一块汉白玉界石，柱身一面刻着"五庆堂"，一面刻着"曹宅茔地"。令人惊奇的是守墓人还在，记得原是七个坟堆。这就和谱上记载的对上了，因为谱上写明曹家这一房有七个人葬在这里。村里人还说，平整土地时，从曹家大坟里只挖出一个小匣子，内装几块骨头。这又对上了，因为谱文记载，曹德先全家都死在顺治九年李定国发动的广西桂林之役，后皇帝赐祭葬，大约只捡回几块骨头，不可能有大棺木。真实的史料就是这样，经得起核实。这次调查证明了《五庆堂谱》是靠得住的。对于这个葬地，冯先生先后去调查了五次。

冯先生搜集、查阅的大量文献资料中，有两件是他特别惬意的，对于论证《五庆堂谱》的可信性，尤其是论证《五庆堂谱》上三房和四房的关系，他认为具有重要作用。

一是在民国二十四年的《国立北平故宫博物院十周年纪念文献特刊》上发现孔有德、耿仲明的降金书的满文照片及汉译原文。孔有德是如何投降的，虽与曹雪芹家世研究关系不很大，但这个降金书里提到"特差副将刘承祖、曹绍中为先容"，这个曹绍中就是《五庆堂谱》上的人物，葬涞水县之沈家庵村北的曹德先就是曹绍中的长子。曹绍中在《五庆堂谱》上是第十世，与同谱四房的曹振彦是同世次。

二是借到了康熙时的原抄本《沈阳甘氏家谱》。人们知道康熙十二年因吴三桂叛乱而自经于镇远府的云贵总督甘文焜与曹雪芹的上祖有亲戚关系，这从曹寅的《过甘园诗》就表明了这种关系，诗中自注称甘文焜为"总制公"，称甘文焜的第三子甘国基为"鸿舒表兄"。这重"表亲"关系究竟从何"表"起的呢？康熙抄本《沈阳甘氏家谱》："六世，体垣，行一，字仰之。生于万历戊申年七月初三辰时，仕至福建漳州府海澄县令。于顺治九年正月初三日海寇作乱，守节殉难，士民爱戴，立祠春秋祭祀。元配曹氏，沈阳卫指挥全忠曹公之女，生一子，如柏。"嘉庆、道光《沈阳甘氏家谱》

均同。再检《五庆堂曹氏家谱》十世曹权中："养勇子，字时轩，指挥使。配徐氏，封夫人，生子振先。女一，适甘公体恒室，甘国圻母。"这里的曹权中，也即是甘谱里的曹全忠，音同字异，而这里的甘体恒，也就是甘谱里的"甘体垣"，"恒"与"垣"形近而误。曹、甘两谱互相对应，找出这曹、甘两家的姻亲关系对研究曹雪芹上祖的家世至关重要。这就找到了曹寅称甘国基为"鸿舒表兄"的原因，即四房的后裔称三房上世的祖姑之子为"表兄"。这恰好说明了《五庆堂谱》上的四房与三房，原是同气连枝，一条根上生出来的。

从 1975 年冬以来，经过三年的努力，冯其庸先生写成《曹雪芹家世新考》一书，上海古籍出版社 1980 年出版。全书近三十万字，并附图片一百多幅。《曹雪芹家世新考》一书的主要结论是：

（1）《五庆堂重修辽东曹氏宗谱》上列出始祖曹良臣和第二代曹泰、曹义，实际上都不是五庆堂曹氏的始祖，而是撰谱人强拉入谱或讹传窜入的。五庆堂曹氏的真正的始祖是曹俊，即"入辽之始祖"。

（2）曹雪芹的上祖与五庆堂的上祖是同一始祖即曹俊。曹雪芹的上祖是曹俊的第四房，五庆堂的上祖是曹俊的第三房。

（3）曹家在天命、天聪、崇德之间，原是明朝的军官，他们是在明朝与后金的战争中归附后金的。

（4）曹家在天命、天聪时期原是汉军旗，后来才归入满洲正白旗的。

（5）曹雪芹祖上入旗之前的籍贯是辽阳，而不是河北丰润。这就是说，曹雪芹祖籍是辽阳。从李玄伯以后，曹雪芹祖籍"丰润说"相当流行，自冯其庸先生《曹雪芹家世新考》出版后，"辽阳说"得到确认，也成为红学界多数人的共识。

文化艺术出版社 1997 年出版《曹雪芹家世新考》（增订本）。增订本主要是增补了初版以后新发现的材料和新写的论文。笔者在后面还会介绍这些增补的材料和文章。

1983 年 12 月，三联书店香港分店出版冯其庸先生的《曹雪芹家世·〈红楼梦〉文物图录》。这是一部别具特色的学术性著作。它汇集有关曹雪芹家世和《红楼梦》的文物图片七百三十多幅，并配有意味隽永的或长或短的文字说明；是冯先生长期调查、搜集、摄影，再精心编撰而成。读者打开一页一页看下去，可以感受到曹雪芹所处时代的历史氛围，领略到那个时代的文化风貌，从而获得对曹雪芹和《红楼梦》的真切认识。

4. 曹、李两家败落的探讨

20 世纪 80 年代以后，中国第一历史档案馆及大连图书馆新发现了有关李煦、曹頫和曹寅的几件重要档案。这就是《两江总督查弼纳为审讯李煦家人及查其家产事奏折》（雍正二年）、《曹頫骚扰驿站获罪结案题本》（雍正六年九月二十一日）、《刑部为知照曹頫获罪抄没缘由业经转行事致内务府移会》（雍正七年七月二十九日）、《刑部为知照查催曹寅得受赵世显银两情形事致内务府咨文》（雍正七年十二月初四日）等。冯先生联系这些档案史料，勾勒出曹、李两家败落的轨迹，探讨了两家败落的深刻原因及与《红楼梦》诞生的关系。他这方面的研究，除了反映在《我与〈红楼梦〉》一文之内以外，还撰有《关于李煦》（《曹雪芹家世新考》增订本增加的一章）和长篇论文《曹、李两家的败落和〈红楼梦〉的诞生》。

冯其庸先生的探讨是一个逐步深化认识的过程。他对过去流行的某些说法作了澄清。《曹、李两家的败落和〈红楼梦〉的诞生》中写道：

以前，还有一种误解，认为曹家的败落、曹頫的被抄革职，是政治原因，是由于雍正即位后清除异己，曹家是康熙的亲信，因此必要清除。早先我也有此看法，经过这次清理核实曹家的亏欠及曹頫获罪因由，可以看到以上看法并无根据，这可以从几个方面来加以说明：一、雍正二年雍正在曹頫请安折上的长长的朱批，特别说到"你是奉旨交与怡亲王传奏你的事的，诸事听王子教导而行"，"若有人恐吓诈你，不妨你就求问怡亲王，况王子甚疼怜你，所以朕将你交与王子"等等的批谕，清楚地说明曹頫决不是雍正的敌党的人，根据这个朱批，说他是怡亲王的人倒毫不勉强，怡亲王的人，当然也就是雍正所不必怀疑的人了。二、雍正六年七月初三日，《江宁织造隋赫德奏查织造衙门左侧庙内寄顿镀金狮子情形折》，内称这对狮子是塞思黑（允禟）派人到江宁铸就的，"因铸得不好，交与曹頫寄顿庙中"。如果要往政治方面拉，这很容易就可说是允禟的一党了，镀金狮子，总比买几个苏州女子要更带政治性一些罢。但对此雍正并未追究，只批"销毁"二字，此时曹頫尚在枷号，如要像李煦那样加罪重判，是完全可以的，但雍正却并未把它作为政治问题看。只此两点，就足以说明曹頫的革职查抄，确实不是因为政治原因，而是他自己屡屡出错，看来真是扶不起来，否则有怡亲王的关照（怡亲王主管户部钱粮，曹頫的亏欠等事，他必然亲知，雍正三年九月，怡亲王还批过"报销江宁织造钱粮等事"的奏报）、雍正的额外宽容，李煦垮台后还让他当江宁织造，他却一次次地出问题，这就无法可想了。

此外，还有人认为曹頫在乾隆大赦后，又得到官复原职，曹家又再度中兴。这种说法我认为是毫无根据的，官复原职或重新起用，必定有官方文书，有档案，现在一无所有，则有何根据作此推断？

冯其庸先生又认为："曹、李两家败落的根本原因，是由于康熙的南巡。"康熙南巡的花费之大，是很难算清的。供张宴乐，进古董，随行人员皇太子、阿哥、嫔妃、护卫等都要供应资送，还要应付额外的需索，还有修行宫，打造船只，等等，这样巨大的开支曹、李两家如何承担得起。冯先生说："曹、李大量的亏欠的根由，就是为了要'拿着皇帝家的银子往皇帝身上使'，而这种在劫难逃的历史趋势和繁华富贵里头埋藏着的杀机，却被曹雪芹在《红楼梦》里用文学和艺术的形式再现出来了。""实际上，由于家庭毁灭的悲剧，触动了曹雪芹，才酝酿出这部《红楼梦》来，这一点在《红楼梦》的开头，作者就交代清楚的。"曹雪芹说的"历过一番梦幻之后"，"实际上是说作者自己历过了一番富贵荣华的生活，但最后却彻底败落，往日的富贵荣华，宛如一场梦幻，因此将真事隐去，借通灵宝玉的故事，创作这部《石头记》"。

"当然，《红楼梦》是一部旷古奇书，它的内容的涵盖面是既深且广的，决不是曹雪芹的自传或家传。"冯其庸先生这样着重予以强调。冯先生说：

> 《红楼梦》的诞生，是三种历史因素奇妙的凑合，一是整个世界在西方已进入资本主义时代，而在中国还是坚固的封建王朝；但在中国封建社会的内部，已经产生了资本主义萌芽的经济因素了。在思想领域里，反程朱理学而带有某种程度的自由色彩的初期民主思想也开始萌生和漫延了，从明末清初到乾隆时期，这种思想有了较多的发展，但社会的官方的主导思想仍旧是程朱理学。整个社会仍是封建社会。二是曹雪芹的家庭，虽然是包衣奴才，但却是百年世家。特别是到曹寅

的手里，发展到了飞黄腾达，而曹寅本身又是文采风流的一代作手，康熙六次南巡由他与李煦四次接驾，更使他家如"烈火烹油，鲜花着锦"。但是"祸兮福之所倚，福兮祸之所伏"，正当曹家走向鼎盛的时候，曹家衰败的根子也就同时埋伏下了。终于曹家彻底败落，"落了片白茫茫大地真干净"。原有的百年世家和富贵荣华，瞬息间化为泡影，而且极尽凄惨。以上两点是客观条件，还有第三点是主观条件，这就是曹雪芹是天才的作家。曹雪芹既经历了繁华富贵，又饱经了抄家以后的漂泊凄凉，他还看到了自己的至亲李煦家的早败惨象和李煦的悲惨下场，他当然更看到了自己父亲曹頫（或是叔父）的枷号。官场的势利，人世的凄凉，他都尝够了。以上这一切，恰好成为造就这位天才作家的主客观因素。特定的时代，特殊的家庭和特殊的天才人物的天然结合，才孕育出了一部绝代奇书《红楼梦》。

冯其庸先生就《刑部为知照曹頫获罪抄没缘由业经转行事致内务府移会》和《刑部为知照查催曹寅得受赵世显银两情形事致内务府咨文》两件档案史料指出：

"刑部移会"说明的另一个问题，是曹雪芹在晚年，曾否南归当尹继善的幕僚的问题。周汝昌坚持认为曹雪芹是曾南归为尹继善的幕僚的，他的唯一的根据是郑州博物馆所藏的那张"曹雪芹画像"和画像上的那段题记。现在事实证明画像是假的，题记是后造的，连作伪者都已经供认不讳了，所以南归说的依据就根本不存在了。现在"刑部移会"又提出来曹寅曾得赵世显银八千两，尹继善是奉追者，要着落曹寅之子曹頫承缴。这样尹继善与曹頫、曹雪芹之间，又存在了一层新的关系，一方是奉追欠款，一方是应缴旧欠；一方是江苏巡抚，一方是被罪枷号的罪人。在这种情势下，难道雪芹还有可能于日后去做尹继善的幕僚吗？只要读读《红楼梦》里雪芹对贾政的幕僚，詹光（沾光）、单聘人（擅骗人）等的描写，就可知道，雪芹对当时的幕僚即清客相公，是何等的厌恶鄙视啊！所以这份"刑部移会"又从正面驳斥了南游论者的错误观点，还雪芹以清白之身。

冯先生这儿所言，是有关曹雪芹身世的一个重要问题，加以澄清很有必要。

5. 曹雪芹的卒年

20 世纪 60 年代学术界讨论曹雪芹卒年问题以后，冯先生是倾向"癸未说"的。

1992 年 7 月，北京通县张家湾镇农民李景柱献出了他在 1968 年"文革"期间平坟地时挖出来的一块"曹雪芹墓石"。冯先生应邀去作了实地调查，李景柱介绍说："这块墓碑是 1968 年发现的，当时'文革'还在高潮期间，乡里为了平掉张湾镇周围的荒坟，改为庄稼地，才决定把张湾村西北的窦家坟、马家坟、曹家坟平掉。这三座大坟是相连的，面积很大，曹家坟高出地面有一米多。我和另外好几位一起平曹家坟，在平地时发现了这块墓碑。墓碑埋在地下一米多深处，碑上刻'曹公讳霑墓'五个大字，左下端刻'壬午'两字，'午'字已残。在墓碑下面约离地面一米王左右的深处，挖出来一具尸骨，没有棺材，是裸葬的，尸骨架很完整，据当时一位稍懂一点的人说，是一具男尸。当时急于要平坟地，特别正是在'文革'中，破四旧刚过，也没有敢多想，但我读过《红楼梦》，知道曹霑就是曹雪芹，并告诉了在场的人。当时有一位一起平地的人听说曹霑就是曹雪芹，以为墓里一定有东西，就去墓坑里拨弄尸骨，结果一无所有。到晚上我就与我的堂弟李景泉一起把这块墓碑拉回家里，埋在园子里了。最近镇里规划要发展旅游，建立张家湾人民公园，想把周围的古碑集中起来建碑林，因而想起了这块碑，又把它拿了出来。"李景柱介绍后，冯先生就去目验了这块墓石，并拍了照片。墓石约一米左右高，四十多厘米宽，十五厘米左右厚，墓碑质地是青石，做工很粗糙，像是一块普通的台阶石，只有粗加工，没有像一般墓碑那样打磨，碑面上加工时用凿子凿出来的一道道斜线都还原样未动，证明是根本未打磨过。碑面上凿刻"曹公讳霑墓"五个字，也不像一般碑文的写刻，就像是用凿子直接凿的。在碑的左下端有"壬午"两字，"午"字已剥落左半边，但还能看出确是"午"字。

冯先生察看后认为这块墓石确是真的出土物，绝不是伪造的。不久，国家文物鉴定委员会的专家史树青、傅大卣两位也来验看了，他们看后当场发表意见，认为这块墓石是真的，绝不是伪造的。不少红学家看后，也认为是真的，不是伪造。当然，学界也有人认为是假的，不可信的。冯先生联系《江宁织造曹𬬭覆奏家务家产折》（康熙五十四年七月十六日）、曹寅《东皋草堂记》、《江宁织造曹寅奏谢复点巡盐并奉女北上及请假葬亲折》（康熙四十五年八月初四日）、《苏州织造李煦奏安排曹𫖮后事折》（康熙五十四年正月十八日）及雪芹友人敦敏、敦诚的诗文，说明曹家在通县和张家湾有地有产，曹家的祖茔在北京郊区，而且应该就在潞河边上的张家湾附近。冯先生根据甲戌本第一回脂批"壬午除夕，书未成，芹为泪尽而逝"，加上张家湾出土的这块墓石上的"壬午"纪年，认为曹雪芹是卒于壬午年除夕。

2006 年北京图书馆出版社影印出版《四松堂集》付刻底本，冯先生在国家图书馆善本室看了原本以后，写出《初读〈四松堂集〉付刻底本——重论曹雪芹卒于"壬午除夕"》，作为影印本的"代序"。"代序"的着重点是讨论曹雪芹的卒年问题。

大家知道，在曹雪芹卒年问题上，持"癸未说"的是两个证据：一是《四松堂集》付刻底本中的《挽曹雪芹》诗注明写作年份为"甲申"（乾隆二十九年）；二是《懋斋诗钞》中的《小诗代简寄曹雪芹》前面的第三首（即《古刹小憩》）注"癸未"。冯先生的《初读〈四松堂集〉付刻底本——重论曹雪芹卒于"壬午除夕"》，就是对"癸未说"两个证据的驳论。

冯先生研究了《四松堂集》付刻底本的编年问题，发现《四松堂集》付刻底本的纪年有多种情况：第一种是在诗题下有明确的纪年，但在刻本上都已删除；第二种是诗题本身的文字即含纪年；第三种是题下原有小字纪年，编定时在纪年上贴小白纸片盖住，表示删去纪年，如《挽曹雪芹》题下的"甲申"两字就用小纸片盖住；第四种情况是题下纪年用墨笔圈去。尤其是吴恩裕特别强调的"吾诗聊记编年事"的那首《三月十四夜与佩斋松溪瑞庵雨亭至黑山饮西廊看月》，吴恩裕用来证明敦诚诗是"严格编年"的，而此诗在敦敏编定《四松堂集》时被删掉了。所以冯先生认为"《四松堂集》并不是真正'严格'编年的"，只能说"大体编年"。《挽曹雪芹》题下的"甲申"两字既被贴条删去，就不能不审慎思考。换句话说，就不能算是过得硬的证据。至于《懋斋诗钞》也不是"严格编年"，集中记的年份存在许多差错；即使我们承认《小诗代简寄曹雪芹》是癸未年的诗，但雪芹未应约，也没有答诗，这就有可能是人在因故未赴约，也可能是人已不在了。持"癸未说"的以此为证据，是推测，是"理证"，而不是"直证"、

"实证"，不具有必然性。

五、关于《红楼梦》思想内容的研究

冯其庸先生红学研究的另一个重要方面，是作品的思想内容。二十多年间他一直在潜心研究《红楼梦》的思想意蕴和历史价值。1983 年他写了《千古文章未尽才》一篇长文，后来多次予以增补。从 1999 年起，他集中精力和时间，将多年有关《红楼梦》思想的研究总括起来，著成《论红楼梦思想》一书。这是冯先生探讨《红楼梦》的思想意蕴和历史价值的代表性著作，是一部系统论述《红楼梦》思想的著作。《论红楼梦思想》出版后，冯先生又在《瓜饭楼重校评批红楼梦》卷首的《解读〈红楼梦〉》（代序）与长篇论文《曹、李两家的败落和〈红楼梦〉的诞生》中，进一步阐述《红楼梦》的思想内容。

20 世纪最后二十多年，中国学术文化界的理论观念、思维习惯发生了变化，研究《红楼梦》的方法和研究角度也呈现出多样化的开放的格局，但这个时期，研究者多注重美学的、心理学的分析和新方法的探讨，似乎厌倦于继续研究小说的思想和历史价值。特别是"结构主义"、"叙述学"等新方法的输入，更加强了这样的心态。"结构主义"、"叙述学"等新方法，"放弃以外部渊源为基础解释作品，不管该外部渊源是表述者本身或是他的物质和精神背景。任何历史性视角被驱逐之后，文本被视做封闭的世界，仅以自身为参照，犹如一台言语机器，批评家分析其内在关系和结构，而不再考虑原因和起源"。新方法着重研究文本的"内在关系和结构"，即专门研究"形式"。这作为文学研究的"一家"、"一派"，当然是可以的。如果我们学术界对《红楼梦》，对古典文学，仅只作形式的研究，那就不可思议了。文学作品不可能没有思想，创作也离不开历史环境；作品在传播中，在读者的接受过程中，也要依靠思想的魅力。研究工作岂能回避这样的客观存在！事实上，西方的文学理论与文学批评在最近二十多年已经发生了重大转移，我国学界强调专注于文本的"内在关系和结构"的理论依据还是 20 世纪 70 年代以前流行的理论。如今，西方有人讥讽专注于文本的"内在关系和结构"的，是"叙述方面的技术员"。西方一本有代表性的《诗学史》写道：

　　假如说文学的语言学分析可以达到脱离任何背景的"高度"，背景是否真的失去了它的意义？我们真的可以与社会文化背景割断联系，把作者、读者和历史都搁置一旁而醉心于如此形式主义的和理想主义的活动吗？其实，孤立作品的内在研究远远不够，批评界很快发现，有必要重新引入时间层面和文本外的材料层面，尤其因为结构主义为自己确定了最广泛的目标。在 1966 年 11 月号的《现代》杂志中，普永（Pouillon）和格雷玛斯（Greimas）使结构主义向史学、社会学和比较方法开放。

　　事实上，西方的文学理论与文学批评在最近的二十多年已经从强调"内部"研究转为注重文学的"外部"联系。不管这是不是回归传统，经验告诉我们，研究古典作品不能脱离历史，不能脱离社会；脱离历史和社会，就不可能触及作品的思想内容。

　　我国某些年轻的红学研究者，受西方"结构主义"、"叙述学"等理论的影响，以为联系作品的历史背景和作者的经历来解读作品的方法，是"离开文本"的"外部研究"，是"从作品之外寻求意义"。照笔者看来，这是一种误会。这种误会，导致近年的《红楼梦》研究中出现一种非历史主义倾向，即脱离社会、脱离历史而研究文本的倾向。

　　思想是文学作品的灵魂，红学应当把思想内容的研究放在重要地位，而要研究思想内容则离不开社会历史的研究。二十多年来，冯先生坚持研究《红楼梦》的思想意蕴和历史价值，在学术导向上是有意义的。

　　冯先生说："我一向认为如果没有曹、李两家富贵荣华的百年世家和后来的彻底败落，就不会有一部万世永传的《红楼梦》。但是，我更认为要正确理解《红楼梦》，必须了解《红楼梦》时代的外部世界，即中国以外当时世界发展的历史趋势。必须了解《红楼梦》时代的内部世界，即康、雍、乾时代的清代社会，而且还必须了解曹雪芹、李煦的百年世家和最后彻底败落的悲剧结局以及曹雪芹本人的经历。"《论红楼梦思想》，首先对产生《红楼梦》的那个时代——明朝后期到清代前期，作了仔细考查，引用的文献近百种。这种历史的考查，涉及当时资本主义萌芽的曲折发展，市民阶层的壮大，西方新学的传入，以及反对程朱理学和专制独裁、提倡人性自然发展的启蒙思潮；同时，也阐明了传统封建统治仍然顽固，吏治腐败，世风颓靡，土地兼并加剧，社会下层和广大妇女的处境愈益悲惨。冯先生把曹雪芹和《红楼梦》放在明朝后期到清代前期这个大的历史环境中来考查；同时又联系世界范围的经济、政治和思想文化来思考，指出欧洲经过文艺复兴之后，又进入工业革命的高潮。冯先生解读《红楼梦》的基本方法，即是联系作品的历史背景和作者的经历来寻绎作品的意蕴与历史价值以及作品是如何表现其内容的；简明地说，就是寻绎作品表现什么和如何表现。这样的方法，是要从历史实际和文学文本的实际出发，从研读作品中寻绎其艺术形象所蕴含的深远意义，不能称之为"从作品之外寻求意义"。

冯先生得出的结论是：《红楼梦》不仅是对两千年来的封建制度和封建社会的一个总批判，而且表达了对自由、平等、幸福和个性完美的追求，它闪耀着新时代的一线曙光，也是一首迎接必将到来的新时代的晨曲。冯先生说：

《红楼梦》是一部旷古奇书，它的内容的涵盖面是既深且广的，绝不是曹雪芹的自传或家传。我认为它是康、雍、乾这一历史阶段的艺术的总概括和总反映。这一时期的社会矛盾，社会风习，特别是这一历史阶段的人的命运、妇女的命运以及官方的设定，社会的反抗等等，统统得到了生动的反映。《红楼梦》里的理想人物，是代表历史发展的进步趋向的，他们在寻找新的人生道路而又不知从何找起。贾宝玉坚决不走仕途经济的道路，就是对旧的官方设定的封建时代的人生道路的否定，他只愿意与姐妹们在一起过自由自在的生活，是说明他还没有找到真正的新的人生道路，但却向往着过自由自在的生活。他对旧的人生道路的否定是明确而坚决的，但他对新的人生道路却在迷茫中摸索，"天尽头，何处有香丘？"就反映着他们在寻求新的人生道路和新的理想世界。但是他们追求婚姻的独立自主、自由选择和尊重女性这两点，已是他们理想人生中的两个闪光的亮点了。所以虽然他们对新的人生道路还在迷茫中摸索，距离真正的新的人生道路还很遥远，但他们已经有所感悟，有所主张，不是完全的盲目了。所以贾宝玉、林黛玉这一对新人的思想内涵是具有先进的历史动向和丰富的历史内涵的，是一对不朽的艺术典型，它闪射着黎明前黑暗中的一丝晨曦。

如何给《红楼梦》的思想定性，20 世纪 50 年代出现过两种意见。一种意见认为是"新兴的市民社会意识的反映"，另一种意见认为是封建社会传统的民主思想。两种意见有过争论，但由于那时缺乏自由讨论的学术环境，争论没有深入展开。冯先生认为：《红楼梦》是反映资本主义萌芽性质的经济因素的新的民主思想"，其中的思想冲突是封建正统思想与反封建正统思想的冲突，贾宝玉、林黛玉的形象是前所未有的艺术形象，体现新的社会理想和生活理想，包含着近现代的思想因素。《红楼梦》"在意识形态领域里，起到了启蒙的作用"。

六、侧重于小说艺术的《瓜饭楼重校评批红楼梦》

冯其庸先生曾以十多年时间研究清代"评点"红学，撰写了《重议评点派》一文，完成《重校八家评批红楼梦》(江西教育出版社 2000 年出版)一书。冯先生在《重议评点派》的长文中，赞扬"评点"的方式"灵活便利，生动活泼"，"既不排斥长篇大论，又发展了单刀直入，一针见血的短论"，能"鞭辟入里"，"画龙点睛"；而且可以非常灵活地指出作家语言的美妙之处，"导人领略欣赏，引人入门"。冯先生历经五年完成的《瓜饭楼重校评批红楼梦》，正是"评点"这种传统方式的继承和发展。

《瓜饭楼重校评批红楼梦》于 2004 年底和 2005 年初，由香港天地图书有限公司、辽宁人民出版社和浙江华宝斋书社分别出版精装本和线装本。全书包括三种"评批"形式："眉批"(针对文段或重要文字)，"正文下双行小字批"(针对重要文句)，"回末批"(总评全回)。此外，还有长文《解读〈红楼梦〉》，置于卷首，作为导读。"评批"加上"导读"，既在宏观上全面深入地剖析了《红楼梦》的思想内涵和艺术表现上的特色，又能就小说的历史意蕴、人物性格、写作技巧、素材来源、词语修辞、文字音义、相关的风俗人情以及作者问题、版本问题，等等，从微观上细致地予以指点。不过，总的看，全书的"评批"还是侧重于小说艺术，如人物刻画、谋篇布局、情节结构、描写技巧、文笔文辞等方面。

《瓜饭楼重校评批红楼梦》的眉批与双行小字批，或三言两语，或一语道破，或引古典诗句作评，俱语约义丰，韵味深长。这里我们来看一些精彩的批语。小说第六回写到刘姥姥一家，过去有人评曰："作者断不肯顺笔递出，故特作大提掇"。冯评："读书如游山，此处奇峰突起，天外飞来之笔。"小说写到"秋尽冬初，天气冷将上来"，刘姥姥"家中冬事未办"，全家愁闷。冯评："'全家都在风声里，九月衣裳未剪裁'也。"这是乾隆时期诗人黄景仁《都门秋思》中的句子，与《红楼梦》的描写恰恰相合。小说第十二回写贾瑞由"他祖父代儒教养"。冯评："书中代儒，自是儒者之代表，在此儒者亲自教育下之贾瑞，却是如此行径，此亦作者对儒家之辛辣讽刺也。"点明《红楼梦》作者对正统儒学的讽刺笔墨。小说第十五回写宝玉离开村姑二丫头"怎奈车轻马快，一时转眼无踪"。冯评："'车轻马快，一时转眼无踪'两句，令人如读古诗'人生寄一世，奄忽若飙尘'之感，盖人生亦是'车轻马快，转眼无踪'也。"表达了批书人对人生的感慨。第十七、十八回写元春省亲到家之前，大观园里张灯结彩，"静悄无人咳嗽"，冯评："所谓'万木无声待雨来'也。"这可以加深读者对小说意境的领悟。小说第三十回宝玉与黛玉相对流泪，黛玉将枕边搭的一方绡帕子摔向宝玉，冯评："千言万语，无数衷情，皆在此一摔之中，不知作者如何想来。予数十年来，喜看传统戏曲，每见名演员一理须，一整冠，一弹指，每一小动作，皆能传情达意。黛玉此一摔，亦传情达意之最好方式，只此一摔，两心相通矣！"这是评小说的细节描写。第四十七回写凤姐逗贾母笑乐，冯评："凤姐的话，如春花烂漫，满席皆春，既逗人欢喜，又不见造作，皆风生涟漪，自然成文。"这是评小说如何写凤姐的乖巧与油嘴。第五十四回再次评凤姐："凤姐之口，虽古之辩才亦难过之，自凤姐于第三回出场至今，其滔滔之言，无一不动人，无一不因景生情，无一不新鲜奇谲，信矣，雪芹之才，如黄河之水也。"这是由赞凤姐的伶牙俐齿进而评曹雪芹写人物对话的手腕。

每回之后的回末批，短者四五百字，长者达四千余字。全书一百二十回总起来就是百余篇意味隽永的文章。虽说"回末批"是对全回作总评，但并不拘泥于一格。大抵都是就难点、疑点与关键问题予以阐释或发挥。如第十四回回末批：

> 此回写宁府丧事，显出大家气派，诸事错综复杂，千头万绪。作者一支笔，恰如指挥千军万马，事事有序，笔笔周到，一丝不乱，令

人如在当场。只见大队人马，素衣白裳，车马舆轿，缤纷齐作，浩浩荡荡，一如流水马龙，好看煞人。此回庚辰回末评云："此回将大家丧事详细剔尽，如见其气概，如闻其声音，丝毫不错，作者不负大家后裔。"……

第十七十八回（"重校"本此两回未分回）回末批：

大观园为宝玉及诸钗之居处，以后诸多情节，皆生发于此。此实小说人物活动之大环境，无此环境，则诸事无从展开，故必得细写，然如何细写，却是难事，单写建筑，则成为写一建筑工程矣。乃作者借贾政视察工程，商量题匾诸事，则一路描写品题，使文章情文相生，而贾政之视工程，亦成为一篇名园游记矣。

宝玉试才题匾联，实为下回省亲做诗预写一笔，使下文不突然，且亦见宝玉之清才洒脱，而贾政则迂腐板滞，活生生一刻板官僚，而诸清客则庸俗谄奉，诸相毕露，三者恰成对照。非如此不能见宝玉之才，贾政之腐，清客之俗也。

省亲一回是全书大喜文字，与前可卿之丧为大悲文字，成一对照。作者皆以龙象之笔写之，具见大才，且省亲是皇家典仪，作者借此写出其煌煌家世，亦真事隐于其中也。……

这些关于《红楼梦》如何写大场面的分析，诚能发原著之蕴奥，启后学之才思。

《瓜饭楼重校评批红楼梦》还有一个重要内容，就是辑录庚辰、己卯、甲戌等抄本上重要的"脂评"，并适当加以解释和引申。一般不易备有多种"脂评"本的读者持此一部书，便可以直接看到这些最早的具有文献价值和文学价值的"脂评"，而且通过冯先生的解释、引申又得到进一步理解。

冯其庸先生红学研究的步骤，是由《红楼梦》的版本研究、作者家世身世的研究，进而研究《红楼梦》思想内容和小说艺术。《瓜饭楼重校评批红楼梦》的著成与出版，实现了他红学研究的计划。

——摘自 2010 年 5 月《红学史》，作者略有删改新时期红学研究的『定海神针』
——漫话冯其庸先生和红学

[马瑞芳]

冯其庸先生红学研究到底取得哪些方面成就？给新时期红学带来什么影响？应该有人做全面深刻的研究和总结，写篇皇皇巨著的博士论文。作为多年受益于冯其庸先生的后学，简要说几点体会。

1. 还红学以"红楼梦学"真面目

当红学海洋浊浪乱翻时，冯其庸等老红学家起了定海神针的作用。

有种说法，研究曹雪芹家世、《石头记》探佚等，叫"红学"，研究《红楼梦》不叫红学，叫小说学。我就一直想不明白：曹雪芹不写《红楼梦》，你研究他做什么？红学还是得研究《红楼梦》本身，曹雪芹家世、《石头记》探佚只能算红学分支，最重要的，还得研究《红楼梦》文本。

如果说什么是红学还算学术争论，那么，几十年来，红学界出现更多的却是非学术争论，比如，曹雪芹"遗诗"、"曹雪芹"画像、曹雪芹谋杀雍正，太极《红楼梦》，程前脂后说，秦可卿是废太子女儿、贾元春原型先侍废太子再侍乾隆并告发曹家隐藏废太子之女的秘密等。被媒体称作"正统红学家"的一帮人，这些年就像唐·吉诃德战风车，跟种种异端邪说作斗争。

冯先生把这类所谓"研究"叫做"非学术和非道德的喧闹"，他也一直在认真做红学研究的拨乱反正工作。

冯先生在 1994 年莱阳红学会致开幕词时说："对于种种歪论，我们不能退让，我们要为真理而争，要为扫除谬论而争，要为广大的青年读者，为广大的读者群不受蒙蔽而争！"

1994 年莱阳红学会谈论重点之一，是欧阳健提出的程前脂后，我当时是跟朱淡文一起从济南坐了一夜硬座车跑到莱阳参加会的，一到会上，先看到冯先生批驳欧阳健的文章，觉得冯先生这样的大学者批驳这种"猫盖屎"谬论，实在没必要，曾跟李希凡老师说："杀鸡焉用牛刀？"但是冯先生仍然很动真情地批驳这谬论。我至今保留着 1994 年莱阳红学会冯先生手写的诗，有这样四句：

> 岂能伪造脂斋笔，
> 竟敢来偷梦阮魂，
> 真假是非随口说，
> 脂评程刻未窥门。

冯先生对诗句的修改，我印象特别深。冯先生的诗是"即席次宋谋玚同志韵"，我从宋老师那里看到后，请冯先生写一份给我。冯先生写给我时，把"脂评程刻未入门"，改成"脂评程刻未窥门"，从没进门到没看到门，离《红楼梦》岂不是更远了？冯先生对非学术化喧闹的气恼，一字之改，可见一斑。冯先生诗里还提到"论红犹觉二吴存"，意思是我们现在在莱阳讨论《红楼梦》，觉得吴世昌、吴恩裕两位老红学家还在，吴世昌、吴恩裕二位老先生当年也受害于伪造资料，跟伪红学辩论过，老红学家们前仆后继，像爱护自己眼睛一样爱护《红楼梦》，像保护自己眼睛一样捍卫《红楼梦》。

2005 年刘心武"秦学"讲座在央视热播，读者觉得讲座固然有趣，但缺扎实依据，刘心武讲得如果不对，谬误在什么地方？这一年十月胡文彬教授在大观园做报告《红楼梦的诱惑和红学的困惑——关于当代红学的几点思考》，讲座最后说到刘心武讲座。他说，研究《红楼梦》猜谜是不行的，《红楼梦》是伟大的小说，不是谜语书。你到图书馆查书，你也得到小说类找，不能到谜语书里找。胡文彬还讲到刘心武的讲座中其他一些不科学的地方。接着，胡文彬受到"挺刘者"的"围殴"，很多读者给红楼梦研究所打电话，要求中国唯一的红楼梦研究机构的专家出来说话。于是，2005 年末，冯其庸、李希凡、张庆善以接受《红楼梦学刊》记者访谈的形式发表了对刘心武讲座的意见。

冯先生釜底抽薪，说，刘心武对《红楼梦》的讲解跟《红楼梦》没关系，充其量只能是"红外乱谈"，所谓"秦学"根本不能成立。

冯先生的原话是这样说的："有人问我：秦学能不能成立？我反问他假定有人研究贾宝玉，能说就是'贾学'吗？研究林黛玉，能说就是'林学'吗？那么，一部《红楼梦》得产生不知多少学问了。一门学问总要有一门学问的根基，研究秦可卿就叫'秦学'，'学'在哪里？随便编造就变成了学问，那做学问也未免太容易了，天下做学问的人也就太多了。所以不客气地讲，刘心武的所谓的《红楼梦》的讲解，不是'红学'，也算不上'红外学'。'红外'当然是'红外'，因为它与《红楼梦》没有什么关系，但是'学'在哪里呢？信口乱说就能算'学'吗？我认为他自称的所谓'秦学'，或者别人说的'红外学'，充其量只能说是'红外乱谈'。"

冯先生还说："学问要有学问的品格，学问要有学问的规范，信口乱说怎么能称为学问呢？我觉得中央电视台播放这样的节目是对社会文化的混乱。"

如何正确研究曹雪芹和《红楼梦》？冯先生身体力行做出榜样：知人论世、注重文本。我对冯先生几篇文章印象特别深，《千古文章未尽才——为纪念曹雪芹逝世220周年而作》、《论庚辰本》、《再论庚辰本》等等。在前一篇文章中，冯先生从康、雍、乾三朝历史和曹家几代人的经历，论述曹雪芹创作《红楼梦》的背景和可用资源，剖析《红楼梦》的思想性质、现实意义。在后两篇文章中，冯先生对《石头记》版本做了令人信服的考证。打蛇要打七寸，牵牛要牵牛鼻子，冯先生研究的都是《红楼梦》根本之根本。

2.《红楼梦》版本研究、评点研究和瓜饭楼重校评批

把《红楼梦》可靠版本提供给亿万读者，是冯其庸先生及其团队起的又一"定海神针"作用。

冯先生《红楼梦》版本的研究成就很高，产生的社会影响最大。冯先生考察国内各种《红楼梦》版本，特别是详尽考察了曹雪芹逝世前最完整重要的庚辰本，讲庚辰本作为红研所注释《红楼梦》和《瓜饭楼重校评批红楼梦》底本，他还跟其他几位老先生到前苏联考察列藏本，使林黛玉的眉目有了最准确的表达。

冯先生版本研究的最重要成果体现之一，是红研所注释、人民文学出版社出版的《红楼梦》。我参加过人文版《红楼梦》发行四百万册及新版

《红楼梦》倒计时典礼，在会上曾说，当年人民文学出版社社长严文井有个不成文规则：社里凡是没钱，就印《红楼梦》！当年我上中学、大学看到的《红楼梦》，就是人民文学出版社出的。不过，那部《红楼梦》是以程乙本做底本，长期误导广大读者，特别是中文系大学生。改革开放之后，由冯其庸、李希凡先生牵头搞出来的红研所《红楼梦》以庚辰本为底本，基本上呈现了《红楼梦》本来面目。一部古典小说在三十年间发行四百万册，应该算不小的数目，但我仍然怀疑统计有误，实际发行量应该超过四百万册。即便算四百万册，也很可观：每三百个中国人中，就有一个人手里拿着红研所的《红楼梦》！而且大量的书是在图书馆流通，阅读和受益的人更多，在广大读者群中，在《红楼梦》版本上起到了拨乱反正作用。

冯先生重视评点派，写过《重议评点派》，他认为，评点派对中国文化有贡献，他们使用的评点方式现在仍有价值。冯先生呼吁当代《红楼梦》研究者和《红楼梦》爱好者不要把清代评点派忘记了、丢掉了。除《脂砚斋重评石头记汇校》之外，冯先生出版了《八家评批红楼梦》。正文采用程甲本（即多数评点派使用的底本），校以甲戌、庚辰、己卯、戚序、蒙府、梦稿、列藏、梦叙等本，整理了王希廉、张新之、姚燮、二知道人、洪秋蕃等八家评批《红楼梦》的文字。

冯先生做这本《八家评批红楼梦》，穷数年时间，下了很大功夫，结果他给全世界的红学研究者省了更多时间和更大功夫。一卷在手，清代主要红学点评者的观点都在掌中。《八家评批红楼梦》给《红楼梦》研究者提供了多方面重要参考。简言之：一方面研究者可以借鉴前人已评点出的观点，参考评点家评《红楼梦》的角度，另一方面，研究者可以避免出"哥伦布发现新大陆"的笑话，不至于把清代评点家早就注意到、早就说透的事，当做新发现来钻研，招摇过市。

《瓜饭楼重校评批红楼梦》是冯先生多年研红专著、论文、考证的集大成。这部160万字的皇皇巨著出版于2005年，冯先生已逾八十高龄。此前数十年，冯先生已对曹雪芹生平、时代背景、家庭影响，对《红楼梦》版本、思想、艺术做了全面深入研究，发表了一系列专著、论文，对清代评点派做了详尽梳理，站在了前人的肩上。在此基础上，冯先生依托《红楼梦》可靠版本，依托数十年红学积淀，依托沧桑历尽的人生阅历，在红尘渐远的岁月（估计是先生七十岁后开始写作），静下心来，俯下身子，逐回逐句评点《红楼梦》。全书前边有总导读，书中有针对某一段落的眉批，有针对《红楼梦》词句的正文下双行批，有回后评。三种评批方式结合，几乎将《红楼梦》的边边角角都扫到了。冯先生的评语，既可以说是麻姑掷米、粒粒皆为金沙，也像老吏断狱，针针见血。比如第十九回回末评：

"'玉生香'为宝黛情柔意蜜而又天真无邪之一段最纯朴文字，其情在有无之间，亦黛玉一生中最欢畅无愁之时，文章如春花之烂漫，如秋月之朗洁，具无限缠绵之意，有有余不尽之妙。"

"本回数段脂砚之批，实为中国最早之典型论，然脂砚早于马克思、恩格斯整整一个世纪，是诚可宝也。乃竟有人以为脂砚并无其人云云，听此荒论，能不令人抚然！"

《瓜饭楼重校评批红楼梦》令人爱不释手，它实在是大学者造福亿万读者的大学问！是红学大家泽被后辈红学家的真学问！这部巨著既符合阳春白雪研究者的研究需求，也符合下里巴人的阅读需求，说这部巨著是新时期红学研究著作的定海神针，也应该不为过吧。

3. 红学会

中国有两大显学，一曰红学，研究《红楼梦》的学问；二曰鲁学，研究鲁迅的学问。这些年来两大显学的活动，是学术界亮点之一。

冯先生是中国红学会会长，头上有光环，身上有负担。

20世纪80年代后期，我跟北京大学吴组缃先生一起爬泰山，吴先生聊起他为什么不肯再做中国红学会会长，说了句很有趣的话："不喜欢把红学会当成海峡两岸统战的工具。"

冯其庸先生接任红学会长后，红学会有没有成为"对台办"分支？我没有研究，却发现，冯先生跟他研究多年的唐玄奘有了相当可比性，他虽然不披袈裟，却总得给中国红学会，给全国红学家化缘。

《红楼梦》名气很大，红学会却没钱。开红学会得"找钱"。冯先生是大才，也是全才，诗、书、画、摄影俱佳，于是，在我印象中，有好几次红学会，是靠冯先生的"才艺"才开起来的，要把他的书法、绘画送给地方"有关领导"，才有地方拿资助，红会才能开得成。

1992年在扬州开国际红学会，会上向每位红学家赠送一个小小的紫砂壶，我拿到的壶上边有冯先生亲笔题字"红楼梦长"。当时我恰好跟朱淡文住在一起，淡文告诉我：每个红学家拿到的壶，上边的字都是冯先生写的，不是冯先生写好后统一印到大家壶上，而是每个壶上的字都是冯先生一一亲笔写后拓上去，壶与壶之间的"红楼梦"是不一样的！我问：冯先生写了多少个"红楼梦"？淡文说是五百个或是三百个，我现在记不清了。总之数倍于参加会的红学家人数。当时我很好奇：我们参加会的不到一百个红学家，冯先生写这么多做什么？淡文说：送给所有给这次红学会出力的人！当然还有不需要出力却什么也能要的人，包括冯先生亲笔题字的紫砂壶，冯先生的字和画。

我们参加了这么多次红学会，回头想想，冯先生这位前辈红学家为大家开好会，即使没有"舍身饲虎"，也得"割肉饲鸽"呢。

三十年前我开始参加红学会，当时刘敬圻和吕启祥大姐亲热地叫我"小马"，经常参加红学会的还有位"老马"，马国权师兄。1992年扬州红学会上，马师兄和我曾跟冯先生合影，我笑称"四马同槽"。现在吕启祥叫我是"老了的小马"，马师兄自然更老了，将近耄耋之年的冯先生却仍然老骥伏枥，继续活跃在红学界，在如何做人、如何治学上，为后辈做出榜样。值此冯先生从教六十周年之际，作为晚辈，感谢冯先生多年的无私提携，衷心祝愿他健康长寿、再创辉煌。

——发表于 2010 年 10 月《"红学研究新视野"学术研讨会论文集》

道德文章　高风亮节
——我所认识的冯其庸先生

［邱华东］

记得几年前的一天，忽然接到冯老的一个电话，只听说："回来了，……回来了。"我没听清楚是谁回来了，但那说话的语气让我感到十分震惊：缓慢而低沉，似乎压抑着某种激动，饱含着一种发自内心的深情，似乎是父母对久在海外刚刚归来的游子的慈爱……我心心里不禁暗地思索：是谁回来了？让冯老这么动情？是他的至亲？是他多年的密友？是我认识的朋友，所以冯老特地打电话告诉我？于是连忙问："是谁回来了？"只听冯老在电话中一字一顿地说："《甲戌本》今天回来了……"一瞬间，时间仿佛凝固，周围的一切似乎一下子全部消失，我感到好像受到电击一样，心灵受到极大的震撼，一股热流刹那间流遍全身。冯老还在电话中继续说着什么，好像是介绍《甲戌本》回归的经过，我却还没有从震撼中苏醒过来，根本没听清他在讲什么，只是"啊、啊"地答应着。

使我震撼的，倒不是"《甲戌本》回归"的消息，而是冯老发自内心的那种语气。我看不到他的表情，但那语气，那充满深情、充满挚爱、充满欣慰的语气，是那么温馨、那么深沉、那么博大、那么厚重，实在是难以言辞描述。但我理解了，理解了冯老对祖国优秀传统文化的挚爱和深情，理解了冯老对《红楼梦》的挚爱和深情，理解了冯老对红学的挚爱和深情，理解了他的执著，理解了他孜孜不倦的追求，……啊，这位老人啊！

说起我能认识冯老，还有一段鲜为人知的文坛佳话。

十多年前，偶然在书店中翻到某学者的一本著作，称"曹雪芹祖籍铁岭"，感到非常奇怪，印象上曹雪芹祖籍只有"辽阳"和"丰润"两说，怎么忽然又变成"铁岭"人了呢？有一位学者还为之作《序》，推介不遗余力，称赞此书是"纯正的学术研析成果"，"具有范例的性质"，"已把曹雪芹的上世归旗及关外祖籍诸多方面考证详明，从此可以论定。"甚至说：在"这样的析论之面前，想要提出驳难的新议，目前还没有具此学力识力之人。"因此决意买下回家细读。

我因长期研究明、清法制史，对清史以及辽东地理沿革有所了解，看了这本书中的种种说法，感到疑窦重重。比如，《上元县志》载曹雪芹先世"著籍襄平"，而"古襄平"据史籍记载及自古而今的诸史家研究，实为今辽宁省之辽阳，而这位先生却考证为辽宁的"铁岭"。而在他的"考证"中，很多问题难以让人苟同。比如，两汉时期"襄平"和"辽阳"为辽东郡的两个县，不属一地，这并没有错。但是至三国曹魏时期，原来的"辽阳县"已经废弃，此后遂将原来的"襄平"改称"辽阳"，隋唐宋元至明清一直到现在，皆沿袭不改。因此，今天之"辽阳"即先秦两汉时期的"襄平"，这是毫无疑问的。但是这位先生却因为汉代"襄平"和"辽阳"不属一地，就认为今天的"辽阳"也不是古"襄平"之地，很显然，这是混淆了"古今地理沿革"的概念。因此为了搞清问题，我在研究本业查阅史料时，遇到相关的资料即随手摘录。时日既久，积累颇丰，研究来研究去，使我坚信不疑：今之"辽阳"即先秦、两汉时代之"襄平"。因此暇日整理，作《襄平考辨》一文，二万多字，以作商榷。

文章是写出来了，但问题也随之而来。先后多处投稿，包括最后向《红楼梦学刊》投稿，不要说刊登，连一个字的回复都没有。难道是我的文章不能成立、有问题吗？反复推敲，我是根据大量确凿的史料进行多方面多层次地分析论证，已经很清楚地形成了"证据锁链"；而且我是多年的侦察员出身，长期的职业训练使我很讲究思维逻辑的周密性。论据和推理，似乎都未发现明显的缺陷。

难道是我的文章没有"价值"吗？我自思，关于涉及曹雪芹祖籍的许多地理地名的历史沿革问题，似乎学界尚未见有深入讨论者，我的文章对澄清关于曹雪芹祖籍问题的有关地理沿革的问题，应该是有其价值的。而且我对"辽阳说"中的一些相当关键的问题，提出了自己的新证据、新观点。比如，有学者经常拿《八旗满洲氏族通谱》记载曹雪芹祖先曹锡远"世居沈阳地方"，来否定"辽阳说"。而我则根据其"凡例"指出，该书记载的"世居某某地方"是指"始归顺之人"的"所居"之地,并不是指"祖籍"。并且举证:曹邦"祖籍丰润",崇祯二年才在辽东抚顺投靠满清,《八旗满洲氏族通谱》却也记载他是"世居抚顺地方"。文中还根据冯其庸先生《曹雪芹家世新考》一书中所载《五庆堂重修曹氏宗谱》等史料,查考明代志书《辽东志》、《全辽志》以及清初《明史本纪》和《明史》等书的记载,考证其"入辽始祖曹俊"是明初洪武四年随马云、叶旺所率之军"克复辽东"而"入辽",其"入辽"的途径是自山东半岛的蓬莱渡渤海至辽东半岛的"金州",逐渐收复辽阳等地而"著籍";明朝末期"令沈阳"被满洲人俘获之后而"归顺"。也就是说,《五庆堂曹氏宗谱》中的"入辽始祖曹俊"入辽在明初洪武四年(1371),比永乐二年(1404)才从江西南昌武阳渡北上到河北丰润的曹端明以及随后"入辽东铁岭"的曹端广至少要早三十三年;曹俊随军"入辽"不仅没有经过河北丰润,而且其"入辽"之时曹端明兄弟还在南昌,恐怕尚未出生,即使出生也必定年龄幼小,不可能有任何血缘关系,"河北丰润曹"和"辽东辽阳曹"毫无关系……

这些都为他人所未及道者,我想,应该是"有价值"的。于是,我将论文送呈南通大学教授徐应佩老先生审阅指点。徐先生很认真,甚至亲自翻查核对了我所引用的史料,认为史料厚实、运用准确,推理很有逻辑性。并指点,可直接寄给红学界的一些学者阅看,请他们推荐给杂志。我有点担心,我的观点和某些学者的观点是对立的,他们看了会不会不高兴?徐先生说:没关系,作为学者,应该有此雅量。于是我将拙文挂号寄出,但很长时间不见回音。于是我以试试看的心情,又寄《红楼梦学刊》转呈冯其庸先生审阅,请他看看是否有发表价值。结果也有十来天没有音信……

四处碰壁,心情可知,虽有不甘,也无可奈何。正在百无聊赖之际,忽然接到冯老电话,当时真不敢相信自己的耳朵。冯老在电话中告诉我,他已经先后发了两封信给我,问我收到没有(当时尚在途中)。并肯定了我的论文的价值,说解决了"辽阳说"的一些问题,他略为修改后已经向《学刊》推荐。并鼓励我说,即使论文暂时不能发表,也不要灰心,只要认为自己是对的,就要继续研究下去。最后,表示很希望和我见上一面……很快,我的论文《曹雪芹祖籍襄平考辨——"曹雪芹祖籍铁岭说"商榷》即在《红楼梦学刊》2002年第二辑上发表。

说实话,我也很希望拜见这位仰慕已久的全国知名学者冯其庸先生,一聆教诲。可惜职责在身，难以起行。即使冯老有一次回无锡时，电话一再相约，我也未能成行，深感遗憾。直到十月国庆长假，我才下决心专程去北京拜访冯老。这一次见面，令人意想不到的是：整整谈了三天！

到达通州张家湾冯老的住宅，已是下午。一见面，冯老给我的印象就是平易近人，毫无大学者的架子。一开始，他就带着笑，似乎很奇怪地问我：你这位"警察叔叔"，怎么研究起《红楼梦》来？这一问，一下子将我有点紧张的心情放松了，哈哈一笑，话匣子也就打开了，不仅谈《红楼梦》、曹雪芹，谈《甲戌本》和《庚辰本》，还谈到敦煌，谈到丝绸之路，谈到青铜器，还谈书法、谈摄影……谈话间冯夫人几次过来向冯老示意，要他注意休息。每次冯老都不在意地摆摆手，对我说："没关系，没关系，你继续说。"后来我见天已向晚，赶忙告辞，冯老却坚要留饭，并亲自去嘱咐晚餐。冯夫人悄悄对我说，冯老今天特别高兴，平时来人谈半个小时就差不多了，今天一下子说了将近三个小时，从来没有过的。饭后冯老还要留宿，我赶忙托词说已经就近找好了旅馆，才告辞了。

此后我都是每天早饭后赶到冯老家，中午告辞；下午冯老午休后，再登门拜访。在这期间，他带我参观了他的书房，看了他正在写作中的评批《红楼梦》的书稿，观摩了"曹霑墓志"的拓片以及其他关于曹雪芹文物的照片，《甲戌本》收藏者刘铨福有关的一些文物，他探寻丝绸之路的照片集，等等。冯老还关心地问我在研究中遇到什么问题，我说最感困难的是缺资料，南通地方偏僻，许多书都很难买到，也很难见到，包括各种"脂本"影印本以及《五庆堂曹氏宗谱》、《武惠堂曹氏宗谱》(《丰润谱》)等等。冯老听说，立即起身到书房内翻箱倒柜，翻出一大堆关于红学的书，慨然相赠，又帮助我复印了一套《武惠堂曹氏宗谱》。并题词署名，郑重其事地加盖印章。临别时，还和我合影留念，并挥毫题诗一首，勉励再三。

回南通后，又陆续收到冯老寄来的《甲戌本》、《己卯本》、《程甲本》、《五庆堂重修曹氏宗谱》等珍贵书籍。据说，其中《甲戌本》等影印本还是他用价值一千多元的《资治通鉴》和别人换来的，都无偿地赠送给我，真让人感动不已。

冯老的推荐，为我打开了进入红学的大门；而冯老赠送的大量红学资料，包括他自己的巨著，使我得窥红学之堂奥。可以说，我之进入红学领域，冯老是引路提携之人，至今铭感在心，刻不能忘。而我也时时不敢忘冯老之殷切期望，十多年来在红学领域笔耕不已，至今为止已经在各种国家核心刊物及大专院校学刊、省市级等刊物发表红学等论文约五十多篇，并列名中国红学会会员、江苏省红学会理事、《红楼梦研究辑刊》特约撰稿人、特约研究员，先后多次应邀出席国际性、全国性的学术研讨会。

冯老曾对我说过，他几十年对《红楼梦》的研究，只做了三件事：一、曹雪芹家世的研究；二、《红楼梦》脂本的研究；三、《红楼梦》思想的研究。记得有先贤说过，如果有人能在某一领域有一项之贡献，便可足慰平生。而冯老在红学的这三大领域的研究中，都取得了令世人瞩目的突破性的进展，为这三大领域奠定了理论基础，成为当今红学主流学派公认的执牛耳者。冯老对当今学界某些人的浮躁、浮夸之风甚为不满，而以"实事求是"相勖勉，谆谆以踏踏实实做学问为训。而他自己则更是身先垂范，冯老对自己所取得的研究成果，即使已得到学界公认的那些研究，也始终不满意，常常说"感到自己深深不足"，感叹说"最好能抛开一切其他的事，让我专门读几年书，这样也许可以深入一些，否则总觉得有点草率"，很希望"得到从头学起的机会"。自云："面对先哲，岂敢稍有自蔽，岂敢不更加奋勉哉！"

而冯老对学术研究的严肃、严谨作风不仅是"不自蔽"，其更令人钦佩的，是不满足于坐在书斋里翻阅故纸堆查资料，而是走出去，坚持实地调查，坚持社会调查，据云曾"七去新疆，两登四千九百米的帕米尔高原，涉流沙、抚昆仑、探冰川、仰雪峰、穷居延海、寻黑水城"，历经"种种艰难……"。比如对《五庆堂曹氏宗谱》的研究，冯老不仅查考了大量繁多的文献资料，进行了详尽细致的分析比对，无可争辩地消除了人们对该家谱的许多质疑，多方面证实了此谱的真实可靠；而且根据《五庆堂曹氏宗谱》的记载，不顾年迈体衰，不顾长途奔波辛劳，冒着严寒酷暑，先后五次到河北涞水县山区的张坊镇沈家庵村一带，走访当地干部群众，千方百计找到了为五庆堂守墓的言凤林老太太，了解墓葬情况，终于在玉蟒河畔铁固山之阳发现了五庆堂曹氏祖坟墓地，提取到刻有"曹宅茔地"、"五庆堂"字迹的墓地界石等文物。这样，从该谱的"内证"，甘氏家谱的"外证"，曹寅诗注的"自证"，以及五庆堂墓地的"实证"，形成严密的证据锁链，《五庆堂曹氏宗谱》确为曹雪芹家谱的结论，遂成"铁案"！冯老的这一研究成果，对研究曹雪芹的祖籍和家世的重大意义，是难以估量的。我在论证曹雪芹先祖"著籍襄平（辽阳）"的原因、年代、路途以及"世居沈阳地方"的真相，论证"辽阳曹"和"丰润曹"不属一宗等等，就是以冯老的这一研究为立论的基础，才能确立而有所发现，有所深化。

更使我钦佩的是冯老实事求是、坚持真理的大学者的风度和胸怀。唯物主义辩证法告诉我们，人们对真理的认识是一个不断前进、不断深化、不断完善的过程，企图一蹴而就、一下子完全掌握真理，只能是唯心主义的妄想。我们在冯老的学术研究中，处处可以看到冯老"随时准备坚持真理，随时准备修正错误"海纳百川的博大胸怀，和坚持对祖国文化和历史负责、对广大读者负责的高度社会责任感，而排除任何"其他目的"的高风亮节。这和某些人为了维持那点可怜的面子，对自己早期的、已经被证明是错误的观点始终固执地坚持不改，毫无社会责任心地多方狡辩、信口开河、无端延伸，以至弄到荒唐的地步的做派，形成鲜明的对比。

冯老在对"脂本"的研究上所取得的显著成就，这是有目共睹的。他发现了《庚辰本》和《己卯本》避讳"晓"和"祥"这一特殊现象，根据《怡府书目》等有关怡亲王府的有关资料，判断其为怡亲王府的原抄本的惊人发现，成为迄今为止唯一知道确切来源的抄本。又根据《庚辰本》和《己卯本》的细致对比，论证了两本之间的血脉关系，澄清了关于《庚辰本》是"四个本子抄拼"的错误观点，论证并肯定了《庚辰本》作为"曹雪芹逝世前的一个'定本'，是迄今为止最珍贵最完备而未被删改过的本子"，"是仅次于作者亲笔手稿的一个本子"，"是研究其他脂本和刻本的一个坐标，一杆标尺"的，这一科学而准确的"定位"。而由冯老主持并亲自参与工作的，以《庚辰本》为底本、前后花费七年时间进行校注的著名的"艺院本"《红楼梦》，成为我国第一部最接近曹雪芹原稿本的刊印本。自1982年出版后的二十五年内，先后有两个版本出版，发行量超过三百五十万套，加上重新修订刚刚出版的第三版，发行量将超过四百万套。充分说明这个本子得到广大读者的欢迎和认可，有着极为广泛的群众基础。这是对冯老这一研究成果的不容置疑的、最有力的肯定和拥护。但是，在冯老这一研究过程中，曾经发生过一些由于误解而引起的错误。比如，起初根据《己卯本》中对一些"异文"的"旁改"的文字，和《庚辰本》完全相同的现象，认为《庚辰本》是根据《己卯本》的"旁改"文字和正文一起清抄而成的本子。后来又发现《己卯本》上的"旁改"文字，是收藏者陶洙根据《庚辰本》"回改"上去的，因此，有人认为《庚辰本》不是直接根据《己卯本》过录的。经过仔细研究核对后，冯老毫无保留地认同并接受了这些研究者的意见，坦率地承认原先的"误解"是"把事情弄颠倒了"，真诚地"感谢大家的贡献和对我的指正"；并且庆幸：相比当年学界不少人将《红楼梦稿》"误认作高鹗的改稿"的错误认识延续一个多世纪，"我的错误认识，在很短时间内就得到了纠正，这不能不说是幸事"。并为此专门重新写了《重论庚辰本》长文。

但是冯老对这一问题的研究并未终止，近年，冯老在研究北师大抄本《红楼梦》时，又重新获得新的启示和解悟，除确认己卯本上旁改的文字大都为陶洙所改外，又再次论定庚辰本确是据己卯本过录并保持了己卯本的行款，从而也就是保持了曹雪芹原稿和款式。（见冯老《敝帚集·对庚辰本己卯本关系的再认识》）这是一个对研究《石头记》早期抄本极为重要的论断。如果停止在否认庚辰本与己卯本的血缘关系上，这就会使已获的成果、已揭示的秘密和信息尽付东流。所以，冯老的重新论定，无疑是对《石头记》早期抄本研究的一大推动，也是对《石头记》书稿原始状态的重要发现，因此这一论断的学术意义是十分重大的。

冯老为什么会对问题的研究始终保持着永不停止的动态？这就是对人民负责、对中华民族文化负责、对中华历史负责的高度责任心！这就是大学者高屋建瓴的风度，海纳百川的胸怀，坦荡无私、以追求真理为唯一目的的高尚……对比冯老，那些浮躁浮夸，哗众取宠，不负责任地发表奇谈怪论，千方百计以种种"炒作"手段追求个人名利，将红学界搅得乌烟瘴气的人，岂不要愧煞？！

对于一般学者，如果能够取得像冯老那样的一项研究成果，能够有如冯老那样的一项贡献，已经足以傲视世人了。但是，冯老以八十多岁的高龄，却不畏艰难，继续努力攀登新的高峰。"红学"的制高点是什么呢？最高峰是什么呢？这就是对《红楼梦》"思想"的研究。无论是对曹雪芹的身世的研究、家世的研究，还是《红楼梦》版本的研究等等，最后归结到一个终点，都是为了深刻而正确地领会、探讨《红楼梦》的"思想"。而《红楼梦》问世二百多年来关于它的主题思想的说法，先后已达二十多种，却至今难以得到学界的共识，辩难不已。胡适先生当年提出来的"自传说"固已遭到强力批评，当代有些学者提出来的"一个'情'字"说、"一个

'冤'字"说，也似感不能深刻地揭示其思想的本质，……列宁曾指出："在分析任何一个社会问题时，马克思主义立论的绝对要求，就是要把问题提到一定的历史范围之内"，"在社会现象方面，没有比胡乱抽出一些个别的事实和玩弄实例更普遍更站不住脚的方法了。罗列一般例子是毫不费劲的，但这是没有任何意义的或者完全起相反的作用，因为在具体的历史情况下，一切事情都有它个别的情况。"要科学而准确、深刻地探讨《红楼梦》的"思想"，必须要有科学的观点，科学的"方法论"，这就是历史唯物主义的观点和方法论。

运用历史唯物主义的观点来研究探讨《红楼梦》的"思想"，不始于今日，早在 20 世纪 50 年代，在毛泽东主席的倡导支持下，很多学者就进行了有益的探讨。科学史和思想史都证明了，唯有辩证唯物主义和历史唯物主义才是科学的观点和思想方法论，它在人们探讨自然之谜和社会之谜的重要性，是任何科恩等人所谓"学术典范"所不能比拟的。任何抛弃或违背辩证唯物主义和历史唯物主义观点和方法论的做法，是不可能达到真理彼岸的。现在不少人在说"红学危机"，其实这种"危机"并不是什么"题材缺乏"、"材料缺乏"，主要的正是世界观和方法论的缺陷，同样的"材料"、同样的"版本"，有的人却"研究"出各种各样匪夷所思的"奇谈怪论"，这本身就是一个明证！"红学"要走出"危机"，找到新的"突破口"，走上新的台阶，"路在何方"呢？这就是在"红学研究"中充分地把握和运用辩证唯物主义和历史唯物主义观点和方法论，舍此而外，别无他途。

冯其庸先生的名著《论红楼梦思想》一书，就是当今这方面的典范之作。书中并没有到处抄录马克思主义经典著作中的词句，但是，我们可以清楚地看到，辩证唯物主义和历史唯物主义观点和方法论是贯穿全书的一根鲜明的红线。从该书收录的《千古文章未尽才》一文的写作时间来看（1983），冯其庸先生对《红楼梦》"思想"的思索和探讨，至少自 20 世纪的 80 年代初期就已经开始了，到 21 世纪该书的完稿付印，整整思索研究了二十八九年。这本书就是冯老这几三十年心血的结晶。《论红楼梦思想》这本书从初版（2002）到现在，也已经有十个年头了，但是全面地研究它并给以正确评价的著作似乎并不多。我认为，学界对这本书所达到的思想高度和理论典范的重要意义，似乎没有给以充分的注意和正确的、恰如其分地估价和认识。这不能不令人感到十分的遗憾。但令人高兴的是，前些年此书终于被收入 20 世纪文库，成为一个世纪内的代表作。

以往在谈到运用历史唯物主义的观点来研究《红楼梦》时，往往是用一些概念，如"经济基础和上层建筑"、"阶级和阶级斗争"等等再套上《红楼梦》的某些情节，就算完事大吉了。这种生搬硬套的做法，达不到学术之科学研究的典范要求，也缺乏充分的说服力，显然是不能令人满意的。而冯其庸先生的《论红楼梦思想》一书，在二十多年的研究中，收集了大量的历史资料，包括从明后期至清乾隆时期社会政治、经济、思想、文化和习俗的大量资料，以及这一时期的中国与外部世界交往和沟通的状况（基督教等西方思想意识的传入），进行了详细的比对分析、综合归纳、演绎推理，勾勒出一幅完整的清晰的历史源流的画面；并且结合明末的李卓吾与清初的黄宗羲、顾炎武，以及同时代的唐甄、戴震、吴敬梓、袁枚等人的思想，揭示了曹雪芹的思想的历史背景和哲学思潮的承袭及同步发展演化的关系。而在这些研究中，冯其庸先生不是仅仅从概念到概念的"一般"出发，而是具体研究了中国历史的特点，研究了中国明末清初这一时期的历史特点，研究了中国所谓的"康乾盛世"这一时期的特点，研究了曹雪芹家世的特点，研究了曹雪芹本人生活经历的具体特点，使社会背景、思想发展的脉络，和曹雪芹本人的思想意识，有机地、血脉交融地融合在一起，这样就令人信服地揭示了曹雪芹思想产生的内在的、必然的规律性，以及时代的涵义。

这样，更广阔的视野和更深度的思考，在我们面前展开了。冯其庸先生指出：曹雪芹生活的 18 世纪中期，英国的资产阶级工业革命已经进入高潮，而中国自身自明中后期发展起来的资本主义萌芽性质的新的经济因素，经过清朝顺治、康熙、雍正三朝的休养生息，政策调整，到乾隆时期，已经取得了较大的发展；明朝中期以来西方传教士的不断来华，也沟通了中国的外部世界，带来了西方的科学技术和思想意识。以上这一切，都影响到中国社会的意识形态，尽管正统的思想仍占绝对的统治地位，但反正统和非正统的思潮，非但禁而不绝，反而愈见扩大。中国的社会正缓慢地开始转型，曹雪芹的思想正是这一历史特征的反映："《红楼梦》的思想是反映资本主义萌芽的新的民主思想，曹雪芹是超前的思想家，他的思想，……是属于这个反封建传统的行列里的，……感受到了这个时代先进的脉搏。""在研究《红楼梦》思想过程中，我同时研究了那个时代的社会，才更加体会到《红楼梦》里的'真假'、'有无'、'虚实'等等的概念，不仅仅是指书中的贾府，也不仅仅是隐指曹、李两家，而是具有更深远的社会现实意义的。因此，研究《红楼梦》，确应重视曹家和李家从煊赫到败落的家史，但不应该仅限于此，因为当时社会上真假、有无、虚实的情况太多，'落了片白茫茫大地真干净'的人家决不限于曹、李两家，因此它具有更广阔更深远的历史内涵和意义"；"曹雪芹写一宁、荣世家，无异就是解剖了封建社会的一个活体细胞，通过这个细胞，就看到了整个封建社会，看到了这个社会的最终趋势"。"在《红楼梦》里，揭露批判着一个现实世界，呼唤向往着一个理想世界。对现实世界的批判是具体的、真实的、深刻的，而对理想世界的呼唤是朦胧的、原则的、概念的。"

冯其庸先生还特别指出："《红楼梦》的思想是反映资本主义萌芽的新的民主思想，而不是封建的民主思想。"如果我们熟悉红学研究的历史，就会明白，冯先生在这里是有所指的，是在着手解决红学研究中的一个曾经长期争论不休的重大问题。以往在研究《红楼梦》的思想时，有的学者"为书中人物的某些情节和作者的某些行为或癖好，找出'古已有之'的例子或出处"，就认为其反映的是"古已有之"的"封建社会传统的民主主义思想"，而否认其为"资本主义萌芽的生产关系在意识形态上的反映"，否认它是反映资本主义萌芽状态的"新的民主思想"。冯其庸先生指出，这些学者"找出这些意识的最初的出处，从而认为这些意识是'古已有之'，认为就是封建社会传统的民主主义的表现"，这样的分析方法是与唯物史观以及历史发展的实际和规律都是相违背的，既不能认识或说明历史的本质，而得出的结论也显然是不可靠的。冯先生指出："问题在于即使是'古已有之'的这些思想或意识，又重新在新的历史条件下，它是否具有新的意义？这才是我们应该认真研究，加以解决的问题。更何况贾宝玉和林黛玉的思想，有一些并不是'古已有之'。"

冯先生对这一问题的认识，是辩证的，历史的，他指出："在分析这一问题时，我们还应该注意的是，不要把传统的民主主义思想和反映资本主义萌芽的生产关系的民主主义思想割裂开来和对立起来，应该看到这两种思想的天然的联系，后者对于前者的天然的继承性，在后者的思想里，必然包括着前者即传统的民主主义思想的精华。当然，后者对于前者除了这种继承性外，更重要的是它在新的历史条件下具有了新的思想内容，具有了新的质。这就是后者区别于前者的主要标志。""我们应该注意不能因为小说人物某些口号在历史上早已有人提过，因而忽视它在新的历史条件下重复出现时具有的新的内涵"。他举例说，"'天下为公'是《礼记·礼运》篇里的话，但孙中山却借来宣传资产阶级民主革命，我们当然不能否认孙中山的'天下为公'是资产阶级民主革命的口号，不能把孙中山的'天下为公'的口号的思想内容和宣传目的与成书于战国或汉初的《礼记·礼运》篇的'天下为公'的思想内容等量齐观，抹杀两者之间的质的区别。"

那么，《红楼梦》的"思想"之"新"，"新"在什么地方呢？冯其庸先生从哲学的高度，在四个方面作了精辟的概括："一、以反封建正统为前提的贾宝玉所走的自由人生的道路。这是一条历史上从未有人走过的崭新的人生道路，它具有特殊的历史意义；二、贾宝玉、林黛玉共同以无限忠贞纯洁的爱情和宝贵的生命为代价来追求、争取的恋爱自由，婚姻自主的权利。这是亘古未有的一种充满着反封建的斗争的精神的全新观念，这是人类自我完善的最为重大而艰难的一步，但也是伟大的一步；三、是贾宝玉'女儿是水作的骨肉，男子是泥作的骨肉'。这种重女轻男的强烈的呼声，是男女平等的矫枉过正的呼声，这对几千年来的男权社会是一次最强级的地震，但它却是人类发展的前景，是必然要到达的前景；四、是贾宝玉所提出来的人际关系的无等级的、平等的、仁爱的、真诚无私的原则。""上述四个方面的思想对封建社会、封建秩序不仅是不利而且完全是破坏性的，而对于资本主义萌芽性质的经济因素，则完全是有利的。"认为"曹雪芹的立场，是自觉的反封建正统思想、反封建政治道路、反封建礼法等等，总之，是反封建社会的一切现存秩序，向往着他理想中的自由人生之路！"

基于这种认识，冯其庸先生对《红楼梦》中的许多情节和艺术表现手法等等重大课题，进行了深刻、精湛的分析研究。比如，对《红楼梦》中至今为止始终没有得到确解、深解的"真假、有无、虚实、梦幻"等等概念，作了深入细致的分析，进行了令人信服的阐释。又比如，对"《红楼梦》的现实意义"这一极为重大的问题，也作了十分精确、精辟的阐述。这些阐释或阐述，处处闪现着思想的光芒，给人以崭新的启示，但是限于篇幅，我们在这里却无法一一详细介绍了。

"《红楼梦》这部书，不仅是对两千年来的封建制度和封建社会（包括它的意识形态）的一个总的批判，而且它还闪耀着新时代的一丝曙光。它既是一曲行将没落的封建社会的挽歌，也是一首必将到来的新时代的晨曲。"冯其庸先生这一高度概括和定位，科学而精准地确立了《红楼梦》在中国优秀的传统文化中的不容置疑的、不可动摇的崇高地位。

对冯老渊博的学识，人们不能不由衷地感叹和敬佩。但是，冯老自己却说："我深感《红楼梦》研究是一门大学问，研究者的知识越多越好。可惜我已心有余而力不足，我不可能再得到从头学习的机会了，看着前辈学人和并辈的俊彦，真感到自己深深的不足"，"我们有幸能从'文革'过来，又逢这样的大好时代，可做的学问实在太多了，我希望天假余年，让我再边学边干，再多获一点知识……"

生命不息，攀登不止。这就是冯老！……啊，这位老人啊！

2011 年 5 月 29 日

冯其庸先生论《石头记》庚、己两本关系的信

[季稚跃]

1963 年，吴世昌先生在《论脂砚斋重评〈石头记〉（七十八回本）的构成、年代和评语》一文中提出庚辰本"即使不是'百衲本'，至少是个'集锦本'"的见解。同时，吴先生认为"庚辰秋月定本"以及"脂砚斋凡四阅评过"的签条是藏主或书贾"从另一个不相干的底本上抄袭来硬加上的"。1981 年，冯其庸先生为了《红楼梦》新校本的实际需要与吴先生讨论，写了《论庚辰本》一书。嗣后，又有研究者与冯先生讨论，认为冯先生"用主观的看法改变己卯本本来面目"来支持《论庚辰本》的论点。最近，冯先生在重新校读《漱石集》时又有新的感悟：

> 由于陶抄庚辰本，其底本明确是北大藏的庚辰本，其抄成后相同的成分也在百分之九十五以上，但它抄成后也还是有异文，原因是他还同时参照别本，这就使我想到当庚辰本据己卯本抄时，是否也有同样的情形呢？是否也确有可能参照过脂砚或雪芹手里的庚辰秋定的原稿呢？这就值得我们进一步深思了。这样，我就觉得我们不能因为庚辰本与己卯本有百分零点几的异文而否定其百分之九十五以上相同部分的存在。我们重视对两本异文的探寻是十分必要的，但没有必要再探寻还未得到结果时就否定其绝大主要的相同部分。所以我认为说庚辰本是据己卯本抄的这个判断目前还没足够的可靠史料来予以否定。而这样的判断，仍然只能促使我们更加努力去探索这些异文的来源问题，而并不是就此了结此重公案。

以上就是我重读陶洙抄校庚辰本后的一些新的感悟。以前我在《重论庚辰本》一文里，也曾同意过庚辰本不是据己卯本抄的这个推测，这些文字我仍愿保留，因为这是我的思想历程，也是我对不同意见尊重的记录，现在我虽然据庚辰本有百分之九十五以上的文字相同于己卯本的事实仍认为庚辰本是据己卯本抄的，这也仍然是尊重事实，同时也是由于陶抄的启示，但这并非不再去探究这异文的来源。我的想法是一方面要肯定已经被证实的大量相同的文字，因为它揭示了庚辰、己卯两本内在的二百多年来一向隐蔽的秘密；另一方面，要重视两本之间少量的异文来源，尽管它是少量的，但它仍是尚未解密的部分，我们不能不重视它的存在。

1984年，我写了一篇探讨庚、己两本关系的文章投寄《红楼梦学刊》，时任主编的冯先生曾在6月10日和9月20日两次来信，指出拙文的不足和问题，并要我看原文等建议，同时介绍了写《论庚辰本》的缘由和历史责任。从吴先生提出对庚辰本的见解到冯先生的新的感悟，经历了近半个世纪的岁月，"流光容易把人抛"，我觉得有责任披露这两次来信的有关内容，因为冯先生的信不仅是写给我的，而是属于红楼梦研究事业的。现将冯先生的两次来信中有关庚、己两本关系的内容抄录如下：

一九八四年六月十日

关于庚辰本与己卯本的关系，您信里说得很全面，既看到了它们完全相同的大量事实，又看到了它们的相异处，对于这一点，正是我在拙著中未能深入论列的。我当时主要的要解决的问题，是针对吴世昌先生贬低庚辰本，认为是四个本子拼的，认为庚辰秋月定本，己卯冬月定本都是商人随便加的等等观点，这些观点，十多年来没有人敢提出异议，以致我们在校印新本时，我提出以庚辰本作底本，而别人就以吴先生的理论来反对，主张搞一个不以那一个本子为底本的所谓"百衲本"，实际上是杂凑本，这在校勘学上来说，是完全不对头的，当时我感到吴先生的理论已经影响到我们的实践，不解决对庚辰本的总评价，不弄清它是四个本子拼的杂凑本还是从一个本子上过录的本子，不证实庚辰秋月定本，己卯冬月定本这些题句的历史内涵，我们的工作就无法进行，而且庚辰本、己卯本的真面目，珍贵的价值就无法被认识和承认，恰好这时苏联又报告了他们的藏本，他们认为那个本子是最早最好的（大意），所以对庚本和己本的研究就不是可以搁置的了。因此我的书的主要目的，是在辨清庚本绝不是四个本子拼的，其底本就是己卯，两本的纪年题记都是有珍贵的历史内涵的，它标志着两本各自的历史，庚、己两本都是无上珍贵的抄本，而庚本恰可补己本之不足。我们对庚本应该加以珍视，苏联的藏本决不会早于此两本。现在对这些基本论点，除庚本是否据己卯本过录引起了争论外，其他各主要论点似乎已无异议，更没有人提出庚、己两本的价值不足道。所以我认为我发难发起这场论战是起了积极作用的，现在居然有人提出我想改造己卯本使之符合我的主观论点等等，这真是始料所不及，殊不知己卯本上的删除工作完全是魏同贤同志负责的，我在该书的序言里也讲得清清楚楚，特别所删的蓝笔全是甲戌本上的，这陶洙写得清清楚楚，所删的红笔是陶洙从庚辰本过录的，陶的笔迹也很明显，而且还作了宽度的保留，就是这样，我还建议再多保留一些，魏同贤同志复信认为已制版来不及改了，因为不是事先我指定删哪些由他们去删而是由他们删后给我看的，这更谈不上什么主观改造云云。

现在您致力于己、庚两本的关系的研究，并已发现了正反两方面的证据，这是一个大进展，我自认为我列举的那些例子，包括双行批语的例子，是不能越过的，但另一方面两本相异的地方也同样不能越过，我在拙著中作了解释，但我申明这只是我个人的猜测，不是证据确凿的论据（大意，原话可查书），我还认为能提出一个问题引起学术界的普遍争论比发表一篇人云亦云的文章来得好，现在我仍然是这个看法。

一九八四年九月廿日

我刚从敦煌回来，您的稿子刚看完，正想看第二遍，现在先说点初步的印象，我认为您这次的发现很有意义，特别是对我原先的论点不是相反而是相成。在我看来，承认这两本之间的关系：①两本有十分密切的血缘关系，有些例证，（您代我列出的）只能证明后者是照前者抄的。②两本上有同一人的笔迹（这我发现一部分，您又发现一部分，这样这个论据就更充分了）。③两本关系还有复杂的一面，有尚未揭开的谜。我认为现在就断然认定庚辰本不是照己卯本抄的，还不能确立，因为那些硬证，无一个硬证能得到很科学的解释来说明它不是照己卯本抄的。至于您对祥字避讳的解释，您认为有笔误的可能，我认为这种解释是苍白无力的，反而不如不作这样的解释更好些。您自己的行文里也已显示出您自己对这个解释的不自信了。您举出的"罨"字的少一笔，明眼人一看就知道这与"祥"字的缺末笔是大不相同的，祥字是一个熟字，一般人都能认能写（指有点文化的人），而"罨"字是一个冷僻的字，文化不高的人不会写或错写是有可能的。请您注意就在这一回里，群字、祥字半边的羊字都未少写一笔。无独有偶，我在文化大革命中被"审查"无事可做，每天晚上抄《红楼梦》，是偷偷抄的，一般都在夜深人静以后，当时我并未研究这些版本问题，只是弄到一部影印庚辰本，每夜偷偷地抄，抄了一年，才算抄完。完全按庚辰本的行款，一丝不苟，朱笔也是照抄，而且还模仿它的笔迹。这回祥字问题出来后，我好奇心起，再翻出我早已装订成册，并做好书套的这两函抄本，再一查那个"祥"字，竟然也是一模一样是"祥"，可见当时我也是因为不认识才照猫画虎的。

若将这两次来信与冯先生的"新的感悟"对看，可知是前后一致的。信中对庚、己两本一致的地方表示"不能越过的"，是肯定"庚辰本是据己卯本抄的"一种委婉表述；而"两本相异的地方也同样不能越过"则是对不同意见的尊重。信中有一段关于己卯本编辑出版的述说，可以消除再讨论者的疑虑。

在彚校彚评《脂砚斋重评石头记》时发现己、庚两本已经不是抄成时样子，其上绝大多数的改文、旁添都是尔后藏书者和据以再过录者所为，例如按庚、己原抄的文字互校，则两抄本相同文字的百分比还会多一些。就以第十三回第一页上"嬷嬷"（己卯）、"嬷子"（庚辰）异文为例：庚辰本上原抄为"嬷嬷"，后被人妄改为"嬷子"成异文的，因为这一页上还有漏改的一处"嬷嬷"在。

对庚、己两本异文的来源探求也有一例。在第五回红楼曲《聪明累》中有一句"反算了卿卿性命"，己卯本将"卿卿"抄成"鄉鄉"，而庚辰本则为"轻轻"成异文。在汇校汇评时发现造成两本异文的根源可能出在己卯本的底本上,因为己卯本底本上"卿"字写作"郷",己卯本的这一抄手不识"郷"即为"卿"字,误抄成"鄉",而庚辰本的抄手见"鄉鄉"不通,应该是"卿卿",但一时想不出如何写,遂用同音字"轻轻"抄上。

"我也确信,在研究《红楼梦》的学术领域里不论有多少见解,也不论其见解是否发自权威,历史只能选择一种,即真实的,符合客观实际的见解,在'红学'领域里新的问题和老的问题很多,但不论是哪一方面的问题,我相信历史的选择的标准只有一个。但我要说明,我这里所说的历史,不是指短暂的,可以由人的权力和意志左右的'历史',而是指永恒意义的历史,那时,争论双方都早已不存在了,历史又往前推移了很远的路程了,任何争论一方的权力和影响早已消失了,那时,人们自然会看到历史的真实结论了。"这是冯先生在《'92 中国国际红楼梦研讨会论文集》序言中说的,冯先生也是这样做的。

2010 年溽暑写于沪上

——发表于 2010 年 10 月《"红学研究新视野"学术研讨会论文集》

记红学家讲《红楼梦》考证

[映芝]

冯其庸教授是国内红学考证家，十月初从祖国来斯坦福大学中文系讲课，这是研究生讨论中国古典小说的课程。这学期聘请冯教授来讲《红楼梦》作者曹雪芹的家世及《红楼梦》版本问题。我真荣幸，也成了冯教授学生之一。

冯教授研究曹雪芹的家世，奔走实地调查，费时达十年之久，今已获得很多新的资料。这些都与曹氏的家世有直接的关系，例如：（一）五庆堂重修辽东曹氏家谱；（二）曹玺传；（三）辽阳发现三块石碑；（四）废艺斋集稿及两个书箱。冯教授认为研究《红楼梦》先要明白曹雪芹的家世及历史背景，因此，牵涉到明末清初直至乾隆时代政治的动态。换句话说，也就是影响到曹氏家族盛败的主因。冯教授讲解详尽，远从曹锡远、曹振彦、曹玺、曹寅、曹荃直至曹颙、曹頫。他又将曹氏历任官职，迁移地区及与康熙皇帝的密切关系，均一一扼要提出。其中最重要的是，曹玺妻子为康熙的乳母，其子曹寅曾是康熙的伴读（即同学）。曹氏祖孙历代任职江南织造署及苏州织造局有六十年之久，权势显赫。康熙皇帝六次南巡，曹氏四次接驾。耗费之浩大，不可计算。曹寅博学多才，爱好诗词书画，刻《全唐诗》，著有《楝亭集》等书。冯教授认为，雪芹童年难免不受其家学渊源书香门风的浸沐。他又申说：曹雪芹家世中的人物，不是《红楼梦》中的人物，《红楼梦》不是曹雪芹的自传，但一位作家的写作，也必须由于他的生活的经历，不可能凭空捏造。所以成为一位伟大的作家，有他很复杂的条件，既不能脱离时代及家庭的感染，又有他特殊的哲学思想和高超的艺术才能，由于种种因素上的糅合，才能写出一部旷世巨著。

关于红楼梦的版本，冯教授认为非常复杂。单是乾隆抄本已有十二种之多，还有木活字本，程甲本及程乙本。现在他所研究的是庚辰本与己卯本的关系。他对这两个版本，掌握了丰富的材料，进行着分析和解说。庚辰本对己卯本的增文、改文和删文，他都已一一清楚指出。冯教授认为，"庚辰秋定本"是从己卯本过录而来，离曹雪芹去世只有三年，这是他生前最后一个改定本，可以说是曹雪芹一本完整的手稿，也是保留着脂砚斋等人不少批语的本子。

斯坦福大学亚洲系主任王靖宇博士现正积极进行和国内学术方面的互相交流，这使研读中国文学的学生能在学识园地上获得新的进展。

1981 年 10 月 23 日

其庸同志：

久仰～未得承 教，前由吕启祥

同志转来 兩幅 大作葡萄一幅，

詩書畫俱造妙境，不勝欽佩！

功筆硯久荒，青時曾習学书，

畫筆列廿年未動，原思施爹

後辈之技，藉求

教益，不意二週末左眼忽视黑影，

借用右目，手不從心，且写不及一幅

即一片糊糊，不能成字。眠晨若列

半都醫院诊识，恐一时不易恢复，

如得绘卷若詩，必将拖延至久，謹

先申诚忱，容當趋於 雅教，专致

敬禮！ 弟启功敬上 八二。

文史篇

师友笔下的冯其庸

冯其庸先生与新时期国学

[孟宪实]

冯其庸先生以治红学著称于世，因为在《红楼梦》的版本、曹雪芹的家世等研究领域的诸多创获，加之领导一个红学小组注释《红楼梦》，创刊《红楼梦学刊》，创办红学研究所和中国红学研究会等，先生在红学界的泰斗地位，很自然举世无争。但是，谁能想到，童年时候的一个梦想，却让冯先生这位江南才子到了晚年却与西域发生了不解之缘。而以西域为开端，冯先生的晚年，也如西域高山、大漠一样，进入一个更加辽阔而壮丽的境界。

一、西域

冯先生自己说，初读玄奘的故事，大约是八岁的时候。从那时起，冯先生就生发一种梦想，想追随玄奘的脚步去西域冒险。冯先生一直以为，玄奘体现了一个中国人对于真理的忘我追求。但是，冯先生第一次成行西域是1986年了，距他最初的希望，竟然过了半个世纪。冯先生在焉耆拍摄的一张开都河照片，名之为"玄奘渡口"，童年时期开始的萌动，终于结成了一张看得见的影像。

从此，冯先生展开了他的玄奘之旅。按照《大唐西域记》和《大唐三藏法师传》的记载，冯先生每次前往西域，都是沿着玄奘当年的路线行进。1995年暑假，我有幸第一次参加冯先生的西游壮举。2005年，再次追随冯先生走进新疆，穿越罗布泊，走访古楼兰。一路上，有机会坐在先生身边，一边领略车外的壮丽风光，一边聆听冯先生的壮丽人生。最没有想到的是，冯先生对于西域的多方面学术思考。古代中国，每当盛世，中国都会倾力经营西域，西域成为中国发展的必定方向，西域不仅是中国吸收世界智慧的渠道，也是贡献世界、展示中国的通途。虽然，今日世界的交通方式已经天翻地覆，但是西向发展一定会成为未来中国发展的重要选项。后来，中央果然有西部大开发的重大决定，学人的思考与国家的建设不期而遇，让我辈后学大开眼界。

冯先生西域旅行，前后十多次。冯先生是书画家，他也喜欢摄影，西域之行，冯先生用他的照相机也捕捉了很多珍贵画面。这些画面，主要有文物古迹，自然风光和风土人情。冯先生抓拍很多维吾尔族的老人镜头，白须飘然、目光深邃，神情泰然，让人产生由衷的敬意。冯先生认为，西域与中亚相接，欧亚大陆的中心地带，也会成为世界竞争的中心地带，作为中亚的近邻，中国未来在中亚问题上的发言权取决于中国的实力和西部开发。西域是中国多民族居住地区，不仅历史文化丰富，而且会对中国的未来保持重大影响。学术独立，是追求学术思考的独立性，但学术独立并不意味着永远躲进象牙塔，脱离社会、脱离时代。学术的目标应该远大，为未来着想，从学术这个特殊的渠道回报社会。西域的学问，复杂性强，场面宏大，所以必须养成大胸怀。中国自古多民族，未来走向必然是各民族的共同发展，共同繁荣，否则是有问题的。既然研究传统文化，也一样要存有这样的心思，中华民族共同的遗产，要为各民族共同发展服务。狭隘的民族主义有着多种多样的存在方式，但无一不是危险的。

车外的风景可能会保持几个小时一模一样，新疆的戈壁展现了自然之大气。每当这个时候，冯先生讲述的江南风光就会在头脑中反映出来，形成强烈的对比。冯先生作为江南文人，竟然会一往情深于西域的戈壁大漠，在他内心的深处，这种对比一定会更为强烈。冯先生讲得最多的是无锡国专的往事，如何在拥挤的人群中聆听钱穆先生讲中国历史，冯先生提及多次，而我感觉冯先生真的如钱穆先生主张的那样，对中国的历史保持着一种绵延不绝的温情。冯先生讲无锡国专的校长唐文治先生，说唐校长虽为经学大师，但从来是广招贤才，不拒任何学派，所以无锡国专大师云集，更没有成为经学院。治学必有长短，不能总用自己所长去评价天下，对于学校而言，各种人才云集，才能培养出更优异的学生来，毕竟学生才是学校的真正目标。我读书甚少，冯先生讲的许多学术前辈，如唐文治、王蘧常、顾起潜、冯振心、吴白陶、顾佛影、王佩玲、张世禄等，我都是闻所未闻，内心里十分惭愧。看见先生陶醉于无锡国专的往事，不免也一样心驰神往。我辈生也晚，虽然没有遭遇建国后那些人为的政治动荡，读书可以一心一意，但是肯定无法再遇无锡国专那样的学术盛世了。民国时期的大学教育，无锡国专绝对独树一帜，虽然没有北大、清华那么广泛的影响，但就学术领域而言，无锡国专出身的学者多如冯先生一样，学艺兼修，一专多能。在当今的主流学术体制里，这样的故事，再也没有机会重现了。

想到这一点，坐在冯先生身边的我，会有一种莫名的伤感。以冯先生的阅历与思考，如果能够有机会投入实践，这笔巨大的学术思考就会扩展为社会财富，然而先生已经离休，不可能再有什么实践机会。这才是说不出来的伤感。据说陈寅恪的学术研究计划，需要二百年才能完成，然而最后的形势导致连他自己都没有办法全力以赴。想一想，这类浪费，几乎是触目皆是，如果不能想得开，岂不是遍地烦恼。

得识西域学术之辽阔，得知冯先生的境界辽阔，于我已十分知足。或许有一天，我也可以因为知道冯先生的一些故事而受到学生多一份的尊敬。凡事都得如此，尽量向好的方面去想象吧。

二、国学院

但是，谁都不会想到，八十多岁的冯先生，忽然再次进入人生的另一个高峰，2005 年，于是成了一个值得纪念的年代。中国人民大学决定成立国学院，纪宝成校长亲自到冯先生家，盛情邀请冯先生出山，出任国学院首届院长。冯先生推辞不过，同意暂任两年，以便过渡。以冯先生的高龄，自然不能打理具体事务，但是先生的很多思考，却获得了一个宝贵的实践机会。

国学院的师资从文史哲三个学院选调。因为冯先生的推荐，我博士毕业之后即到人民大学落户工作。现在，冯先生希望我到国学院报到，我当然责无旁贷。常务副院长孙家洲和我一样，都来自历史学院，而副院长袁济喜和叶君远都来自文学院。叶老师是冯先生的高足，是文学院的党委书记，同时兼任国学院的副院长。为了保持与冯先生的联络畅通，孙老师给我加了一个头衔，叫做院长助理。于是建院初期的很多事，我都有机会成为见证人。

成立国学院，是纪宝成校长直接推动的。后来听说，校长已经有了一段时间的酝酿，连续撰写文章呼吁国学建设，在舆论上先声夺人，并且引发了讨论与关注。在学校筹备国学院期间，召开过多次国学课程建设的讨论会，也开过国学学科论证、呼吁国学建设的正式会议。但是，作为国学院组织的建立，肯定是从确定冯先生为院长之后才正式开动起来的。

冯先生既然答应出任院长一职，没有任何应付差事的心理，立刻全力以赴投入工作。国学院新建，学校在资金方面的投入是可想而知的，但是冯先生认为还要依靠社会力量，争取多方面筹措资金。冯先生的努力很快见效，十月十六日开学典礼，第一笔二百万元的社会捐助及时到位，不仅使学院初建就具备了从容安稳的条件，也鼓舞了士气，壮大了声威，某种意义上也体现了国学的社会价值。国学院开办以来，获得多笔社会赞助，而冯先生引入的这第一笔最及时，最能引发人们对于国学的想象力。

国学虽然是中国文化的一种学术表述，但是国人对于国学的概念却十分陌生，而原因则是众所周知的。如何在教学、科研方面重振国学，学校下了大决心，决定国学院实行本硕连读学制，希望通过六年的时间，让国学院的同学把国学的基础夯实打牢。在此基础上，冯先生提出三点建议，希望国学院在学生的培养上能够卓有成效。第一，加强师生的密切联系，通过师生互动，让学生尽快踏上学问之路。无锡国专时期，师生联系紧密，任何老师都不能拒绝任何学生的请教。冯先生说，无锡国专的师生体制，其实是沿袭了古代书院传统。根据冯先生的建议，国学院实行导师制，在三年级的时候，就根据同学的专业选择和老师的考察确定导师与同学的关系。第二，读万卷书必须配合以行万里路，实地考察对于学问而言，不仅是增加一种新的学术证据，也能养成学生良好作风。冯先生特地书写"读万卷书行万里路"几个大字，如今还悬挂在国学院资料室中。根据冯先生的这个建议，国学院报请学校批准，国学院实行定期游学制度，六年期间两次游学，一次走东南路线，一次走西北路线。学校全力支持，至今此项制度都完成得很好，成为国学院走出校园办学的代表性活动。第三，让同学及时领略大师的学问。冯先生建议办"国学论坛"，不定期地邀请学界的一流学者来校办讲座，在同学了解学问的具体问题之外，还能感受到大师风采，正面引导学生的人生追求。如今，国学院举办了多年的"国学论坛"

还在进行中，大师们的讲座随后也以《国学论坛》为题出版发行，以期延伸影响于社会。

根据冯先生建议而诞生的这些教育行动，多少都能看到无锡国专的一些影子。冯先生确实把无锡国专的经验有意识地加以总结归纳并付诸实践，从而成为人民大学国学院的诸多办学特色。其实，冯先生对国学院办学影响最大的是课程体系的设计。中国的人文教育存在问题，这是中国高教的共识，前些年，许多重点大学都采取了改革措施，力求改变文史哲分科过细带来的严重问题，于是一批"文史哲实验班"纷纷成立。但是，实践的结果，如今多无声无息了。虽然不会有人站出来宣布失败，但是大家都同意不成功。原因何在？人大要办国学院，即使赞成者也有忧虑，担心再走一遍文史哲实验班的老路。文史哲实验班的问题，在于课程体系没有创新，基本上是文史哲课程的叠加，学生上课压力大，甚至没有时间读书，这怎么会获得成功呢。为此，人大举办多次国学课程研讨会，邀请校内外专家出主意想办法。但是，所有专家都在强调本学科某些课程的不可缺失，你加一门课他加一门课，好像文史哲实验班的幽灵又出现了。一个最基本的问题在这一过程中发挥着根本性的作用，那就是现在的文史哲专家，即便是从思想上已经认同国学建设的价值，但在如何建设的具体方案中却不知如何着手，原因很简单，大家都没有具体经验。

冯先生并没有参加前几次的课程研讨会，问题和症结也全然不了解。2005年7月12日，孙家洲、袁济喜、叶君远和我一同去看望冯先生。冯先生把他的课程设想写在一张纸上，然后一一讲给大家听。冯先生设计的课程体制，最重要的特色是以经典研读为课程骨干，如《论语研读》、《老子研读》、《左传研读》、《文心雕龙研读》等等，再辅之以通论课程如《中国哲学史》、《中国文学史》和《中国通史》等，体系清晰，轻重明确。大家一听，此前的所有问题，忽然之间都豁然开朗了。当天回到学校，我们立刻在叶君远先生的文学院办公室把冯先生的这张课程简目输入电脑，稍作补充，即成了国学院的第一张课程表。几年来，国学院的具体课程多有修改，但冯先生最初确立的基本体系始终未变。

以经典研读为课程骨干，恢复原有的中国学问的基本单位，这样不仅可以与文史哲的学术分野相区别，也能在理解古人学术思路、接续中国特有的学术传统上显现意义。近代以来，中国敞开怀抱学习西方，成绩即使不能称为显著，至少在学问领域西学占据主流是没有疑问的，与此同时，就是国学的整体衰落。所以如今复兴国学，是重新创造中西融合的学术条件。只有国学或者只有西学，显然都不是中西融合的正常现象。国学不仅研究对象是中国的，研究方法、研究思路也是中国的，国学的复兴不仅是名义，更重要的是研究思路与方法的复兴。古人没有文史哲这样的学术分类，任何一部经典名著，虽然会有各自的特色或侧重，但是综合仍然是最主要的特征。强行按照文史哲的分类分割古代中国的经典著作，是我们学术多年来最严重的问题，也是无法获得先人宝贵学术遗产的症结所在。因为经典著作是综合性的，那么以经典著作为基本单元的课程体系，就能够在更好地与古人的学术理念进行对接，理解与发扬也就拥有了良好的基础。

中国人民大学创办国学院，在社会上引起热烈反响，一时之间成为学术思想上的弄潮者。在存在争论的地方，校长和冯先生都主张坚定自己的既定路线，坚持数年，误解会自然消除，理解与支持也会越来越多。国学院的建设，是高等教育的一次创新，很快教育部确认人民大学国学院为创新实验基地，国学也成为创新学科。曾有人认为国学只能成为一时热潮，很快会冷却下来，这几年的社会实际证明，国学越来越成为国人追求的对象，很多人把学习国学当做重大人生调整的措施，社会上认同国学的声音不是越来越小了，相反，国学正在成就中国文化前进的一个新动力。事实证明，人大创办国学院适应了时代的需要，响应了社会的需求，服务社会、服务未来的大学理想在这里得到了实现。而冯先生，这位当年无锡国专的毕业生，正通过他自己的努力，为国学在新时期的复兴，担当起历史桥梁的使命，而且，那几乎就是一个人的国学桥梁。当年的无锡国专的办学宗旨是"研究本国的历史文化，明体达用，发扬光大，期于世界文化有所贡献"，如今国学院，何尝不是如此呢。

三、大国学

冯先生对国学的深情厚意，很容易让人怀疑他是一位思想保守的老者，而事实上，即使对于国学，冯先生恰恰是从未来着眼的。一方面，他认为中国需要国学，传统文化是中华民族的母乳。另一方面，他主张复兴国学要在全面继承近代学术发展成果的基础上进行。一时引起争论的正是冯先生主张的"大国学"理念。

国学既然以国名学，就应该体现现有中国的实际。中国是多民族国家，国学当然不能排除汉族以外的兄弟民族。不仅如此，中国历史也是多民族共同建设的历史，历史上各个民族休戚与共，汉民族和汉文化就其历史形态而言，也是多民族血缘和文化融合的结果。国学如果只讲汉族之学，学理无据，政治有害。中国的实际，也包含中国的现状，而就学术而言，近代以来吸收西方文化形成的学术等现状，只能作为今日复兴国学的基础，不仅不能摒除，而且不该排斥。近代以来，随着西学的进入，中国的学术毕竟有了很大进步，从概念、理念到治学方法，西学都为中国学术带来了新鲜血液。近代以来的国学大师，多以中西兼容为主要治学特点，这是必须给予重视的。复兴国学如果以排斥西学为指向，只能画地为牢、固步自封，是狭隘民族主义的表现。同时，近代以来的学术范围，比起古代有了很大的扩展，以中国古学而言，甲骨文、汉简、敦煌西域文献等新资料的发现，不仅仅是资料上的扩展，课题、方法等等无一不随之进步。如今复兴国学，近代以来的学术进步必须成为基础。

2005 年 5 月，人大召开国学座谈会，纪宝成校长当众宣布聘请冯先生出任首届院长。冯先生致辞时即表示建设大国学的必要性，举凡敦煌西域、出土简牍汉画等，都应该纳入国学的研究范围之内。8 月底，冯先生联合季羡林先生上书国家领导人，呼吁建立西域历史语言研究所。这一呼吁，很快得到国家领导人的重视，领导批示迅速下达，指示相关部门跟进支持。这一消息是 10 月冯先生刚刚到达楼兰古城时获悉的，整个考察队都为之欢呼。冯先生大受鼓舞，立刻在楼兰古城的帐篷中，召集所有考察队的学者开了一个座谈会，大家不仅表示全力支持国学院的西域研究，还纷纷献计献策。10 月 16 日，中国人民大学召开大会，宣布国学院正式成立。纪宝成校长讲话，报告人大为什么要创办国学院，冯先生致辞报告国学院将如何办，再次强调大国学的理念。

在学校的全力支持下，大国学理念迅速在国学院的初创时期突显出来，而具体表现就是"西域历史语言研究所"的创立。从学术的角度说，与中国相关的学问，西域因为牵涉很多古代西域语言问题，该领域中国长期落后。一方面是因为很多西域出土的古代语言资料都流散到西方，另一方面西方的相关研究起步早，成绩大。如果中国长期回避西域古代语言的研究，那就会永久停留在落后状态，这是中国不应有的也不该有的表现。从未来西部开发的角度看，西域研究停留在落后状态显然不利于西域的开发和建设。国防建设与民族团结，都是中国的大局，而西部是最典型最重要的部分。西域研究，使用的是历史词汇，但是西域与西部的联系很清楚，以学术的研究协助未来的发展，显然意义重大。

任何研究都一样，理念必须由人才贯彻。国学院开办之初，没有合适的西域研究人才，尤其是领军人才十分缺乏。学校决心花大力气，用当时最高年薪聘请了沈卫荣教授，而推荐沈卫荣的是北京大学的荣新江先生。根据冯先生的建议，国学院又聘请西域考古大家王炳华先生。后来，又获得内蒙古大学教授乌云毕力格的加盟。各项研究也陆续开展起来，出版连续出版物《西域历史语言研究辑刊》，每年一期。出版西域研究丛书，如今已经有十几部研究专著面世。开设了许多民族语言类课程，藏语、蒙语之外，还有梵文、巴利文、西夏文，最近又开设了吐火罗语课程。有兴趣的同学被送往国外深造，西域所已经送出的学生前后已经有十几名，有的是到国外攻读学位，有的是联合培养，有的是专项进修。各项助学活动也有声有色开展起来，旅居加拿大的藏传佛教大师谭锡永先生不仅为西域所安装了远途电信设备，便于西域所同学随时收看世界各地的学术报告，还出资成立汉藏佛学研究中心，资助学生和相关学术活动。

国学是关于中国的学问，举凡诸子百家、三教九流，不管是义理、辞章还是考据，都在国学的范围之内。冯先生认为，当今国学复兴，首先是埋头学问，至于总结归纳，整理出影响世界的理论体系，都必须建立在学问基础之上。国学，深藏着中国文化的精神，是中国人之所以是中国人的灵魂所在，但是如果不能建立深厚的学术积淀，仅仅高声主张国学拯救世界，不仅是浅薄的而且是危险的。如今国学的实际，连国人尚且没有很好地理解，连说服世界都难，更不要说拯救世界了。国学尚不能成为国人联络团结的文化纽带，如何让世界感受到中国文化的魅力呢？在国学的学术观念上，冯先生主张大国学理念。在国学的复兴发展上，冯先生主张循序渐进，打好基础，从学问的立场立意，从培养学生入手。没有良好的基础，一味好高骛远，不仅是徒劳的，而且不利于国学复兴大业。

冯先生的大国学理念并非人人赞同，但是加强中国人的国学素养，培养学生的国学研究，则很少见到异议。国学院学术顾问季羡林先生，在病榻之上发表谈话，大力赞扬大国学理念。冯先生感到十分欣慰与鼓舞。2008年，国学院成立三周年，《光明日报》发表专版以示纪念，冯先生撰写《大国学即新国学》，再次强调大国学的理念与价值。就学术界的一般情况而言，在拥护国学的群体中，不赞成狭隘国学的是主流，大国学新国学是最能获得共识的。

如今，冯先生已经从院长职位上退下，人大请冯先生继续担任名誉院长。但是冯先生对国学院的关心没有丝毫减退。国学与国学院，成为离休以后冯先生最关心的事业，也是用力最多的事业。在我看来，从前的《红楼梦》研究成就了冯先生的学者事业高峰，而如今的国学则成就了冯先生作为教育家的事业高峰。

倒退几十年，八岁的冯先生因为阅读《三藏法师传》而对西域产生的联想，谁能想到会在很多年之后，甚至在离休之后爆发如此这般的能量？从西域到大国学，经由无锡国专的宝贵经验，冯先生终于在中国人民大学国学院的创建过程中发挥出积累已久的学术教育理念。当然，要更全面地评价冯先生的国学贡献，国学初兴的今天是不合适的，这一定要等待国学真正繁荣之后了。冯先生也一直表示，国学是他个人的志趣所在，不求任何回报。人民大学发给冯先生的工资都被冯先生转交给国学院作为学生的奖学金。

从西域到大国学，冯先生的壮阔人生，正在成就中国的一幅大风景。

项羽身死之地的再论证

[李广柏]

项羽"乌江自刎"的故事，在我国已流传千百年之久，但过去没有人论证过它是否可信。几年前，冯其庸先生通过实地考察与种种史料的分析，得出项羽死于东城而非死于乌江的结论。冯先生的论文《项羽不死于乌江考》发表以后，受到学界的赞扬。同时，也引来激烈反对的意见。笔者不揣浅拙，就此问题作进一步论证，并对近年坚持"乌江"说的文章予以辨析。

《史记》的明确记载

《史记》的《高祖本纪》、《樊郦滕灌列传》及《高祖功臣侯者年表》，明确记载"灌婴追杀项羽东城"，"追项籍至东城，破之，所将卒五人共斩项籍"；特别是《项羽本纪》，写了项羽与乌江亭长对话之后的悲壮场面，紧接着的"太史公曰"，仍然称项羽"身死东城"。可以说，司马迁是再三再四再五地明确记载项羽死于东城。全部《史记》对于项羽身死之地，没有异词。

班固纂修《汉书》时，凡《史记》已经写了的，即采用《史记》的文字，但有所剪裁，调整，改易，或适当订补。《史记》关于项羽死于东城的多次记载，班固一个不漏地照原样写在《汉书》里，甚至"太史公曰"的"身死东城，尚不觉寤"，也变成他班固的"赞"。笔者在《汉书》中没有发现关于项羽身死之地还有另外的说法。这表明，《史记》关于项羽死于东城的记载，班固完全认同而没有异议。

《史记·项羽本纪》写项羽从垓下突围逃到东城，与围上来的汉军骑兵冲杀两次之后，所带人马只剩下二十六骑了，"于是项王乃欲东渡乌江，乌江亭长檥船待，谓项王曰：'江东虽小，地方千里，众数十万人，亦足王也，愿大王急渡，今独臣有船，汉军至，无以渡。'……"这是"乌江"说的唯一依据。然而，细心推敲这一段文字，其中并没有说项羽到了乌江；再联系前后文看，项羽那天是到不了乌江的。

"欲"的意思是"想要"。"乃欲东渡乌江"，表示项羽未到乌江，离乌江还远。如果项羽从东城奔到了乌江边，或接近了乌江，就不能用"乃欲东"（便想要往东去）。关在书斋里研读《史记》，以为乌江离东城很近，项羽想着想着就到了乌江。实际上不是那么回事。古人说的"乌江"，是指长江自芜湖以下斜北行的那一段（参看拙著《文史丛考》内《〈项羽本纪〉的乌江》一文）。项羽"欲东渡乌江"，是想东去渡过长江。按现代的计算，从东城到长江边，最近的距离也在二百四十里以上；而且这一带主要是山地和丘陵，尤其是东城附近，山峰绵亘，冈峦起伏，小河、小溪众多。项羽逃到这样的地方，又有数千汉军骑兵的围追堵截，他是不可能冲杀多远的。

项羽逃"至东城"以后，前两次冲杀，他亲自斩汉军的一将、一都尉，"杀数十百人"。在同乌江亭长对话后，项羽和他的二十六骑，"弃马步行"，作自杀性的拼搏，"独籍所杀汉军数百人"，"项王身亦被十余创"。读者算一算，先杀死汉兵数十百人，后杀死汉军数百人，需要多少时间？灌婴所部，是刘邦特别组织的一支骑兵部队，能征惯战，屡屡击败楚军。这"数十百人"和"数百人"不会站在那里等项羽去杀，他们要拼搏，所以项羽"身亦被十余创"；即使不拼搏，也要骑着马跑，项羽赶着杀，也需要时间。"数十百人"，"数百人"，加起来，起码两百五十人以上。若平均三分钟杀一人，这两百五十人杀下来，也要十几个小时。而项羽步战独杀汉兵数百人以后，天还没有黑，因为遇到故人吕马童，彼此都认得出。这样算起来，项羽从垓下溃围南奔，渡淮河，陷大泽，先后与汉军骑兵搏斗，杀汉军一将、一都尉，杀"数十百人"和"数百人"，共需时间十多个小时。那他这一天赶路的时间只有两三个小时或稍多一点时间。笔者实地考察过，从垓下到东城县城有三百多里。项羽的马"日行千里"，古代的一里比后世的一里要短。顾炎武说："千里之马，亦日驰五六百里耳。"（《日知录》卷三十二）即使项羽和他的二十六骑都是千里马，两三个小时，或三四个小时，他们也只能从垓下跑到东城县城一带。项羽那一天是到不了乌江的。到不了乌江，也就不存在"乌江自刎"的事。

项羽那天没有到乌江，紧接着的"乌江亭长檥船待"及亭长与项羽的对话，就不能认为亭长与项羽是在长江边上见面。读者对此可能有所疑惑。如果我们正确了解了"亭长"的身份和职务的性质，了解了"檥船"的词义，便可以明白乌江亭长并不是驾着船在长江边迎候项羽。

《汉书·百官公卿表》有"十里一亭"、"十亭一乡"的说法。过去人们把亭长理解为村长、保长一类的角色。近年学者们进一步研究文献资料和出土文物，认为秦汉的"亭"不是地方一级行政单位，而是县廷派驻在外负责"禁盗贼"等事的机构，类似于现代的派出所。当时基层的行政区域依次是县、乡、里。各个"亭"当然也会有负责的区域，但"亭"不是一个行政区域。"亭长"也不是守着本村本土的基层行政头目，而是县廷之吏。我们看《史记·高祖本纪》记载刘邦"及壮，试为吏，为泗水亭长，廷中吏无所不狎侮"。又记载，"高祖为亭长，乃以竹皮为冠，令求盗之薛，治之，时时冠之"，"高祖以亭长为县送徒郦山，徒多道亡"。这可见做亭长的人常出入县廷，交际广泛，又外出到很远的地方为县廷办差事。由于亭长是这样的角色，又是战乱时期，项羽在东城附近与乌江亭长见面就是合乎情理的事情了。

再说"檥船"，旧注解说不一。现代学人注释《项羽本纪》，大都认为"檥"同"艤"，把"檥船"解释为"拢船靠岸"。然而，这样的解释在两汉文献中找不到依据。《史记》、《汉书》俱作"檥船"，《水经注》的引用也作"檥船"。《说文·木部》："檥，榦也。"《说文解字》中有"檥"，没有"艤"。段玉裁根据《说文》、《尔雅》等典籍，解释说："《史记》'乌江亭长檥船待'，檥船者，若今小船两头植篙为系也。"（上海古籍出版社影印《说文解字注》第253页）《史记集解》引东汉学者应劭的解释："檥，正也。""榦"、"檥"都是"正"的意思。《易·蛊》的"榦父之蛊"，意为整顿前人败坏的事业；《诗经·大雅·韩奕》的"榦不庭方"，意为安定不朝觐的方国诸侯。所以"檥"作为"正"讲，就是整理、安顿的意思。"檥船"，大体上可以理解为安置着船，备有船。

无论是把"檥船"理解为"若今小船两头植篙为系"者，还是理解为安置着船，备有船，都说明在司马迁、班固的时代，"檥船"并没有在水上驾船靠岸的意思。"亭长檥船待"，是表示他"备有船"。乌江亭长是在东城附近与项羽见面的。

《史记》再三再四再五地明确记载项羽死于东城。这是无可争辩的。经过以上分析，我们可以明了，《项羽本纪》关于项羽之死的具体描述，实际也是表示项羽死在东城。现存的《史记》文本，没有写项羽死于乌江。

近年坚持"乌江说"的文章言不成理

"乌江自刎"说的流行，是因为误读"项王乃欲东渡乌江"一段文字。冯其庸先生的《项羽不死于乌江考》发表以后，坚持"乌江自刎"说的先生们，仍蔽于成见，但又无法否认项羽死于东城这个基本事实。那他们如何维护"乌江自刎"说呢？他们的思路是，想方设法证明"乌江"处在"东城"的范围内，把司马迁说的"身死东城"，解读为死于东城的乌江。

"东城"是秦朝所置县。司马迁叙述秦汉之际军队的行进与作战，涉及县名，一般都是指县城（县治所在）。如城阳、濮阳、荥阳、成皋、陈留、定陶、东阿、下邳、新蔡、固陵、钜鹿、沛、薛、邹，等等。"至固陵"，是到达固陵县城。"围钜鹿"，是包围钜鹿县城。"军下邳"，是驻扎在下邳县城。"定陶未下"，是定陶县城没有攻下来。"破秦军濮阳东"，是在濮阳县城的东面击溃秦军。"项梁使沛公及项羽别攻城阳，屠之"，是攻下城阳县城，屠杀城阳县城的军民。《史记》涉及"东城"有多处。唐代张守节《史记正义》对"东城"的注是："县在濠州定远县东南五十五里。"所说的"定远县"和"东城县"，都是指县城。因为秦朝的东城县和南北朝以后的定远县，在县境上有很大一部分是重叠的。就县城说，东城在定远东南五十五里；就县境说，两者之间没有距离，还重合一部分。《史记》各篇的"东城"，都是指东城县城。这也是古人行文的习惯。项羽"身死东城"，"灌婴追杀项羽东城"，表示项羽死于东城县城附近。

至于乌江，也不可能在东城县的范围之内。东城县在江淮丘陵中部，县境到不了长江边。拙作《回归〈史记〉本文，探讨项羽身死之地》（刊于《艺衡》第四辑，国家图书馆出版社 2010 年 11 月出版）对此有详细的论证。坚持"乌江自刎"说的先生们提出，《史记》写项羽身死之地，"据事录实为自刎于乌江", 又按"行政区划的县""正式书为'身死东城'"。这种所谓"正式书写"与"据事录实"的两截"史法", 并不存在于《史记》之中。《史记》中没有哪个人物的死亡之地是分两截写的。《秦始皇本纪》记秦始皇"崩于沙丘平台", 沙丘是个小地名, 司马迁并没有另外按"行政区划的县"书写秦始皇死地。《蒙恬列传》、《李斯列传》均直书"始皇至沙丘崩","至沙丘","始皇崩"。后世关于秦始皇死地也没有另外的说法。以秦始皇之尊, 都没有按"行政区划的县"书写死地, 没有分两截书写死地。

如果司马迁认为项羽死于乌江,《史记》各篇自然要直书项羽死于乌江, 不会书写东城。既然司马迁多次明确记载项羽死于东城,"据事录实"的具体描述又没有表示死于乌江的意思, 那项羽死于东城而非死于乌江, 就是确定的。

——发表于《中国文化报》2011 年 2 月 25 日

一部特色独具、历久
仍新的中国文学史
——评冯其庸《中国文学史
稿》

[薛天纬]

　　冯其庸先生的《中国文学史稿》（以下简称《史稿》），在编入文集前，原是一份油印讲义，写于 1956 至 1958 年。当时冯先生尚是三十出头的青年，两年前刚调到中国人民大学任教，担任新闻系的《中国古典文学》课。课程由作品选和文学史两部分构成，《史稿》就是他为文学史课程撰写的讲义，自周代讲到宋，约 70 万字。冯先生在新写的《自序》中说，元代至明清的讲义也写过一部分，没有来得及交付打印，在"文革"中被抄家没收，未能保存下来，这当然留下了遗憾。但就是现在这部《史稿》，在"文革"中也已经被抄家毁灭，幸亏冯先生当年的两位学生珍藏了它，才使它得以在半个多世纪后出版面世，我们又不能不为冯先生、也为今天的读者深感庆幸。

　　这部文学史能够在那个年代写成并留存下来，真可谓凤毛麟角。这有两层意思：首先，是《史稿》的内容。那是政治运动搞得如火如荼的年代，作为学者，尤其是冯先生那样的青年学者，很难安坐在书斋里埋头于业务和学术；退一步说，即使搞业务、写著作，指导思想也必须突出政治，突出阶级矛盾和阶级斗争，少谈艺术，更不能触犯"阶级调和"、"人性"这类禁区。这些时代特征不可能对《史稿》全无影响，然而，作为那个时代的过来人（我是 1959 年进入大学中文系读书的），当我今天从头至尾阅读《史稿》时，我敢说，从内容看，时代特征所留下的痕迹相当淡薄。《史稿》内容的科学性是经得起时间考验的，至今它仍不失为一部有价值的文学史教科书。其次，是撰写《史稿》的工作方式。在冯先生撰写这份讲义的年代，类似的教科书必须由一个集体来编写——不知何故，这种状况一直延续到今天，文学史教科书基本上仍然是集体成果而绝少个人著作。冯先生当时一身兼作品选与文学史两门课程，在完成繁重的课堂教学任务的同时，他凭着深厚的学识功底，也凭着高度的责任心和勤奋精神，边授课边写讲义，在两年时间内独力完成了这部《史稿》。迄今为止，作为个人著述且具有相当规模的中国文学通史，如冯先生之《史稿》者，仍属罕见。

正因为这是一部个人著作，所以它既有一以贯之的学术观点，有完整的知识体系和结构框架，又有鲜明的个人特色、包括语言表达特色。其主要特色，正如冯先生《自序》所云："我对文学史的讲解，重点是讲作家和作品，我觉得对作家特别是对作品理解透了，那么再从理论上去认识它就较为容易了。其实单纯的理论是空的，必须有作品去充实它，空洞地记一些理论毫无用处。所以我是着重从历史背景的角度和作品思想内容、艺术特色的角度来讲的。讲完了这些作品，再从史的角度理一遍，这样对文学的发展脉络就清楚了。"这一特色有多方面的体现：

《史稿》在每个重要及比较重要的作家名下，或重要的文学现象之下，都选录了足够多的作品。选录作品重视其完整性，一些重要诗文，即使篇幅很长，也全文录入，如白居易《长恨歌》、《琵琶行》，元稹《连昌宫词》，欧阳修《与高司谏书》等。如讲苏轼散文，将《前赤壁赋》和《后赤壁赋》同时录入。其至对于一些持否定评价的作品，也适当选录，如南朝宫体诗。需要指出的是，当年将宫体诗这样的作品选入教材，弄不好就可能受到批判。《史稿》为了真实反映一个时代文学的面貌而不弃这些作品，应该说是承担着相当风险的。

《史稿》对重点作品都做了详细讲解。如讲《离骚》，先是分成十八节，逐节分析；接着又归纳为三部分加上末尾的"乱曰"，做了总体性回顾。讲《鸿门宴》用了近七千字，相当于一篇中等文章的篇幅，从时代背景、人物形象、中心思想、写作技巧等诸方面做了详尽精到的分析。《史稿》讲作品，有时形同文学鉴赏。如讲到刘邦在鸿门宴上问张良"为之奈何"，又问樊哙"为之奈何"，分析说："这些话是不是表示他无主见，遇事犹豫不决呢？不是的，这正是他善于用人能吸取众人智慧的一种表现。这显出他的领袖才能，和项羽的有一才智出众的范增而不能用，恰成鲜明的对照。"又如讲《子夜歌》中"小喜多唐突，相怜能几时"二句，曰："一种儿女小窗喁喁而又风波忽起的生活情状，写得多么真实传神！"这样的例子不胜枚举。分析作品时，体会如此精微，针线如此细密，实非一般文学史教科书所能为。

《史稿》在分析作家思想及作品思想内容时，不满足于四平八稳的一般性说明，而常有独到的见解。比如，讲到司马迁的思想，除了肯定他的朴素唯物主义自然观和朴素的唯物历史观之外，特别指出："司马迁的思想，还有一点很值得我们注意的，是他在当时已经能够运用经济观点来解释历史事件。比如在《货殖列传》里，他把贤人、盗贼、妓女等各种各样形形色色的人物的行为动机，都解释作：'其实皆为财用耳。'在《平准书》里说：'钱益多而轻，物益少而贵。'就发现了通货膨胀，物价昂贵的原因。"20世纪50年代，人们是很少思考讨论经济问题的，《史稿》慧眼独具地指出司马迁的经济观点，实属难能。讲到孟浩然诗歌表现怀才不遇心情，在征引了《临洞庭湖上张丞相》、《岁暮归南山》、《留别王维》诸诗后，针对闻一多的说法提出了商榷："闻一多先生认为他是一个'为隐居而隐居'的隐士，既不是沽名钓誉，也不是因为有什么不得已。纯然是对于汉末隐士庞德公的神往与默契。我们根据他的生平事迹和前面这些诗篇来看，恐怕闻先生的说法只是指出了他隐居生活的一面，而忽视了他矛盾心情的另一面。"冯先生的看法显然更全面，而且，在教科书中展开学术讨论，是十分罕见的做法。这种学术讨论在《史稿》中屡见，如在讲《古诗十九首·行行重行行》时，为了说明此诗是"游子思乡念妇之作"，而非"思妇念游子之诗"，便将全诗逐句加以疏解，尤其对"游子"的词义作了详细考辨：征引《乐府诗集》所载"古辞"《长歌行》，指出"这首'古辞'里的'游子恋所生'，很明显的是游子自称"；又征引《文选》所载"拟作于东汉灵帝、献帝时的苏武、李陵诗"（并引逯钦立说法来证明苏、李诗产生的时代与《古诗十九首》约作于东汉之说的时代相近）中"携手上河梁，游子暮何之"、"请为游子吟，泠泠一何悲"、"征夫怀远路，游子恋故乡"诸句，指出"苏、李诗中之'游子'皆指游子自身"；甚至还征引了后世之晋人陆机和唐人孟郊的诗句，来证明"游子"是"游子自称"。这些考辨，无疑给《史稿》增添了很多学术价值。

说到《古诗十九首》，在这里不能不强调《史稿》对它的整体性评价："《古诗十九首》是从乐府诗的叙事到诗歌走向人生的咏叹和抒情的一大历史性的跨越。《古诗十九首》正是以它的人生咏叹及对生命的珍惜为其最大特征开启后人的。"这是从"人性"角度对《古诗十九首》内容的充分肯定。《史稿》讲《古诗十九首》的篇幅约五千字，未着一字贬语。而在我的记忆中，当年对《古诗十九首》的思想倾向是严厉批判的，因为诗中有"生年不满百，长怀千岁忧。昼短苦夜长，何不秉烛游。为乐当及时，何能待来兹"等明显表现"消极颓废情绪"的句子（这些诗句《史稿》都引用了）。由《古诗十九首》的例子，可以知道冯先生的思想倾向，我们不能不对他表示由衷敬佩，不但敬佩他学术见解的深刻，更要敬佩他不从流俗的学术勇气。

《史稿》特别重视对作品艺术特色、包括写作技巧的分析。比如，全文选录了墨子《公输盘》，讲它的写作方法，其中一点是严密的逻辑性。《史稿》于此详细讲了逻辑上的三段论式，讲了用大前提和小前提推出结论的过程，特别讲到在推论过程中要注意三点：一、两个前提都要正确；二、只许有三个名词；三、两个前提里要有一个名词相同，小前提和结论里要有另一个名词相同。在文学史中讲逻辑，我想一般教科书是绝不会这样不惜笔墨的。《墨子》原本不具有什么艺术性，《史稿》尚能讲出它的诸多写作特色来，遑论那些艺术性很高的诗文作品了。这些艺术分析，大都与作品内容的分析融成了一体。试以欧阳修《醉翁亭记》为例，看看《史稿》对诗文名篇是如何进行艺术分析的，兹照录《史稿》原文如下：

这篇文章，在艺术上尤有鲜明的特色。本文自开首"环滁皆山也"起，先从滁州周围讲起，逐步将描写的范围缩小，从"环滁"说到"西南诸峰"，从"西南诸峰"说到"琅琊山"，从"琅琊山"说到山中之"泉"，从"泉"说到泉上之亭。这篇文章题为"醉翁亭记"，顾名思义亭是全文的主题，作者使用逐步收缩的方法，使主题突出起来。但作者本意并不在说亭，而是要说人，故即顺手点明作亭之人和命名之人，很自然地便从亭说到了人。"太守自谓"一句，轻轻一笔，巧妙地把亭和人结合了起来，使以后文章，虽然着力写人而不觉其越出范围。

"太守与客来饮于此"几句，一方面解释了"醉翁"两字的意义，但更重要的是文章又从"亭"逐渐扩大，向着时间和空间扩大，时间方面，有朝暮、四时之景，空间方面则有男女老少往来不绝的滁人之游和坐起喧哗的太守之宴。这段文字，具体地描写了山水之乐，反映了劳动人民在封建社会比较安定时期的和平生活，也是北宋统一将近百年间社会逐渐繁荣安定的一个侧面描写。

文章写到这里，场面又已相当扩大了，作者却巧妙也从上文所说的"朝而往，暮而归"一句话，在众宾喧哗，其乐正浓的时候，极力收缩，从"已而夕阳在山"句以下，便层层收缩，"太守归而宾客从"一句，收缩了太守饮宴游乐的场面，同时又在这一句中突出了"太守"，以与前面提到的四次"太守"和两次"醉翁"相对照，唤起人们的注意。"游人去而禽鸟乐"一句，又收缩了滁人之游的场面。至此则前面所展现出来的画面，又已经层层卷迭起来了。但文章如仅止于此，则不过是一篇山水游记而已，还未把作者最重要的意思说出来，因此作者又信手从"禽鸟乐也"一句生出一番议论，说明禽鸟、游人各有所乐，而太守之乐，又与众不同，而是乐众人之有此乐，这里作者隐隐地透露了他的"与民同乐"的思想，以显示他的政治抱负和胸襟。如此，则这个太守究竟是谁，读者自然很关心，必须知道的了，因此最后以"太守谓谁，庐陵欧阳修也"一语作结，便显得十分必要，必不可少的了。而这最后一句又遥遥与中间"名之者谁，太守自谓也"一句相互映对，使亭与太守，太守与亭之间的关系，十分密切。

这篇文章，全文用了二十个"也"字作为句子的结束语，而在上句往往用"者"字作提顿，或者竟用问词，如"名之者谁？"造成一问一答的语调特点，而每用一"也"字，即十分饱满明确地叙述完一层意思，不留任何迟疑不决之处给读者。如此，则每经一"也"字，文意即转深一层，真像引导读者游九转八曲之深山幽谷，时时路转峰回，越转越深，到最后却转出一片和平愉快的欢乐景象，使人赏心悦目。全文因为用了二十个"也"字，语调十分圆熟流畅，如幽谷悬泉，虽然千回百转，但却轻快俊爽，毫无滞涩之感，使人读起来不得不一气到底，读完为止。

《史稿》的艺术分析，"复原"了文章内容一步步展开的过程："逐步收缩"、"逐渐扩大"、"再极力收缩"、"层层收缩"、"层层卷迭"，《史稿》使用了一系列形象化的描述语言，把作者不无匠心然而却卷舒自如的艺术手法真切可感地呈现出来，真是把文章的妙处参透了。至于对二十个"也"字的分析，则采用了传统文论的形象比喻之法，如"深山幽谷"、"幽谷悬泉"等。这样的艺术分析，摆脱了教科书中常见的套路和习用语言，完全出自作者的体会，读者不仅享受到"匡说诗，解人颐"的美感，而且会从中学到鉴赏经典美文的一二路数。

以上通过实例，介绍了《史稿》着重分析作家作品的特色。与此同时，《史稿》也十分重视对文学史发展线索的梳理和文学概念的阐释。这里随手举出几个例子，摘引原文如下：

关于"兴"，历来有各种不同的讲法，有的把它完全和"比"混为一谈，有的把它和"赋"也不加区别，其实这些都是因为实际上没有弄懂"兴"所具有的写作方法上的特点。"兴"是由联系出发的，它有时可以仅有感觉上的联系或者音韵上的联系，在意思上竟和主题思想无大关系。例如《周南·关雎》的"关关雎鸠，在河之洲"，和诗里所说的求爱，就不见得有什么联系，可能就仅是感觉上或音韵上的联系。这种表现方法，在现在的民间歌谣里还保存着，例如："阳山头上竹叶青，新做媳妇像观音。阳山头上小花篮，新做媳妇许多难。"新做媳妇的好，不在于阳山头上竹叶的发青，而新做媳妇的难，也不在于阳山头上有了一只小花篮。它们之所以会这样成为无意义的联合，只因"青"与"音"是同韵，"篮"与"难"是同韵。若开头就唱"新做媳妇像观音"，觉得太突兀，站不住，不如先唱了一句"阳山头上竹叶青"，于是得陪衬，有了起势了。"关关雎鸠"的兴起淑女与君子，也是如此。作这诗的人原只要说"窈窕淑女，君子好逑"，但嫌太单调了，太率直了，所以先说一句"关关雎鸠，在河之洲"，它的重要的意义，只在于起兴，在于"洲"与"逑"的协韵。另外，以草木鸟兽昆虫以及天象地理等现象来引起感情的抒发，这样的写法，也的确可以使人有一种亲切具体的感觉，人们从现实生活中有所感触，就因物起兴，咏唱起来，这是很自然的。其实这也是民歌所具有的一个特点。

"兴"的意思，最难说清楚。《史稿》立足于朱熹"先言他物以引起所咏之辞也"的传统定义，娓娓道来，以今喻古，终于使我们明白了"兴"是怎么回事。

我们对于古代的文学作品的人民性必须反对一种狭隘的庸俗的了解。这种了解以为只有在作品里面找到一些描写人民、同情人民的话才算是有人民性，而不知道古代的作品的人民性常常表现得比较复杂，比较曲折。根据这种了解去研究古代文学，必然要产生这样一些消极的结果：对于有些杰出的作品，因为在它们里面找不到这种内容，或者这种内容极少，于是就不能肯定或者不能充分肯定它们的价值；对于另外一些幸而容易找到这种内容的作品，于是就把它们罗列起来，加以片面的夸张，以为这样就算完成了研究的任务。这种做法，就是把十分需要用头脑的研究工作降低为若干极其简单的公式的机械搬用。古代的那些杰出的作家，都是在不同的条件之下生长起来、成熟起来的，他们的成就和特点各不相同，因此他们的作品的人民性就必然会有各种不同的具体表现。在屈原的作品里面，就如《离骚》，虽然并不是完全找不到描写人民、同情人民的地方，但这究竟不是它的主要内容、主要意义，那实际是对它的人民性估计不足的表现。屈原的作品《离骚》，既然尖锐地批评了当时楚国的统治集团，即使主要还是从他个人的遭遇出发，而不是当时被压迫被剥削者的遭遇出发，它所表现的不满却是可以和人民的不满相通的。即使他的理想并不是直接反映了当时的人民的利益的理想，他所爱的国家也和我们今天的国家有着根本上的不同，然而他对于理想的坚持和对于楚国的热爱，仍然可以引起我们的同情和崇敬。这些就是屈原《离骚》的思想内容上的人民性。

"人民性"在那个年代是评判古代文学作品的唯一价值标准。《史稿》对"人民性"的阐释，是最通达、最宽容的，我们今天读来，仍觉可以接受。

近几年来，在古典文学研究的领域里，流行一种非常普遍的见解，认为一部中国文学史，就是一部现实主义与反现实主义斗争的历史。大家这样说，大家这样写，成了一个非常有力量然而又非常简单化的公式。把这一公式运用到我国源远流长丰富多彩的文学史上去，其结果就不能真实地分析文学史的具体内容和各个作家不同的性格以及他们的作品的不同的艺术特点。几千年的中国文学史，仿佛只存在两个派别：一派是先进的现实主义的作家和作品；一派是落后的甚至是反动的反现实主义的作家和作品。有些文学史家采用了这种最简便的方法，好像破西瓜似的，把中国文学史切成了两半，这一半是现实主义，那一半是反现实主义。……这是一种新的形式主义，实际也是一种庸俗社会学的变形。

"现实主义与反现实主义的斗争"，当时也差不多是一种官方定义。《史稿》敢于对之发表异议，确实有些见识和胆量。

赋，可以说是楚辞和散文文体的综合。

从这一角度来解释"赋"，十分新颖，属《史稿》的独创。

《诗经》可以说是汉以前的"乐府"，"乐府"也可以说是周以后的《诗经》。《诗经》以民歌为精华，"乐府"也以民歌为菁华，它们的主要部分都是"感于哀乐，缘事而发"的里巷歌谣。都是富有现实性的文学珠玉。

这段话用"互释"的方法，既道出了古代诗歌从《诗经》到"乐府"的发展轨迹，又指出了两者的本质联系。

五言诗到了建安时代，经过曹氏父子的创作实践，特别是经过曹丕、曹植兄弟两人成功的创作（其中曹植创作的五言诗最多，也最成功），才使这个新兴的诗歌形式最后地巩固下来，而且使五言诗既能叙事，又能抒情和写景。五言诗被用来抒情和写景，这是从建安时代开始的一种特色，也是一种发展。

建安诗歌对五言诗发展的贡献，人所共知，但"五言诗被用来抒情和写景，这是从建安时代开始的一种特色，也是一种发展"，却是前此无人指出过的。

> 在魏晋以前的诗歌及文章，主要是注意自然音节的谐调，其原因是魏晋以前的一些被之管弦的乐府古诗，它的音乐方面的成分，主要由音乐本身来负担，"诗"不过是"合乐"而已，因此它在音律方面的要求，也只要求自然地配合音乐。魏晋以后，五言诗已成为诗歌的主要形式，文人创作的诗歌，已脱离音乐而独立，成为文人口头朗读的东西，这就需要诗歌本身比以前更注意音乐性。特别是这一时期佛教的兴盛，佛经转读的风气弥漫一时，这种转读，也影响了诗歌的诵读，于是四声八病之说因之产生。中国的诗歌，逐渐由古体走向新体，逐渐由语言的自然的音调，走向于规律化。

以魏晋为界，讲中国诗歌由古体向新体的演进，有独到性，因为人们往往把这个界限划到南朝。

> 北宋前期的词坛上，是小令和慢词同时发展的，并不是过去所说的先有小令，慢词是后起的。

这一结论，是从对柳永词的考察中得出，因而是雄辩的。

以上这些例子，既是《史稿》中的理论成果，也表明了在那个特定年代，《史稿》不盲从"左"的潮流而能客观地看待古代文学发展历史的科学态度。

《史稿》的语言有鲜明的个人风格，其基本特征是平实而准确，透彻而详赡，甚至带着讲课的口语化特点。由此可以想见冯先生伏案之际，如同身在课堂一样的投入状态，也表现了他对学生的负责精神。但是，《史稿》的语言也有相当考究的一面，这在上引文字中已不难看出，试再举一例：在《南朝的作家与作品》一章，讲到朝廷君臣所追求的文学倾向，写道："他们的心灵空虚到了极点，只要求得官能上的刺激，他们用美色来刺激自己的情欲，用珍馐来刺激自己的口舌，用音乐来刺激自己的耳朵，还嫌不够，于是便用诗文来麻醉自己的思想和神经，在这样的环境和这样的要求下写出来的诗，自然只能是花香、酒味、脂粉气的混合物了。"连用四个"用"字、"来"字，构成一串排比，揭露了南朝君臣精神、生活与文学的全面堕落。这样的语句，在一般文学史著作中也是不多见的。

今天，当《史稿》即将出版的时候，冯其庸先生又出新意，把它做成了如当年郑振铎所著一样的"插图本"。书中增加了一百余幅插图，而所用图片，无论是数量和质量都大大超过了前者。其中大部分是古代作家的遗迹，如湖北秭归的屈原故里、陕西韩城的司马迁墓、陶渊明时代的墓砖、安徽当涂的李白墓、河南巩县杜甫出生的窑洞、陕西周至白居易写《长恨歌》的仙游寺、山东章丘李清照故宅的漱玉泉、海南中和镇的东坡故居遗址、河南郏县的东坡墓等等。这些照片大多是冯先生亲自拍摄，另一部分是国家图书馆"古籍善本再造工程"所据善本书的书影。两类珍贵图片与文学史的讲述相辅相成，成为这部文学史的又一特色。我预计这部写于半个多世纪前的著作，问世后定会光彩焕发，在当今的文学史园地中占据不可替代的一枝。

阔大恢宏　坚韧执著
——感受冯其庸先生治学为人的精神力量

[吕启祥]

　　在前辈学者中，其庸先生应是我相处最长、受教最多的一位，算来已有三十余年，其中包括退休以后的十多年间，他仍一如既往甚至更加勤勉地治学诲人。按常理，我应当对他的治学理路有较多的领会和心得；而其实却做不到。究其原因，除去自身的浅陋愚钝外，实在因为先生领域广阔、造诣深湛。且不说众所周知的兼学者、诗人、书画家于一身的境界，即以学问而论，先生固然以红学著名于世，而同时于中国文化史、文学史、戏曲史、艺术史等都深有研究。他是中国红楼梦学会的名誉会长，又是敦煌吐鲁番学会顾问，"红学"和"敦煌学"都是当代显学，具有世界性，一个学者能在这两门专学中兼有这样的学术地位，是十分难得的。

　　这里只说红学，冯先生用力最多、成果最丰的是家世谱牒和版本校勘之学，也下了大力气进行评批和文本的研究。前二者需要具备文物考古和文字学文献学的功底，自己历来未敢轻涉，自有行家来评说。在我看来，冯先生对红学事业的建树和推动除了他本人著述而外，十分重要的是他以一个学术领头人的识见和气魄，主持和主编了一系列大型的学术基础工程（如脂本《红楼梦》新校本、汇校本、汇校汇评本、八家评批本、《红楼梦大辞典》等），与前辈和同道一起倡导和组建了中国红楼梦学会，创办了《红楼梦学刊》，培养和造就了一批后起的研究者和爱好者。我本人就是其中的一个受教者、受益者，长期以来在冯先生领导下工作，自问算不上得力，只是一个自始至终的参与者、坚守者。他从来不做空头主编、挂名主编，而是切切实实地从确定体例、设计框架、约请人选，到审看稿样撰写序言以至查找出处都亲历亲为，我所经历的一些项目尤其是初版《红楼梦大辞典》的全过程便是极好的例证。至于我个人的研读写作自来都从冯先生那里得到极大的鼓励和支持，不仅是长者的热忱，更有一种学术大家的包容。为此，有时竟使我感到意外，甚至震撼。

举一个近年的例子，2005 年正是"秦学"火爆之年，学界的朋友和红学会的领导已经有不少文章和讲话从史实上学理上正本清源，这年底我去美探亲，心里仍郁结着这个问题，难道秦可卿这个人物除了揭秘猜谜之外，就无话可说了吗？于是写了一篇题为《秦可卿形象的诗意空间——兼说守护红楼梦的文学家园》的文章，寄回国内，发时我并未看到。忽然，有一天夜里，接到冯先生的越洋电话，说他刚收到新出的《学刊》，不经意地翻开一看，不觉看住了，一气读完，正是我那篇。他很兴奋，当即写了一首诗，在电话里念了一遍，告诉我写好裱好后回来送你。放下电话我真的很感意外，我写此文不必说冯先生毫无所知，就是学刊编辑诸君事先也未得知，完全是我的"自发"行为，有此反响实乃始料不及。次年回国后，5 月 19 日冯先生托任晓辉君送来赠诗，已精裱装匣，打开一看，句云："红楼奥义隐千寻，妙笔搜求意更深。地下欲问曹梦阮，平生可许是知音。"上写题"论秦可卿"，落款为"冯其庸八十又四"。诗当然是过奖，我曾言明不会张挂，所以他写成手卷，以便收藏。后来还得知他在 2006 年秋天大同国际红学研讨会开幕式的讲话中还提到了此文："完全是从文本出发，从人物的思想内涵、美学内涵出发的，……一点也不需要胡编什么，可见红学研究的根本是要深入文本。"大同会议我未参加，从会议专辑中才看到了这段话。我举这个例子，不止说明他对后学的关怀嘉许，如此郑重其事；更是由此见出一个学术大家的气度，即使我从不涉足家世、版本等实证性领域，我的视角和方法他也同样能够包容和肯定。窃以为冯先生学术上的大家气象，不仅体现在他能出入多个领域，也体现在红学本身，这是他能够服众和具有凝聚力的重要原因。

以诗画相赠作为激励和纪念，早在十多年前我就曾得到过，记得 1991 年《红楼梦会心录》在台北印行，其时他太忙，我提出不必费神作序，题几句就好。结果他不仅作了一诗一画，又写了序。其间还有一桩插曲，就是先生的诗、画印在书首，同时还准备将原件送我，似乎是在上海装裱的，岂知放在宾馆被盗走了。后来先生又重写新画，那是一对立轴，十分精美，同印在书上的大不一样了，原先画的是南瓜，后来是葡萄，且有题句，赠诗行款也因尺幅放大而不同。总之，因祸得福的是我，先生则为此费神费事。赠诗曰："十载开卷此会心，羡君真是解红人。文章千古凭谁说，岂独伤心有雪芹。""启祥同志会心录成，为题一绝。宽堂冯其庸于京华瓜饭楼。"对于我，此句可看做一阶段性总结，当然更寓勉励之意。作为受赠者更有一种提升的作用，即便文章写得并不令人满意，也会树立一个高的标杆去努力。这正是先生高远宏阔的大家风度对后学的一种影响。新世纪以来，先生还画了红梅和以精心构思的律句相赠，都是极大的策励和珍贵的纪念。

冯先生的豪情壮志和坚毅品格，在他对祖国大西部的实地调查和发现中表现得最为鲜明和充分。在先生精神的感召下，我也有了一次新疆之行，此行令我终生难忘，也由此对先生的精神品性有了更为直观的体察和印证。

人们知道，从1986年到2005年这二十年间，冯先生十次去新疆，三上帕米尔高原，二进沙漠深处的罗布泊，沿着当年玄奘取经之路，备尝艰险，取得了极为宝贵的原始资料和学术成果。他每次西行归来，都会向周围的人讲述闻见，出示照片，还开过展览会和出过大型画册。这一切无不令人惊叹。然而闻见不如亲历，冯先生不止一次地建议我"应该去新疆看看"，我直至2007年秋天才终于实现了这个心愿。

当我告知冯先生决定西行、准备订购机票时，行前几天之内，他大约打了十几个电话给我家和新疆的朋友，作了种种提示和安排，设计了具体的路线，估量了行程，给我带来了相关的资料，还画了图。他的热忱和细心令我和外子感动不已。我们按冯先生的建议从北京经乌鲁木齐换机直飞南疆的喀什，由友人全程驾车带我们由喀什返回乌鲁木齐。一路之上在南疆大地，我们边走边看，所到之处都是冯先生去过或者多次去过的，返抵乌市后朋友笑说你们真是"八千里路云和月"，这并非夸张，南疆的这一路行程堪称高速、高效，走过的里程恐怕不止四千公里。

行前冯先生说过，能否上高原入沙漠要看天气条件和身体状况，随机而定。事实是先生楷模在前，先就给了我们以信心；新疆朋友的热情周到更使我们行程紧凑，无往不利；加之天公作美，日日晴好。比之先生之行，我们的气候条件、道路条件要好得多。每到一处，我都会推想他当日的艰辛劳顿。

比方说，当我们进入号称冰山之父的喀喇昆仑群山，将近边境之时，同行朋友告知，右边不远处就是冯先生考察的玄奘归国所经达坂明铁盖山口，那里没有路，靠部队和当地友人帮助才能达到。说话间我们的车子已上到海拔四千七百五十米的边境口岸红其拉甫，我下了车在世界屋脊上小心翼翼地一步一步往前走到中巴边境的界石，尽量节约体能，慢动作，少说话。此刻想起冯先生三上帕米尔，他是肩负着历史文化使命，考察之后又于2005年8月专程前往立碑为记，那一天晚八时许他竟然在这四千多米的高原上给我打了电话，其时还有不止一个记者采访他，这要消耗多少体能！我激动之余，十分担心他的身体能否承受。又比方说此行穿越塔克拉玛干大沙漠，原先总有些神秘感，如今却因现代交通设施的完善而化险为夷。我很幸运，得以在一条新修的尚未正式开通的沙漠公路上畅行，自和田至阿拉尔四百二十一公里只消三个半小时，瀚海无垠，单车直驱。冯先生此前走的是老沙漠公路，更何况他坚持同摄制组数度进入沙海深处的罗布泊，夜宿帐篷，气温很低，供水限量，这才是真正的探险之旅、科考之旅。再比方说，新疆的自然景观奇特，去千佛洞的路上，朋友指点两旁是典型的亚丹地貌，有五彩山，在吐鲁番远观火焰山真是红色的，这就印证了冯先生以西部山川入画，色彩浓重，犹油画然，人称"西域重彩山水"，我在这里看到了它的原型。

总之我的浮光掠影式的行旅只能追踪冯先生的大西部考察于万一，但确乎获得了直观的感受与体验。他的累次西行，不避寒暑，不计晨夕。万里沙龙，风雪如狂，阻挡不了他攀登冰川的脚步；吐鲁番的夏日，气温高达摄氏五六十度，他冒暑考察古城遗址。他曾夜宿阿勒泰边防连，吟出了这样的诗句："窗外繁星疑入户，枕边归梦绕红楼"，足见西行不忘《红楼》。有人问，这两者有何联系？回答是，用玄奘万难不辞求取真经的精神来从事学术研究包括红学研究。冯先生数十年孜孜不倦对着《红楼梦》的各种本子，读了又读，批了再批，为一字之义寻根究底，无不贯穿着这种坚韧执著、追求真知的精神。

冯先生是个天分很高的人，有件小事给我印象很深。大约在20世纪80年代之初，有一次同乘13路公共汽车，在车上我随便提起最近在一个刊物上看到郁达夫的旧体诗，写得真好，他回应说也看到过，并且立即背了出来。这令我大为吃惊。在我，不过是留下一个"写得好"的模糊印象，而他却能过目不忘，郁达夫是个现代作家，古代名家他能记诵的自然很多。过人的天资加上超常的勤奋才能成大器，人常说冯先生有捷才，这不单凭一时的灵感，须得有长期的积累和不断的实践。2001 年初他去海南，本为治病休养，却追寻东坡遗迹寄来新赋诗作三十六首，又是件令我意外和吃惊之事。他就是这样一个走到哪里都不忘读书、调查、写作、吟咏之人。

先生出身贫寒，自称"稻香世家"，主要靠自学自励，苦读深钻，善于请益，敏于领悟，从不懈怠，老而弥坚。尤其可贵的是他有一种极为强烈的进取精神和探索勇气，突出的例子是他作画题材风格至晚年而大为拓展。长期以来，冯先生画葡萄、南瓜、葫芦等小品已臻化境，人谓有青藤之风，为我们大家熟悉和喜爱；然而新世纪之初，忽然画起来山水来了，初时我不知缘故，着实为他担心，八十来岁的人了，何苦又重头学起，另开新张呢。弄不好新的不成旧的生疏岂不两伤。孰料这不仅是我的过虑，而且是一种凡庸之见。原来他之发奋画山水人物是启功先生的建议，启先生在 2001 年过访冯宅，鉴赏了他收藏的艺术品和观摩了他的若干画作之后有此建言。真不愧是知人知音之言。果然由此激发了他旺盛的创造力，不出数年，冯先生以迟暮之年，朝夕临摹，悉心体会，更出新意，山水画很快进入佳境，量多质高，不仅开了画展，且有两本大型山水画册赫然呈现于世。他才华学养的潜质，得到了深度开发，艺术成就更上层楼。在这期间，他有时在电话里会告知临摹宋元画作的体会，领悟门径的喜悦，可惜我于绘事未入其门，只是一知半解、似懂非懂，自知够不上格做学生，只能是一个"倾听者"而已。

虽则外行，但我最喜欢的冯先生画作有两幅。其中一幅是 1999 年 5 月我第二次去芳草园冯宅，一进门抬头望见悬挂在楼梯间顶天落地的巨幅，庐山飞瀑倾泻而下，飞沫如珠扑面而来，上书"画到匡庐飞刍玉，无边清气满中华"，令人精神为之一振。此画的阔大之象恢宏之气正是画家人格的写照。另一幅就是"秋风图"，瓜熟叶老、彩墨相间、淳朴清雅，意味着收获和成熟，有一种阅历沧桑，由丰赡归于平淡的韵致，去年拿来做了《瓜饭集》的封面。见此画，如晤其人，有一种亲切感。

长期以来，我们有幸在冯先生身边学习和工作，真切地领受到他治学为人阔大恢宏的气概和坚韧执著的品性，感知那颗"虽万劫而不灭求学求真之心"。这是一种巨大的精神力量，潜移默化，取之不尽。这篇小文只能是蠡之测海，言不尽意。值此冯先生从教和学术活动六十年之际，唯望先生能善自珍摄，却病保健，学术生命和艺术生命有赖于自然生命而延续。先生的健康乃中国学术文化之幸事，也是学生后辈亲人友朋的诚挚愿望。

写于 2010 国庆节

（此文为 2010 年 10 月 16 日在中国人民大学国学院举行的"国学前沿问题研究暨冯其庸先生从教六十周年学术研讨会"上的发言）

后记 《冯其庸学术简谱》

［叶君远］

　　中学时，就经常从当时的重要报刊上见到冯其庸师的文章，后来插队，带到乡下一本冯师主编的《历代文选》上册，尽管边角已经褶皱，却珍若拱璧，从那时起，"冯其庸"的大名就深深印在脑子里。1979 年，我慕名报考了冯师的研究生，与另两位师兄一起有幸做了老师的开门弟子。奉教函丈三年，毕业后，两位师兄去了外地，只有我留在人民大学，还在老师身边。以后冯师又在人民大学带过两届研究生，但绝大多数都没有留在北京，在人大的更只有我一个人，所以只有我非常幸运地仍能时时亲承謦欬。1986 年，冯师奉调至中国艺术研究院任副院长，我向老师请益不仅没有减少，反而愈加频繁，老师对弟子的关心与提携亦一如既往。老师每有著作发表，必惠赐弟子，弟子治学每有疑问，必请教老师，因此我一点也没有老师已经离开人大的感觉。2005 年，人民大学创立国学院，纪宝成校长礼聘八十三岁高龄的冯师出任首任院长，我协助老师做一点事，与老师的联系更为密切。冯师辞去院长职务后，我仍然常去老师家中拜望，问候起居之余，听老师谈古论今，衡文论艺，还有几次听老师聊起自己的往事，从青少年求学之艰难，到后来所遭受之磨难，从最早作品之发表，到后来发现和解决一个又一个学术问题之快乐。

　　想想从恩师受教的经历，从 1979 年算起，仿佛一眨眼的工夫，迄今已逾三十年了。三十年来，与恩师感情越来越深，对恩师的了解也越来越深入了。随着了解的深入，我对冯师也愈加崇敬和钦佩了。

　　冯师是一位在诸多领域都取得非凡成就的学术大家。提起冯师，人们首先想到的是红学，的确，在红学上冯师作出了巨大的学术贡献，无论是关于曹雪芹家世、《红楼梦》版本与评点，还是关于《红楼梦》的思想、艺术，他都有研究论著发表，并且许多都成为红学史上里程碑式的经典论著，他将红学研究提升到一个新的高度。回顾近一百多年来的红学史，冯师毋庸置疑是开创红学新生面的杰出代表。但其成就又岂止于此，在文学史的许多领域，他都做出了自己的建树，"文革"前，其关于《三国演义》作者的考证，关于北宋词风的论述，就都曾引起学界的重视。他主编的《历代文选》风靡一时，不仅成为高校教材，而且由于毛泽东的推荐，成了高级干部提高人文修养的必读物。他还独立撰写了《中国文学史稿》，用了许多别人不曾使用过的文献资料，提出了许多新鲜见解，可惜由于当时的政治气氛越来越不利于学术研究，此书稿未能面世，并且在"文革"动乱中冯师收藏的原稿和油印讲义全部被毁。幸而当年的一些学生因为喜欢冯师的讲授，将油印讲义精心保存下来，最近才编入《冯其庸文集》出版。五六十年代，他还发表了大量戏剧评论文章，这些文章分析剧情、表演、唱腔、舞美，见解高明，持论宏通，入情入理，文笔酣畅淋漓，受到读者激赏，被戏剧演员视为真正的行家之言、知音之论，他也因此被全国戏剧家协会吸收为会员。他还涉足历史学科，近年连续发表了《玄奘取经东归入境古道考实》、《项羽不死于乌江考》、《千百年来一座有名无实的九斗山》、《〈大秦景教宣元至本经〉全经的现世及其他》等论文，每一篇出，均引起很大反响。在考古方面，他也有所发现，1981年的《考古》杂志曾发表了他和另一位老师合写的《陕西长安县王曲地区新石器时代遗址调查》一文，据《考古》编辑讲，这是当时唯一一篇由非专业人士完成的考古调查报告。

特别是冯师为了考证玄奘取经之路，曾十次去新疆，三次上帕米尔高原，终于确证了玄奘回归祖国入境的山口古道，破解了自玄奘回归后一千三百多年来一直未解之谜。2005年8月，他重上帕米尔4700米的明铁盖山口，为玄奘立东归古道的碑记。同年9月，他又深入罗布泊、楼兰，经龙城、白龙堆、三陇沙入玉门关。终于证实了玄奘回归长安的最后路段，而且这一路段与玄奘《大唐西域记》的记载完全一致。因此冯师又一次历尽艰难，破解了玄奘研究学术史上的又一个千古未解之谜！

在这样一个历时十年的实地调查的基础上，冯师还提出了西部大开发的呼吁，而这一呼吁，经多年之后，终于得到中央的重视而全面地付诸实践了。可见冯师的学术研究具有多么重大的实践意义啊！

冯师多方面的学术成就足以让人惊羡，因为一个人的精力有限，取得如许成就已属不易。但冯师还以其余力写作了大量散文和诗词，结成集子的散文就多达六册：《秋风集》、《落叶集》、《夜雨集》、《墨缘集》、《剪烛集》、《瓜饭集》。这些散文，叙往事，述友情，记游历，谈逸闻，每一篇都情深而笔灵，且多富于知识性，是很典型的学者型散文。其诗词散佚较多，但留存下来的仍有一千多首，绝大多数为旧体诗词，笔者认为，最有代表性的是七言古体，写得恣肆奔放，夭矫不群，颇具个性色彩。

冯师还钟情于书画艺术，于书画理论和鉴赏有很深造诣。读书写作余暇，他常挥毫运笔，沉潜于书法丹青的创作。他多次举办了个人书画展，出版了《冯其庸书画集》、《冯其庸山水画集》，无论书法还是绘画均深获赏家好评，被誉为文人字、文人画。对于摄影艺术，他也十分喜爱并拿来为学术研究服务，他在上海和北京举办的"冯其庸发现考实玄奘取经之路暨大西部摄影展"，曾引起轰动。他的摄影集《曹雪芹家世·〈红楼梦〉文物图录》、《瀚海劫尘》，以极富人文内涵与学术气息的创作给予读者不一般的感受。

此外，冯师还广泛涉猎古典园林、紫砂工艺、汉代画像等等，并且不是一般性的了解，而是钻研得很深，在传统文化方面具有他那样全面修养的学者是很少的。就拿紫砂壶来说，他的见识与见解就非同凡响，明代以来时大彬等名家之作，他虽未能尽阅，但经眼者很多，他自己还藏有一把清代制壶大家陈曼生的作品，于紫砂壶的历史，可谓了然于胸。他和当代紫砂壶大师顾景洲论交数十年，与顾老得意传人高海庚、周桂珍、徐秀棠等等也往来频频，他还多次到宜兴去，亲自为这些人的作品题字，所以，他撰写的《关于中国的陶文化、茶文化及其他》、《宜兴的紫砂艺术》、《记陶壶名家顾景洲》、《工极而韵，紫玉蕴光》、《走在世纪前列的艺术家》等等文章，于紫砂艺术史和艺术成就侃侃而谈，绝对是行家的真知灼见。再说汉代画像，凡是出土过汉画像石、画像砖的主要地区的汉墓，例如河南、山东、安徽、江苏、四川、山西、陕西的汉墓，他几乎都参观遍了。仅徐州一地，他就去过多次，除却当地的汉画博物馆，像什么茅村、白集、北洞山、小龟山、驮蓝山和楚王山汉墓，他都一一亲临观看和拍摄。他自己还收集了大量的汉画像拓片，并且与人合作出版过《汉画解读》一书。与人聊天，只要提起汉画像的话头，就兴致勃勃，滔滔不绝。他很早就讲过："全部汉画的总和，无疑是一部汉代社会的风俗画。"又强调说："从时间来说，它恰好在敦煌石室之前，其尾声恰好可与敦煌石室的始建相衔接……汉画是未受佛教文化影响的中华民族本生文化。如果要认识中华民族文化未受外来文化影响之前的文化，从艺术的范围来说，就只有汉画以及比汉画更早的原始艺术。从以上两层意义来说，我说它是'敦煌以前的敦煌'，并不是毫无根据的夸张。"（《夜雨集·汉画漫议》）说汉画是"敦煌之前的敦煌"这个比喻，很快被学界所认同，广为流传。正因为他对汉画像的渊博知识与卓异认识，所以他被推选为中国汉画学会的首届会长。再举个例子——藏墨，文房四宝中的墨是很小的物事，一般人对于墨注意的大约只是如何使用，对于制墨工艺和墨的艺术史很少关注。他则不仅用墨，对于"墨学"也极有兴趣，虽然所藏不多，但见过的名墨不少，精鉴赏，善谈论，因此为京城雅爱藏墨赏墨的诸君如周一良、周珏良、周绍良、李一氓、张絧伯等等所知，曾应邀参加"墨会"。2004 年他在致周绍良的信中就曾言及墨事："前承赐墨录大著，受教良多。顷得孙渊如墨、曼陀罗华阁墨两枚，后者为秀水杜文澜。杜曾刻蒋鹿潭《水云楼词》两卷，版口署'曼陀罗华阁'，刻甚精，好用古字，晚藏有此本。昔年撰《蒋鹿潭年谱》，曾考及杜文澜多事，惟未及其制墨。此墨形亦古雅，暇当并孙渊如墨一并奉呈鉴定。先此奉闻。"由以上关于墨的一些琐事，便能看出他在这方面知识的丰富。

所以在传统文化方面，冯师可以说是罕见的全才。凡全面了解冯师成就的人，恐怕都会对他在这么多领域都有很深造诣且多有建树感到敬佩与惊讶。有人一定会以为冯先生出身书香门第或者世家大姓，从小家庭就为他提供了良好的教育条件，受到全面的培养。但实际上，冯师出身于贫苦的农家，少年时又赶上日本侵华战争，中小学期间曾三度失学，上学断断续续，且多是半农半学，他的很多知识并不是在学校里获得的，而是靠刻苦自修得来的。他后来之所以能够成为一代大家，笔者认为，除了天分以外，最重要的因素应该就是他对于传统文化的痴迷与不懈追求，新中国建立前的贫穷、苦难、战乱、失学，以及新中国建立后一次又一次的政治运动，都不曾灰其心，挫其志，他心无旁骛、锲而不舍地探求学问，探求真理，探求艺术美，此心至老不变，此志至老弥笃。庄子云："用志不分，乃凝于神"，正斯之谓也。

冯师的成就，特别是学术上的成就，还同他身体力行的治学方法有关，这就是将书面文献、出土文物和地面调查相结合的方法。对曹雪芹家世的考证，对玄奘取经之路的考辨，对项羽死亡之地的考辨，是运用这种方法的成功范例。卞孝萱先生在读了先生的《项羽不死于乌江考》、《千百年来一座有名无实的九斗山》两篇文章后，极表钦佩，特别指出："正确的结论，源于先进的方法"，可谓是识者之言。

冯师多方面的成就对于今天的学术建设和文化积累具有巨大价值，其丰富的治学经验、行之有效的治学方法以及为了学问与真理探索不止的献身精神，也是一笔十分宝贵的财富。显而易见，总结冯师的学术理论和学术思想，记录其充满人生智慧与卓绝意志的奋斗经历，是一件十分有意义的工作。

而记录冯师生平与治学经历最基础最本真最详细的著作形式莫过于年谱。笔者几年前就有撰写年谱的想法，并做了比较充分的准备：拜读了冯师的绝大多数著作，多次亲聆冯师口述个人历史，并且蒙冯师信任，阅读了其大部分日记，收集了写作《冯其庸年谱》的大量第一手资料。不过这里呈献给读者的只是一个简谱，因为作为《冯其庸文集》的附录，不能太过浩繁，许多资料不得不割爱了。只好等将来年谱独立发表时，再做补充了。

写于 2010 年 9 月

学者·诗人·书画家

——记著名红学家冯其庸教授

[叶君远　邓安生]

　　冯其庸先生是以红学家名世的，其实，他的领域远不止于红学。当然，由于《红楼梦》是中国传统文化的优秀代表，汇通熔铸了历史传统和各艺术门类的精华；"治红"若欲精深博洽，需要多方面的修养。冯先生长期从事中国文学史的教学和研究，特别是对中国文化的探源考察抱有极大的兴趣和毅力，加之他本人对戏曲、诗歌、书法、绘画兼擅，近年来诗、书、画创作尤勤。这就使他的治红，达到了一种新的境界，或者说，他虽是红学家同时也治文化史，还兼有诗人和艺术家的气质。明了这一点，对理解他的治学和为人，至关重要。本文，仅就我们闻见所及，对他的学术经历，作一个粗略的介绍。

　　冯其庸先生，名迟，字其庸，以字行，号宽堂。江苏省无锡县前洲镇人，1924 年生。小学五年级时日本侵华战争爆发，家乡沦陷，小学停办，他因此失学在家种地。后入农村中学，高中一年级时又失学，继续种地，后当小学教师。前后在乡种地十多年。抗战胜利后，考入无锡国学专修学校，1948 年毕业。1949 年 4 月无锡解放，即参加中国人民解放军，同年秋，奉派任无锡市第一女中教师。1954 年 8 月调中国人民大学语言文学系任教，先后任讲师、副教授、教授，并带硕士研究生。1975 年至 1986 年，长期借调文化部主持脂本《红楼梦》的校注并创建了红楼梦研究所，任所长。

　　1986 年调任中国艺术研究院副院长，并兼任中国人民大学语言文学系教授。

　　冯其庸先生的学术道路，基本上是一条自学的道路。他小学没有毕业，中学只读到高中一年级，无锡国专毕业后，随即入伍。他最初当小学教师，后来当中学教师，再后来又当大学教师。在学术道路上，他是从最底的层次开始自己的长途的。

冯其庸先生于二十岁前后开始在《大锡报》上发表旧体诗词和散文。二十三岁，发表历史调查文章《澄江八日记》，调查清兵入关时的江阴保卫战。

他最早主编的书，是《历代文选》，1962年由中国青年出版社出版，那年他三十八岁。此书至今一直在重印，并被列入青年文库。香港、台湾也多次翻印此书。

冯其庸先生的研究领域相当广泛。他执教中国古典文学史，著有论文集《逝川集》（1980年陕西人民出版社出版）。他研究中国传统戏曲，著有《春草集》（1979年上海文艺出版社出版）。后来他主持《红楼梦》的校注工作，前后历时七年，完成新校注本《红楼梦》。此书于1982年由人民文学出版社出版。

他为了《红楼梦》的校注，重新研究了曹雪芹的家世。在此领域里，他取得了重大的突破，发现了有关曹氏家世的一系列重要材料：

一、《清太宗实录》卷十八，天聪八年（1634）甲戌条："墨尔根戴青贝勒多尔衮属下，旗鼓牛录章京曹振彦，因有功，加半个前程。"据此，人们得以确切地知道曹雪芹上世的旗籍、军职和当时的具体情况。这是现存曹家史料中最早的一条材料。

二、他发现了康熙二十三年（1684）未刊稿本《江宁府志》中的《曹玺传》。这是曹家史料中具有特殊重要意义的文献资料。举凡曹家的家世、籍贯、祖父的名字、入关后的官职、政绩，以及儿子的名字（曹寅、曹宣）等等，都在这篇文章里有明文记载，特别是曹宣的名字，数十年来一直是个争论的问题，由于这篇传记的发现，才算得以论定。

三、他发现了康熙六十年（1721）刊《上元县志》中的另一篇《曹玺传》。此传前半部分与康熙二十三年未刊稿本《江宁府志》中的《曹玺传》相同，后半部分又增加了康熙二十三年后曹家的情况，特别是在这篇传里，写明了"著籍襄平"，即祖籍是辽宁省的辽阳。同时还记到"孙颙，字孚若"，"仲孙颙……字昂友"等等。以上这些，都是首次发现，同时也都是关于曹家的十分珍贵的史料。以上两篇传记的发现，对研究曹雪芹的家世，是一个重大的突破。

四、他发现了天聪七年（1633）由曹家的堂房上祖曹绍中递送的孔有德、耿仲明遣官乞降的满文本《乞降书》。由于这个文件的发现，揭示了曹家堂房上祖在明末清初的实际情况，也有力地证实了曹雪芹的上祖与辽东五庆堂曹氏确实是同宗，他们的籍贯确是辽阳。

五、他重新找到了当时已告迷失的《五庆堂曹氏宗谱》，并且还找到了此谱更早的一个底本，以及附在原谱里的一张《曹氏谱系全图》。以上这两部《五庆堂曹氏宗谱》和一张《曹氏谱系全图》，虽然是曹雪芹堂房上祖所修的曹家的家谱，但里面都明确地记载着曹雪芹直系上祖的名字，一直记到曹雪芹的父辈曹颙、曹頫、曹颀和同辈曹天佑等。因此，此谱的重新被发现并由冯其庸先生详加考定，证实了它的可靠性，这是一件在红学史上具有重大意义的大事，这份《五庆堂曹氏宗谱》，也无疑是红学研究的珍贵文献。

六、他发现了位于河北涞水县张坊镇沈家庵村的“五庆堂”曹氏茔地。这个五庆堂曹氏的墓地，始葬于顺治年间，一直到1977年由冯其庸先生去调查后才发现，当时守墓人言凤林还在，坟墓也还基本保存着，并且还存留着墓地的界石。五庆堂墓地的发现，更加有力地证实了《五庆堂曹氏宗谱》的可靠性。二百多年前我们的一位伟大作家曹雪芹，竟然还保存着与他有关的宗谱和堂房上祖的坟墓，这不能不说是文学史上的一件奇事。

七、辽阳三碑的发现。近年来发现的曹氏家世史料中非常重要的一个方面，就是辽阳发现的“大金喇嘛法师宝记碑”、“重修玉皇庙碑”和“弥陀寺碑”。这三块碑都记载着曹家上祖的名字，尤其是前两碑都记载着曹雪芹的直系上祖曹振彦的名字和官职。

这三块碑是辽阳的同志发现的，但与冯其庸先生却有着密切的关系。先是冯其庸先生据《清太宗实录》和两篇新发现的《曹玺传》写了《曹雪芹家世史料的新发现》一文，文章末尾提出了曹雪芹上祖的籍贯不是河北丰润而应是辽宁辽阳。这篇文章发表后，就得到了辽阳的来信，告诉他辽阳有一块《大金喇嘛法师宝记碑》，在碑阴有曹振彦的名字。这样，冯其庸先生即专门为此去辽阳调查，看到了原碑，碑阴确有曹振彦的名字。当时冯其庸先生曾提出希望辽阳的同志作进一步的调查，是否还能发现第二块碑。果然时隔不久，又得到了辽阳文管所的邹宝库同志来信，说又发现了有曹振彦题名的《玉皇庙碑》，于是冯先生又赴辽阳验看，不仅看到了残损特甚的《玉皇庙碑》（幸曹振彦题名未损），而且还看到了当时还直立在小学门外的《弥陀寺碑》。冯其庸先生站到桌子上仔细查看了碑刳的题名，发现有"曹得选"、"曹得先"和"曹世爵"的题名，而这三个名字，恰好都是《五庆堂谱》上的名字。因而以上三块碑，共同证实了曹雪芹上祖的籍贯确是辽阳而不是丰润。

八、康熙甘氏家谱抄本的发现。这部康熙甘氏家谱，也是冯其庸先生在研究曹氏家谱时发现的。此谱虽是甘氏家谱，但当时甘家与曹家是姻亲，甘家娶了曹家的女儿。有的研究者认为这个曹家的女儿是河北丰润人，并以此来证实曹雪芹上祖的籍贯应为河北丰润。但过去的研究者从未见到过这部康熙年间的甘氏家谱，此谱冯其庸先生发现后，居然查到了在"六世甘体垣"的名下，有"配曹氏，沈阳指挥使曹公全忠女"，与《五庆堂曹氏宗谱》的记载完全相合，从而十分有力地证实了《五庆堂曹氏宗谱》的可靠性，证实了曹雪芹上祖的籍贯确是辽阳而不是丰润。

由于以上这许多重要的历史文献相继被冯其庸先生发现，并陆续据此发表了重要的专题研究论文，最后于1978年9月写成《曹雪芹家世新考》一书。在此书中，冯其庸先生用大量的史料，论证了1963年发现的《五庆堂重修曹氏宗谱》的可靠性，指出了此书在研究曹雪芹家世方面的重大的历史价值。但在此之前，此谱自1963年发现后，直到冯著问世前，它的可信性，一直是被怀疑的。直到冯其庸先生的《曹雪芹家世新考》出来，以大量的无可辩驳的史料雄辩地论证了此谱的可靠性（同时又指出了它的少量谬误），此谱才被学术界公认。冯其庸先生在此《新考》中，还指出了前人在曹雪芹家世研究中的一系列谬误，特别是考定了曹雪芹上祖的籍贯应是辽宁辽阳而不是河北丰润。

可以说，在曹雪芹家世的研究上，冯其庸先生大大超越了前人，作出了突出的贡献。

冯其庸先生在《红楼梦》的抄本研究上，也取得了举世公认的成就。

1975年3月，他与吴恩裕先生合作研究新发现的三回又两个半回的《红楼梦》抄本，发现此三回又两个半回的《红楼梦》抄本，就是著名的《红楼梦》抄本"己卯本"的散佚部分，并发现了此抄本（包括未散佚部分）避"祥"字、"晓"字的讳，因而考证出了此抄本原是怡亲王允祥、弘晓家的原抄本，所以它的底本，有可能直接来自曹家。因为怡亲王允祥，是曹家在败落之前，由雍正亲批将曹頫"奉旨交与怡亲王传奏你的，诸事听王子教导而行……"等等，关系非同一般。

在上述基础上，冯其庸先生又于1977年7月写出了《红楼梦》抄本研究的专著《论庚辰本》。在本书里，冯其庸先生继续充分论证了己卯本的重要性，同时又进一步论证了"庚辰本"与"己卯本"的血缘关系，指出了现存"己卯本"残缺了将近三十八回，但它的原貌，仍保存在"庚辰本"里。因此，他论证现存的《红楼梦》抄本"庚辰本"，是《红楼梦》抄本中早期最接近完整的一个本子，是《红楼梦》抄本中的瑰宝。在此书中，冯其庸先生还驳正了有人对"庚辰本"的错误论点，如说"庚辰本"是四个本子拼抄的，"庚辰秋月定本"等题记是书商伪加的等等。这些错误论断，大大贬低了"庚辰本"的无可估量的价值，掩盖了"庚辰本"的光芒。冯其庸先生的《论庚辰本》脱稿后，就在香港《大公报》连载数月，同时又由上海文艺出版社出版，从此就确立了《红楼梦》抄本中"庚辰本"的特殊珍贵的地位。

此书出版后，连同他的《曹雪芹家世新考》，一并受到了国际学术界的重视，1980年美国举行国际《红楼梦》学术研讨会的时候，特来信邀请冯其庸先生参加。

在《红楼梦》的抄本研究上，冯其庸先生还写过"甲戌本"的专题论文，他第一次提出了"甲戌本"上不避"玄"字讳的问题，并提出了"甲戌本""凡例"存在的问题。山西发现的"甲辰本"，也是《红楼梦》抄本中具有特殊重要意义的本子，对此，冯其庸先生也作了专门的研究，写成了《论梦叙本》的长篇论文，作为此本影印的序言。列宁格勒藏本《石头记》，冯其庸先生也对它做了认真的研究，写成了《列宁格勒藏钞本石头记印象》，指出此本的底本确系脂本，其抄定年代后于庚辰本，当在嘉庆初年，此本确曾经过重装，此本上残留之两排装订孔及天头切掉半个眉批字，即是重装的证据。冯先生后来又为此本的影印写了序言。

在关于作家曹雪芹和《红楼梦》的思想性质的研究上，冯其庸先生发表了《千古文章未尽才》、《曹雪芹与〈红楼梦〉》等重要论文。他指出曹雪芹是中国历史上的一位杰出的天才作家，他说："曹雪芹是在吸收了传统先进思想和传统文化的精华的基础上，才自我造就成为天才式的人物的。实际上曹雪芹的天才，是在个人的勤奋学习和社会给予他的重重苦难中磨炼出来的。""完整地说来，是时代、家庭和个人三方面的条件的统一，才促使这样一位天才的成长。"在论证曹雪芹和他的《红楼梦》的思想性质时，冯其庸先生深刻地指出："贾宝玉和林黛玉，他们的叛逆思想和叛逆行为，充分体现了那个时代思想界的先进思想和斗争精神。可以说，他们是一对洋溢着18世纪中期的时代精神的典型。他们在意识形态领域里，起到了启蒙的作用。""贾宝玉和林黛玉这两个艺术典型确是具有新人的显著特征的。"冯其庸先生指出，曹雪芹的思想，是当时初期的激进的民主主义思想，他的思想，"是一种与封建主义对立的新的思想体系，是洋溢着先进的时代精神的。"曹雪芹属于当时的先进思想家的行列，他的思想具有资本主义经济萌芽的性质。他在《红楼梦》里通过贾宝玉、林黛玉等人所表达的，就是一种强烈的反传统的初期民主主义思想，所以《红楼梦》里所表现的要求自由、民主、平等的完全属于近代范畴的思想，从历史的角度看，至今仍然有它的生命力。冯其庸先生说："《红楼梦》这部书不仅是对两千年来的封建制度和封建社会（包括它的意识形态）的一个总批判，而且它还闪耀着新时代的一线曙光。它既是一曲行将没落的封建社会的挽歌，也是一首必将到来的新时代的晨曲。"（以上引文均见《千古文章未尽才》，《红楼梦学刊》1983年第4期）

在《红楼梦》的校注工作和版本整理上，冯其庸先生同样作出了重大贡献。

1982年，冯其庸先生主持的《红楼梦》新校注本问世。此书由十多位专家协作、由冯其庸先生任主编，前后共经历了七年。

《红楼梦》过去通行的本子，是以程乙本为底本的本子，而程乙本对《红楼梦》的原本来说，实在是一个删改本，与曹雪芹的原著有一定的距离。冯其庸先生所主持的新校注本，是以《红楼梦》的乾隆抄本"庚辰本"为底本进行校勘并注释的。这是"红学"史上第一次以庚辰本为底本的校注排印本。从此广大读者就有了一部以曹雪芹的原著为底本并详加校注的《红楼梦》读本。

此书发行后受到学术界的很高评价，全国古籍整理组长李一氓先生曾撰文指出，这个本子可以作为《红楼梦》的定本，他认为这个本子在校注两方面都做得十分认真和得当，可作为古典作品整理校注成功的一例。据人民文学出版社统计，近十年来此本发行已达五百余万部，可见其影响之大。

在新校注本《红楼梦》完成后，冯其庸先生又主编了《脂砚斋重评石头记汇校》，此书用十二种乾隆抄本逐句对校，标出异文异字，十二种抄本的异同可以一目了然。此书对研究《红楼梦》抄本的异同、流变、相互关系等等，具有十分重大的学术价值。全书五大卷，约一千万字，是"红学"研究中卷帙最大的一部巨著。此书于1987年由文化艺术出版社出版。

稍后，冯其庸先生还领导红楼梦研究所协同所外专家编著《红楼梦大辞典》，前后经过了六年，在1990年由文化艺术出版社出版，全书共一百六十万字左右，堪称红学知识的总汇。此书出版后，红学界公认为《红楼梦》辞典中最为翔实完备的一部，是对阅读《红楼梦》大有裨益的一部工具书。

为了总结清代评点派"红学"的成果，冯其庸先生又纂辑了《八家评批红楼梦》一书。全书收集清代最著名的红学评点派八家，将他们的评红文字，分回前评、眉评、行间评、正文下双行小字评、回后评等等多种形式，一一依正文汇录并加校订。此书可以说是集清代评点派红学的大成。此书前后进行了五年，全书三百五十万字，由冯其庸先生亲自校对了三遍，并写下了专文《校红漫记》，生动地记述了校"红"的甘苦和遇到的问题。此书已由文化艺术出版社出版。

以上四种书：新校注本和大辞典，是广大读者阅读《红楼梦》的最必需的基本读物；八家评批本，则是掌握有清一代的《红楼梦》研究的总成果，进一步研究、评论《红楼梦》的又一部不可缺少的读本；汇校本，则是进一步研究《红楼梦》的抄本和刻本，研究《红楼梦》的思想和艺术的一部不可缺少的重要巨著。很显然，随着时间的推移，这四种红学巨著，必将对今后的红学界和学术界起到重大的作用。

更有意义的一件学术工作是，冯其庸先生还主编了大型学术专刊《红楼梦学刊》，从1979年创刊至今历经十二个年头，一年四辑，从未间断，至今已出到四十九辑。作为主要开创者和实际主编人，为此付出的心血和精力，是可以想见的。《学刊》在培养队伍、团结作者、繁荣学术诸方面，起到了纽带和倡导的作用，在海内外产生了广泛的影响。

此外，冯其庸先生还出版了《曹雪芹家世·红楼梦文物图录》（1982年香港三联书店出版）、《梦边集》（1982 年陕西人民出版社出版）、《蒋鹿潭年谱·水云楼诗词辑校》（1986 年齐鲁书社出版）、《朱彝瞻年谱》（与尹光华合作，1986 年上海书画出版社出版）、《吴梅村年谱》（与叶君远合作，1990 年江苏古籍出版社出版）、《秋风集》（文化艺术出版社 1991 年 1 月出版）和《漱石集》等著作。截至目前，冯其庸先生已出版的著作（包括由他主编的几种）共有十六种之多。

可以这样认为，冯先生作为一个学者，不仅以他严谨求实的学风和勇于探求的精神取得了一系列的成果，写就了他个人的学术专著；更可贵的还在于他具有一个学术带头人的气魄和识见，倡导和组织了上举那些卷帙浩繁的学术基础工程，为红学的学科建设和队伍培养竭尽心力，倡导和协同红学界的前辈和同辈，组织了国内外一系列重要的红学活动。从而无愧于他作为中国红楼梦学会会长和红学所所长的职责。

近二十年来，冯先生还致力于原始文化和历史地理的研究，曾多次深入甘肃、新疆的戈壁沙漠，作实地的调查考察。特别是去年 9 月末到今年 1 月初，三个多月的时间，冯其庸先生一直在陕西黄土高原及甘、新西部地区的沙漠中，历尽风雪严寒，深入到祖国的最西部，作艰苦的调查考察，为他即将动手的另一部新著《中国西部旅行记》做切实的准备工作。

冯其庸先生的全部学术活动、学术著作的最大特点是坚持调查研究、坚持亲知亲闻，他虽然将近七十岁了，仍克服重重困难，连续坐三个多月的汽车，经行三万华里，有时在大西北的黄土高原上，有时在戈壁沙漠中，有时一天只能吃一顿饭，有时连水都喝不上，在吐鲁番还遇到非甲非乙肝炎流行，但以上种种困难和危险，都没有改变他深入沙漠，进行实地调查的勇气和决心。特别是他于去年 12 月冒险深入大戈壁深处的玉门关和今年 1 月 8 日，为探寻甘、青边界上积石山中的丝绸古道和"导河积石"的黄河之源，冒着严寒，翻过十多重大山，进入了白雪皑皑、险峰重叠的积石山深处，拍摄了大量珍贵的西部照片，更表现出他探求真知的精神。冯其庸先生的这种精神，在当前的学术界，确实是难能可贵的。

冯其庸先生不仅是一位著名的学者，而且还是一位诗人。他写有不少西部的纪行诗和其他题材的旧体诗。例如 1990 年 11 月 15 日到武威北面的腾格里大沙漠中调查新发现的汉代古城时，他题诗云：

大漠孤城雁字横。红河东去杳无声。
汉家烽火两千载，我到沙场有余温。

1990 年 11 月 18 日，风雪中登嘉峪关城楼，他题诗云：

天下雄关大漠东。西行万里尽沙龙。
祁连山色连天白，居塞烽墩接地红。
满目山河增感慨，一身风雪识穷通。
登楼老去无穷意，一笑扬鞭夕照中。

1990 年 11 月 24 日调查古阳关遗址时，他题诗云：

柳枝折尽到阳关。始信人间离别难。
唱罢渭城西去曲，黄沙漠漠路漫漫。

冯其庸先生还是一位著名的书法家和画家，近年来，国内外出版的多种大型书画册，都刊有他的作品，不少重要的书画展览，都邀请他参加。他几乎每天都要收到各地相识和不相识的人来求字画的信。无论是冯其庸先生的书法或绘画，都具有他独特的个人风格，一种与众不同的潇洒清新的书卷气和洒脱不羁、豪放超迈的浪漫精神。有的人评论他的书画，说是真正的文人画。艺术大师刘海粟去年 5 月末到他的画室参观，称赞他的书法和绘画都是第一流的，说这是他的学问和修养自然造成的。第二天，海老还请冯其庸先生在他刚画好的八尺大幅红梅上题了诗，冯其庸先生题诗说：

百岁海翁不老身。红梅一树见精神。
丹心铁骨依然在，不信神州要陆沉。

等到这首诗在画上写完后，海老极为满意，说这幅画要自己珍藏了，不能送人了。可见海老推重之情。

冯其庸先生曾两次赴美讲学，在著名的哈佛、耶鲁、史坦福、柏克莱以及哥伦比亚等大学，都曾讲过学，并得到富布赖特基金会颁赠的荣誉学术证书。

1984 年 12 月，冯其庸先生接受国务院、文化部、外交部的派遣，与周汝昌、李侃两位专家，接受苏联的邀请，到列宁格勒鉴定列宁格勒藏本《石头记》，负责与苏方谈判达成两国联合出书的协议，现在此书已由中华书局出版。

1986 年 6 月，冯其庸先生还曾率团去新加坡访问，举行《红楼梦》文化艺术展并应邀去新加坡大学讲演。

冯其庸先生自 1985 年起，当选为第二任中国红楼梦学会会长，一直至今。他还被推举为中国戏曲学会副会长，中华炎黄文化研究会副会长，中国汉画学会会长。

此外，他还是一位摄影爱好者，几十年来，他创作有大量的摄影作品。

冯其庸先生治学的领域很宽，他为了研究中国传统文化，一直追溯到原始文化，并做了许多实地的考察研究。1964 年他在陕西终南山下与朋友一起发现了一个蕴藏十分丰富的原始文化遗址；"文革"中他曾抢救出了五件战国时期楚国的青铜器，其中三件是有长篇铭文的，三件中有一件是有长篇铭文的大型通鉴，具有很高的学术价值，后来由考古学家们定名为"郳陵君鉴"。冯其庸先生将这批珍贵的青铜器，无偿地捐赠给了南京博物院。冯其庸先生非常重视和喜欢考古，他曾多次讲到，今天研究中国的传统文化而不去了解考古上的新发现，他的知识就要落后，他还提倡研究汉画，他说汉画像石画、像砖、帛画、墓室壁画等等，都是敦煌石窟以前的东西，它上接先秦，下接敦煌石窟的宝藏；而且汉画是中华民族文化受印度佛教文化影响之前的一种文化，是中华民族文化的原始面貌，与秦汉的古籍对照研究，一定会有新的重大成果。

冯其庸先生视野宽广，知识丰富，但他从不自满，非常谦虚。他常说，中国的学问无穷无尽，有如大海，有如高山，个人的学识再渊博，比起客观世界来说，最多只能算是沧海一粟。因此任何时候，都没有理由自满。

他待人热情真诚，而且总是向人说实话、真话，不肯敷衍。他深恶说假话、谄谀的人，他有时敢于面斥。他常常告诫年轻人，做学问是一辈子的事，不是一朝一夕可以成功的，要肯下功夫，肯吃苦，要自甘寂寞和淡泊，要珍惜时间和善于利用时间。他至今仍然每天读书作文到深夜一二点钟，甚至更晚。往往睡到床上，又想起了新的问题或有了诗句，就连忙起来把它写下来，以免断了思路。他的好几首长诗，都是在火车上写成的。

他常说：学术的道路永无止境，一个真正的求知者是不应该有满足的时候的。

——发表于 1991 年《红楼梦学刊》第 3 辑

不有艰难，何来圣僧？

——读冯其庸老师《落叶集》

[周维敩]

《落叶集》是中国社会科学出版社新近出版的冯其庸教授的一本学术性散文集。集中所收主要是冯老为一些图书和画展所作序跋，怀念和追忆学术界、艺术界一些前辈和好友的文章，以及部分专论和读书随笔等。冯老说，因为这些文章散见各处，"有如落叶"，现在"把它扫到一块儿来了"，所以取名《落叶集》。

冯老是当代著名学者，以研究《红楼梦》驰名中外，同时在文学艺术研究的广泛领域卓有成就，著述甚丰。《落叶集》虽为散文零篇，但也是厚实的学术著作，内容涉及文化艺术的众多门类，展现了中华文化艺术百花园的万紫千红，显示了冯老对中华文化艺术的广博知识、无比热爱和创造性的探求研究。

20 世纪 50 年代，我就读于中国人民大学新闻系时，曾有幸受教于冯其庸老师。他讲授的中国古典文学课特别受同学们喜爱。不仅因为他课讲得好，把同学们饶有兴趣地引入了中国古典文学繁花似锦的园地，而且在课堂上和课堂外，他还善于教同学以做人、敬业、治学之道。

记得 1958 年初，冯老师带领我们一些同学去参观在北京展览馆举办的齐白石遗作展览。他不仅指点同学们欣赏老画家出神入化的绘画艺术，而且向我们讲述白石老人"业精于勤"的故事，印象最深的是他引白石老人诗句赠同学：

食叶蚕肥丝自足，

采花蜂苦蜜方甜。

这种"蚕食叶"、"蜂采花"的精神，实际上也是冯老自己的治学精神。今日拜读《落叶集》，几乎处处可见冯老这种精神。

做学问也用得着玄奘精神

冯老自幼酷爱读书。抗战时期失学，一边在家种地，一边读了不少书。抗战胜利后，就读于"无锡国专"，特别喜欢攻读文、史、地和哲学。走上工作岗位后，继续勤读不辍。冯老广博的知识正是从长期勤奋苦读中积累起来的。

冯老善于从中华文化的优良传统中吸取读书、做学问、求真理的精神力量。他青年时读《大慈恩寺三藏法师传》，就深深为玄奘追求佛典精义而历尽艰辛，万死不辞的勇气和伟大意志力所震撼。他从中得到一条启示："不有艰难，何来圣僧？"他认为，读书就是追求真理，这与玄奘追求佛典精义，在道理上是相通的。"为学若能终生如此，则去道不远矣。"中年以后，冯老曾追寻玄奘足迹，作玄奘取经之路的实地调查。他曾到达海拔4900米的新疆红其拉甫，面对冰川雪山，遥想当年玄奘徒步经过此地时的艰难情景，油然而生对先贤的崇敬之情。他说："任何事业，都要全身心地去做，做学问也完全用得着玄奘精神。"

在《关于中国文化史的几点随想》一文中，冯老说：一个做学问的人，应该一辈子是一个勤奋的人，不自我满足的人，应该感到自己的旅程，总是在起步而不是终点。屈原说："路漫漫其修远兮，吾将上下而求索。"杜甫说："大哉乾坤内，吾道长悠悠！"这两句话，对于做学问来说，是永远适用的。在学术道路上，我们应该永远是长征者。

在《关于舞蹈文化》一文中，冯老还说：皇天不负苦心人，学术的成就和他所投入的精力，往往是成正比例的。做学问决不同于做买卖，做买卖有人可以一朝发迹，而做学问决不会有人一朝发迹，决不会一夜之间成为一个大学问家，成为一个专家。学术成就只能从百折不回的艰苦奋斗中得来。

古人称读书为"攻书"，苏东坡就提出"八面受敌法"，也就是全方位去"攻书"。冯老很赞赏这种读书精神和方法。他读书就喜欢"旁搜远绍"，广搜文献，寻根究底，多角度研读，横看成岭，侧看成峰，把握庐山真面目。冯老认为，读书，既要懂得分类来读，又要懂得连类来读。分类是读专史、专书，是竖读，贯通其经；连类是读通史、综合史，是横读，贯通其纬。他还说：凡书都有其独到之处，也有其不到之处，吾取其独到之处，则知有所得，知其不到处，则明以谋补也。

冯老正是以这种勤奋刻苦的精神和科学的方法读书求知，在学术研究的道路上取得一个又一个可喜成就。然而，正如冯老要求别人的那样："在我们的词典里，永远不应该有'疲劳'和'满足'这两个词。"他仍然认为自己书读得不精，研究得更不深。他说："我现在早已过了古稀之年，但现在方觉得最好能让我重新当学生，从头学起，该有多好啊！中国的历史文化、艺术太丰富了，一个人一辈子学习是远远不够的，最好是两辈子学习，但哪能有两辈子呢？抓紧这一辈子是最实际的。"

读天地间最大一部大书

冯老将自己遵循的学术道路概括为"读书、实证、游历"六个字。具体说，一是重视文献。凡与论题有关的文献必尽力搜求到，并认真细读、比勘、深思。二是将文献资料与出土文物等实物对证。这可以补史传之缺载，可以纠正文献资料的误记、抄误、妄改等错误。三是实地考察。冯老认为"游山玩水"也是治学之道。他曾游历全国许许多多名山大川和历史文化遗迹。他认为，这是治学的非常重要的一环。亲眼看过，与书本上得到的是不一样的，首先是感受不一样，亲历其境，可以触发你的灵感，引起你新的思考。

冯老从中年以后就特别重视实地考察。他认为，除了应该读书架上的书外，还必须读保存在地面上、地底下的各种历史遗迹和文物这部书。从某种意义上说，这地底下和地面上的书，可能更为真实和更为丰富。他把这称之为："读天地间最大一部大书。"

冯老读这部"大书"，最突出的是五访新疆。自 1986 年以来，大约在从花甲至古稀之年的十年间，连续去新疆作丝绸之路的调查、玄奘取经之路的调查和石窟艺术的调查，一共去了五次，每次时间长达两三个月不等。

他走过了当年玄奘"西天取经"在中国境内的几乎全部路程，曾顶烈日行进在达坂到库车间的如"火胡同"般的旱沟中，曾冒严寒翻天山、越戈壁沙漠。行程自然是很艰苦的，但冯老却"心中别有欢喜事"，一切的"苦"反成为乐。

冯老还曾实地调查过《史记·项羽本纪》里所记载的发生过重要史事的地点：去过新丰鸿门、白鹿原，去过刘邦被封汉王的汉王台，去过鸿沟划界的鸿沟，去过垓下之围的垓下，去过东城决战的东城，最后还去了乌江。东城和乌江之行，他确证了《史记》所载项羽"身死东城"之说，并查出所谓"乌江自刎"是元剧《萧何月下追韩信》里编造出来的情节。冯老说：写到书上的固然是历史，那么古代人民用鲜血、生命和汗水写在祖国大地上的这些遗迹，难道不更是历史吗？难道不应该读一读吗？

这种"读书、实证、游历"的研究途径和方法，是一种扎扎实实的科学的治学之道。冯老循着这个途径解开了不少文学史研究的疑案。例如，曾有人认为《离骚》不是屈原所作，而是淮南王刘安所作，甚至据此否认屈原其人。安徽阜阳汝阴侯墓里出土了大批竹简，其中两片残存着《离骚》和《九章》的诗句。这证明此墓入藏时屈原作品早已流传。此墓葬于汉文帝十五年，其时刘安才 14 岁，如此小青年如何能作《离骚》，更何况墓中的楚辞竹简不可能是入葬当时所写，很可能是汝阴侯平时所读之书的随葬，这样成简的时间就更早，甚至可能早在刘安出生之前。冯老对此进行了考察和实证，认为刘安作《离骚》之说是经不起出土的两片竹简一击的。

在冯老约二十部专著中，不少都是用这种科学然而艰辛的研究方法完成的。特别是 1980 年出版的《曹雪芹家世新考》（1992 年增订），1983 年出版的《曹雪芹家世·红楼梦文物图录》，以及后来出版的《瀚海劫尘》等，都是冯老以严肃求实而勇于创新的治学精神，倾注心血、不辞辛劳、认真读书、实地调查而取得的重要学术成果。《曹雪芹家世·红楼梦文物图录》，收集了一千多幅有关曹雪芹和《红楼梦》的文物图片，经过系统编排考订，论证了曹雪芹的家世和《红楼梦》的流布，是冯老花了近二十年精力才完成的。

冯老多才多艺，诗、文、书、画皆精。这些都无不得益于他既重广博深入读书，又重实际观察、感受、体验的治学之道。例如书法、绘画，他主张既要学习传统，学习与书画紧密有关的古典文学，又要学习真山真水。

1993 年，冯老曾应当年已九十八岁高龄的刘海粟大师之邀，与之合作作画。冯老应命先笔。他想起前不久在新疆和田游历所见到的一棵已有二百五十年寿命，依然生机勃勃的葡萄王，就以此为心中的范本，挥毫作画。然后，海老又添枝加叶，"小心收拾"，终成一幅神采奕奕、十分动人的佳作。海老在画上题句云："泼墨葡萄笔法奇，秋风棚架有生机。" 1987 年初，我到北京，曾到冯老"瓜饭楼"拜望，老师十分高兴，当即挥毫作条幅，书李白"黄河之水天上来，奔流到海不复回"句相赠。那雄健流畅的笔法，宛如奔流的黄河。冯老的书法也从大自然获取了神韵。

我生到此应知福

冯老对中华文化艺术的眷恋，以及苦心追求、探寻和研究，源于他对祖国悠久文明历史的热爱和自豪。这种探求越广泛越深入，他的爱国之情就越浓烈。

1987 年，冯老看到从河南裴李岗出土的一支骨笛。此笛长约七寸，两头穿孔，面上有很圆整的六个大孔和一个小孔，可以吹出不同的声音。据碳——14 测定，这支骨笛已有约八千年历史了。对这一发现，冯老十分兴奋。他说：从新石器时代算起，我国的文化历史传统究竟有多少年呢？我们再也不能习惯于过去说的三千年文化或五千年文化了，而应该说已经有八千年文明史。

《落叶集》收集较多的是关于绘画书法、小说戏曲的文章。冯老认为这些都是中华民族传统文化的重要组成部分。对于中国戏曲，他十分钟爱，认为是中国传统文化最全面、最精美、最形象的体现，说我国不仅是个"诗国"，而且还是一个"戏国"，我们是戏曲遗产的百万富翁、亿万富翁。他痛斥"戏曲灭亡"的悲观论调，坚信中国戏曲只会发扬光大，只会更新和发展而不可能灭亡。它是与我们伟大民族共存的。

冯老是从中华民族兴衰存亡的高度来认识中华传统文化的价值的。他说：应该认识到日本帝国主义之所以没有能把中国灭亡，首先是我们有伟大的民族文化在，有伟大的民族精神在。我们的全民抗战也是在这一民族文化和民族精神的背景下进行的，没有伟大的民族文化和民族精神，也就失去了民族的凝聚力量，也就不可能用人民的意志和精神力量来筑起民族的钢铁长城。

冯老热爱祖国锦绣山川。他曾五上黄山，两上华山，三上庐山，三上泰山，其他衡山、恒山、嵩山、雁荡、太行、太白、秦岭、天山、终南、青城、富春等等，都曾畅游，深感祖国的可爱和伟大。他说：游历扩大了我的视野，开拓了我的胸襟，使我真正俯仰古今，感宇宙之无穷、先贤之可敬。

在新疆库车，冯老尽情饱览古龟兹国风光，探寻玄奘西行足迹，欣赏古伎乐和石窟艺术。那雄伟而奇特的山水尤其使他激动：

> 看尽龟兹十万峰。
> 始知五岳也平庸。
> 他年欲作徐霞客，
> 走遍天西再向东。

在四川西北，蓝天白云、雪山冰峰、茫茫林海间的黄龙寺风景区，以特有的五彩缤纷、变化万端、层层叠叠的彩池，被称为"人间瑶池"。1991年，冯老走岷山，越高峰，看到了这一奇景。他说，这次游历"是生平游历之冠"，喜而做诗云：

> 人到黄龙已是仙。
> 劝君饱喝黄龙泉。
> 我生到此应知福，
> 李杜苏黄让我先。

冯其庸教授数十年艰辛攀登中华文化艺术之高山，遨游中华文化艺术之海洋，越到山之高处，海之阔处，他越为中华文明的博大、深厚、悠久而激动和自豪。他以此为"福"。

——发表于 1998 年 1 月《湖北文传》

冯其庸：人民学术为人民

[唐景莉　钱晓鸣]

千百年前唐僧取经走的是新疆哪条路？《三国演义》的作者罗贯中究竟生活在什么年代？项羽并不是在乌江自杀的？曹雪芹有着怎样的上代与今生？刘备与曹操青梅煮酒论英雄时那雷声何时响起？

当代著名学人冯其庸先生，不仅在精深的学术上为祖国数千年的优秀文化传统拓宽疆域，再造辉煌，还通过对一系列家喻户晓的文化常识进行探究和阐释，为普通民众带来书香扑面的清新享受。

冯其庸身上散发着一种内在的和谐：他的学术以西域学为代表，十进新疆，深入大漠，登临帕米尔高原，充满阳刚之气；而他的《红楼梦》研究则是取精用弘，深入人物内心，极具阴柔之美。他的学术研究，条分缕析，逻辑严谨，证据环环相扣，彰显了科学理性的力量；他的诗画，却是热情奔放，意境高远，洋溢出动人的艺术魅力。

冯其庸先生又于教育有着一生的情缘。在其学术人生中，他既受惠于教育，又奉献于教育。"只要一息尚存，我就会在学术道路上继续前进，尽可能多地做一些事，以回报祖国，回报人民。"这就是一代学人冯其庸所作的"人民学术为人民"的宣言。

冯其庸先生是一位令人景仰的大学者，走近他，体会他，感受他，倾听他，你会发觉，他更是一个有故事的人。

"瓜饭楼博物馆"里藏着童年记忆

1994 年，七十四岁的冯其庸先生离休以后即久居京东郊区，他的书斋名为"瓜饭楼"。启功先生曾到冯其庸家做客，十分欣赏他的藏书和收集的古代文物，不无羡慕地对冯其庸说："您这栋小楼应该叫'瓜饭楼博物馆'。"

那是一栋二层小楼，原有六个书房，分别收藏戏剧和明清小说（兼作客厅）、各种古董和艺术珍品（兼作画室）、文学作品、线装书和书画作品、西部和敦煌的文献、历史类和红学类书籍。去年又新加盖了一个专门的两层书房，专门存放佛经和其他图书。

冯其庸说："'瓜饭楼'这个命名，是为了纪念我年少时的一段苦难经历。那时最难过的是早秋青黄不接的日子，一大半时间是靠南瓜来养活的。但我家自种的南瓜也常常不够吃，多亏了好邻居邓季方每每采了他家的南瓜送来，才帮助我们勉强度过。我的书斋起名'瓜饭楼'，我常常画南瓜，都是因为那段日子让我刻骨铭心。"

然而，贫困中的冯其庸在躬耕的同时也种下了读书的种子。他说："我很小就下地干农活了。就是上学期间，也是一边种地一边读书。"在读了近八十年书后的今天，冯其庸说："我的生活就是读书。读书是自我造就、自我成才的唯一道路。"当年，他把仅能借到的《三国演义》颠来倒去地读，读到可以背下来很多回目，甚至至今还能背得出一些。《三国演义》、《水浒》、《古诗源》、《西厢记》等书，培养了他读书的兴趣。

从名师身上感悟理想的教育

面对当下流行为学者封"大师"、戴高帽的做法，冯其庸哈哈一笑："现在有些人称我国学大师，和我的老师、同辈相比，我是不敢称国学大师的。要是将'大师'理解为'大学老师'，我倒很符合。"

教育和学术是冯其庸人生的两大主题，对于师者身份，冯其庸一直极为重视，从没有停止过探索育人方法的脚步。其实，早在青年时期，冯其庸就在一代名师身上早早地体验和感悟到极富理想的教育教学了。

冯其庸说："无锡国专的一个特点就是名师多，许多大师级的学者给我们讲课，都有各自的风采。像给我们讲《史记》和杜甫的朱东润先生，他有个习惯，上课先朗诵，声调不高，可是情味很足，讲杜诗时，吟诵的声调每一首都不一样，完全根据诗歌的内容变换节奏，一下子把人带进情境中去了。我直到现在还能想起朱先生当时朗诵的样子。冯振心先生开的课是'说文'，用《段氏说文》作教材，逐字讲解，我特别感兴趣。这让我以后形成了一种观念，我认为一篇文章，从单个的字到词，到句，到段，到篇，一层一层都要搞明白，有一个环节弄不清楚，文章就会理解不准确。学校还经常请名家作讲座，开阔学生眼界。我听过钱宾四（钱穆）先生的演讲，哎呀，太吸引人了。他讲做学问要从大处着眼，用他的话说叫'我见其大'，不要一开始做学问就钻牛角尖。这对我影响很大，我以后治学就力图照着去做。在无锡国专，学的具体知识未必很多，你想，王蘧常先生一个学期没讲完一篇《逍遥游》，但他旁征博引，联想比较，给人无穷启迪。我被那些了不起的学者的治学精神所感染，领悟到了他们的治学方法，感到做学问乐趣无边。总之，无锡国专培养了我对做学问的浓厚兴趣，确定了我一生的奋斗方向，使我的眼界和胸襟都大大开阔，这些是我最重要的收获。"

冯其庸持续一生的学术创新正是源于名家们成功的教育教学。冯其庸说："刚到中国人民大学时，课很重，运动也多，白天开会，只能晚上备课、看书。我总要把白天耽误的时间找回来，自己规定每天读多少页，几乎总是工作到夜里两三点才敢睡觉，持续了十多年。当时最重的课是'中国文学史和作品选'，一周五次。每一篇作品，我一定理解透了才去讲，讲出心得，讲出精彩。《历代文选》就是在这门课的基础上编成的。编这本教材当时一无依傍，从选目到体例都是我定的，教研室的老师分头去注释，我来统稿，然后油印成讲义发给学生。讲义用了好多年，不知怎么后来这本油印教材传到了青年出版社，周振甫先生在那里当编辑，看了说好，又切合社会需要，于是决定出版。我写了一篇长序，叙述中国散文发展脉络，加在前面。毛泽东主席看到这本书，很欣赏，在一次中央会议上号召高级干部都来读读。为了讲好课，我还编了一部文学史讲义，从先秦写到明清，六七十万字，下了很大功夫，可惜在'文革'中丢失了。"八十岁以后，即便在病中，即便在深夜一两点钟，冯其庸只要想到什么学术上的问题，也会披衣下床查书、查资料，有时竟干到"东方之既白"。

读天地间最大一部书

人们说冯其庸有"西域情结"，冯其庸坦言："确实是这样。我从少年时读李颀、岑参等描写西域风光的诗，大为惊异，不由心向往之。几年后又读到《大慈恩寺三藏法师传》，为这位圣僧以万死不辞的勇气赴西天取经的精神所震撼和感动，所以一提到西域，更是怦然心动。"

而提到"西域情结"，不得不提的是冯其庸深入实地考察的大气魄。冯其庸做学问讲究"三到"：历史文献典籍到、地下考古发掘文物到、地理实地考察到。"地理实地考察到"很受瞩目，中国传统学术就有"读万卷书，行万里路"的古训，冯其庸更是认为："实地调查和读书一样重要。一有机会我就到全国各地游历，我自称这是读天地间最大的一部大书。"

在众多的实地考察中，冯其庸最为得意的是十进新疆，深入大漠，终于考查清楚了当年唐玄奘从西天取经东归的路径，还在唐僧进入中国边境处立了碑。谈起八旬老人艰辛的高原沙漠之旅，冯其庸道："对我来说，乐大于苦。有些苦，我根本没在意。登上海拔四千多米的帕米尔高原，同行的年轻人有的出现剧烈的高原反应，眼花气喘，有些撑不住，我则基本如常，所以我戏称自己是'高山族'。尤其我的游历是和学术调查联系在一起的，每有收获，那种喜悦，不可名状，足以抵消一切付出！"

"为什么我去新疆十次？因为有些学术调查不可能一次完成。玄奘取经东归路线一直弄不准确，没有可靠依据，只能一段一段查，这次走错了，下次再来。1998 年，登上明铁盖山口，亲自目验了'瓦罕古道'路标，搞清楚了公主堡的位置，听到当地流传的一千头羊的故事，按照《大唐西域记》的相关记载，才终于考定了玄奘东归入境的古道。我写了文章，赵朴老知道了，索去在佛学会刊《法音》上发表。去年（按：2005 年）还在玄奘东归入境处立了碑。存疑了一千多年的问题一旦豁然朗然，内心充满快乐和幸福感，那真是像《庄子·至乐》所说的'虽南面王乐，不能过也'。"

坚守实事求是的治学态度

巴金说："冰心是'五四'文学运动的最后一位元老，我却只是这运动的产儿。"当人们享受每一个历史转折所带来的美好生活时，就更加感念呼唤这些先驱们。

回想起三十年前那场"真理标准大讨论"，冯其庸就曾是那先驱行列中的一位。正是那场讨论明确了使我们今天繁荣、和谐发展的科学论断。1978年5月11日，《光明日报》头版发表特约评论员文章《实践是检验真理的唯一标准》，这是那个历史转折的标志。"五四"为中国共产党的成立作了思想上的准备，"真理标准大讨论"则为改革开放作了思想理论上的准备。

在1978年4月上海文艺出版社出版的冯其庸《红楼梦》研究学术专著《论庚辰本》中，冯其庸在该书第91页上总结性地写道："实践是检验真理的唯一标准，除此之外，不能有第二个标准。"文后的附记中，冯其庸注明："1977年5月20日开始动笔，7月23日凌晨在庆祝党的十届三中全会胜利召开的狂欢声中写毕。"这是一个真正的学者独立写下的中国当代思想史。

冯其庸在改革开放之初就率先独立地提出"只有实践才是检验真理的唯一标准"这一观点，既与他大无畏的政治勇气有关，更与他多年来坚持实事求是、追求真理、严谨治学的态度有关。

冯其庸提倡的治学"三到"精神在实践中实现了统一。作为著名的红学家，他说："在《红楼梦》研究中，每遇到问题，不管能不能查到，我都要实地去调查。一个是作地面调查，即历史遗存、实物调查；另外一个是书本文献的核查。"坚持文献研究与地面调查、地下发掘相结合的学术道路，是冯其庸几十年来一直坚持的学术原则。他以《红楼梦》文本研究为例说："研究《红楼梦》，不研究原始抄本，是很难有深刻认识的。我后来花了十几年的时间，把十三种红楼梦抄本一句一句对照着排列出来，共三十卷，国家图书馆出版社出的。我用排列的校法，同一句子这个本子这样，那个本子那样，怎么慢慢变化的，逐一排列。所以你要看十三种早期抄本字句的变化，就一清二楚了。"

用"三到"的方法，冯其庸匡正了古今许多常识性的谬误。如项羽历史传说一直都是"自刎于乌江"，也有人提出过不同观点，但论据不足，难以服人。冯其庸在二十多年里多次前往实地考察，结合历史文献终于搞清了项羽死于东城的历史事实，并对历史谬误产生的原因作出了确实的论证。

"做学问一定要看到宇宙之大之久，认识到自己的渺小。正像杜甫诗所说的:'大哉乾坤内,吾道长悠悠。'我虽然已经虚龄八十四,身体多病,做不了太多了,但是只要一息尚存,我就会在学术道路上继续前行,尽可能多地做一些事,以回报祖国,回报人民。"这就是一代学人冯其庸在八十四岁高龄时所作的"人民学术为人民"的宣言。他很赞成中国人民大学校长纪宝成的警语:"立学为民,治学报国",并亲笔书赠引为同道。

端正路子夯实基础集红学之大成

冯其庸最负盛名的学术成果是《红楼梦》研究。在近四十个年头的研究中,冯其庸著有《解梦集》、《梦边集》、《漱石集》、《论庚辰本》、《曹雪芹家世新考》、《瓜饭楼重校评批红楼梦》等红学专著三十余种。他对《红楼梦》研究的独特贡献是:路子正,基础实,集大成。

冯其庸的研究是建立在对《红楼梦》文本的校勘和发掘整理基础上的,他坚持首先搞清楚《红楼梦》小说的本来面目,《瓜饭楼重校评批红楼梦》是他近年来对《红楼梦》文本研究的全面总结。2009 年初,他出版的《脂砚斋重评石头记汇校汇评》,更是把目前发现的多达十三种版本脂砚斋评本全面地汇集在一起。这一基础性工作,使学术界有了一个红学研究的资料宝库。

在《红楼梦》研究中,文本和作者的身世研究是基础。《红楼梦》传抄文本繁多复杂,作者本身的材料极少,而有关作者家世的材料又极丰富,而且不少新的重要资料,都是冯其庸亲自发掘出来的。冯其庸科学严谨的研究为这两项工作作出了集大成的贡献。冯其庸强调:"作品研究,离不开'知人论世',《红楼梦》是以曹雪芹家族的兴衰为背景展开描写的,当然就更需要弄清作者家世,否则,其他方面的研究很难深入下去。"但《红楼梦》作者的生平资料一直不多,冯其庸通过它独特的"三到"研究,确认了《五庆堂重修辽东曹氏宗谱》的真实可靠,加上他亲自发现的两篇《曹玺传》、辽阳三碑等重要资料,基本理清了曹雪芹的家谱身世。

冯其庸对《红楼梦》的研究不是东鳞西爪的,而是完整的、系统的,无论是他对曹氏家族的谱系研究,还是他对《红楼梦》小说版本和脂砚斋评本的研究,以及他对《红楼梦》时代背景、艺术思想的研究,都十分完整,为后人的研究提供了一个科学系统的高起点。

对于冯其庸这位"红学"大家,冯其庸的学生、人大国学院副院长叶君远如此评价:"冯老参与创建了红楼梦研究所和红学会,参与创办了《红楼梦学刊》并且坚持发行了一百多期,在凝聚红学研究队伍、推动红学研究的深入和普及上发挥了很大作用。"

志立天地心系民生的赤子情怀

宋代著名哲学家张载曾有四句话遗世:"为天地立心,为生民立命,为往圣继绝学,为万世开太平。"这正是中国优秀知识分子理想的写照。这种理想用冯其庸的话说即是:"昔宗子云:'名心一点,如佛家舍利,虽劫火猛烈,烧之犹不去也。'予岂敢'名心',唯'学心'一点而已。予少读玄奘法师传,遂仰之为师,虽万劫而不灭求学求真之心也。"这样的为学与为人理念,冯其庸一生坚持践行。

王国维在《人间词话》中说:"词人者,不失其赤子之心也。"这份赤子情怀,冯其庸永志不忘。

2005年9月,冯其庸和季羡林先生联名上书胡锦涛总书记和温家宝总理,提出"建立'西域历史语言研究所',从事中国西部文化历史语言民俗艺术方面的研究,其中特别是西域中古时期的多种语言,急需培养人才继承下去,以应国家将来不时之需"。冯其庸说:"我们的报告上去不到十天,当时我还在新疆考察途中,胡总书记和温总理就批示,并要求教育部和财政部大力支持。"

2008年,汶川大地震的消息传来,在病榻上的冯其庸时时关注着电视新闻,一连多日,强撑起老病之身,创作了数十幅书画作品捐赠中国红十字会。

冯其庸诗云:"老去种瓜只是痴,枝枝叶叶尽相思。瓜红叶老人何在?六十年前乞食时。"诗中那份悲悯情怀是系于大众的。

2009年岁末,八十七岁高龄的冯其庸先生应邀出任中国文字博物馆馆长。几乎同时,在冯其庸先生的家乡无锡,冯其庸学术馆也正式奠基兴建了。最近,这位著作等身的文化老人,正着手完成他那多达三十多卷的《冯其庸文集》,继续书写他的学术传奇……

——发表于《中国教育报》2010年1月8日

行走的学者
——记冯其庸先生

［任晓辉］

    冯其庸先生从 20 世纪 80 年代中期，就开始了对中国西部的考察，从 1986 年到 2005 年，他十去新疆，三上帕米尔高原，两次穿越塔克拉玛干沙漠，绕塔里木盆地走了一圈，沿罗布泊湖心横竖各走一遍。数年来，冯先生连续去西部都是为了一个目的：调查并用镜头记录玄奘取经之路。

    1986 年 9 月，冯先生应新疆大学之邀前往讲学，首度入疆。学术活动之余，他到吉木萨尔，考察唐北庭都护府遗址，遥思当年岑参曾活动于此，心生感慨。又追随玄奘足迹到吐鲁番，参观交河、高昌古城和柏孜克里克千佛洞。再到焉耆。复经开都河（俗称流沙河）、库尔勒和轮台抵库车。这些西部名城都是一千三百年前玄奘西行的经行之地，尤其是库车，地理位置险要，文化遗存丰厚，沿途山势险峻，姿态万千，山水交相辉映，色焕五彩斑斓，观之胸襟开阔，不觉思接千载。先生曾以此一再入画赞之："平生看尽山千万，不及龟兹一片云。"在其《再题龟兹山水》中复叹之曰："看尽龟兹十万峰。始知五岳也平庸。他年欲作徐霞客，走遍天西再向东。"此诗为先生第一次新疆之行直抒胸臆的磅礴之作。

    1990 年秋天，为拍摄"中国古丝绸之路"电视片，先生同摄制组历时三月余，行程两万里，从西安到天水，到兰州，到武威，到张掖，到嘉峪关，出嘉峪关而敦煌，由敦煌登玉门关，亲睹雄关的"春风不度"，先生曾考证，这处汉代最西的边关并非玄奘西行出"关"的唐关，唐时，玉门关已内移，址在今安西双塔堡，双塔堡后筑水库，唐关遗址已沉入库底。再经星星峡抵哈密，从哈密到吐鲁番，冒严寒赴艾丁湖，顶风雪到阿斯塔那古墓，穿越沟通天山南北的自然通道——白杨沟（古称白水涧道），赴米泉考察唐轮台古城。一路踏着玄奘誓不东归的西行足迹，穿行于今古之间。此行山连雪岭，道阻且长。当风雪中登上嘉峪关城楼时，先生心潮激荡，赋诗纪胜："天下雄关大漠东。西行万里尽沙龙。祁连山色连天白，居塞烽墩匝地红。满目山河增感慨，一身风雪识穷通。登楼老去无限意，一笑扬鞭夕照中。"

1993年9月，先生四赴新疆，从乌鲁木齐乘车到伊宁，出伊宁沿景色绝佳的巩乃斯河，途宿天山上之巴音布鲁克，翻越冰达坂，过黄叶沟，入库车。在库车再度参观了克孜尔尕哈千佛洞、昭怙釐寺和库木吐拉千佛洞。又考察了塔里木河原始胡杨林，胡杨古木千姿百态，塔里木河平缓开阔，景色宜人，民风淳朴。后长途跋涉抵喀什，宿某军区，据云此即古疏勒政府所在地，亦即班超当年驻地。参观了三仙洞和香妃墓后，经叶城、墨玉到和田。再经洛浦、于田到民丰，进入塔克拉玛干沙漠，观尼雅河落日胜景。于中秋节经于田折返洛浦，参观千里葡萄长廊、枣园、核桃王、无花果王等，见葫芦斗大，夜画葫芦十余幅以记胜游。此时先生已逾古稀，曾于飞机上口占一绝："老来壮志未消磨。西望关山意气多。横绝流沙越大漠，昆仑直上竟如何。"以壮其志。

1995年1月，先生的西部摄影集《瀚海劫尘》出版，自题一诗："风雨平生七十年。关河万里沐云烟。天山绝顶扪星斗，大漠孤城识汉笺。已过昆仑惊白玉，将登葱岭叹冰天。天涯浪迹无穷意，更上冰川续后篇。"

1995年8月，先生第五次进新疆，再抵库车，到盐水沟，先生曾作《盐水沟群峰图》，题曰："此玄奘大师当年西天取经所经之古龟兹国盐水沟，此处山形奇特，如浪卷云奔，又如万仞刺天，千剑森列，予奇其山水，十余年间曾五至其地观之，仍不尽也。"过阿克苏，访乌什城。先生此番到达了别迭里山口，直上唐代的粟楼烽燧，此处两山夹峙，形势奇险。观此山口及烽火台，证之以《大唐西域记》，先生断定此为玄奘当年出境山口。

揭盘陀国旧址在今塔什库尔干，玄奘取经东归曾经停此地。冯先生等从别迭里山口下山后一路经乌帕尔，行万山丛中，入盖孜峡谷，清晰见公格尔峰和慕士塔格峰，白雪皑皑，高耸入云。过海拔4000米的苏巴什达坂，抵塔什库尔干石头城，此即唐代之揭盘陀。至叶尔羌河畔参观黑水营遗址，河对面即香妃故里。再去棋盘山参观棋盘千佛洞，此即《大唐西域记》中记录的朱俱波，昔年玄奘、法显均曾经过。至民丰，赴且末，沿塔克拉玛干沙漠南缘，寻访且末古城遗址，尚遗留少许残垣和陶片。赴若羌，过瓦石峡，进入沙漠寻访米兰古城，古城尚存佛塔和一些建筑残余。穿越塔克拉玛干大沙漠，宿轮台，至库尔勒，后赴巴轮台黄庙参观，返赴乌鲁木齐。汽车翻越天山，过海拔四千米老虎口，到一号冰川站，见冰峰罗列，形势奇险，时风狂雪大，寒冷至极，先生夜不能寐，起作诗，题为《过天山绝顶老虎口至冰川，风雪大作，云生双袖，感而有作》："弯环九折上苍穹。风雪如狂路不通。虎口遥看穷碧落，天门俯视尽迷蒙。身经雪岭知天冷，人到冰川见玉宫。最是云生双袖里，欲寻姑射问行踪。"

1997 年 9 月，先生为《吐鲁番市方志》作序，题为《玄奘西天取经的第二个起点》，序文说："我这次是第六次来新疆，第五次到吐鲁番，我感到新疆的学问做不完，吐鲁番的学问也做不完。丝绸之路的南、中、北三路我已重复了几遍，玄奘取经之路的甘肃、新疆部分，我也重复了几次，但总觉得认识不尽，特别感到吐鲁番地区是丝绸之路和玄奘取经之路的重要地段。……名僧玄奘西行时曾在此停留一个月，在高昌王麴文泰的大力帮助下，遂得以继续西行，成其正果。""玄奘西天取经的第二个起点"这个结论是先生近十年间反复勘察实地、研读原典得出的，如果没有一次次的实地调查，是不可能作出这种判断的。冯其庸先生的游走无不与史地考察相结合，这也是先生读万卷书、行万里路的最好笺释。

1997 年 8 月，先生七赴新疆。飞乌鲁木齐。抵伊宁。至喀什。至卡拉库里湖，南望慕士塔格峰，北望公格尔峰和公格尔九别峰。再抵塔什库尔干，直上海拔 4700 米的明铁盖达坂。据介绍，明铁盖之"明"字的意思是一千，明铁盖意为一千头羊。相传古代有前往波斯之商人，至此遇大雪，即将财宝隐入山洞，羊、骆驼和人员均冻饿而死。明铁盖附近的某边防站，地处喀喇其库河、红其拉甫河与塔什库尔干河的交汇处，塔河对岸即为玄奘记录到的公主堡，因河深流急，桥梁断绝，先生只能望河兴叹。从断桥处返回时，先生见路边指路牌，上写"瓦罕通道"，而玄奘当年正是从"瓦罕"地区由此达坂下来，循河谷而行东归朅盘陀的，此道即是东西交通的古道，至此玄奘东归古道得到落实，回京后写出《玄奘取经东归入境古道考实》。

1999年2月16日，作《玄奘入境古道图》，题曰："唐圣僧玄奘大师于贞观十七年癸卯自印度取经东归，越一年始入国境，时为公元644年。其入境山口即今帕米尔高原之明铁盖达坂山口。予于1998年8月25日中午抵此山口，高4700米，时距玄奘入境已一千三百五十四年矣。至此玄奘古道始重彰于世，予乃恭写此图，以纪盛事。己卯岁朝宽堂冯其庸写并记，时年七十又七。"

对玄奘东归入境山口的考实是先生西部之行的重要收获，文章发表后，史学界、佛教界为之震动。

2001年4月，中国艺术研究院、鲁迅美术学院等单位在中国美术馆联合主办"冯其庸发现、考实玄奘取经之路暨大西部摄影展"，展示先生七入新疆的摄影作品。一时名家荟萃，徐邦达、启功、杨仁恺、季羡林、王世襄、黄苗子、任继愈、许麟庐、蒋风白等悉数莅临。徐邦达为填《木兰花慢》以贺："正京华丽日，看群客，趱高堂。仰四壁弥铺，书姿畅臆，图写风光。豪狂。透从纸背，喜名标嗅得翰墨香。岂限陈（白阳）徐（青藤）纵逸，别裁自出心肠。西疆。万尺高空，能胆壮，竟徜徉。几外械（摄影机也）收来，黄沙古道，边塞残阳。双双并浏览处，见无穷乐土应开倡。偕子挥衣同快，毋思耄耋逾将。"先生亦自作《好事近》词："昆极忒嵯峨，举手攀明月。万叠冰峰如剑，鸟飞难逾越。惆怅千载一玄师，铮骨独奇绝。我到峰巅参拜，仰一怀冰雪。"越二载，先生完成重彩山水《紫岫青峦图》，作诗题其上："七上昆仑亦壮哉。万山重叠雪莲开。夕阳西下胭脂色，爽气东来白玉堆。肃立千峰韩师阵，奔腾万马奚官台。问君曾到西天否，紫岫青峦逐眼来。"

先生心仪西部，缘于心底由来已久的西域情结，早在抗战失学时，先生读高适、岑参等边塞诗，甚为惊异，心里一直存有一个别样的西域。其后，又读了《大慈恩寺三藏法师传》，被玄奘追求佛典万死不辞的精神所震撼，并将这种精神熔铸到他的治学研究中。在《瓜饭楼重校评批红楼梦》的后记里，先生对前后五年多的评批《红楼梦》，"真正感到比登峰还难。这个难，就是曹雪芹的思想高度和文字深度，……我要感谢玄奘法师的取经精神，是他的伟大壮举给我以无穷力量和信心，去克服种种困难。无论是我在西行途中遇到险阻，也无论是在批红中遇到种种疑义奥区，我都是用玄奘追求真经的意志和毅力去鞭策自己的。"

冯其庸先生第九次到新疆是在 2005 年 8 月，与中央电视台《玄奘之路》摄制组一起飞赴喀什，此行主要是到明铁盖达坂为玄奘东归立纪念碑。

从喀什出发甫入山口，即遇泥石流，车陷泥水中，经努力脱险。先生随口吟道："洪水滔滔失要津。千峰壁立上昆仑。平生不怕风波险，要从险处见精神。"

明铁盖达坂距边境约两公里处山口，即为先生考实的玄奘东归入口。纪念碑正面碑文为先生书"玄奘取经东归古道"，背面记 1998 年发现古道事。碑立好后，先生与喀什、塔什库尔干、中央台领导共同揭幕。先生作诗二首记之，其一《昆仑山顶放歌》："三上昆仑意更赊。最高峰顶望中华。神州处处多佳气，目尽青天到海涯。"其二为《明铁盖达坂图》题："万古昆仑鸟不还。孤僧策杖拨云烟。一千三百年前事，只有冰峰证旧缘。史载玄奘于贞观十七年冬越帕米尔高原，因天寒大雪，被阻月余，风雪稍停，继续进发，在帕米尔高原向东，溯峡谷而上，行七百里至波谜罗川。予于 1998 年 8 月 25 日登此海拔四千七百米之明铁盖达坂，从而确证此玄奘归途。2005 年 8 月 15 日，予八十又三，再登此处，并为立碑。因为图记，并系以诗。乙酉夏末冯其庸记于古梅书屋。"

2005 年 9 月 22 日冯先生率中央电视台《玄奘之路》摄制组及众多专家学者十赴新疆。行程简记如下：

25 日，抵库尔勒，考察营盘古文化遗址。此处有佛塔群、墓葬区和古城遗址，古城城墙较完整，城内遗存俱无。

27 日，去米兰，经阿拉干、塔河支流前行，沿途见到大面积的胡杨林。过台特马湖，此湖原是罗布泊的一部分，因罗布泊干涸，此处低洼，形成孤立的小湖。傍晚宿米兰。

28 日，参观米兰遗址，遗址与前大异，红柳包已荡然无存。看到西佛塔，即斯坦因发掘出有翼天使处。后到古城堡，为吐蕃时筑。

29 日，向楼兰进发，重经米兰遗址，沿途戈壁，河道干涸，傍晚在罗布泊南缘搭帐篷野宿，望满天星月。

30 日，穿越罗布泊前往楼兰，经"十八里"颠簸路段，极难行，天黑时到楼兰，扎营帐在楼兰城东南角。

10 月 1 日，日出即入考察楼兰古城，至三间房、佛塔及建筑遗存处。东南角亦有城墙遗迹。晚篝火晚会。

2 日，离楼兰，出罗布泊，入沙丘地，夕照时达龙城。此处雅丹地貌奇，面积大。《水经注》把龙城误说成是胡之大国，实际是典型的形如并列长龙的雅丹地貌。龙城附近早期有人居住，土垠即是一处遗址。

3 日，到土垠，当年黄文弼曾在此发掘，遗址在土丘高处。之后到 L.E，再到楼兰贵族墓，墓已被盗，现存墓室壁画。

4 日，从龙城重入罗布泊，西行南行再东行，太阳将落山时，经罗布泊最低处，遗痕作波浪形。出罗布泊复北行，晚至白龙堆附近宿营。

5 日，车行若干公里，见左侧雅丹地貌甚奇，列如长龙，银光闪烁。停车登高环视，四围如巨龙列阵，首尾俱全，令人叹服，因悟白龙堆名称所由来。复前行，经罗布镇、红柳井，入库木库都克沙漠，到距彭加木失踪处 20 公里许扎营。

6 日，复东行，路多沙丘，午后到三陇沙，壮貌更胜龙城和白龙堆。再经玉门关时，已残阳如血，小方盘城映照得通红。纵深处，便是河仓城（俗称大方盘）和汉长城，夜抵敦煌。

此次穿越罗布泊，入楼兰古城，行路艰险，罕无人迹，先生只为印证玄奘《大唐西域记》的记载，即玄奘东归最艰难的一段路是如何行走的。

在新近为《冯其庸学术年谱》所作的序中，冯先生感悟："予曾三上帕米尔高原之最高处，因深知天之高也；予又曾深入罗布泊，至楼兰，经龙城、白龙堆、三陇沙入玉关而还。予在罗布泊、楼兰夜宿，中夜起步，见月大如银盆，众星灿烂，四周无穷无尽，唯知予置身于一大而圆之无际广漠之中，庄子云'其大无外'，予于此星月满天、茫茫无际之罗布泊，乃深悟庄生之意矣！予故谓，凡身经罗布泊者，终不敢自以为大矣，于是予方知天之高而地之宽也。予置身罗布泊之际，觉自身只一微尘耳，又何敢他言哉！"

虽然经十次新疆之行已基本调查了玄奘西去东归的大致路程，细微处先生仍觉有疑点，他年或许会"不须扬鞭自奋蹄"，再踏征程，期待能有新的收获贡献学林。

2010 年 11 月 25 日

——发表于《中国国家地理》2010 年第 11 期

其庸先生：

　　承惠大作《大慈恩寺三藏法师传校注》，拜读之下，其见功力深厚，考察周详，不胜感佩。窃拟转载《佛协会刊法音》，不知能见许否。如荷俯允，更祈赐予有关图片，以满足佛教信众之晓慕，功德无量。

　　顺颂 吉祥如意，并贺

　　　　新禧

　　　　　　　　　　赵朴初拜启

　　　　　　　　　　1999.1.8.

西部篇

师友笔下的冯其庸

[沈卫荣]

初识冯其庸先生

　　2005 年 10 月，我意外地收到北京大学荣新江教授来信，说是奉冯其庸先生之请，邀我加盟新成立的中国人民大学国学院，筹建西域历史语言研究所。我与冯先生素昧平生，只知道他是红学大家和兼擅诗、书、画的大师。人大礼请冯先生出任国学院院长实乃众望所归，但他何以要招我回国在国学院成立西域历史语言研究所呢？带着很多的疑问，我很快从东瀛飞回北京，随即赶往京郊通州芳草园，拜会瓜饭楼主冯其庸先生。

　　一见到冯先生我就感到分外的亲切，意想中的硕儒、乡贤原来更像是一位慈祥的邻家大爷，一口浓重的乡音顷刻间让我找回了在十六年海外漂泊中早已失落了的根。其实，我的老家离钱穆的故土不过三五里地，但早已没有了当年的斯文。而冯师母竟然和我一样来自甘露——一个曾以出产酱油而小有名气的江南小镇，这让我平生第一次对自己的故乡有了几分自豪。江南古来多出才子，但这早已经成为不可再现的神话。如今大概也只有在瓜饭楼中才能领略当年江南文化的余韵，也只有在冯先生身上才能体会到江南才子的情怀。

　　瓜饭楼从外表看挺像江南农家小楼，但其内在却凸现出今天的江南已经很难见到的文化气息。院子里耸立着的两块江南园林中常见的巨大的太湖石，一袭紫藤挂在石头背后，周遭疏疏朗朗有几枝世上罕见的古梅，自然凑成一幅国画图样。瓜饭楼内到处是罐、瓦、碑、像，冯先生一一介绍，这是秦砖、汉瓦、魏碑，那是唐代的石雕、明代的铜像，很难想象这些东西件件货真价实，但冯先生对它们的热爱却让我看得真真切切。瓜饭楼中楼上楼下到处都是书，冯先生坐拥书城，他的藏书可以抵得上一家图书馆了。在他的藏书中，我看到了上海古籍出版社影印出版的《俄藏黑水城文献》，这正是我当时所作研究的重头文献，冯先生竟然有全套收藏。在日本最让我羡慕的是日本教授坐在堆满好书的办公室中那副怡然自得的模样，而冯先生的藏书恐怕连曾经非常富裕、且酷爱藏书的日本教授们见了也会艳羡不已的。

瓜饭楼很多房间的墙上都挂着冯先生自己的和冯先生师友们题赠给他的书画作品，一路参观过来就像是观赏了世上难得一见的中国传统书画精品展览。在冯先生工作室宽大的写字桌上，我还见到了一幅新书墨宝，墨迹未干，显然是冯先生刚刚手书完成的新诗作。说实话，兼擅诗书、能吟善画、有冯先生这等造诣的学人，此前我还真没见到过。此刻有缘亲见，除了对眼前这位硕果仅存的江南才子由衷敬仰之外，同时也对这种几乎完全失却了的中国文人传统生出无尽的缅怀之情。

冯先生那天和我谈的主要是他与西域的情缘，谈他自 20 世纪 70 年代开始十余次去西域考察的经历，还展示了他在西域创作的书画和摄影作品。冯先生曾多次沿着玄奘法师当年走过的道路，实地考察《大唐西域记》中所记载的那些名胜古迹，对东西文明于此交融之盛况有切身的体会。就在此前不久，冯先生复以八十三岁之高龄，带领国内一干西域研究之新进，进行了一次规模巨大的丝路考察。他和年轻人一起风餐露宿于罗布泊中，还踏入大漠深处，勘察楼兰古城，探寻玄奘当年留下的足迹，斩获甚丰。一位耄耋之年的江南才子竟然依旧如此钟情于广漠的西域，一步一个脚印地走过丝绸古道，这难道不足以令世人从此对我们江南人刮目相看吗？

冯先生还谈起了他当时正在撰写的关于项羽自刎乌江之确切地点的考证文章，根据的不只是相关的古文献资料，其中也有他多次实地考察的心得。他还谈起了当年他和钱仲联先生一起几次实地考查，最终发现、确定吴梅村墓的往事。冯先生说这些事的目的，大概是要告诉我"行万里路"和"读万卷书"同样重要。我心想冯先生自己有今天这样的成就，不正是他毕生躬行这条古训的结果吗？！

最后，我们谈到了正题：何以要在人大国学院建立一个西域历史语言研究所。冯先生说：人大创办国学院得到了社会各界的热烈支持，但也有一些误解，以为我们要尊孔复古。实际上，我们办国学院的目的是为了更好地研究中国的传统文化，发掘中国传统文化的现代意义。我们主张的国学不是狭隘的汉学，而是包括中国所有民族文化传统的大国学。我们不只是要研究儒家的四书五经，我们还要研究其他丰富多彩的民族文化传统。西域文化汇集中西文明之精华，是中国文化传统的一个重要组成部分。我们今天重兴国学，当然也应该重视对西域文化的研究。不幸的是，虽然中国学人念念不忘20世纪初西域文献和物质文明遭受西方殖民者肆意劫掠的那段"学术伤心史"，但我们对西域古代语言和文献的研究至今却依然大大落后于西方，许多领域已成"绝学"。所以，我们要在国学院建立一个西域历史语言研究所，认真培养好下一代青年学生，继承绝学，并把西域文化当做中国传统文化的重要内容来发扬、光大。

先生寥寥数语于我如醍醐灌顶，专业化的学术研究在海外不过是自谋稻粱的工具，和个人的人生追求关系不大。而追随冯先生，倡导西域历史语言研究，弘扬大国学理念，于我无疑是可将事业和人生完美结合的上佳选择。于是，我决定从此结束长达十六年的海外漂泊，踏上海归之途。

——发表于 2010 年 6 月《文景》杂志

直上昆仑意如何

——冯其庸先生的西域研究

[朱玉麒]

　　20世纪80年代，远在新疆的旅游热潮还未成为时尚、西部开发的国家战略正在酝酿之际，学者冯其庸以花甲之年开始了他学术道路上新的征程——中国西部特别是新疆地区的考察和研究。这个学术的计划持续了四分之一世纪，直到今天仍笔耕不辍。从最早结集的《瀚海劫尘》，到中国人民大学国学院西域历史语言研究所的创建、《〈红楼梦〉六十三回与中国西部的平定》力作的问世，对于西域文化的研究和推动，被纳入到他所提倡的大国学领域，成为终身持之以恒的"西部工程"。

一、冯其庸先生的西域研究成果

　　二十五年以来，冯其庸先生的西域研究成果，主要表现在三个方面：

　　1. 诗书画影抒性灵

　　冯其庸先生最初的西域考察系统成果，是十年游历、四到新疆的大型摄影集《瀚海劫尘》。该画册融摄影、游记、诗歌于一体，体现了作者进入到中国西部之后最初的感动和艺术创造。

　　笔者曾经在《漫漫丝路接天涯》的读书报告中详细赏评冯其庸先生这一摄影画册的丰富内涵，体会到作者从人文与自然景观两方面展现丝路，以每一处人类生息与曾经生息的地点作观照，形成了全景式的丝路画面。在《瀚海劫尘》中，丝绸之路展示出多元的文化意蕴：民族的风情，历史的废墟，自然的风光，宗教的艺术，在遥远的岁月与旅途中叠加。作者的选景角度来自他作为一个文人画家的独特眼光和综合性文化素养，而摄影画集的诗文交融，使笔者进而提出"文人摄影"这一概念，是因为一本单纯的摄影艺术集不可能以这么厚重的文字信息，叠现出几个世纪的文明历程，而这正是一个具有悠久历史和多种文明形态的国度在其摄影语言值得探索的新走向。因此，在《瀚海劫尘》中，摄影的现代技术手段为文化研究带来新的视野，而文化的背景呈现也为摄影艺术打开新的表现渠道。

此后，冯其庸先生多次在北京、上海等地推出"流沙梦痕"、"玄奘取经之路暨大西部摄影展"、"寻访玄奘取经之路影纪展"等等的以西域为主题的书画、摄影展览，以其娴熟的艺术造诣，不仅记录了他不断积累的西域考察成果，也向广大民众宣传了西域大气磅礴的历史和现实场景。笔者曾经以《心在天山》为题，记下对其诗书画影讴歌新疆风物的艺术享受。概而言之，在反映西域风貌的文学作品中，冯其庸先生的旧体诗词和散文随笔隽永耐读，不同于一般游记的浮光掠影，而体现出对西域文化的深度考察经历。其诗歌以豪放见长，是西域的辽阔山水和不同寻常的风情感动诗人，从而一气呵成、舒卷自如。如：

古道一线开混沌，天山莽莽此为门。雪练九曲羊肠曲，红柳百丛鸟路昏。万马奔腾来谷底，千驼蹀躞过险巇。我今吊古心犹怵，绝巘横空欲断魂。（《题白水涧道》）

荒城故垒尚迷离，想见嘉州寄语时。我亦故园东向望，漫漫长路接天涯。（《题唐北庭都护府故址》）

流沙万里到龟兹，佛国天西第几支。古寺千相金剥落，奇峰乱插赤参差。曼歌妙舞归何处，西去圣僧亦题辞。大漠轻车任奔逐，苍茫唯见落晖迟。（《题克孜尔千佛洞》）

冯其庸先生的西域诗篇较多地表达了他对西域历史的思考，触处即见的遗址生发了他对汉唐西域的流连之情，以上作品都表现了他面对西域山水思接千载的联翩浮想和激烈壮怀。

以西域为题材的诗作成为冯其庸先生近年最为多产的文学作品。在新疆，当地的方志多收录了先生那些最能揭示地域风貌的美妙诗篇。甚至在许多地方，都有文化工作者像书写古人的作品一样，将先生的西域诗歌作为当地的文化名片，制作了巨大的影壁作文化宣传。如"看尽龟兹十万峰，始知五岳也平庸"（《再题龟兹山水》）、"平生看尽山千万，不及龟兹一片云"（《题龟兹山水》），是库车县几乎老少皆知的名句。一个当代诗人能为他所吟咏的地方记住，是难能可贵的。他的散文如《西域纪行》、《秋游天山》，抒写其1986年初次到达新疆的新鲜感触，也多为时人所称道。

冯其庸先生以洒脱的行草书法著称书坛，他以这一形式书写西域作品，风姿摇曳、沉着痛快，豪迈的诗歌与飘逸的书体可谓相得益彰。这些西域题材的书法作品不仅频频出现在冯先生晚年的书画展览中，而且也为新疆地方的诸多名胜所镌刻，增添了西域山水的人文精神。在绘画方面，西部的考察更是在他晚年的巨幅中留下了深刻的烙印。先生"觉得山水更能与我的本性合"（《墨缘集·学画漫忆》），因此在离休之后，重学山水。最能显示其本色并别开生面的作品，是他体验天山、昆仑之奇，感受龟兹佛国山水之独特皴法而创作的诸多设色山水。像《却勒塔格山群峰》、《取经之路》、《古龟兹国山水》等等，渗透了先生对龟兹石窟"古寺千相金剥落，奇峰乱插赤参差"（《题克孜尔千佛洞》）的参悟，这些画幅以烂漫的色泽和非凡的造型，为传统中国绘画增添了新的题材。

2. 读书行路探真知

随着考察的深入，作为学者的冯其庸先生，在晚年的学术研究中，有关西域文明的论文也厚积薄发，成为其探索西部文明的重要印记。这些研究文章数量不多，但领域宏广，覆盖了文化、历史、地理、艺术、宗教等等方面，体现了一个国学研究者思考和研究地域文明的多元方法与深厚积累。

有关西域石窟艺术的研究，如《对新疆石窟艺术的几点思考》是为《常书鸿文集》的出版所写的长篇研究性序言。作者立足常书鸿先生对新疆石窟艺术的本土接受和中原影响等问题的创见，根据自己的研究视野进行了深入探讨，其中涉及了诸如中心柱窟、菱格画、有翼神像等多个方面，从广阔的中外建筑史、美术史范围内作出了切实的论证。

对西域传承的外来宗教，先生也别有会心。如《〈大秦景教宣元至本经〉全经的现世及其他》，根据2006年洛阳出现的景教经幢，判断了敦煌学史上关于景教《宣元经》真本、伪本的问题。关注这样的问题，也如作者所说，是与他早年求学期间的读书经历相关的："早在1946年我在无锡国专读书时，就读过冯承钧先生的《景教碑考》，后来我又特地到西安去考察过这块明代出土的古碑。我也读过国内专家们对景教研究的著作，现在突然见到这件新出土的景教拓本，就引起了我的兴趣。长期积在我心中的这个问题，因为新资料的出现，就促使我写了这篇文章。"（《逝川集》新序言）作者对新材料的敏感，是与他朝夕关注丝绸之路上的中外文明交流相关的。

围绕着玄奘的几篇写作时间漫长却又互相衔接的论文，探讨了玄奘西天取经往返所历西域的许多地理谜案，是冯其庸先生最为精心的研究成果。如为《吐鲁番市志》所写的序言《玄奘西天取经的第二个起点》，对吐鲁番在玄奘取经之路上的重要性给予了高度评价。《流沙梦里两昆仑——玄奘东归最后路段的考查》则是作者多次考察、反复研究，最后以八十三岁高龄穿越罗布泊而取得的最新成果。最为人称道的《玄奘取经东归入境古道考实》一文，则是他在翻阅大量文献资料和翻越五千米的"头痛山"之后，以二重证据法考订的迄今为止最具说服力的玄奘行踪文字。虽然玄奘翻越的具体山口细节还难以确凿认定，但是通过瓦罕古道、途经公主堡、回到石头城的大概线路是无疑的。2005 年作者第三次前往帕米尔高原，将"玄奘取经东归入境古道"碑竖立在明铁盖山口通向瓦罕古道边，不仅是这一考证的里程碑，更是一种象征——象征后世对玄奘舍身求法精神的崇敬。

最能够体现作者精深学历和卓见宏识的西域研究成果，是《〈红楼梦〉六十三回与中国西部的平定》。作者分析了康熙订《尼布楚条约》前后的情况和乾隆平定准噶尔统一天山南北的大概，以及平准事件在当时普天同庆、乾隆皇帝为此事曾写过四通碑文的情况，进而分析《红楼梦》六十三回中贾宝玉将芳官改名为"耶律雄奴"后的说话，认为这是曹雪芹对乾隆二十年平定准噶尔之后发自内心的对西部平定的歌颂。这个一反《红楼梦》作者批评时代常态的现象，被冯其庸先生认为是西部平定深入人心在当代作家笔下情不自禁的流露。这一既是红学又是西域的研究成果，正是冯先生在这两个领域内数十年浸淫而形成的通识表现。

3. 辛苦奔波开风气

作为学者的冯其庸先生，出于对所从事的学术的公器之心，常常不惜奉献自己的时间和精力，组织公益的学术活动，推动其良性的发展。这方面如在红楼梦研究、汉画研究方面的体现，已为学界所熟知。当他在晚年开始了西域研究的征程后，为西部发展辛苦奔波、开创风气的学术活动也成为重要的学术内容。

新疆的同道出版西域研究的著作，他不吝笔墨，为这些著作或者题签、或者写序，乃至亲自向出版社作推荐。从1987年为白应东先生所编《丝绸之路诗词选集》作序，到2010年为钟兴麒先生的《论中亚突厥化问题》题签，其间不知多少著作得到他的支持、鼓励。

新疆地方的学术建设，也倾注了他的关怀。"新疆师范大学西域文史研究中心"、"吐鲁番博物馆"、"龟兹文化广场"的建立，都有他慷慨的题词。学术条件艰苦的龟兹石窟成立研究院，他更是当仁不让，应邀担任名誉院长，为年轻一代"导夫前路"。

由中国敦煌吐鲁番学会主办的《敦煌吐鲁番学研究》年刊，在1999年第4卷"吐鲁番专号"曾经面临资金断流、难以为继的时刻，冯其庸先生慷慨解囊，独立承担了该卷的出版经费，为该刊渡过难关。

2005年，他不顾年迈，促成中央电视台大型文化考察活动片《玄奘之路》的拍摄，并亲自带队攀登明铁盖达坂、深入罗布泊沙漠，挑战其生命的极限，宣传玄奘不辞万死、追求真理的伟大精神。

2005年，他受命担任新中国建立以来第一家以国学为教育研究目的的机构——中国人民大学国学院首任院长，提出大国学的概念，将西域研究纳入到国学的序列之中，并于两年后招聘贤才，创立了西域历史语言研究所。

以上种种不辞辛苦的学术引导与参与，体现了他对于中国西部特别是新疆地区的人文关怀。正是由于他的这种引领，今天的西域研究已经在学术界蔚成风气，产生了高水平的良性循环：由他创立的中国人民大学国学院西域历史语言研究所，业已成为国内培养西域胡语研究的重镇，逐渐为国际学界所瞩目；活跃于西域研究领域的杰出才俊，如荣新江、沈卫荣、孟宪实、李肖、赵莉、姚崇新等，均曾得到他不同程度的支持或提携；由他题词并始终关怀的《西域文史》、《西域历史语言研究集刊》等刊物，也在学术界成为重要的成果发表园地；同样由他题词的西域文献研究成果——荣新江等主编的《新获吐鲁番出土文献》，荣获中国出版物的最高奖项——第二届中国出版政府奖。

二、冯其庸先生的西域研究精神

总结冯其庸先生以往西域研究的成绩，一些看似相反却又相成的精神特质，是成就其在中国文化中除了以文学史家、红学家、戏曲家、书画艺术家著称之外，更以西域学为世所瞩目的重要因素。

1. 梦想与责任

冯先生多次提到，对于中国西部的向往，是他少年以来的梦想。他在《瀚海劫尘》的序言里说：

> 我向往祖国的大西部，可说由来已久。最早是抗战时失学，在家种地，读到了李颀、高适、岑参等描写西域风光的诗，使我大为惊异，从此在我的心里就一直存着一个西域。那时我十四岁。抗战胜利后，我读到了《大慈恩寺三藏法师传》，玄奘追求佛典精义而万死不辞的勇气，实实震撼了我的心魂。私心窃慕，未有穷已。窃以为为学若能终身如此，则去道不远矣；为人若能终身如此，则去仁不远矣！

1986 年，当他第一次踏上梦想多年的土地之后，西域的风土人情没有让他失望，恰如签订了终生的合约，促使他多次走至梦想的地方。他在 1998 年完成的《玄奘取经东归入境古道考实》中提到：

> 十多年来我连续去新疆七次，都是为了一个目的：调查玄奘取经之路和丝绸之路。到目前为止，玄奘取经之路，在国内的部分（主要是甘肃到新疆的部分），基本上已经清楚了，能去的地方也都去了，楼兰、罗布泊当然不易进入，目前还未能去，但我仍希望能去，不希望留下空白。

楼兰、罗布泊作为一个生命的禁区，即使当地的文物考古工作者，也鲜少涉足。但是，当冯其庸先生在 2005 年八十三岁高龄第十次来到新疆的时候，他终于挑战生命的极限，穿越罗布泊、圆梦楼兰！

2009 年 12 月 27 日，在为新的《冯其庸文集·逝川集》写序时，他还在留恋那未曾走到的地方：

> 玄奘取经东归之路，还剩下从帕米尔塔什库尔干下来到达古于阗国的这一段路程，未经调查考实。……我很想再次上帕米尔，从塔什库

尔干东侧下来，补完这段从帕米尔到朱俱波的路段，……我仍希望能完此心愿。

对于丝路、对于新疆的眷恋，冯先生深受少年时代读到的玄奘故事的影响。"不有艰难，何来圣僧？"（《瀚海劫尘序》）玄奘的精神使他的梦想在后来的考察中不断升华，成为一种责任，一如作者在《瀚海劫尘》前言中的叙述："我向往中国的大西部，是我坚信伟大的中国民族必定会强盛！而强盛之途，除了改革、开放、民主、进步而外，全面开发大西部是其关键。"

由于这样的责任感，使他晚年的学术生涯，增添了为西域研究而奔波的辛苦。

他走遍玄奘在国内所有道路的考察梦想，是一种精神驱动。正如他《在〈玄奘之路〉开拍仪式上的发言》所呼吁：重走玄奘之路，是为了弘扬玄奘的精神，振兴民族的自信心。由他担任首席顾问的中央电视台"探索与发现"节目拍摄的《玄奘故道寻踪》，第一次以玄奘为核心，将中印之间的玄奘遗迹联系起来，向全国播放，确实达到了体现玄奘身上的中华民族精神、并将和谐的理念通过玄奘表达出来的目的。

他致力于人大国学院暨西域历史语言研究所的创建，更是从国家发展战略的角度，对新时代国学研究和西域研究作出的重要推进。冯其庸先生在《关于振兴国学教育的几点思考》一文中，认为恢复经史子集等基本的学科是国学的重建和继承，而随着时代的发展，使传统文化丰富和深化，必须增设新的学科；在目前阶段，作者提出了西域研究、敦煌吐鲁番学研究、汉画学研究、红学研究的新国学学科建设。在《大国学就是新国学》等文章中，更是对以上观念作出了鲜明的揭示。将中国西部的研究融入到国学研究的新学科中，是一个知识分子对中华民族当代命运思考的清醒认识和责任表现。

他个人的西域研究论文《〈红楼梦〉六十三回与中国西部的平定》，当然是十几年来由考察西域的格登山碑联想到《红楼梦》的时代与描写，而反复思考、水到渠成的成果；但同时，作者克服身体的病痛、奋笔完成，在2009年新疆七五事件之后不失时机地发表，无疑也是以学术来为西部和平安定环境所作的积极贡献，其中体现了作者对于现实政治的寄托。

可以说，在当代西域研究的领域，冯其庸先生不仅是优秀的学术研究者，同时也不避辛劳，承担了组织推动者的双重身份。而这一切，都来自对学术真理和国家道义的崇高责任感。

2. 激情与实证

如上所述，作者所深入的西域，是他少年以来梦寐以求的精神国度，一旦身临其境，便引发了积蓄已久的诗情。从"天山看尽百千峰，碧绿橙黄俱不同"（《过天山》）的百看不厌，到"天涯浪迹无穷意，再上冰川续后篇"（《〈瀚海劫尘〉自题》）的无穷回味，都抒发了作者攀登高峰、壮心不已的英雄气概。"莫负明年沙海约，驼铃声到古城边"（《和田赠雏君》）是他与新疆、与西部终生的合同，以至于他一次次前来考察、一次次地挑战身体的极限，如其诗作所言：

老来壮志未消磨，西望关山意气多。横绝流沙越大漠，昆仑直上意如何？（《访喀什，拟登昆仑，感赋》）

他表达自己对龟兹山水那颗放不下的心，也是对整个西域的拳拳之情：

我在库车，尽情地饱览了古龟兹国的风光。……在龟兹停留一周，因急事赶回北京。但从此我的心中又多了一处放不下的地方。我年年都想再去，因为我觉得龟兹这部大书，我刚打开，还没有细读。（《瀚海劫尘序》）

现实生活中的冯其庸先生，在西域的考察中，形诸文学、书画，形诸待人、接物，都充满了文人式的激情；而当他将这种对于西部的热爱形诸学术研究的论证时，又将心灵的激情潜藏在了科学的实证精神之下。这种实证精神，是他从事学术的一贯风格，发表在《中国教育报》2010年1月8日的专题采访《冯其庸：人民学术为人民》，非常准确地表达了这种学术精神：

冯其庸做学问讲究"三到"：历史文献典籍到、地下考古发掘文物到、地理实地考察到。"地理实地考察到"很受瞩目，中国传统学术就有"读万卷书，行万里路"的古训，冯其庸更是认为："实地调查和读书一样重要。一有机会我就到全国各地游历，我自称这是读天地间最大的一部大书。"

冯其庸先生从 1986 年第一次来新疆讲学，已经年过花甲，但是这个在以往读书过程中经常邂逅的边疆，却给他留下深刻的印象，从此十到新疆。为什么在繁忙的工作和研究之余，如此频繁地行走在西域的土地上？他在上引的专访《冯其庸：人民学术为人民》中回答说：

> 为什么我去新疆十次？因为有些学术调查不可能一次完成。玄奘取经东归路线一直弄不准确，没有可靠依据，只能一段一段查，这次走错了，下次再来。

考察是学术研究的前提，文献是学术研究的基础，两者的结合才是社会科学能够创新的根本。冯先生对西域的钟爱之情，正是在这样的实证表现中得到了升华。

这种实证的精神贯穿其西域研究。以最近引起清史学界和红学界广泛关注的《〈红楼梦〉六十三回与中国西部的平定》为例，该文是冯先生基于文学细节和历史史实的吻合，去体会曹雪芹二百多年前撰写《红楼梦》时立足时代而又超越时代的伟大笔触的会通之作。他提出《红楼梦》六十三回"这一小段情节和文字，极有可能是乾隆二十年扫平准噶尔，彻底解决了清朝定鼎以来顺、康、雍三朝想做而未能做到的事而增写进去的"。一些商榷者的意见，偏于一执，否定其间的合理性。事实上冯先生也专门有文字回复："《石头记》里这段故事的情节和文字，虽然说得如同儿戏，有点像'假语村言'，但拿它与当时的历史背景相对照，还是能够斗榫合卯的。"我体会冯先生的解释是：曹雪芹的这段描述出于儿戏而没有正面歌颂，恰恰反映了他对于当时统治者总体的反感、但又不愿意对平准这一亮点也违心批判的矛盾心态，因而用游戏之笔，在批判的基本笔触下对封建统治者作出了有限的让步。

文学和历史研究遵循"通性之真实"（陈寅恪语），文学真实是建立在生活真实基础上的艺术真实，因此，文学作品基于时代，而其表达又更为典型，自然不可拘泥史实的细节。对于古代文学的研究，往往需要这种合理的想象给予阐释，而这种天才式的"理校"又必须源自生活本身。冯先生以上的考证，仍然是其学术研究实证的风格特色的一以贯之。因为这样的"细读"成功，如果不是对《红楼梦》的字字句句都了然于胸、对西域历史的风风雨雨都反复考察，是断难在文学作品的字里行间视通万里、把握到伟大作家反映时代的精微之处的。

因为对西域的热爱之深，所以才会充满心灵的激情，踏遍西域的山山水水；因为这种心灵的激情，所以才会捧读西域这部大书，为它呐喊推波、为它辛苦笔耕。从冯其庸先生的西域成果中，我们看到玄奘精神在今天的复兴！

2011 年 10 月 14 日改订于北京大学朗润园

冯其庸先生与西域研究　[荣新江]

　　我几乎不看报纸，一次偶然从"往复"上看到《光明日报》记者写的一篇短文，题为《西域学，在今天远航》，报道了中国人民大学国学院西域历史语言研究所建立的消息，并且谈到冯其庸先生为它的成立而前后奔波呼吁的"内幕"。看到这篇报导，倒是勾起我对旧话新题的一些记忆，随手写下，免得又如过眼烟云，被时间消尽。因为在国学院西域所的成立过程中，我也帮助冯先生做了一些力所能及的事情，从而也知道一点从这篇报道中所看不到的"内情"。

　　自清代开边，不少学人由于种种原因到了新疆，于是嘉道以来，"西北舆地之学"颇为盛行，以徐松《西域水道记》为代表的学术研究成绩，受到法国大儒沙畹（E.Chavannes）的推崇，并间接影响到西域考古探险家斯坦因（M.A.Stein）。可惜的是到了清末民初，当西方列强在中国西北大肆进行考古发掘的时候，积贫积弱的中国，既没有正规的考古学，也没有"斯坦因"，所以北京书斋中的学者眼睁睁地看着伯希和（P.Pelliot）把西域各种胡语文献捆载而去。从资料的拥有上来讲，中国学术界已经落后了一大步，更何况要学会这些属于印欧、阿尔泰语系中的语言。要知道，这种语言学的训练在中国传统的学术里并没有太多的根基。

　　进入 20 世纪以后的西域学，在传统的利用丰富的汉文史籍外，解读西域当地的各种胡语文献就越来越重要了，这也使得这门学问逐渐走向"绝学"，和经世致用的"西北舆地之学"渐渐疏远。30 年代初，从欧洲回国的陈寅恪先生，曾经跟从德国最好的中亚古文字专家缪勒（F.W.K.Müller）

等学习过多种西域胡语，但我从他回国后写的文章和他后来卖给北大东语系的洋书上的眉批来看，他主要的功夫是在梵、藏、汉文佛典与敦煌讲经文的对证上面，而那些有关中古波斯文、粟特文、于阗文、回鹘文的著作上，很少有他的读书笔记。40 年代回国的季羡林先生，也是德国最好的中亚语言学家训练出来的，但他面对的是个"巧妇难为无米之炊"的局面，不论是"混合梵语"，还是"吐火罗语"，既无原始文献，又没有欧洲出版的同行著作，难以开展真正的解读工作。"文革"期间，季先生在北大 38 楼打扫卫生的间隙中，翻译了梵文巨著《罗摩衍那》，但这已经和西域胡语距离遥远。听说"文革"以后季先生抱着八册中译本到德国送给他的老师瓦尔德施密特（E.Waldschmidt）教授，教授随手丢在地上说："我教你做的不是这个！"

季先生没法向他的老师解释清楚，只有埋首重来。80 年代初，他在繁忙的校务工作（时任北大副校长）中挤出时间，在北大南亚研究所主持不定期的"西域研究读书班"，希望推动西域研究。我在上大学、研究生乃至变成青年教师后，在这个读书班里学到了很多东西。季先生自己当时正好得到新疆博物馆提供的焉耆发现的吐火罗语 A 方言《弥勒会见记剧本》的写本，开始着手解读，但当时的条件很差，从 50 年代以来有关吐火罗语的书籍几乎是空白，季先生所用的参考书，很多是我们这些学生出国留学、进修、开会时帮他复印或购买的，他在一篇文章中曾感谢我这位帮忙的"小友"，我也是当之无愧的。

西域研究发展到 20 世纪 80 年代，在语言、历史、宗教、考古、美术等等方面都有了深厚的积累，学术的分工也更加细致，在国际上，已经不可能有懂得多种西域胡语的"大家"了，如法国的伯希和、德国的缪勒或是英国的贝利（H.W.Bailey），因为不论是于阗语还是粟特语，也不论是突厥、回鹘，还是吐火罗、古藏文，每种语言的研究都已经发展成独立的学问，西方研究西域语言的专家，往往都是守住一门语言，而旁及其他。西域研究的其他领域，也和语言研究相似，更加专门，更加学术。但 80 年代以来，随着中国经济建设的重新起步，在"古为今用"的口号下，西域的纯学术研究并没有受到应有的重视；国家的经费还没有大量投入，学者个人的财力又十分有限。虽然西域研究的课题也像其他学术研究一样被有识见的学者所认知，但研究的深度受到资料信息的阻碍，特别是国外学者有关西域胡语的研究成果，我们没有系统的图书储备，许多文献因为语言的障碍，更没有理解、消化。

90年代初，一些颇有成就的中年学者或则过早地去世，或则因故出走，或则提前退休，或则长期游学海外，用西文发表论著，对国内学术影响不大。于是西域研究迅速下滑，一些刚刚崭露头角的年轻学者，以后纷纷转行，只有少数学者在中外关系史、蒙元史、敦煌吐鲁番研究的范围内，惨淡经营。胡语研究人才的缺失，"后现代"对于汉文典籍记载的质疑，国际上批判民族主义的浪潮，也都给西域研究造成了负面的影响。那时，我常常慨叹，不知西域研究是否还有前景。

正是在这样一个困难的环境下，我认识了冯其庸先生；认识了关心、热爱西域研究的冯其庸先生；认识了成为中国西域研究巨大推动力的冯其庸先生。

本来，我所知道的"冯其庸"这个名字，当然是和"红学"、和脂砚斋本《红楼梦》联系在一起的。后来，虽然在1995年有机会和冯先生一起到新疆吐鲁番开会，并一起访问龟兹石窟，但他是大人物，许多人前呼后拥，我只是仰望而已，对于冯先生一把年纪跑这么老远的新疆来，不明其理，对于他与西域的关系，更是所知不多。后来从友人朱玉麒、孟宪实那里，才更多地听到冯先生确实对西域"情有独钟"，曾经多次到新疆考察古迹、交通道路，追寻玄奘的行迹，同时用摄影的手法，记录天山南北的风光与遗迹。再后来，看了冯先生的摄影集《瀚海劫尘》，在艺术的美餐之余，从他的题诗中体会到一点儿冯先生在西域问题上的追求。从1986年以来，冯先生每次到新疆考察，都用散文记录下自己的行程，其中有一些史地考证文字，如他的《西域纪行》、《秋游天山》、《流沙今语》、《两越塔克拉玛干》（以上均收入《冯其庸文集》卷一《秋风集》）。他自己常说，他去西域考察，是重走唐朝经西域前往印度取经的玄奘法师走过的路，他把自己的学术考察成果，陆续写成《玄奘取经东归入境古道考实——帕米尔高原明铁盖山口考察记》、《玄奘西天取经的第二个起点——〈吐鲁番市志〉序》、《流沙梦里两昆仑——玄奘东归最后路段的考查》，对于玄奘在西域的行程和事迹的研究多所补论。他的一些长篇序跋，其实也是一篇篇学术文章，如他的《〈敦煌吐鲁番学论稿〉书后》、《〈西域地名考录〉序》、《〈东方的文明〉初读》、《对新疆石窟艺术的几点思考——〈常书鸿文集〉序》等（以上均收入《冯其庸文集》卷二《逝川集》），都是西域研究、敦煌吐鲁番学研究者不应忽略的篇什，比如对日本西域研究权威羽田亨关于克孜尔"画家窟"中画家图像解说的批评，可谓极具慧眼，也是作为书画家的冯其庸先生细致观察龟兹壁画的结果，是他多次实地考察的收获。冯先生的感人之处，是他的学术论文都是和他的亲身考察紧密联系在一起的。

然而，真正让我感动的，是许多人都不知道的一件事。那是在 1999 年，当时我负责编务的《敦煌吐鲁番研究》第四卷"吐鲁番专号"遇到经费困难，我多方求援，都没有着落，而这一卷比平常的卷都厚，因为要发表的是北大与耶鲁大学合作项目"重聚高昌宝藏"的相关论文，是颇具学术分量的一个专辑。而且这里面的作者既有我的老师，又有参加项目的国内外同行，万一不能出版，于公于私，我如何担待？当我们把相关情况向冯先生说明后，冯先生慷慨解囊，个人斥资（今天看来也是不少的），使得这个有关吐鲁番研究的专辑得以顺利出版，也把我从艰难中拯救出来。由于这件事情，我对冯先生的感激之情，难以言表。

2005 年 9 月中旬，在冯先生连同季先生为西域研究而上书中央领导之前，让我就所知道的情况，写一篇《关于西域胡语研究状况以及人才培养、图书资料积累的几点说明》，我立刻放下手边的事情，花了两整天时间，给他准备了五千多字的材料，据说这份说明作为两位老先生上书的附件而递交上去了。

随后的同年"十一"前后，我和孟宪实、罗新、朱玉麒一起随冯先生前往楼兰考察。从米兰穿罗布泊到楼兰，又经白龙堆、三垄沙，经过八天艰苦行程，最后到达敦煌。冯先生以八十三岁高龄，和我们一样走过这趟艰辛的旅途，实在让人钦佩。我们住在同一个大帐篷中，每天傍晚，当我们在聊天的时候，冯先生都利用天光消失前的时刻，补写当天的日记。同行的日子里，我们听到他对玄奘回程的道路、楼兰王国的兴废、沙漠绿洲的变迁等问题的看法。一路上，冯先生还不断谈到西域研究的状况和他的设想，当他在楼兰通过卫星电话得知中央领导批示支持人大国学院的西域研究时，无比高兴。回京后就着手将他的"大国学"、"西域学"的设想一步步实实在在地规划出来。不久以后，冯先生热衷的西域历史语言研究所居然在中国人民大学国学院的下面正式建立起来了，还聘请了学有专长的沈卫荣先生出任所长。回想大概在 1989 年下半年的艰难日子里，季羡林先生在北大主持最后一次"西域研究读书班"时，只有段晴、林梅村、钱文忠和我五个人参加！今天在人大又有了西域研究的机构，研究西域的人又有了一个活动的中心，想到这里，不能不感慨系之。

2007 年 7 月 15 日中国人民大学国学院西域历史语言研究所正式举办成立大会，我不喜欢凑热闹，也不愿去听没有什么内容的"官腔"，所以虽然冯先生一再叮嘱我参加，但我还是"溜了"。下午场面上的人撤了，西域所新任所长沈卫荣教授留下一些学者开个座谈会，我又晚到，没有听到前面精彩的发言，自己也记不得说了些什么。虽然我不太知道国学院的事情，但我可以说，没有冯先生，就没有国学院的西域历史语言研究所。

"西域历史语言研究所"的名称，表明这个研究机构不仅从事历史学的研究，也同时重视西域胡语的研究。此处所说的西域胡语，主要是指西域（也包括广义的西北地区）古代流行的汉语以外的语言文字，如梵语、藏语、回鹘语、吐火罗语、于阗语、据史德语、粟特语、中古波斯语、帕提亚语、叙利亚语、西夏语、蒙语等等，这些古代语言文字的材料大量出土于古城、寺院、洞窟遗址当中，是研究古代西域及其与中原王朝的关系、研究西域文明历史，以及研究佛教、摩尼教、景教（基督教）东渐史的原始材料，与当地出土的汉文资料、传世的汉文典籍交相辉映，共同构成多个学术领域的研究基础。

但是，由于大多数胡语材料都是在 19 世纪末、20 世纪初被西方探险家从新疆及其他西北地区攫取并带到西方国家，现在保存在英、德、俄、法、日等国的博物馆或图书馆中，因此，西方学者反而是近水楼台先得月，比我们更早看到这些材料。加之这些胡语主要是属于印欧语系系统的语言文字，他们解读起来相对容易一些，因此在近百年有关西域胡语的研究方面，西方学者一直走在前面。

近年来，中国学术在各个方面都取得了举世瞩目的成绩，在西域胡语方面虽然也有进步，但与西方和日本相比，还有很大距离。而近年来新疆各地又陆续出土了不少各种语言的文献残卷，有些我们可以自己解读，有些却不得不请外国同行帮忙。出于民族自尊的考虑，这种状况应当早日改变。

人民大学国学院西域历史语言研究所在冯先生的亲自关怀下，陆续引进了一些人才，并派人到海外学习，目前已经有能力处理古藏文、蒙文、梵文、吐火罗文、粟特文等方面的专门人才，加之在西域所与北京其他学术单位的合作，可以把握于阗文、回鹘文、叙利亚文、中古波斯文等多种西域语言文献材料，一个西域历史语言研究的新天地，已经慢慢展开。而且，要研究西域，汉语文献毕竟是最重要的资料，西域胡语需要和汉语文献相发明，才能有所突破。相对于海外西域研究而言，这方面国学院有着绝对的优势，国学院孟宪实、李肖教授参与主持的"新获吐鲁番出土文献"的整理研究，就是突出的例证。其成果《新获吐鲁番出土文献》一书完成之际，冯先生欣然题写书名，予以肯定。现在，此书荣获中国出版物的最高奖项——第二届中国出版政府奖（图书奖）。这是对作为项目参与方之一的中国人民大学国学院西域历史语言研究所成绩的一个肯定，也是西域所对冯先生的一项汇报。

2007 年 9 月 27 日初稿，2011 年 5 月 9 日改订，10 月 16 日定稿

沉沉爱国心　浓浓报国情

——感受冯其庸先生的几件事

[王炳华]

　　前些天，友人朱玉麒告诉我，有关单位正在收辑有关冯其庸先生的文章，计划付梓。朱玉麒知道我与冯先生有相当过从，希望我也写一写较有印象的一些事，或可助益人们对冯先生的了解。

　　我和冯其庸先生的接触，时间不算太短，粗粗算来，大概有二十年。回忆这二十年的相处，确实都是清淡如水，除了与西域历史考古研究有关的一些具体事，好像从未涉及其他。大家都知道冯先生并不专事西域研究，但对西域历史文化的关心、关切，却过于常人，甚至过于我当年所在研究所的相关业务领导。在他那里，不少具体事，也总可以得到从更高角度的提示。换一个视角，不少看似平常的细节，就见出来了更深刻的历史文化精神，这自然是让人非常愉快的事，于是这种交流就渐成一种习惯。平淡、无拘无束，大多是我诉说工作中一些情况，他静静听，有什么想法，会随时直接提出，助我思考。这种接触，自然是十分琐细，没有什么故事色彩的。

　　只是玉麒提过这件事，认真、静心想过后，确也可以从既往琐细接触中，品味到其庸先生一以贯之、凝集其中的思想情操：一片沉沉的忧国、爱国情怀，至为浓烈的报国情结。真正如伏枥老骥，壮心不已。环顾周围生活中，不少只知追求个人物质享受，顾念一己一家，而不思国家安危、不念人民疾苦的劣行丑象，两相比较，高下清浊，对比实在是十分强烈的。而这，确又正是冯先生值得我们了解、学习，步其后尘的一个方面。

　　就在前几天（2011 年 5 月 25 日），刚刚完成在美国的短期访问，回到了北京。按惯例，通过电话向冯其庸先生请安，并十分简单地说了说两个月中在美国开会、讲座、小型讨论的情形。做这些事，并没有特殊含义。只是冯先生年事渐高，与外界联系渐少，但对周围生活，却还是同样关心，说说这类他所关心的社会活动，可慰其心情。

我这次去美国活动所涉内容，几乎都是新疆罗布淖尔地区孔雀河水系青铜时代的考古文化。它们绝对年代可以早到去今近四千年前，遗存中不见任何文字迹痕。因为环境十分干燥，人类遗体基本保存完好，显示这一文化的主人具有比较鲜明的印欧人种形体特征。葬俗极具特色，文物虽不见奇珍异宝，但保存甚佳。简单的文物后面，具显当年人们的物质生活、观念形态情况。加之相关文物展览在美国巡行了差不多有一年，深深吸引了各方面的关注。最后一站，是在费城宾夕法尼亚大学博物馆，开了一次国际学术讨论会，主题是"重构丝绸之路"，与会的西方学者，几乎众口一词，给这批墓葬的主人，戴上了古代"吐火罗人"的帽子，感受与会代表的发言，似乎就可以这样做出科学结论了。

我在电话这头随意地说，电话那头的冯先生，听到这里，几乎不假思索地问："有什么政治倾向不？"提出了一个十分严肃、也必须思考的大问题。

本来，孔雀河青铜时代文化遗存，只是人类早期阶段的一个文化现象。中国西部地区，早期居民中有来自欧洲的吐火罗人，也并不令人费解。在欧亚大陆同一个地质板块上，早期居民东走西行，是完全可以理解的现象。对这一现象，从"丝绸之路"角度做出解析，也未尝不可。至少从学术角度，是可以探讨的一个历史问题，它与现实政治距离应该是比较远的。但实事求是地分析：仅据目前已获考古资料，说孔雀河水系内的青铜时代居民，就是吐火罗人，只能是吐火罗人，并不是很缜密、严谨的。有待解析、研究的问题，还有很多。并不能说它就是一个唯一的、不存在其他可能的结论了。如早在20世纪后期，黄文弼先生就对这一考古文化，提出过另一种并不相同的观点，认为它们是古代塞人的遗存，粗看，那也是持之有故、言之成理的。对这类早期考古文化现象，在未获比较充分的考古资料、能做出最后的科学结论前，就提出如是大的人种、民族结论，并广为宣传，它们背后的政治倾向，自然是可以深深究诘的。任何学术研究，都是现实社会中的学者在进行。学者，是社会中的人。研究、关心的问题，自然都有着倾向性。冯先生对这一现象的敏感，实际是与他对西域文明问题久长的、深刻的关心，密切关联的。在我说过自己对相关问题的一些分析后，他还是不忘提醒："应当向国学院领导说说相关情况，我们自己也应该加强对相关问题的研究。对这类学术问题，我们是应该、也可以更有发言权的。"随后，不放电话，他又介绍稍前接触的一个文化事件：某地，"发现了大量玉器，其上见到刻画文字，时代古老"；"这可是关系中国古代文明发展的大事，不能轻忽"。面对绝不是罕见的文物造假现象，各地盗掘成风的事实，学界也有人对相关文物持否定的态度，他却仍心有不甘，告诉我，他决定要在身体稍好后，亲自到现场去看看。"文物可以造假，遗址是难以造假的。"我希望他注意身体，毕竟已是近九十岁的人了。他也知道自己血压不稳、血糖偏高，但还是说，"待身体稍好点，一定要去，要弄清楚究竟是怎么一回事，因为，它们与中国古代文明关系太大了！"

这是刚刚过去的一件事，所以印象具体，也就说得稍细。这件事，就大概表现着我们接触的一般情形。浸透其中，若可触摸的就是其庸先生的爱国心、报国情。对一些稍大的思想文化问题，他是十分敏感，绝不放过的。这些事情，背后自然一点也不关乎个人的利害，牵动他感情、神经的，只是国家、民族的利益，是相关研究事业的进程。在与他差不多二十年的接触、交往中，涉及这类事，是常态。这实际显示着他最大的人格魅力，也是他最引人、最感人、最难以让人忘怀的地方。

1995 年，那时，我还在新疆，主持着新疆文物考古研究所的工作。当年 10 月，在由我主持、直接指挥、参与发掘的中、日尼雅考古工地上，发现并发掘了汉代精绝王陵，出土了不少既往未见，保存又十分完好的精美文物，尤其是大量丝织品，后来吸引了全世界人民目光的许多织锦、缂毛织物、地毯、铜镜、蜻蜓眼玻璃珠等，均为这次发掘所获。在编号为 M3 的精绝王墓中，以精绝王夫妇为例，随身丝织衣物即达二十六件，以锦或部分使用锦的高级丝织品就有十七件，保存基本完好。其中如"王侯合婚千秋万岁宜子孙"锦被，"五星出东方利中国"锦护膊，还有"安乐如意长寿无极""世无极锦宜二亲传子孙"等吉祥文字的锦料衣物，彩色仍然鲜丽。墓地中"王"字纹陶罐，出土时仍光可鉴人的龙纹青铜镜，女主人晕繝纹的毛织靴，戴三角形尖帽的人形图像毛毯，均为既往所不见。

作为东汉王朝属部之精绝王国的政治、经济生活景象，王族成员中相当深厚的汉文化素养，欧亚大陆上通过丝绸之路沙漠南道曾经展开的经济、文化交流情形，虽已流逝近两千年，却又通过这些文物，清楚展示在今人面前，这自然是十分有意义的考古成果。有一天夜里我去冯先生家，向他展示了相关图片。看过照片、听完我的介绍后，他十分敏锐地捕捉住了相关资料的历史文化价值，感受到了它们现实的文化意义，以平日少见的口气，明确嘱我，要用最快速度整理出一个报导文字，说明发掘经过，用大量彩色图片向国内外介绍这一成果。他会立即安排在《中国文化画报》上刊布。这一设计，在冯先生直接干预下，1996年顺利实现。大量巨幅彩色照片，清晰展示了发掘中所获主要成果。不仅让人们清楚感受到塔克拉玛干大沙漠深处的尼雅绿洲，当年奠基其上的精绝王国，作为东汉王朝属部与汉王朝权力中枢间十分密切的政治、经济、文化关系，史籍失载的和亲史实，也可清楚看到当年"丝路"南道在沟通亚欧各文明中心之间往来联系时，曾经承担过的使命。展示的是历史，呼应着的是身边的现实。其庸先生对中国文化深切的关爱，敏锐的思想，当断则断、雷厉风行的办事作风，在这件事情的处理过程中，给我留下的印象是十分深刻的。

西域，既是中国重要的西部边疆，也是唐代及其以前中国人民走向世界的主要门户，近代以来，又十分深重地感受到外国殖民势力的野心。这里高山、冰岭屏列，沙漠、戈壁纵横，广袤的草场、诱人的绿洲，满溢诗情画意。作为激情洋溢的诗人、秀眼独具的画家，冯其庸先生对西域大地自然是情有独钟、难以割舍的。因此，在紧张、繁忙工作之余，他曾多次进入新疆，不仅看高山大漠，更会在不同时段古城、古址的残垣断壁中寻觅历史的遗痕，感受汉唐雄风，缅怀戍边健儿们的献身精神，在他的许多诗文中，可以感受到对张骞、班超、法显、玄奘人格精神的追思，对细君、解忧、冯嫽的景仰。

我这里只以玄奘为例，说说其庸先生让人不能忘却、不同于常人的心境。玄奘是唐代虔诚的佛教徒，在佛教信仰弥漫、人们多以佛学为精神依归的隋唐之际，他深感"经有不同，义有所缺"，在"遍谒众师、备飡其说、详考其义"后，还深感不同宗派"各擅宗途"、"莫知遵从"。国内既已无法求解，为寻求佛学真谛，寻求心目中的真理，只能西行，以问所惑。在出玉门入伊吾的途程中，饮水翻覆，"四夜五日无一滴沾喉"，几乎命丧沙碛，但却怀抱不求真经，誓不东移一步，要尽自己的努力普度众生于迷途的决心，孤身只影坚持西行。前后历二十年，最终取得梵文佛教经典六百五十七部，载象东归，实现了宿愿。其庸先生痛感现实生活中普遍存在的寻求物欲享受，缺失精神追求的不好倾向。决心要从玄奘的事迹中，吸收文化营养，要让人们从他为探寻真理不怕吃苦、不怕牺牲的高尚情操中，以时代需求为天责的奉献精神中，汲取到营养。因此，他曾三上葱岭，探寻玄奘东归之路。最后在明铁盖竖立起玄奘东归之路碑。目的只在激发人们，尤其是肩承文化传承的知识分子们，要从玄奘的身上汲取历史营养，以追求民族、国家之前途为己任，修炼自己成为时代的精英，成为民族精神的脊梁。

与帕米尔立碑壮举相通，是他不惧艰险，在八十三岁高龄时的罗布淖尔探险之行，这也是与弘扬玄奘精神相关的一次活动。他在 2005 年 9、10 月中，自库尔勒，入伊循，纵穿罗布淖尔湖盆，探汉楼兰，跨白龙堆，过三陇沙，最后东入玉门关。这自然是并不容易的艰苦之旅。其庸先生当时身体并不太好，医生也不同意他远行，家人也不放心他如是履险。但他却矢志不移，要以这一行动唤起世人对玄奘取经之路的记忆，希望用个人行动昭示人们，在生活中，在社会上，有比简单的、并不难获取的物质享受更高尚、更值得寻求的精神事业在。他希望用自己的行动，利用现代媒体的力量，更实在的向人们展示不朽的玄奘精神。从这一计划设计，到具体实施，我都是亲身参与、同行在途的。一路上，荒漠、盐滩相继，沙漠、雅丹纵横。没有人、没有树，几乎是一片死亡的世界。两汉时曾经名闻远近，牵动无数家庭安危之念的楼兰、伊循、白龙堆、罗布淖尔湖，已化为废墟、废址，桑田绿洲化为了沙海，身履其境，自然多有令人有不胜今昔的感慨。它们后面可资汲取的历史文化，环境保护等诸多方面精神养分，是难以尽说的。这种感受，可以带给人们心灵深处的震撼，也无法简单显之于笔墨。这些惊天地、泣鬼神的巨变，有自然的因素，更与人类自身的各种活动有关，人类不知抑止的、无尽的物质追求，超越了环境可以承受的"度"，事物会走向反面，可以由此吸取的历史教训，是怎么估价也不为过的。

其庸先生在以八十三岁高龄、经过种种困难艰苦后，迈进玉门关，步入敦煌城时灿烂的、感人的微笑，至今仍深刻在我的记忆之中。这些感受，是只重物质追求的人们，永远也不能得到的。

也就是在穿越罗布淖尔湖盆的过程中，曾有一次激动人们心灵的大"餐"，至今，也还会不时跃动在眼前，难以忘怀。

跨越罗布湖盆，礼拜过楼兰故都后，扎营在了白龙堆畔一处盐滩上。这是 2005 年国庆节的晚上。简单晚餐后，我和荣新江、罗新、朱玉麒、孟宪实等友人，会聚到了其庸先生的身边。其庸先生这天也是十分兴奋。情不自禁告诉我们，他和季羡林先生向中央领导呈报的设立国学院的大计，已迅捷得到了批复，决定要在中国人民大学设置国学院。他强调说，"我们的国学，是大国学，""是包含了所有兄弟民族优秀文化在内的中国学问。""一个国家、一个民族，它的精神支柱，就在其传统文化之中，""我们的传统文化中，有很优秀的、富有人文精神的精华，它已凝结在了中国人民的血脉骨髓之中，这是中国人所以为中国人、中华民族所以为中华民族的最为本质的一点，是它的灵魂，对这些优点，要在新的时代，用新的方法，认真总结、提炼、发扬，""这样做，不仅会为中华民族的精神支柱提供新的养分，而且可以为建设 21 世纪的人类新世界作出奉献。"他动情地说："长时间中，对真正做学问的学者，他是一直怀有敬畏之心的。""现在，可以有一方园地，团结一批学者，认真研究。一步步，逐渐改变国学研究的风气了"，"学风变化，是可以影响社会风气的。"他十分激动、又十分认真的说"西部地区，一百多年来，一直是外国殖民势力觊觎的地区，我们一定要加强研究。"大家在其庸先生亢奋的精神感染下，也都畅述所思所感。那一夜睡得很晚，几乎可以说是一个不眠夜。冯先生对国家、民族精神文化建设的关心、追求，对西部边疆的关心，那种老年人少见的激情，至今仍在眼前浮动，难以忘却。就在这次长谈后不久，在中央高层领导的直接关怀下，在中国人民大学，如期设立了国学院，在国学院内，特设了"西域历史语言研究所"，重点关注对藏学、西域、蒙古学的研究。这是一个全新构想的事业，凝集着冯其庸先生对认识、研究中国文化的新思路。在中华民族文化的研究中，它会是一个新起点，其深远影响，会随时代发展而彰显新的力量。罗布淖尔考察后不久，中国人民大学成立国学院的大事，昭示于新闻，全国、世界关心中国文化建设的人们，为此受到鼓舞。冯其庸先生，义不容辞地担任了国学院首任院长。为它的擘划、设计，人才引进，倾注了全部力量。

这是近几年与冯先生接触中，记忆较深的几件事。主要是他关注西域历史文化研究过程中的几个细节。其庸先生学问博大，成就丰硕。他精于红学，擅诗能画，书法享誉学林，要绘出其庸先生的形象，只取"西域"一环，自然是远远不够的，这不过只是他学术研究生涯中未显重要地位的一角。但细微之处见精神，冯先生忧国忧民的情怀，以天下为己任的气度，广阔的学术视角，勤奋、刻苦、不畏艰难的献身精神，这种种，从他关注西域文化研究的上述几个细节中，是可以亲切感受的。

有时，一杯清茶在手，看着窗外百年老榆，会生发玄想：一个国家的文脉，优秀的民族精神，能长盛不衰，与这样一些坚持努力、不弃不休的知识老人的长期奋斗是存在关联的。环顾四周，这样的人真还不少，这让人感到了信心。中华民族的振兴大业，是可期可待的。

祝福其庸先生健康！

2011 年 6 月 3 日草于旅途

长亭一曲路三千

——冯其庸先生的西域行与军旅情

[屈全绳]

世界屋脊帕米尔高原，是一方记录着中华民族文化先驱足迹和生命光辉的净土。20世纪90年代，一位老人在这里翻开尘封的历史遗迹，把先贤们创造的求索境界延续到今天。

一

1995年8月，一位追寻玄奘法师回归古道的七十一岁老人，在海拔四千三百米的别迭里山口告别边防官兵后，又登上海拔四千九百米的红其拉甫山口。在史称葱岭的帕米尔之巅，陪同上山的医生、护士和边防官兵，搀扶着呼吸急促的老人，眺望跨越时空的丝绸之路，环视冰封雪裹的嵯峨云峰，期待老人梦寐以求的愿望早日在脚下实现。

1998年8月，老人第二次登上帕米尔高原，终于在四千七百米的明铁盖山口，找到了玄奘法师取经东归入境的古道。应明铁盖哨卡官兵的要求，激动难遏的老人，忍受着氧气稀薄的煎熬，用一根削尖的木棍，在哨卡营房内墙壁上，吃力地刻写了这个具有历史意义的发现和时间。

2005年8月15日，老人以八十一岁高龄，在边防官兵的帮助下，再次登上明铁盖山口，与中央电视台、喀什市政府勒石立碑，镌记玄奘法师归国入境之古道。

这一重要发现，使丝绸之路上的又一个千古之谜得到破解，为痴心西域历史文化纵深研究的人们，找到了一把开启学术视野的新钥匙，引起海内外学界的普遍关注。令人由衷起敬的是，为了找到玄奘法师归国入境地点的确切答案，这位老人竟然历尽千辛万苦，在二十年内十进新疆，三上高原，在西域研究史的漫长道路上留下了永远消失不掉的足迹。

这位华发皤然的老人，就是当代鸿儒——国学大家、红学名宿冯其庸先生。

二

受唐人边塞诗词意境的影响与玄奘法师西天取经事迹的震撼，冯先生对西域壮伟雄浑的风光和玄奘法师追求佛典精义的勇气，自幼心慕，未有穷已。玄奘法师"乘危远迈，杖策孤征"的胆识，百折不挠、万死不辞的精神，让冯先生百般感慨："为学若能终身如此，则去道不远矣！为人若能终身如此，则去仁不远矣！"然而时不遂人，直到年逾花甲，冯先生才有机会走进新疆，触摸天山，登临昆仑，放眼草原，在四顾无涯的浩渺瀚海中，感受西域地貌的神奇变幻与丝绸之路的历史沧桑。

冯先生是在追求真理的精神支撑下登上帕米尔高原的。高原的奇特风光让冯先生流连忘返，哨卡的艰苦生活让冯先生深为感动。官兵们视冯先生为罕见的贵宾，给了最大努力的接待。曾经陪同冯先生登上哨卡的塔什库尔驻军政委张胜权告诉人们，冯先生一路上讲得最多的话是"我们的战士真了不起，他们的牺牲奉献是金钱无法计算的"。看到哨卡上悬危峰、下临深谷、据险而守，冯先生赞叹不已。高扬的国旗，庄严的国门，矗立的哨楼，威武的哨兵，坚毅的目光，发紫的嘴唇，……都使冯先生充满深深的敬意，手中的照相机常常久举不落。边防官兵的炽热情怀，让冯先生忘记了高寒缺氧的不适，他一边询问战士们的戍边情况，一边和大家合影留念。现在，这些蕴含着文化信息的照片，已经成为高原哨卡军史室里永远珍藏的历史瞬间。

"明铁盖"一词来源于柯尔克孜语，意思为"一千头公山羊"。当年波斯商贾的千只羊群和驼队就是在这里被冻死的。明铁盖山口在民国时期就已建卡设防。我军接防六十年来，官兵用青春和生命戍守防地，用赤胆忠心谱写壮歌。在与驻地牧民长年交往中，他们从中听到许多关于丝绸之路的传奇，像唐僧取经翻越明铁盖达坂的故事，就是一位有着八年军龄的川籍老兵从牧民那里听到的。精诚所至，金石为开。正是捕捉到这个被湮没于"生命禁区"的沉默信息，终于让冯先生实现了寻找玄奘法师取经回归入境地点的愿望。二十年的沧桑经历，冯先生终生难以忘怀，更让他感动的，是军队对文化建设的重视，是军人对民族历史的崇敬，是边防将士无私奉献的可敬可爱。当天中午，这位川籍战士用哨卡储备的罐头和从山下运上去的白菜、土豆，为冯先生一行做了一顿川味十足的午饭。尽管没有山珍海味，但这顿午饭让冯先生至今回味无穷。

2002 年，冯先生在瑰集他的西部摄影作品《瀚海劫尘》大型图集中深情地写道："我们的部队首长和战士们对文化和艺术工作这样的热情，这是非常难能可贵的一种精神，自当书之竹帛，以垂永久！"

三

1993 年 9 月下旬，我在南疆军区任政委期间，经吐鲁番军分区邢学坤政委介绍，有幸与这位古道热肠的文化老人相结识。虽然这是冯先生第四次到新疆考察，却是第一次造访南疆军区机关驻地疏勒县。疏勒曾是西域的文明古国，以往常有学者到此考证，但像冯先生这样德隆望高的大学者还未见到。得知冯先生要来南疆军区小住并就近考察，我特别叮咛机关的同志要精心安排，务必保证年届古稀的冯先生疏勒之行安全顺遂。当时，南疆军区刚从撤销中恢复建制，工作头绪多，接待条件差，我很担心照顾不好冯先生。但经过几天的接触，我发现冯先生确实是一位痴心工作、淡泊生活的老人，住房不择铺，吃饭不挑食，坐车不怕颠，言谈举止平易随和，很容易和大家相处。有时我就《红楼梦》中一些弄不清楚的情节和诗词向冯先生请教，每次都能得到深入浅出的解答。

疏勒的秋夜，繁星缀天，月光泻地，偶尔传来一两声远处的犬吠，才使人意识到身处尘世。我连续几天陪冯先生月下漫步。冯先生的人格魅力，丰富阅历和渊博知识，常常让我忘记老人已过古稀之年。有一次谈到考察工作的进展情况时，老人动情地说："我对军队有一种割舍不断的感情，我到新疆考察，解放军是我的依靠，每次都得到军队同志的帮助。军队有编写兵要地志的好传统，有些历史遗迹、历史事件，地方志写的不清楚，也很少有人知道。但部队的兵要地志有记载，这对我的实地考察帮助很大。

我们这些上了年纪的人，再过几年就跑不动了，现在总想抓紧时间多做几件事啊！"他恳切地希望军队的同志能继续帮助他实现宿愿。听着冯先生的肺腑之言，我暗中为之动容。我告诉冯先生，请他老人家放心，一千多年前的麴文泰能帮助玄奘法师到西天取经，我们一定会比这位高昌国的国王做得更好。当天晚上我久久不能入睡，联系这位学术界巨擘的晚年追求和治学精神，我更加相信，虽然岁月的车轮压碎了丝绸之路上的片片绿色，滚滚的黄沙掩埋了往昔的声声驼铃，但祖国西域的历史文明绝不会是过眼烟云，在中华民族复兴的大道上，一定能绽放出新的光彩。

库车是古龟兹国的故地，库车驻军是我曾经工作过的老部队。我曾在一首诗中写道："龟兹老城旧戍楼，古道飞尘草木秋。将军策马登高处，英姿不让定远侯。"当冯先生了解到我的这段经历后，曾几次同我谈到他在库车的感受。冯先生告诉我，龟兹是玄奘法师为之倾倒的佛教圣地，当斯坦因及其以后的西方文化强盗掠夺龟兹文化瑰宝时，晚清政府没能保护，民国政府没能保护，只有解放军进驻库车后，这些文化遗迹才没有遭到更大的破坏。库车驻军某部师长房峰辉对历史文化的热爱，给冯先生留下了很深的印象，在房师长的精心安排下，几名了解龟兹历史和驻地文化遗迹的干部，自始至终陪同考察。冯先生早出晚归，在昭怙厘寺残留的文化符号中，捕捉钟磬长鸣的天竺余音；在克孜尔千佛洞的千年尘埃中，寻觅玄奘法师消失的足迹，常常为中华民族的古老文明感动得不能自己。考察期间，库车地区千姿百态的奇峰异岭，也给冯先生留下了极为深刻的印象。他曾在一首诗中写道："看尽龟兹十万峰，始知五岳也平庸。他年欲作徐霞客，走遍天西再向东。"后来我才知道，就是这个当年西域政治文化中心的龟兹故地，竟使冯先生不辞辛劳地去过六次。

按照行程安排，冯先生的下一个考察地点是和田地区。考虑到两千里路的长途劳顿，出发前的头天晚上，我安排冯先生早点休息。但冯先生却提出，想给我们留几幅字画，说完让助手到他房间去拿，我陪同冯先生到书房小坐。不一会助手抱来了上十幅书画作品，几位同志迫不及待地展卷欣赏，但见每幅作品都是整张宣纸，内容多为唐朝李颀、高适、岑参等边塞诗词大家的名言佳句。我虽知道冯先生的书画早已蜚声学界，但目睹冯先生的墨宝真迹尚属首次。

冯先生不但擅书画，而且工诗词。看看冯先生尚无倦意，我便把自己几首学步之吟捧上，冒昧请冯先生赐教。冯先生看了几遍之后，立即表示要将其中的《阿拉山口边防站夜咏》一首写成书法作品，这使我大喜过望。我的这首诗写道："大风蔽日卷寒云，石走沙扬暮色昏。龙城飞将今又是，熊罴岂敢窥国门。"我知道这首诗不合平仄，乏善可陈，但冯先生却勖勉有加。说完展开宣纸，饱蘸浓墨，悬肘沉力，一幅六尺大张的书法作品一气呵成。这一刻，我对"力透纸背"、"入木三分"的古论，有了不曾有过的理解。令人遗憾的是，这幅墨宝连同冯先生馈赠的水墨葡萄，在我调往北京的途中，不知被哪位未曾露面的收藏家窃为己有了。

四

新疆师范大学西域文史研究中心主任朱玉麒教授，曾多次陪同冯先生考察，最近又给我寄来了相关资料，让我进一步了解到冯先生当年对于圆古国、尼雅遗址的关注与向往。其实，冯先生在同我几次聊天中，已经透露过他的心愿，因此，我提前给和田军分区雒胜政委打了招呼。

九月的和田，天高云淡，风清月白。1993 年 9 月 27 日，雒胜同志亲自陪同冯先生一行，到墨玉县参观八百多岁的梧桐树、五百多岁的核桃树和三百多岁的无花果树。看到被誉为"树王"的高寿大树和满架倒挂、体硕若斗的葫芦，冯先生足足照了一个胶卷。晚饭后冯先生伏案作画，一连画了七八张水墨葫芦。在洛浦参观于圆古国遗址那天，正值农历八月十五，冯先生即兴为洛浦县人武部政委来光礼赠诗一首："万里相逢沙海头，一轮明月正中秋。殷勤最是主人意，使我欲行还想留。"离别和田时，冯先生又依依不舍地给雒胜政委赠诗一首："与君相见昆仑前，白玉如脂酒似泉。莫负明年沙海约，驼铃声到古城边。"从此，冯先生与雒胜同志成了超乎寻常的忘年之交。

1995 年 2 月，我由南疆军区政委调任总政治部宣传部部长，原来约定陪同冯先生到帕米尔考察的愿望无缘实现，但冯先生却没有负约。是年 8 月，在南疆军区李新光参谋长的精细安排下，冯先生终于踏上了帕米尔高原的崇山峻岭。从帕米尔考察归来，冯先生直奔和田，打算沿着塔克拉玛干沙漠南沿向东考察，弄清楼兰古城遗址和瓦石峡古城遗址的确切位置。

刚刚从高寒缺氧环境中走出来的冯先生，见到分别两年多的雒胜同志，高原反应留下的后遗症顿时消失。晚饭还未吃完，冯先生便想写诗表达两人重逢的心怀。服务员一时找不到宣纸，雒胜同志便让妻子取下脖子上的白丝围巾，请冯先生赐墨。冯先生乃性情中人，看到雒胜夫妇十分诚恳，未加推让便提笔写道："三年离别意如何，重到昆仑白发多。痛饮狂欢趁今日，明朝万里又征驼。"雒胜收起这幅名副其实的"帛书"，与冯先生紧紧相抱，激动得热泪不止。十天之后，在雒胜同志的亲自护送下，冯先生完成了两处遗址的考察任务，在且末县与雒胜惜别。分别时冯先生拿着旅馆一张便笺对雒胜说："我每到一地，都受到军队同志的照顾。这次雒政委又长途颠簸，千里送我，我实在过意不去。昨天晚上睡不着，很想给你留几句话。找来找去找不到笔墨，就把诗写在这张小纸上，给你留个纪念。"诗中写道："相送楼兰古国前，长亭一曲路三千。多情最是胡杨树，泪眼婆娑在路边。"雒胜捧着饱含深情的诗稿，望着扬尘远去的汽车，再一次被冯先生的军旅情怀所感动。

五

白云苍狗，岁月如流。当我再次拜访移居北京通州芳草园的冯先生时，我已奉调到成都军区工作。看到阔别十三年的冯先生依然精神矍铄、身板硬朗，我的担心烟消云散。我详细询问了冯先生在明铁盖山口立碑的情况，对先生的贡献表示由衷的祝贺。看到门外停满汽车，还有七八位客人排队要见冯先生，我没有久坐。告辞时我把解放军出版社刚刚为我编成的两本诗集初稿留下，请冯先生拨冗指教，并写一小序。大约半个月后，冯先生让助手任晓辉转告我，序已写好，很快寄出。冯先生的序以《铁马金戈入梦来》为题，对我的学步之吟给予充分肯定，赞其为新边塞诗。在序文中，冯先生视我为"下笔千言，放怀长吟而且动人心魄的诗人"，并在序尾题诗两首。其中一首写道："昆仑一别十三年，又到诗城拜杜仙。怪道诗思清似水，原来心底有灵泉。"这使我至今心虚神惊，愧不敢当。尤其令我感动的是，冯先生还特意让助手任晓辉买了一本《诗韵合璧》，亲笔题签赠我，希望我在把握平仄韵脚上更进一步。在冯先生的抬爱与指教下，我的《关山远行集》《关河远望集》《关塞远思集》虽然已经出版发行，但冯先生为之付出的心血和智慧，将永远激励我继续向前迈步。

　　近几年，因为组织编撰《汉藏交融——金铜佛像集萃》一书，我同冯先生的来往更为频繁。在深入接触中我才知道，原来冯先生的军旅情结由来已久。冯先生告诉我，1949 年 4 月 22 日，解放军突破国民党军队的江阴防线，傍晚已经兵临无锡。当时冯先生明里是中学语文教员，暗里却是党的地下工作者。无锡解放的第二天，冯先生便满怀激情，携笔从戎。部队领导同志了解他做过地下工作，又是中学教员，便把他分配到苏南行署，协助地方党组织建立政权，组织集会，书写标语，宣传群众。年轻的冯其庸先生一身戎装，英姿勃发，虽然每天忙得顾不上按时吃饭，但却兴奋不已，夙夜在公。可过了不长时间，部队领导却通知他和另外几名入伍前当过教员的战士，分别到几所中学工作，任命冯先生为教导处副主任，兼授语文，同时继续协助政府做好群众的政治思想工作。

　　壮怀激烈的冯先生穿着解放军军装在中学里踏踏实实地工作了两年多，但最终还是没能实现随军南下、驰骋疆场的志向。在当地政府和所在学校的强烈要求和再三挽留下，部队领导只好让他就地转业。1954 年 8 月，冯先生又被调到北京中国人民大学任教，从此就长留北京。

　　时光悠悠，沧海桑田。五十多年来，三尺讲台成为冯其庸先生毕生奋斗的岗位，军旅情结凝聚着冯其庸先生难以释怀的眷恋。

2010 年建军节前夕于成都解甲楼

——发表于 2010 年 9 月《文景》第 68 期

抒性寄情大西北
——学习冯其庸教授西域诗词的一点体会

[柴剑虹]

自 20 世纪 80 年代中开始的二十年间，冯其庸教授以古稀、耄耋之年十赴新疆，涉瀚海，访楼兰；追寻玄奘西行东归古道，登达坂，逾古堡，在获取了珍贵的第一手资料、开拓文史研究新天地的同时，也写下了许多瑰丽的西域诗篇。据近期正在编集的《冯其庸文集·瓜饭楼诗词草》约略统计，这些写大西北的诗词有九十余首，内容几乎遍及西域的山川胜景、古城遗迹、风物人情，堪称当代新西域诗词的典范之作。

熟识冯老的朋友都知道，冯老是豪爽、直率的性情中人，他的西域诗作同样文如其人，风格鲜明：抒山水性灵，灵气通篇，栩栩如生；寄西北情愫，豪情满怀，感天动地。试简述笔者初步学习后的一点体会。

据冯老自述，他在十四岁少年时代读了岑参等唐代诗人描写西域风光的诗，大为惊异，"从此在我的心里就一直存着一个西域"（参见《瓜饭集·〈瀚海劫尘〉序》）。这种心里的梦境萦绕了半个多世纪，终于随着他 1986 年首次新疆之行而逐渐与真实的西域风情完美地融为一体，不断地从他的笔端流出，化为壮美的新诗篇。真是梦里寻她千百回，一旦亲临，如睹仙境，又恍如梦境，"到此几疑身是梦，一声低吟万峰同。"（《题画》，2003）因此，寻梦成真，真景似梦，"廿载辛勤觅梦痕"（《题玄奘法师尼壤以后归路》，2009），又寄情于梦，就成了冯老西域诗词的一个显著特色。他描述新疆考古是"瀚海沧桑觅梦痕"（《赠王炳华》，2002）；身临天池"疑是浮槎到月宫"（《天池》，1986）；题西部摄影集云"天荒地老梦痕多"（《自题大西部摄影集〈瀚海劫尘〉》，1994）；他居然在天山深处海拔四千米的巴音布鲁克感悟到苏东坡"梦绕千岩冷逼身"的诗境，乃至近年因病体无法再度西行，却仍然梦回西陲："三年病榻卧支离，想到西天惹梦思"（《病榻》，2008），"流沙梦里两昆仑，三上冰峰叩帝阍"！（《梦里》，2009）连画葡萄也在品味着"万里龙沙一梦痕"（《浣溪沙·题设色葡萄》，2008）。读冯老的西域诗，读者每每会被带进如痴如梦的境界，感受到难以言喻的朦胧之美。

冯老西域诗词的另一个特色是他笔下的西北山水富于灵性，无论是白雪皑皑的博格达冰峰，还是碧波荡漾的天山瑶池，不管是怪石嶙峋、五彩斑斓的龟兹层峦，抑或历经沧桑的玉门、阳关遗址和交河、高昌、黑水故城，乃至寸草不生、鸟兽绝踪的浩瀚沙漠，他都满怀深情与之对话、交流，倾崇敬之心，诉仰慕之情。仿佛他面对的都是久违的挚友，是可以托付终身的至爱亲朋。在他看来，这山山水水、戈壁大漠，都孕育着生命，都蕴含着灵性，"此去藐姑无太远，他年继马到阆风"（《题画》，2003），"为问苍苍高几许，阆宫尚有未招魂"（《梦里》，2007），上天山，登昆仑，可以结识更多的仙友；"对茫茫瀚海、问苍天，浩劫几千秋"，"我到流沙绝域，觅奘师圣迹"（《八声甘州·赠丁和》），涉流沙，越瀚海，可以沐浴历史风云，聆听前贤心声，充实自己的生命历程。与赋诗同时，冯老还创作了许多幅色彩绚丽的西域山水画，拍摄了上千幅构思奇巧的西域风貌照片，诗、画、影相映成趣。冯老曾有诗句评饶宗颐先生书画云："赋得山川灵秀气，飞来笔下了无尘。"又称赞年轻摄影家丁和的西域作品"终尽把、山川灵秀，珊瑚网收"（《八声甘州·赠丁和》），亦可谓是夫子自道。

"千回百折求真实，不取真经不返程。"（《题玄奘西行》，2006）玄奘精神是激励冯老不顾年迈体衰仍发愿西行，跋涉瀚海、攀登雪原的强大动力。为此，他立下宏愿："纵千难万险，九死不回头。"（《八声甘州·赠丁和》）面对雄伟壮丽的西域山川，他豪情满怀，视罗布泊沙丘、沟壑和高寒缺氧的帕米尔高原为坦途，沐火焰山热浪、白龙堆狂飙为和风，故而"危途险峰，历巉岩，犹似御轻骖"（《八声甘州·赠丁和》）。他的许多西域诗作，都是在千辛万苦的跋涉与千钧一发的探险中吟就的，但篇篇都散发出高亢激昂的乐观情绪，没有一丝一毫的低沉、退缩之意，也没些许的矫揉造作。"千山万水不辞难，西上疏勒问故关。遥想当年班定远，令人豪气满昆山。"（《到喀什宿疏勒》，1993）我曾在1995年夏和冯老一同考察拜城的克孜尔石窟，当时因道路不畅，凌晨从吐鲁番出发，颠簸近18个小时，半夜时分才到达克孜尔，第二天清晨，当许多人还在客房酣睡时，冯老已经精神抖擞地在窟前架好相机，专心捕捉却勒塔格山的晨曦旭日了。"满目山河增感慨，遍身风雪识穷通。登楼老去无限意，一笑扬鞭夕阳中。"（《风雪中登嘉峪关城楼感赋》，1990）"老来壮志未消磨，西望关山意气多。横绝流沙逾瀚海，昆仑直上竟如何？"（《拟去喀什，登昆仑山感赋一绝》，1993）他的许多西域诗作，正是这种豪迈气概和乐观精神最生动形象的体现。

冯老对西域山川的一往情深，除了源于他从小就培育起来的对大自然的热爱之外，也来自他对祖国大西北的衷情，来自他对开发大西北重要意义的深刻认识。1986年9月，他第一次到新疆，在新疆大学讲学后去天池游览，去吐鲁番、吉木萨尔、库车参观考察，就建言"开发大西北"，坚信"研究我国西部地区的学问——我叫它作西域学——也一定会大发展"，乃至萌发了要有较长时间到新疆从事教育工作和文史研究的意愿（参见《瓜饭集·西域纪行》一文）。由于热爱，他对西域山水百看不厌，常看长新，有特别敏锐的感受和鉴赏力。如他第一次到库车，就由衷地感叹："看尽龟兹十万峰，始知五岳也平庸。""平生看尽山千万，不及龟兹一片云！"（《题龟兹山水二首》，1986）过了七年再到库车，他又赞许"重来更觉山水妍"（《题龟兹》，1993）。后来，他又从中提炼出神州山川各有风格特色的道理，并用于绘画创作之中："看尽江湖十万峰，昆仑太白俱不同。名山也忌千人面，卓立风标自为雄。"（《题画》，2008）而祖国大西北对形成多元一统、和而不同的中华文明的作用却是不可低估的。他西行寻积石河源，想到的是"中华文化五千载，要由此水来灌溉"（《积石行》，1991）；他赠诗勉励驻守西部的军旅友人要超越汉将霍去病，"胸中百万种经略，指上三千汉孔明。华夏中兴逢大势，男儿誓不负平生。"（《赠房峰辉将军》，2000）九年前，冯其庸画展在中国美术馆举办，著名书画家徐邦达先生赋《木兰花慢》词相赠，冯老依原调次韵，下阕即云："边荒。仰望奘师，寻前踪、誓徜徉。万里尽龙沙，昆仑壁立，古道斜阳。十年七度来往，见汉唐旧业尚相望，千仞振衣欲呼，尽开大漠边疆。"这也为我们学习和理解冯老的西域诗词提供了一把金钥匙。

2010年10月8日完稿

（此文为2010年10月16日在中国人民大学国学院举办的"国学前沿问题研究暨冯其庸先生从教六十周年国际学术研讨会"上的发言）

重走玄奘之路

——陪同冯其庸教授西部考察记

[任晓辉]

今年秋初，我陪同中国艺术研究院前副院长、红学专家、现中国人民大学国学院院长冯其庸教授两度赴新疆考察，得以近距离与先生朝夕相伴，透过作为大师级专家的言谈举止，感受先生的博大精深。当我们共同漫步祖国西部流沙大漠，观赏龙堆阵列，陇沙横排的巍峨壮观景色；当我们一道登临帕米尔高原，面对雪峰接天，白云触地的西域自然风情；当我们同宿一顶帐篷，聆听先生缜密厚重的学术见解；当我们共赏天涯皓月，体悟先生平和深邃的学养识力，无处不觉面对大家时才有的开愚启钝，虽风尘仆仆二十余日，实令人终生记怀，受益多多。

山口立碑

2005 年 8 月中旬，中央电视台组织专家进行大型文化考察活动，重走"玄奘之路"，冯其庸先生被聘为总顾问。活动的第一站是到玄奘当年入境的明铁盖山口为玄奘立碑，以给子孙后代留下永久追思的纪念。该山口位于中国和阿富汗、巴基斯坦边境，海拔约四千七百米，是先生经多次实地调查考定的。8 月 13 日队伍集结喀什，得到了当地政府领导的大力支持，为我们做了精心的准备，当晚在葡萄果园为我们壮行，具有浓郁维吾尔族风情的歌舞盛宴，令人沉醉。次晨，喀什市领导陪同我们一道乘车驶向二百九十公里外的塔什库尔干。谁知车刚驶出疏勒，行不过二十公里，一股泥石流已从右前方漫过路面，路左侧已成小"瀑布"。司机讲这在南疆是常事，一夜小雨过后，先还干涸的河床，转瞬就会涛声阵阵，我们的头车一个不小心，车轮已滑离路面，一半浸在水中。待挣扎出来后，前盖和车体已进水，后续车辆小心翼翼涉水而过，早已惊出我们一身冷汗，且心有余悸。反观冯先生却处之泰然，因先生此前已八进新疆，早已熟惯了这里的急流险滩，适时赋诗一首鼓舞士气：

洪水滔滔失要津。千峰壁立上昆仑。
平生不怕风波险，要从险处见精神。

其乐观通达如是，略可一见。

午间我们在卡拉库里湖稍事停留，天公作美，昨日还是微雨蒙蒙，今已化作天高云淡，湛蓝的天空，清澄的湖水，三座著名的雪峰：有"冰山之父"美誉的慕士塔格峰、公格尔峰和公格尔九别峰倒映水中，水仰山姿，峰沉湖底，白云朵朵，触手可及，对摄影爱好者来说确是难得的好天气，大家赶快架机拍摄。因急于前行，我们只吃了几块瓜和馕，便匆匆惜别上路。

傍晚前赶到塔什库尔干县城，即古书记载的著名的"石头城"所在地。玄奘法师当年回国，至此停二十余日。《大唐西域记》载："朅盘陀国，周二千多里。国大都城，基大石岭，背徙多河，周二十余里。山岭连续，川原隘狭，谷稼俭少，菽麦为多，林树稀，花果少。原湿丘墟，城邑空旷。"描述精确。今天所见，古城下临塔什库尔干河谷，建在起伏的岗峦上，其地南北高中间低，自西向东倾斜，城亦因势构建，略不规整，目前保留得最完整的是古城基上复建的清代"蒲黎厅城"，墙垣清晰可见，其下河谷开阔，适于游牧，至今仍是塔吉克族繁衍生息的福地。因日暮降临，游未尽兴。

8月15日，天刚亮，我们便整装出发。沿塔什库尔干河，山路崎岖，沙石遍地，不时见旱獭出没。午间方摇晃到边防连用餐，1998年时先生曾来过这里，边防战士已换了一批又一批。这里海拔早在四千米以上，几个小伙子出现了头痛恶心等高原反应。午后继续沿河谷穿行，驶向帕米尔高原深处。因道路坎坷难行，崇山峻岭中，我们和装载石碑的卡车迷了路，岔到边境线附近的另一个边防连，幸哨兵挡住了去路，问明情况后方折返探路，曲折找到了目的地——明铁盖达坂山口。石碑在哨所战士的协助下，于 2005 年 8 月 15 日傍晚，矗立在四千米的明铁盖山地上。揭去覆盖的红绸，正面是先生亲笔题写的碑文"玄奘取经东归古道"，背面书云：

> 一九九八年八月廿五日岁在戊寅，冯其庸、朱玉麒、俞明理等，考察玄奘取经归国古道，至明铁盖达坂，得以确证。
> 二〇〇五年八月十五日岁在己酉，中央电视台大型文化考察活动《玄奘之路》考察至此，特立此碑，以志纪念。
> 中央电视台　喀什市人民政府　二〇〇五年八月　敬立

望着这块夕阳映照下的丰碑，先生露出了欣慰的笑容，尽管已经历一整天的奔波劳顿，仍高声朗诵了专为此碑树立而作的三首诗，其中一首云：

> 万古昆仑鸟不穿。孤僧杖策拨云烟。
> 一千三百年前事，凭仗丰碑证旧缘。

回顾这条古道的发现，先生更是感慨良多。早在先生少年时，就已读过《大慈恩寺三藏法师传》，及后又研读了《大唐西域记》等著述，对玄奘历尽艰辛，排除万难，抵达西天印度，刻苦求学十七年，终于取得辉煌成就返回祖国，而后译经不辍，终其一生，无比钦佩。玄奘法师的这种坚忍不拔的毅力，矢志不渝追求真理的执著精神，深深感染了先生。最近二十年，先生在研红治学之余，不顾年迈，十进新疆，跋山涉水，几乎把玄奘取经之路由去而返的国内路段走了一遍，有些路段更是反复查考。须知，新疆幅员辽阔，沿途有些路段条件恶劣异常。古今地理状貌的变化，也使确定玄奘法师当年西去东来的地理行进路线难上加难。如罗布泊、楼兰等，唐时已成荒芜，今越千载，早已踪迹难寻。但功夫不负有心人，在 1998 年 8 月 25 日，先生七进新疆时，终于找到了玄奘回国时的入境山口，就位于沿"瓦罕通道"蜿蜒东下帕米尔高原的明铁盖达坂，其沿途风貌、地名传说，如"波谜罗川（帕米尔）"、一千头羊的故事、公主堡、揭盘陀等与《大唐西域记》所记完全吻合。先生积疑冰释，自谓平生快事无过于此，当即有报告《玄奘取经东归入境古道考实——帕米尔高原明铁盖山口考察记》将此一发现公之于世，其时轰动国内外文化考古及宗教佛学界。先生欣慰之余亦时刻萦怀，直到整整七年后，先生亲自选址，亲撰碑文，亲自指挥将高一米半，重五百公斤的石碑树立之后，方觉释然。那晚虽由山口返回塔什库尔干县城已至午夜，高原反应强烈的几个人，已经头痛难忍，呕吐不止，只得打针吃药提前下山。而先生仍精神饱满，神态安详，最奇怪的是血压，不升反降，众以为奇。先生以前曾有一首诗：

老来壮志未消磨。西望关山意气多。
横绝流沙越大漠，昆仑直上竟如何。

恰好真实地抒发了他的壮怀。

楼兰情结

玄奘取经东归，在进入国境到喀什后，原想走丝绸北道，经高昌国以赴离境前与高昌国王麴文泰的"三年之约"，但到喀什时知高昌王麴文泰已死，国家亦已破灭，遂折而向南，改走南路，抵于阗，并在于阗上表唐太宗，申请返回长安。有的学者认为，玄奘是沿昆仑山麓、阿尔金山麓到沙洲（敦煌），如走这条路，则一直是依山而行，未深入沙漠。但《大唐西域记》明确写道："东入沙碛，行二百里，至尼壤城，周三四里，在大泽中。泽地热湿，难以履涉。"又说："从此东行，入大流沙。沙则流漫，聚散随风，人行无迹，遂多迷路。四远茫茫，莫知所指，是往来者聚遗骸以记之。乏水草，多热风。风起则人畜昏迷，因以成病。时闻歌啸，或闻号哭，视听之闻，况然不知所至，由此屡有丧亡，盖鬼魅之所致也"，并记录了楼兰故地的许多废墟，如"行四百余里，至睹货罗故国。国久空旷，城皆荒芜"、"从此东行六百余里，至折摩驮那故国，即且末地也。城郭岿然，人烟断绝"、"复此东行千余里，至纳缚波故国，即楼兰地也"等等，根据以上记载，玄奘已深入大漠，至且末地远望楼兰，则不可能再退回原处，必然是经楼兰故道返回长安，故我们此次也是据冯先生的分析，重走穿越罗布泊、经楼兰、过白龙堆的考察路线。

　　因此，今年 9 月 25 日，"玄奘之路"考察组整编队伍，第二次在库尔勒集结。26 日先考察古"营盘遗址"，车先经尉犁，走 315 国道约五十公里，拐入沙石路，中多沙丘，不甚畅，偏午方抵。遗址由佛址、古城、墓地组成，佛址尚存旧貌，圆形城址规制依然，墓地均在高处，依沙丘而建，尸骸及用胡杨木掏成的棺椁裸露，尚存古风。后穿行于红柳包中于落日前找到了一处烽燧，完整典型的西汉时所置。据考此处烽燧延绵向西一直到古龟兹（库车）的喀仔尔尕哈烽火台，共十二座，这就是当年张骞通西域所走的古道。是晚因路途难识，午夜后方归。次日休整，27 日到达米兰，寻伊循古城不着，即纵深入罗布泊湖心，向楼兰古城进发。

　　在重走这段"玄奘之路"的计划实施之初，人人都为冯先生捏一把汗，先生以八十三岁高龄进入素有"生命禁区"之称的罗布泊，乃古今中外有史料记载的第一人。临行前，亲人朋友苦劝先生慎行，但先生要完整走完"玄奘之路"，验证《大唐西域记》所记路线的决心已定，并反复强调：今天的条件较之玄奘当年不知要优越多少倍，我们没有理由后退，而行路艰难只有进入之后，才知其艰难程度到底如何，停在边缘不去尝试，致使空返，终将一事无成，遗憾终生。先生所言极是，诚如王安石《游褒禅山记》中所云："世之奇伟瑰怪非常之观，常在于险远，而人之所罕至焉。"楼兰、罗布泊虽是险途，但只要选择好季节，认真做好准备，困难就可以克服。虽然我们曾不得不面对都市生活无法想象的许多困难，诸如颠簸、干燥、风沙、缺水等，都是对每个人意志品质的考验。尤其是缺水，自进入罗布泊始到抵达敦煌止长达八天的时间里，每人每天只提供四瓶矿泉水。盐碱滩连绵起伏，大沙漠茫茫无际，早午温差大，虽已进入 10 月，午间阳光直晒时，地表温度可达三十五度以上，夕阳西下后，又会骤降至十度以下。配给的四瓶水，饮用已珍贵至极，洗漱则实成奢望，暴晒加风沙，脸孔已为防晒霜与沙垢层叠。尽管如此，进入罗布泊腹地的每个人，在冯先生乐观精神和坚强毅力的感召下，苦中寻乐，神情怡然。此番经历，有滋有味，可圈可点，终生难忘。兹摘录国庆当晚日记，共赏其趣。

　　10 月 1 日，晴（可谓天朗气清）

　　昨夜考察队穿越罗布泊湖心，到达位于湖盆西岸二十八公里处的楼兰古城遗址时已暮色沉沉，最后的十八公里风蚀地带，越野车且走且停，足足走了五个小时。其速度相当于牛车，牛车慢而悠然，远比这舒服。这段路让现代化的越野车及乘车人不堪其苦，出发前若羌县文物局领导已提醒过行路艰难，实地领略方知沟壑纵横，沙软坑多，弯急坡陡，乃前所未见。概因这一地区两千年前水道密布，经风沙侵蚀，加之水源时断时续，致使连片沟渠被水风冲刮、切削得沟壑连连，横竖看不到边际。浅浅的一层硬沙壳，下边就是三四十公分厚的细沙面，前车碾过之后，后车行进愈发艰难，经常前车拖后车，成了牵引车队。抵达楼兰城外时，已是疲惫不堪，筋松骨软，动弹不得，傍地而卧，昏昏沉沉睡去。

今日清晨，节日的气氛已弥漫开来。吃过早饭，我们便三五成群地进入久已神往的楼兰故城。城呈方形，边三百三十米左右，城内存留汉代佛塔一座，为标志性建筑，东汉之西域长使府存断壁残垣，有三间房墙架仍完整。这里一百年前已被斯文－赫定、斯坦因等人盗掘破坏殆尽。百年以后，我们除了面对废墟的沧桑感以外，更对这处近两千年的历史遗迹心存敬诚，行动时轻手轻脚，生怕惊动悠远的神灵，摩挲遍地的碎陶片，常常浮想联翩，难道这就是曾经辉煌过而又瞬间消失的故地古国吗？是什么力量使历史戛然终止，割裂了昨天和今天……寻寻觅觅，近看远眺，徒增无奈，觉空空荡荡，一片空白。思绪时断时续，远古与现实，近也，远也，几不能察。

今天国庆，我们没有被历史感所隔绝，晚餐我们吃到了羊肉，燃起了篝火，唱起了歌，跳起了舞。先生在下午还坐在三间房的遗址前，接受了"大家"节目主持人的专访，晚上又端坐在楼兰城外，听任一群年轻从者频频举杯以贺：一贺先生夙愿得偿，终到楼兰；二贺国运隆祚，举国庆典；三贺考察活动圆满顺利……这一晚，在把酒狂欢的歌声中度过，我亦微醺，因思：这就是先生魂牵梦萦的楼兰吗？我来也！这就是公元前139年张骞出使西域路经的楼兰吗？这就是前77年傅介子杀楼兰王安归、汉立王弟尉屠耆并迁都鄯善的古楼兰吗？这就是公元94年班超发鄯善国兵讨焉耆的故地楼兰吗？这就是124年班勇以西域长史身份屯兵戍守的楼兰吗？这就是公元3世纪从史家视线消失得无影无踪的楼兰吗？这就是7世纪玄奘法师归途中记述的热风恶鬼出没的楼兰吗？思绪万千，几不成寐。记起唐王昌龄诗：

青海长云暗雪山。孤城遥望玉门关。

黄沙百战穿金甲，不破楼兰终不还。

回到敦煌

拜辞楼兰古城以后，复由"18公里"原路返回，重过罗布泊湖心北折，抵宿"龙城"。"龙城"最早见于《水经注》，实乃风蚀后连片的雅丹地貌，似长龙阵列。去龙城十里许，即是20世纪30年代黄文弼主持挖掘过的"土垠遗址"，遗址座落在罗布泊北岸的半岛上，南北约一百米，东西约八十米，西北角有残存的城垣，中有颓房三间，已破败不堪，西侧中部略向外突出，据专家推测或可能是当年运储粮食的码头遗存。10月3日上午考察之后，午后我们即去寻访斯坦因命名的L.E古城，城在罗布泊岸边，与楼兰古城遥望，呈方形，边约二百米，中有屋舍遗痕，先生至此，翻入城内拍照片若干。中途经楼兰古墓群，其中2003年被盗掘的一处十分奢华，内室存尸骨棺木，外室中有雕画柱体通顶，周围墙壁壁画亦清晰可见，殊可观赏。

10月4日我们将撤帐东归，晨起小部分人出东北方向，试图寻找"白龙堆"，未果，却意外发现一汪水，这当是罗布泊周围的稀有景观。出发至中午，仅到仍位于湖心的罗布泊镇。曾有向导说，由此东北行距敦煌五百四十公里，一天就可以抵达，事实上走了大半天仍在罗布泊转悠，须知罗布泊镇是全国面积最大的镇，辖区五万平方公里，而镇上人口仅五百人，只是为了近年开发的钾盐矿设立，行经镇上时，手机有短暂的信号，大家不约而同地对外联络以报平安。镇上唯一的一家小吃店也被我等洗劫一空。唯水是不可多得的，这里无淡水，要由几十公里外管道输入，每吨七十元。只讨得小半盆水给先生洗了洗手，其他人只得望水兴叹。出此镇又跋涉了一下午，宿营。五日上路在相反的方向找到了"白龙堆"，乃因盐碱地区的雅丹地貌盐晶析出所致，长长的雅丹披上银妆，烈日下鳞光闪闪，壮美异常。复前行，仍在沙漠腹地穿行，遥遥无际，车况、路况都越来越差，夜十一点，不得不扎营，全部队伍集齐已至凌晨。6日甫一出发就见到了为彭加木失踪立的碑，全体膜拜。午后进入甘肃境内，抵已开发为地质公园的"三垄沙"，纵列横排，延几十里，造型奇特，高大雄伟，天工造化，蔚为壮观。伴着绛紫色的夕阳余晖，我们到达神驰已久的玉门关，关隘独存完整方形城楼，历悠悠岁月仍傲然矗立古道边，唤起遐思无限，这里距"河仓城"及真正的汉长城仅十几公里，虽心向往之，奈时迫力乏，抱憾而返，唯期来日。当晚赶至敦煌，我们终又回到了城里，久违了的陌生，不知今夕何夕，全体沐浴更衣，觉焕然一新，心旷神怡，一醉方休。7日，长假中，敦煌艺术研究院樊锦诗院长为考察队洗尘，蒙热情接待并特例开放几个洞窟，亲自讲解。其中新近发现两个洞窟有按玄奘译经情节绘制的壁画，樊院长亦为详尽介绍，乃意外重大收获，为考察活动画上圆满的句号。其他各种珍藏亦多，实难备记。

二十余天的考察活动，告一段落。这期间我们与先生同吃同住甘苦相依，先生顽强的意志品格和深厚的学养识力实令我辈敬佩，必将对今后的学习产生深远的影响。

写于 2005 年 11 月 26 日

——发表于 2005 年《艺术评论》第 12 期

书画篇

师友笔下的冯其庸

平生百劫千难后
万象纵横不系留
——读冯其庸教授诗书画有感

[杨仁恺]

　　我与冯其庸教授相交有年，先是知道他是研究《红楼梦》的著名学者，后来了解到他对历史考古的兴趣很浓，数次进入新疆，古稀之年，犹攀登天山，不避艰险，一往直前，令人钦佩。他的摄影技术超出我们的想象之外，一部精美的图册，系以诗篇，别具风貌。尤其难能可贵的是数十年来他对绘画也很偏爱，常常在百忙中挤出时间挥毫不辍，应手成形。其庸教授真是个多才多艺的大家，朋辈中很少有人能够和他比拟。

　　1997 年十二期《传记文学·文化名人》刊登出叶君远、邓安生两位作者所撰写的《学者·诗人·书画家》一篇长文，对其庸教授七十年来的经历，阐述得十分清晰，重点是对"红学"方面的卓越贡献，以及对甘肃、新疆调查考古成就历经艰险的情节，描写得极为生动，感人至深。至于诗书画方面，是其庸教授一生学术活动不可分割的一部分，我认为有必要撰文揭橥出来，就教于作者和广大读者。

　　教授诗才敏捷，音韵铿锵，《传记文学》中已经引用七律和七绝多首，都是在旅途中触景生情而发的，耐人寻味。书法运笔流畅，不受旧法的约束，写出本人的性格，得其三昧。尤其是他的绘画作品，世不多觏，由于受各方友人的多次敦促，要求他举办个人的诗书画展，为了不负各方的盛情美意，他才在百忙之中挤出时间，创作出大量新作。这里用的"新作"一词，含有两个意义：一是新近画出来的作品，一是这许多作品中，有我从来没有见过的，风格多样、题材特殊的山水画和雄鹰、钟馗等作品，大放异彩。山水有水墨和赋色多幅，细看可从中察觉出他的画派的来龙去脉，与传统中某些大家的蛛丝马迹相通。但却又为他大刀阔斧的水墨和胸中历年蕴藉着的无数丘壑所掩盖，令人只觉得是他自辟蹊径，面目新颖，别具一格。作为一位学人画家来说，实在是值得为之宣扬表彰的。

在许多作品中，有一个共同的特征，就是画幅的面貌不拘泥任何形式，随心所欲，挥洒自如。如画葫芦、葡萄，看似草草，而生意盎然；山水题材更为丰富多彩，令我印象最深的是一堂八尺的四季山水屏幅，气势雄强，墨彩淋漓，四季不同景物，映入眼帘，引人兴起。艺术作品之于观者，所以能激发振奋精神的作用，是无法用语言可以表达的。

画面、自题诗和流畅的书法，三者有机地结合，相互启发，天衣无缝，美在其中矣。应该说是"新文人画"对前人传统的承继和发展。

画幅上分别钤有两方白文篆刻印章，印文为"平生百劫千难后"、"万象纵横不系留"，我以之作为本文标题，对其庸教授的平生及其诗书画艺术的造诣，正好是再恰当不过的概括说明。

顷由海外归来，原约定的交稿日期迫在眉睫，乃勉力草就报命，终难免挂一漏万，未知是否能表达初衷于万一，尚希予以鉴宥。幸甚！幸甚！

——发表于《人民日报》1998 年 5 月 29 日

我与宽堂主人

——冯其庸教授

[杨仁恺]

　　我与瓜饭楼主人宽堂冯其庸教授定交有年。他是我国《红楼梦》名著的研究专家，又是文史研究专家，早已声誉远播，为国内外学术界人士所推崇。宽堂教授才华出众，学富五车，我于过从中深知他治学之勤奋和谨严。

　　宽堂教授于古稀之年开始，对绘事情有独钟，与当代著名画家刘海粟、朱屺瞻、启功诸位老人过从其密，还为之撰写过传序，直接受其启迪。起初他的创作风貌与三位老人颇有相近之处，到了后来，逐渐自出机杼、卓然成家矣！

　　为什么宽堂教授的作品如此迅速地自成风度，卓然有大家气派，值得我们探索。

　　据我所知，宽堂教授自幼酷爱书画篆刻，抗战胜利后曾考入苏州美专，后因家贫中途辍学，1946年又考入无锡国专，从唐蔚芝、王蘧常、钱宾四、钱仲联诸先生学，受书法于王蘧常，受诗法于钱仲联。此时，宽堂教授复从无锡名画家诸健秋受山水画法。但自1954年入京后，一直从事教学和学术研究，并以学术鸣于世。至七十四岁离休后始重操旧业。初时以青藤白石的花卉为宗，颇能得其神理，近年复潜心于山水。宽堂教授曾游历天下名山大川，十赴新疆；三登帕米尔高原昆仑之巅，复历古楼兰、罗布泊、塔克拉玛干大沙漠、古居延海，渡弱水探黑水城，更直造祁连深处，到人之所未到，见人之所未见，其胸中藏有天下奇山异水，故一发而不可收也。

　　予之所知约略如次，乃为序始末云尔。

2005年10月15日于盛京北郊沐雨楼中

文情交融 劲爽潇洒
——读冯其庸先生书画

[顾 森]

冯其庸先生名迟，字其庸，以字行，号宽堂。1924 年生，江苏无锡前洲镇人。一生育人、治学，书画乃余事。

凡画不作谋生，不为媚世，即自有其天机和自在闲适之趣。观冯其庸先生的书画，处处使人体味出他的人品、学问、才情和思想，也处处为他书画中的文情所感染。

冯其庸先生画学青藤白石而泛滥各家。因喜石田、石涛、石谿、昌石、白石之画，曾名其画室曰"五石轩"。各大家中，冯先生尤推崇齐白石。就冯其庸先生所作的画来看，受齐白石的影响最为明显。个中原因，除齐白石艺术自身的巨大魅力外，可能还有人生经历相类似之故。齐白石幼时家贫，稍长做木匠，经过自己的奋斗和师友的帮助，最后成为中国 20 世纪最具代表性的画家之一。冯其庸先生作为农家子弟，或因国难或因家贫，小学到中学多次辍学，在家种田多年，后经自己的努力、奋斗，最后成为当今著名的学者。正如齐白石在他的画中不厌其烦、乐此不疲地反复画他故乡风物和他幼时生活，冯其庸先生的画中也反复出现他少时生活的回忆。例如葫芦这一题材，冯其庸先生不知画了多少幅。其中一幅画题曰"宽堂昔年养命吉物"。可知这一题材正是他对少时在家种田，常以葫芦瓜代饭的艰苦岁月的追念。冯其庸先生又名其书斋曰"瓜饭楼"，同样是对这段日子的流连。看到那些常题以"秋风图"、"瓜饭楼主作"的葫芦，或以浓墨泼写，或以信笔扫就，或以朱色浓抹，或以淡彩轻染，使人深深体会到画师寄托其中的情意，可谓半是耕耘半是收获，半是艰辛半是自强。

中国画的传统尤其是文人画，向来看重诗画并重。在冯其庸先生的画中，那些题写其上的诗文，不仅使人感受其中的儒雅之气，也使人从中体会到画家的思想和情意。如在几幅山水里，分别题写了"一世清溪是我家，孤松绝巘两无邪。闲来抱膝溪边坐，心逐流泉到海崖。""一别故乡五十年，梦魂常绕太湖边。蠡园月色梅园梦，又似春云到眼前。"这些题跋和诗文，将作者的念乡之情清楚地传达出来，令人难忘。

冯其庸先生的书法，奠基于遍学各家，后专学王字，从《圣教》、《兰亭》到《家书》，数十年浸淫于此，于《家书》一路用心最多。故冯先生写起字来，游龙走蛇，满纸生风，极富酣畅淋漓之感。其书法作品，起伏跌宕、流动婉转、清秀潇洒、逸气四溢。而冯其庸先生的画，走的是大写意一路，其笔法之灵动畅快而变幻无端，画面之墨气淋漓而情深意厚，无处不体现着他一生苦学所造就的才情和学问。

——发表于《中国文化报》1998 年 5 月 14 日

平生好诗仍好画
——冯其庸画展观后

[郎绍君]

  冯其庸先生博学、多才艺。他是成就卓著的红学家，对曹雪芹家世、《红楼梦》版本、抄本与校注的调查、考证、研究和整理，作出了开拓性的贡献。他先后担任中国人民大学中文系和中国艺术研究院的领导工作，集行政、教学和研究为一身，涉猎古代诗词、戏曲、绘画、考古、历史和地理诸多领域。他还是一位诗人、书法家，有大量诗书作品行世。此外，他又是一位精力旺盛的文艺活动家、组织者、旅行家、摄影爱好者。而今年逾古稀，仍健步如飞，思路敏捷，笔耕不辍。

  素知冯先生喜画，懂画，与诸多名画家、鉴定家相往还，但知道他自己也作画，并画了那么多，那么有意思，却是最近得悉的事。我由此进一步知道，绘画对于他，非只感兴趣、喜欢，乃成为精神生活里不可或缺的一部分了。

  操笔作画，寄兴表意，是宋以来中国士人的传统——所谓"士人画""文人画"，最初并非专业活动，也不像前人那样视做"经国之大业"，而是一种业余生活，一种带有游戏性质的自娱方式。苏轼便称自己的书画为"诗之余"，并说"凡物之可喜，足以悦人而不足以移人者，莫若书与画"（《宝绘堂记》）。不过，宋代的文人画家们万万没想到，这种原本作为"墨戏"的"文人画"，经过元代的特殊历程，竟在精神上融儒、道、禅，形态上集诗、书、画、印为一，演变为中国绘画的主潮，出现了像倪云林、徐文长、董其昌、渐江、八大、石涛、吴昌硕、齐白石、黄宾虹这样卓越千古的大师。

文人画特别发展了水墨写意传统。所谓"写意"，含有情意宣泄（写者泻也，《诗·邶风·泉水》："驾言出游，以写我心。"）和以书入画两层意思（作为一种画法及体裁，则指区别于工笔画的意笔画）。冯先生是学者、诗人，迹历既久，感慨日深，正所谓"胸中原自有丘壑"——即便出之于笔墨戏玩，也总是有所抒发，有所寓寄。静心观读其诗画，便能听到或伤时或感事或怀古或思乡之叹息，见出他对自然的赞美，对人生的感喟，对事业的豪情。这些抒发是即兴的、自然直率的。

作为书家，冯先生长于行草。其条幅、横披、题签或题画之作，大都跌宕飞动，刚劲婀娜，自有一种飘逸清隽之气。其画作之用笔，清和流畅，正透出这种行草的书意和笔致。自然而然而不生搬硬套地将书法笔意引入画法，是文人画家的原则。但也有些本无书法根底却要以"文人画"标榜的画者，生造书风与笔意，致其画作无笔力，不自然，内外不一，格趣低下。冯先生不曾经过正规的美术专业训练，造型能力有限，笔法墨法也欠精纯，但能依其书法用笔随机画出，作品整体上灵动、朴素、自然，契合真的文人画传统。

冯先生艺术上借取自由，不拘一格。如其花鸟，多有出之于白石老人处（荔枝、牡丹、葫芦等）。但白石老人的篆隶之笔，在冯先生手里变成了行草之笔，变得灵动随意，因而也更有"玩"的自娱意味了。冯先生二十岁时，曾有半年时间跟无锡画家诸健秋学山水，但所谓学，只是看诸氏作画。真正动手画山水，是相隔五十载之后的1997年。论功力，自然很不够，但这次展出的山水画，其置景用笔的大胆却令人惊异，且带着一种天真拙稚的趣味。在临摹上下些功夫固然切实可行，像这样无所拘束、随机纵意地画下去，也许更好。有丰实的读画经验，有厚积的胸中丘壑，未尝不能闯出一条自己的路。

——发表于《文汇报》1998年7月22日

冯其庸和他的画

[水天中]

  冯其庸先生是著名的文学史家，他在《红楼梦》研究方面的造诣和成果，早已为海内外学术界所熟悉，但他在书法、绘画方面的成就却鲜为人知。我是在 80 年代中期冯其庸先生调入中国艺术研究院之后，才看到他的画的。当时他作为艺术研究院领导，在自己的著述考校之外，还承担了院内学术研究的组织以及职称评定、报刊清样审阅甚至应付批判检查之类吃力而不讨好的工作，而我常为美术研究所的这一类麻烦事去打扰他，使他心烦眉锁。他谈过工作之后静坐几分钟，便抬头看他壁上的书画。那都是他书翰之余的新作，挂一些日子之后便再换成新的，我因此得以看到他的许多作品。与我们所要处理的事相比，那真是两种完全不同的境界，清逸洒脱的书画俨然是案牍山积的办公室中的绿洲。

  我看他的书画作品时，他也静静地看，什么话也不需说，心情渐渐沉静下来，然后便起身告辞。他从来不曾客气地让我谈他的画，我也从来没有谈过他的画。不知道冯其庸先生如何想，我觉得这样看画，已经是很好的休憩。如今十七八年过去，当时那些使我心烦意乱的事全都远去，可那些书画作品清逸俊爽之气，仍然留在心头。

  他不是科班出身的画师，但他与绘事的缘分却已有半个世纪之久。无锡画家诸健秋先生是其绘画的启蒙老师，40 年代他即已出入诸健秋画室，后来为齐白石所吸引，潜心揣摩齐白石笔意，再上溯吴昌硕、徐渭，作写意花卉蔬果，点染有致，颇得青藤、缶庐气韵。

  我喜欢他画的藤蔓瓜果。这本来是近代文人画家画滥了的题材。见之于一般画家笔下，往往千篇一律。冯其庸则于疏简中显醇厚，古拙中见鲜活，使许多平凡的花果有了它们独特的"性格"。他所作葫芦，敦厚沉稳而大气磅礴；他以水墨大笔画牡丹，居然睥睨芳菲，一副自开自落的气度，这使我想到苏东坡以"其身与竹化，无穷出清新"咏文与可画竹。工作中的冯其庸是兢兢业业的。《红楼梦》校注本和《脂砚斋重评石头记汇校》等书的完成，更显示了他在学术上的严谨笃实，一丝不苟。但那不是他的本色，至少不是他的全貌。他还有七出阳关，以古稀之年登天山绝顶，探楼兰故城的豪兴。他七十岁那年登天山，有诗以言志：

老来壮志未消磨，西望关山意气多。
横绝流沙越大漠，昆仑直上意如何。

我未能亲睹他"已过昆仑惊白玉，将登葱岭叹冰天"的胜概，但我从他豪饮微醺时的意态，便能想象形超神越的冯其庸。以劲健圆秀的笔墨挥写藤蔓瓜果，当是解脱了尘俗羁绊并"嗒然遗其身"时的产物。冯其庸画作之可观也正在于此。

晚近美术界时贤喜谈"文人画"，"文人画家"已经滔滔者天下皆是了，这种发展的结果之一便是文人画与文人的分离。但我仍然认为"文人画"的关键在于作者的文人身份。黄宾虹先生将文人画界定于"词章家，金石家"范围之内，谓"其辨别宗法，练习家数，具有条理，惟位置取舍未即安详。而有识者已谅其浸淫书卷，嚣俗尽祛，涵养深醇，题咏风雅……又能博览古今碑帖，得隶、草、真、行之趣，通书法于画法之中……"近年王振德先生又提倡"中国学人画"，欲将绘画与学问结合起来，增强学者参与绘画的意识与力度，这对中国画健康发展是有益的。冯其庸先生的画可以说是道地的学人画，也是真正的文人画，因为他是一位真正的学者和文人。

——发表于《中国书画报》1998 年 11 月 19 日

砚田活水无穷乐
为有胸中逸气生

[黄君]

　　宽堂冯其庸先生，当今学界的一代大家，历任中国人民大学教授，中国艺术研究院副院长等。虽届耄耋之年，依然兼任中国红楼梦学会名誉会长、中国人民大学国学院院长等职，为中国文化、艺术弘传事业辛勤耕耘不止。

　　冯其庸先生不仅学问文章冠冕一代，而且是诗词书画的名家、大家。5月20日，先生书画展将于中国美术馆开幕，笔者有幸先期欣赏，深为先生的诗、书、画艺术而感动，故此不揣浅陋，特撰小文略陈所见，与天下同道共赏。

一

　　冯先生书法早播大名于天下。若论其特色，笔者以为首先在其笔法稳健、劲拔而中力弥漫。此间代表作如《行书万古一腔七言联》、《文天祥正气歌卷》、《李白梦游天姥吟留别》七条屏等，其笔法的铸铁熔金特色十分明显。先生喜用浓墨，落笔无不中力弥漫，故书作给人以雄健、劲逸的生命张力，即之可以醒神，玩之尤能励志。这是当今书法颇为缺失的大气、纯正之美。先生书法结字修长，颇存欧书遗意，然其笔势翻腾、变化多姿时，往往与王右军精神暗合，典型者如《哭梦苕师八首》等诗稿笺纸、《昨夜黄山大雪飞》画上题诗，于不经意间，流露出深入"二王"法书的底蕴。

　　冯先生书法得传承之正脉，海上王蘧常是其数十年陪侍的恩师。瑷翁章草，铸汉熔秦，思接千载，当代一绝。冯先生用笔、用墨乃至书中神韵均颇有瑗翁气象，故其法书健而能逸，稳而多姿，于当今书坛独树一帜。

先生作书具多种面目，行书是其常格，而其楷书，尤其小楷极为精妙。先生有小楷书巨作《瓜饭楼抄庚辰本石头记》一部，此作完成于 1968 年，全书凡十六册，约七十万字，一气贯注，全以精妙小楷书写。行间、书眉处更密密麻麻写满朱笔小楷批注文字。先生一代红学大家，而其小楷手抄的《石头记》可谓学问与法书之双璧，一时文献之冠冕。观其小楷结字略扁平，与其所作偏于修长的行草大异其趣；其笔法真率挺劲，略如行草书；而其分行布白每于严谨程式之中显示其空间把握的巧妙，故页面整体上回荡着一股活泼、流动的气息。冯先生所抄《石头记》是学问家书卷之气和书家艺术灵气完美结合的产物。

冯先生绘画的气格一如其书法，然先生对画的追求恐过于书，故其所作花鸟、山水皆备而尤以山水为多。先生早年即入画家诸健秋室，抗战胜利后考入苏州美专，虽长时间不以绘画为业，但以其才高学富，且遍览名山，十赴新疆，三上昆仑，考楼兰古城，探罗布泊之谜，验白龙堆、龙城之奇，寻玄奘入玉门关之险道，"看尽龟兹十万峰"，滋养胸中浩然奇气，加之"于故宫遍观晋唐宋元名迹，复从周怀民、启功、许麟庐诸先生游，后复交于海上朱屺瞻、刘海粟、谢稚柳、唐云诸老"，又"潜心临习五代两宋名家及清初龚、戴之学"（冯先生《自序》），故于山水之作一发而不可收，不仅创作颇多，且愈到老年而境界弥高。近年所作山水八十余幅，或重彩、或泼墨、或乱头粗服、或细腻优雅，其笔下的奇山异水，多从所历而作，尽写胸中奇气。典型者如《群峰竞秀》写昔年张家界印象，《祁连秋色》、《取经之路》、《古龟兹国山水》、《玄奘入境古道》等，都是西行壮游亲身经历的真实写照。这些画作风景奇特，且艺术手法大胆而不拘常格，自出机杼，境界新美。

二

解读冯老山水，不可不读其跋和题画诗作，先生森罗万象的精神世界，与画相生相益。如 2004 年新秋，先生以八十高龄赴新疆考察，临行前，作《凌云图》，此作笔法极其精密传神，山水树木，皆奕奕有生姿，画面层峦叠嶂，直接云天。画上题诗曰：

> 湖光山色逐人来。烟霭纷纷拨不开。为欲长天展望眼，凌云直上
> 最高台。

观画已觉凌云直上气势，读诗更明其"欲长天展望眼"的非凡志气。又如《平生一棹江湖趣》图，以渴笔作秋山图景，山势逶迤多姿，木石玲珑可爱，气象空明而鲜美。题画诗曰：

> 木落天清作远游。溪山为我意绸缪。平生一棹江湖趣，欸乃声声
> 唤白鸥。

读到此诗，很自然想起黄山谷《登快阁》诗"痴儿了却公家事，快阁东西倚晚晴。落木千山天远大，澄江一道月分明"名句，想到"万里归船弄长笛，此心吾与白鸥盟"的诗人情怀。冯先生此画、此诗、此情、此境，可谓与黄庭坚的心情境界形成千年晤对，隔世知音。冯先生不少画作，有反复题诗多首者，如《东坡桄榔庵》、《青山一发是中原》、《玄奘入境古道》等。这些画作多寄寓先生深厚的感情，无诗，不足以明志趣，画亦难生奇境。以《东坡桄榔庵》一幅为例，画中桄榔庵系作者崇拜的诗仙苏东坡南海贬谪时的遗迹。辛巳正月，作者特到实地考察，找到了当年东坡居所的踪迹，驰情千载，异常兴奋，乃作图记，三度作跋并赋诗五首以志其慨：

> 地北天南万里尘。冰天雪地到南垠。心香一瓣无他意，来拜桄榔
> 庵里人。
> 天南万里拜苏仙。短碣犹题学士泉。牛粪西头寻旧路，桄榔庵在
> 古泉边。
> 谁识天南笠屐翁。词名早播大江东。琼山有幸来文曲，沧海无心
> 载笔雄。万死岂逐魑魅意，一生自有吉神通。乾坤留得诗仙在，拔地
> 参天第一功。
> 严寒随我到天涯。欲访儋州学士家。载酒堂前花满树，桄榔庵里
> 尽豆瓜。中和古集今犹昔，昌化军城一角遮。最是残念东坡老，千难

万险意犹赊。

　　重到中和觅故屯。千年犹有旧鸿痕。当时遥想东坡老，拽杖吟啸夜打门。

　　画上题诗，是中国画的优良传统，诗、书、画（还有印）构成三合一的东方艺术，这是我们民族艺术最经典的表现形式。冯其庸先生不仅书画精妙，其诗艺更是纵横开阖，意境高雅，情谊纯厚。冯先生诗词乃当今一大家，其所作散见各地刊物者为多，天下共相传诵。冯老以诗、书、画三绝，故其所作恐时人偏攻一端而不能兼擅者，不能望其项背。

　　纵览冯其庸先生诗、书、画之作，始终充盈一种宏阔气象，大气、纯正、笔法干练，书法结字、章法，绘画构图、设色，奇而不怪，险而弥峻，这是贯穿诸艺的一个鲜明特点。或问冯其庸先生何以至老年却有如此旺盛的艺术创造力？则先生有诗句云："砚田活水无穷乐"，"为有胸中逸气生"。诗句分别出自《紫藤》和《水墨葡萄》两幅画上题诗。

　　生小青门学种瓜。老来橐笔走天涯。砚田活水无穷乐，画到青藤更着花。

　　此诗于冯老诗、书、画诸艺颇具解读的意义。他少年家境困窘，十岁下地耕作，田间农事，无一不能，故解收获之艰辛。这好像源头的活水，始终滋养着他的生命，让他得以自强不息，不畏艰难，乐观向上，并执著追求真、善、美。他虽一生经历许多磨难，然于少年读玄奘法师传，"遂仰之为师，虽万劫而不灭求学求真之心"，正是这个原因，冯老离休之后，老而弥壮，志气弥坚，不仅孜孜于学，而且遍历山川，为艺术创作增添巨大的源泉动力，给他的砚田注进源源活水。

　　《水墨葡萄》题诗云：

　　满纸烟云认不真。是藤是葛是荆榛。老夫不是丹青手，为有胸中逸气生。

　　艺术的精义不离人的本心。历来诗词书画无一不是表达心性之什。冯先生诗、书、画境界超迈，不同凡响，实因其胸中逸气使然，也是他数十年生活积累，广见博识和执著追求的结果。先生自述云："不游名山，不知造化之奇，不知古人深且奥也；不学古人，不知己之不足也。"所以先生之艺术，是以超人智慧深入经典，而又展示现实生活的结果。先生又谓"作画实养生之道也"，这是他对绘画艺术一种独立、特殊的认知，因此，先生的每一幅画都能有所寄意，有动于心，形成其诗、书、画珠联璧合，且气格纯正，大气的大家风范，在今日艺坛树起一面具有传统经典意味的旗帜。

——发表于《中国文化报》2006 年 5 月 16 日，《人民日报》（海外版）2006 年 5 月 19 日

万象纵横尽我师
——观《冯其庸书画摄影展》有感

[范敬宜]

在中国文学艺术史上，学者、诗人能书善画者很多，书家、画人能诗善文者也不少。这是世界上独特的文学艺术现象。但是，像我国著名红学家冯其庸先生那样，不但以学术成就蜚声中外，而且在诗、书、画以至摄影领域均各擅胜场，卓然成家的，不说是前无古人，至少是凤毛麟角。

其庸兄是我五十多年前在无锡国学专修学校的同窗，因他长我十岁，我一直以"学长"事之。在学校里，他的国学根底很深，治学刻苦，是位出类拔萃的高材生。毕业以后的数十年间，尽管天各一方，他在学术领域里取得的每一步成功，我都是清楚的，并且为之感奋和骄傲。他不但在红楼梦研究方面获得中外学术界的高度评价，而且对中国文化史、古代文学史、戏曲史、艺术史的研究作出了杰出的贡献。著作等身，为世所重。但是，对他在艺术实践方面的造诣，则是近十多年才有所了解的。特别是看了他考证丝绸之路和玄奘取经之路的大型摄影图册和去年他在上海举行的摄影展览，不禁由衷地发出"大家之才不可方物"的赞叹并写了一首贺诗："校罢红楼梦未赊，霜毫一掷走天涯。纵横十万八千里，谁识史家亦佛家！"

按照中国的文化传统，学者的诗、书、画均被称为"余事"。比如清代的郑板桥，史称"余事艺三绝"。所谓"余事"，乃业余爱好、业余兴趣之意。但是，另一方面，又极看重"学"与"艺"的相通。因为学术与艺术有着密不可分的内在联系。用现代的话说，就是逻辑思维与形象思维的统一。从其庸兄的艺术作品中，我们可以感受到很强的学术气息和深广的文化内涵，或者叫做"书卷气"，与一般的诗人、画家、书法家不同。另一方面，在其庸兄的学术著作中，我们又可以感受到一种浓厚的艺术气息和闳中肆外的诗人情怀，与一般"做学问"的学者不同。这种学艺交融的境界，唯有在这两方面都有极高造诣者方能得之。

其庸兄达到的这种境界，其外在表现可以概括为"纵横恣肆，挥洒自如"。他治学从艺，最服膺的是苏轼，因此苏轼的豪放在他的书画艺术中处处流露。从传承关系看，他行草师法二王，花卉师法青藤、白阳，山水师法石涛、龚贤，但又无处没有苏轼的灵魂气韵，以及自己的个性。他追求的是海阔天空的胸襟，正是这种胸襟孕育了他的艺术。他的《辛巳岁朝海口游西海岸》一诗，最充分地表达了他的审美观：

> 海阔天空信有之。
> 茫茫碧浪失边陲。
> 欲宽胸次如沧海，
> 万象纵横尽我师。

如果说，龚自珍的"本无一字是吾师"是一种求索，一种自许，那么冯其庸的"万象纵横尽我师"就是一种回答，一种结论。万象，既是学问，又是造化。

2001 年 3 月 17 日深夜

——发表于《人民日报》2001 年 3 月 25 日

一颗文心
——冯其庸书画摄影展读后
散记

[刘曦林]

　　辛巳春暖花开之候，冯其庸书画摄影展在中国美术馆开幕，季羡林、启功、徐邦达、黄苗子、杨仁恺、王蒙诸公纷纷前来祝贺，可谓文坛之盛事。冯其庸原本是研究文化艺术史的学者，更是红学专家，书、画、摄影仅仅是其余事，何以如此轰动京城，颇耐人寻味。

　　友朋说，冯其庸是跨学科的人，有跨学科的成就. 但诸多学科之间又有一种共性。有将这诸学科联系在一起的纽带或桥梁——"文"。此"文"即文化学养，即人文关怀，即文化精神。冯老颇富此文心，他着力研究的曹雪芹及其《红楼梦》都是一部文化大百科，"小说"二字恐难以概之；古人将中国画称之为诗、书、画、印之综合性艺术，谓"画者文之极也"，或称之为"文中之文"，并非不懂得造型艺术的独特性，而是从根上寻求画中之内美，画中之文化品位。也许缘于此，季羡林说冯其庸是"五绝"，已不限于诗、书、画三绝。

　　冯其庸的书法以行草见长，近年书风益发潇洒雄放，笔锋流走跌宕，折转自如，恍似行云流水，更有一种浩然之气溢于纸外，这恐怕都是胸怀坦荡之自然流露。当然，他于北碑、南帖都下过摹习、研究的苦功，并将古人之点画化为自家之心迹。他尤其注重从文化修养的角度去理解前代书家，并称此为书法'奥区'。他在《学书自叙》中说："书法艺术，到了他的'奥区'到了它的最高境界，必然是自己全部的文化修养、精神境界的自然呈露。"有人问他，何以有书卷气，他说，必须认真读书，书都不读，哪里来的书卷气？书卷气不是香水，书卷气是喷不上去的。这比喻甚为生动，因为颇有些书法家是仅会喷香水的，甚至于连自己的诗文都吐不出来，又何言"书为心画"，何言"书者散也"？冯老是诗人，时有夜半不寐推敲诗句的跋语，他书写的多是自己的诗，发散倾泻的是自家的肺腑衷肠。如其自书诗："一枝一叶自千秋，风雨纵横入小楼。会与高人期物外，五千年事上心头。"这诗情之激荡的旋律与其书风当同一节奏。

冯其庸自然算不得专业画家，画对于他仅只是学术余事，是调谐情绪的一种精神生活方式，所以，有人称之为真正的"新文人画"。笔者认为，文人画是中国古代因士阶层的存在而出现的特有的文化现象，时过境迁，何谓文人已难界说，这"新文人画"的说法也便不太恰当，于是接受了"学者画"之说。但不管怎样称呼，冯其庸的画是不能用学院派的标准来苛求的，但其画作之真情流淌、随意自然的感染力也绝非一般专业画家可比拟，这原因还是由于内藏了一个"文"字。以前，我知其喜画花卉蔬果而不落俗套。譬如，他倾慕徐渭而多画墨葡萄，情趣却与徐渭不同：徐渭的葡萄是寄寓"笔底明珠无处卖，闲抛闲掷野藤中"的怀才不遇；冯却为其鸣不平，题画诗曰"万劫风飙吹不落，青藤画里卖明珠"，近作《泼墨葡萄》题诗曰："青藤一去有吴庐，传到齐璜道已疏。昨夜山阴大雪后，依稀梦见醉僧书。"分明是藉这艺术符号传达他对徐文长的痴情。正如他在《学画漫忆》中所说："我读徐文长，如饮醇醪，寓在目而醉在心。"在这个层面上笔者更加体会到绘画是一种人生体验的造型性显现。

得近水楼台之便，布展期间我先睹为快。看到他那么多墨笔山水很为之惊讶——为什么他由花卉转向了山水？其实这也是一种"随心"的转换，山水更与其本性相合。其山水有纪游之景，有寄怀之作，与其花卉一样，总是缀满了诗思，如《林下深居得自由》、《独立苍茫自咏诗》、《黄岳归来两袖云》，画题均出自题画诗。就笔墨语汇而言，其山水又有墨笔、重彩两路：墨笔者偏多，潇洒奇峻中有雄厚气韵；重彩者璀璨，仿佛是闪耀于心灵的一片霞光。冯老这批山水新作的推出，是其绘画生涯的重大拓展，亦是对其丹青灵性的再次发现，是画从心出、画与心合的自我实现。由是笔者联想，冯其庸原本是位多才多艺的文化人，只是时间的狭促限制了某些物事的发展，年近八十爆出了山水之灵，待其九十高龄、百岁大寿，说不定又会有什么奇绝的艺事萌生出来。

摄影的展出，可能是冯先生计划之外的事，却无心插柳柳成荫般地丰收了。即如其《自叙》所言："摄影是我学术研究的辅助手段，只想留点资料，根本未敢把它算作艺术，承友人错爱，将它放大并展览，益增汗颜。"说句实在话，其摄影之价值不在光影手法之新奇，乃因闪耀其间的历史文明的光圈。其摄影独一展厅，独一标题——"冯其庸发现·考实玄奘取经之路暨大西部摄影展"。其中摄影为此前十几年间七进新疆及西北诸地考察史迹所得，文化含量远胜一般风光照片，其美不仅在造型，亦在其中内美，其中文化精神。如《明铁盖达坂山口》，那帕米尔高原上普通的山口却是伟大的玄奘法师取经东归入境之古道，事经一千三百五十五年方为冯老这史眼发现。笔者二十几岁时曾两度赴帕米尔高原，竟有眼无珠，这海拔四千七百米处的镜头却偏劳了当年七十六岁的冯老，惭愧之情难以言表。

你说冯先生的摄影是考古摄影、学者摄影吧，却有不少作品分明如抒情诗。如夕照中的嘉峪关剪影，伴有七律一首："天下雄关大漠东，西行万里尽沙龙。祁连山色连天白，居塞烽墩匝地红。满目山河增感慨，一身风雪识穷通。登楼老去无限意，一笑扬鞭夕照中。"好一个"登楼"人，好一声"一笑"，只有将身心融入大西北古文化的人，才有这豪迈的情慨。在专业摄影家中又有几人似冯老多情，有冯老之文心、史眼、诗思！

冯其庸不仅多才多艺，看来还有多种气质素养，起码是既有学者之理性严谨，又有诗人之多情多思；严谨如小楷分毫不失，放达如狂草奔蛇走虺。正如现实中的他，读书作文喜严谨，游山履水好奇险，或者说，当收则收，当放则放。也许那些文化巨匠们待一定火候必有这收放自如的境界，任怎么玩、怎么活，都会有闪光的火花迸发，此即"游于艺"之境界乎！

冯其庸确是跨学科而又有相当成就的一位可敬的师长，其胸怀即宽堂，这诸多文化艺术品类的成绩展示了他丰富的精神生活和高迈的境界。而这多方面成就的底蕴还是那个"文"字，以及他的苦功，才情、功夫、学养缺一不可。"文革"期间，以小楷手抄庚辰本《石头记》，即其苦功之证。作为后学，对其治学精神尤其感佩。概言之，治艺如治学，须读万卷书，行万里路。读书须坐得住，深探其究竟底里；行路则跑得动，须亲接亲知。冯老之西行路线在国内部分已过玄奘。因为有一种"玄奘精神"在支撑着他。笔者曾在新疆工作 15 个春秋，正值青年时期，往返于内地与喀什，乘火车四天四夜，尚有六天汽车，不胜其苦，想张骞、班超、玄奘徒步西行，真是怀有一线理想与希望的牺牲，充溢着悲剧精神的跋涉。有这求取真经、探本溯源的信念，也才有了这脚踏实地的治学态度。冯先生说："我深敬佩玄奘排除万难的伟大意志力，所以我得出一条启示：不有艰难，何来圣僧？为学若能终身如此，则去道不远矣，为人若能终身如此，则去仁不远矣！"（见冯其庸《瀚海劫尘》自序）冯老之治学精神，为中华文化之奉献精神确感人至深。他有一首诗说："老来壮志未消磨，西望关山意气多。横绝流沙越大漠，昆仑直上意如何。"他今天可能要改写这首诗了，在他的书画摄影展研讨会上，王镛兄提议冯先生沿玄奘之路再继续印度之行，冯老闻此竟欢呼雀跃如孩童，冯老仿佛正壮年也。

——发表于《文艺研究》2001 年第 5 期

腹有书诗气自馥

——冯其庸先生的书与画

[俞宏理]

　　博学、多才、多艺，这是人们对冯其庸先生的一致评价。在当今书坛画界里，很少有人能像冯其庸先生那样在文学艺术、学术研究的诸多领域内同时取得出类拔萃的杰出成绩。单是红学研究这一项，冯先生取得的研究成果已令今人难以望其项背。数十年间他孜孜不倦地问学求艺，埋首做学问，已有二十余种、三十余册专著出版。近年来冯老白发临边，数次西域之行，发现、考实玄奘西行取经路线，并拍摄大量西部风光照片，更令世人瞩目。多年来，冯其庸先生的艺名被文名所掩，作为诗人和大学问家，早已为天下人所知，而作为一名书画家，还没有被更多的人知晓。直到1998 年在中国美术馆举办的"冯其庸书画展"，才使人们意外地发现他在书画上的杰出才能。1999 年中国书协在中国美术馆举办了"十老"书法展，人们再一次领略了冯老书法的高深造诣。冯老别开生面的书本书风，蕴含着笔墨文化精髓和传统理性精神的生命力，带给人们欣赏先生佳作的惊喜和满足。新世纪的第一春，中国美术馆又将举办冯其庸书画展。短短几年中连续三次大的展示，昭示了冯其庸先生在古稀之年迎来了他艺术生命的春天，同时也昭示了中国当代书坛画界又走出了一位书画大家。

　　深入认识冯老的艺术世界并论述其书法绘画的特点，自然不是一件容易的事，也是本文短小篇幅力不从心的事。不过，从冯老的尺牍片言中，我们还是不难窥探到他那博大深邃的艺术思想。冯老书赠韩国李东泉先生的一首长诗中有这样四句："十年一碑何足论，腹有书诗气自馥。江山满目钟灵秀，笔参造化神始足。"之后，冯老为中国书协书法培训中心师生们介绍学书体会时又一次赠送了这首诗。我认为，诗句中"腹有书诗气自馥"、"笔参造化神始足"两句，不仅是对学书习艺者的期许，同时，也是冯老对自己几十年书法艺术实践的高度总结。这两句话，体现了冯其庸先生书法艺术的审美方式和崇高境界。冯其庸先生认为，好的书法作品，应是学者之书、诗人之书，而不是书家之书。好的书法作品是从学问中来，从诗境中来，只有这样才能自具气质，不染尘俗，没有书家习气。我曾从冯其庸先生著的《落叶集》中读到这样一段话："试看古来书法大家，除钟鼎和部分篆籀、汉碑无署名外，绝大部分书家都是诗人和学者，纯以书法擅名而无与学与诗或画者，极少极少。降至近世，始有纯以书法为事而于文事不通者，于是书风斯下矣，谓之书匠可也。"这段话对我们今天重新思考当代书法的艺术价值很有意义。中国的书法无论怎么发展，都不能忘记植根于中国文化这块土壤。历史上的大书家如王羲之、颜真卿、苏东坡等等，无一不是大学问家。不朽的书法作品应该同时是不朽的文学作品。艺术作品的高低，取决于艺术家的眼光，艺术家的眼光取决于艺术家的修养。冯老深谙书学之旨，故此，尽管他从小就学书习画，几十年间从未停辍，但他却不轻易将作品示人。而是潜心于学问，在书诗上筑基，七十以后，水到渠成，创立了古典主义与浪漫主义相结合的崇高书法艺术品位，卓然成为一代书画大家。这一点让人联想到大器晚成的黄宾虹。黄宾虹一生以"三更灯火五更鸡"的毅力勤奋做学问，七八十岁时作品达到炉火纯青的境界，终于成为 20 世纪中国最杰出的山水画家。

读书、做学问之外，冯老非常重视游历。他一生游历过无数地方，六次去甘肃，七次去新疆，七十五岁高龄还登上海拔四五千米的红其拉甫口岸和明铁盖达坂。越是人迹罕至之境，越能激发登临的兴致。冯老说的"笔参造化神始足"，指的就是大自然、天地造化与书画创作的关系。天人合一是中国美学的核心。强调游历则是寻找人与自然契合的途径。冯老写过不少游历诗，读来神采飞扬、脍炙人口。我最喜爱的是他写的两首龟兹山水诗："地上仙宫五百城，赤霞遥接北天门。平生看尽山千万，不及龟兹一片云。""看尽龟兹十万峰，始知五岳也平庸。他年欲作徐霞客，走遍天西再向东。"几年前我曾追随冯老去西域，到过库车古龟兹国一带。龟兹山水光怪陆离，令人触目惊心。千万年的巨风将山体吹蚀成残缺的折皱，赤裸裸的峰峦将原始的狰狞暴露无遗。身临这雄肆、博大、奇崛、沉穆的境界，我感觉与冯老的诗句产生了强烈的共鸣。养天地浩然之气，得江山风月之助，冯其庸先生的书风如行云流水，似太古之音，圆浑自然、飘逸洒脱。1998 年在中国美术馆展出的《冯其庸画展》中有八尺条幅十二屏条，格外引人注目。此前我有幸目睹了这十二屏条的创造过程，冯老写的都是自己的诗句，书写是一气呵成的，行笔自由奔放、激情难遏，如江河东下一泻千里，感觉畅快之极。

冯老的画显然得益于他的书法功力。他的画笔笔都是写出来的。这种"写画"的审美标准已经很久不被画界所重视。中国画的笔墨，不仅仅是材料、工具，除了材料学的意义之外，还有更重要的艺术本体学意义。黄宾虹曾说："拙画勾勒如枯藤，点叶如坠石，布白如虫啮木，皆宋元画家用笔，得书家之旨。明清两代已失其传，故真赏鉴者能知之。学画者悟此，即可成家矣。"冯老与黄宾虹是意会的，他曾在自己的山水画上题跋"黄宾老用笔如锥画沙，力透纸背，其深从北宋中来"。冯老洞悉笔墨文化幽微之旨，故此下笔雄浑豪放、清奇旷达、笔力惊绝。他的花鸟画宗青藤、白石，山水宗石田、石溪，皆能自出新意，构图布局简练概括，有强烈的视觉冲击力。冯老的画，再一次印证了中国画的笔墨内涵有着生生不息的强大生命力。

写于 2001 年

大笔如椽

——读冯其庸诗·文·书·画

[李 松]

　　画家冯其庸以八十三岁高龄，抖擞精神，十赴新疆，三上帕米尔高原，两登喀喇昆仑之巅，寻瓦罕古道，再进古楼兰，探罗布泊，验白龙堆，寻玄奘入关故道。有道是"天山绝顶扪星斗，大漠孤城识汉笺，已过昆仑惊白玉，将登葱岭叹冰天"（冯其庸题《水墨葡萄》，2000 年）。

　　历来讲"读万卷书，行万里路"，而画家之中，读书破万卷、行路临绝域如冯公者，实不多见。

　　冯其庸是大学问家，他的作品融诗、文、书、画于一体。对于他，行路也是治学、证史的过程，更是体会造化、感受时代、洞察历史的过程，发之为诗文，形之于书画，皆见哲理，皆见性情，皆是学问。

　　作为《红楼梦》研究专家、文史学家，冯其庸与美术也有很深的渊源关系：少年时，曾从无锡画家诸健秋学画山水，并研习书法，由欧体转习北魏，再上溯汉隶、石鼓文，草书学王右军，参以汉晋简牍。复从涨潮象、顾钦伯学诗词，为后来从事诗文书画打下了坚实的童子功。他曾考入苏州美专，后因家贫辍学。1946 年入无锡唐文治创办的国学专修馆，师从唐文治、王蘧常、钱仲联、朱东润、童书业等前辈学者，由此而奠定终身治学的根基。1954 年，冯其庸三十二岁时，任教于中国人民大学，他初到北京时所作的一幅墨竹图，题"略拟清湘笔意"，画面格局、笔墨功力都已经是很老到的了，但他的绘画成就在当时尚不为人所深知。20 世纪 60 年代初，曾在中央美术学院讲授文学课，现今不少画家、美术史论学者都曾经是他的学生。冯其庸担任中国艺术研究院领导工作期间，对美术事业是很关心的，并直接领导着中国服装史、汉代画像史艺术等方面的研究工作。

他和画家朱屺瞻、张正宇都是交情很深的老朋友。1986 年，他和尹光华合著的《朱屺瞻年谱》是兼具画史与画论价值的著作。年谱特别留意收录了与谱主相关的文人、画家的序跋、诗文，以及探讨画理的文字，生动烘托出画家和其周围文化艺术圈的文采风流。其中如 1930 年《朱屺瞻画集》出版，年谱中就收录了唐文治、刘海粟、汪亚尘、俞寄凡、王济远、潘玉良、朱古民的序或诗和潘光旦的跋。为当代美术史研究留下有价值的史料。

年谱篇首有冯其庸的序和《读屺瞻老人的画》长文，篇尾《屺瞻老人歌》，分别以理论研究和歌行体对画家生平际遇、理论见解、人品画品、艺术成就作了充满情感的全面概况。朱屺瞻"有笔如椽绘天地，有墨入海戏苍龙"，汪洋恣肆的雄阔画风对冯其庸的绘画有一定影响，冯其庸在画跋中曾说过："借得屺翁椽大笔，来写贯华阁里人。"（题《贯华阁》，2000 年）不过那也并非是"借"，而是对人生、对艺术的共同感悟，是性情的相互契合。

冯其庸自称"老夫不是丹青手，为有胸中逸气生"，"一枝秃笔随心写，雨雨风风载满车"。（题《重彩葫芦》，2000 年）

味冯其庸的诗、看冯其庸的画，都会令人感受到作者那奔泻而下不能自已的激情。其笔墨雄放而体物的心思则是极细的，这也正是诗人的特点。仔细品读画中形象和诗题，会随着作者心曲起伏，时而激扬，时而沉郁，时而感极而悲。当"文革"中，突闻刘少奇遇害，夜半愤极而作的《墨葡萄图》，比之徐渭"笔底明珠无处卖，闲抛闲掷野藤中"的墨葡萄情感力量远为深厚、远为悲凉。

发自性情，缘于生活情境的触发，形成冯其庸绘画面貌的多样性，或寄情于山川，或物化为花木。有的谨严，有的放逸；有的是瀚墨淋漓的大写意，有的凝结为渴笔枯墨；有的烟波浩渺，有的满纸烟云。由于出自生活的切身感受，不必套用前人程式，也不重复自己。有些画面的处理是按照作者自己的印象画的，如 2000 年冬所作古龟兹地区《盐水沟群峰》，上部的远山如万笏插天、千剑森列，其画法绝不见于前人，那是由于"看尽龟兹十万峰，始知五岳也平庸"，又何必依傍前人皴法！

作于 2001 年的《青山一发是中原》，追思宋代谪居儋州的苏东坡，用苏东坡《北归诗》意："杳杳天低鹘没处，青山一发是中原"，画面近处从坡头上两棵椰树、两间小屋背后极目远望，是一片荡漾不息的滔滔白浪，推出天际一发青山，那浩荡的浪涛，莫非是诗人、画家相隔千载的相互感应？

冯其庸八十岁前后的作品有两个突出的变化，一是有些作品以浓墨重彩画出、绚烂厚重，令人想起朱屺瞻晚年有着西画影响的画风。不过在冯其庸则主要得之于西域之行的感受。古龟兹地区的却勒塔格山群峰，他就曾一画再画，是对于"其色斑斓，其形奇谲"的色彩记忆之强化。而《金塔寺前》则得自直接写生、以情感受的心得。也有些作品，如《浮翠烟岚忆江西》的碧翠景象则是昔日居留余江三年的美好回忆。

另一个突出的变化是向传统的回归。他用心研究揣摩五代宋元以迄明清山水画各家的作品，创作了《临关仝秋山晚翠图》、《抚范中立溪山行旅图大略》、拟米家山水的《云山图》、《拟大痴笔意》的山水轴。学习龚贤深厚的层次作《溪山无尽图卷》，"年来独喜龚翁画，万壑千岩得绝幽"。拟诗人、画家戴本孝"轻灵精致之法"创作了十二页黄山名胜册。这些作品大多完成于八十二三岁，作画一如治学，老而弥笃，其刻苦认真的精神，着实令人钦敬。这一时期的作品，除惨淡经营的巨幅之外，有些小幅作品如《山水册页》、《乱头粗服图》等也都是精湛之作。冯其庸在其书画集序言中谈学习传统的体会：

"近年予益悟临古之重要，乃潜心临习五代两宋名家及清初龚、戴之学。予习古人之作，益悟古人之深，其构图用笔，皆师造化所得。予游华山、天山、昆仑诸山，造其巅，探其奇，乃悟五代两宋北派山水皴法之由来也。要之不游名山，不知造化之奇，不知古人之深且奥也；不学古人，不知己之不足也。"以自己的创作实践验证古人的经验，画家循此深入艺术堂奥，也留给后来者以深刻启迪。

写于 2006 年 4 月

——发表于《科学时报》2006 年 6 月 23 日

诗情·画意·学识

——读《冯其庸书画集》

[王运天]

宽堂，著名学者冯其庸教授之号也。

宽堂教授农家出身，自幼聪颖，性好文史、书画，幼时常于农田之闲，刻苦读书。诗词初从无锡张潮象、顾钦伯先生学，画从诸健秋先生学。弱冠考入无锡国学专修学校，受业于当时大儒唐蔚芝（讳文治）先生，及王蘧常、钱萼孙、钱穆、顾廷龙、冯振心、朱东润、吴白匋、顾佛影、童书业、张世禄等诸先生，并从"江南二仲"王瑗仲、钱仲联先生受诗学，以上诸先生，皆当世名流宿儒，以故宽堂先生于早年即得奠深厚的学业之基，又开日后博学之路。

人民建元，先生应中国人民大学之聘，只身进京，任教于人民大学，先后问学于著名学者郭沫若、唐兰、顾颉刚、胡厚宣、俞平伯、游国恩、钟敬文、王利器、张伯驹、夏承焘、季羡林、徐邦达、启功、侯仁之、李澍、李新诸先生，此宽堂从事文史学术研究之始，不仅问学得正道，且此后硕果累累，从汉魏南北朝唐宋元明文学到"红学"，从丝绸之路到唐玄奘取经之路，其研究领域又何其宽也。

宽堂教授重视考据之学，经常外出作实地考察，求取实证，故其文章每有新意，且有纠正前人之误。以故，其足迹遍国内外，仅为考察玄奘取经之路和丝绸之路，就十进新疆，三上帕米尔高原，二登喀喇昆仑山巅之明铁盖达坂（海拔四千七百米）。去年八十三岁高龄，又进入罗布泊、楼兰，并宿营罗布泊、楼兰、龙城等大漠深处共七天，在沙漠连续调查十七天，其豪情壮怀不仅胜过徐霞客，也可能是目前所有进入罗布泊探险、考察人员中年龄最高者，此亦堪称学术界之佳话也。

宽堂教授在教学、研究之暇，余事书画，常接书画家周怀民、启元白、许麟庐、朱屺瞻、刘海粟、谢稚柳、唐云、白蕉、王瑗仲之清芬，先生常与墨池为伴，治学之外，以书画自遣。

此次"冯其庸书画展"的开幕、《冯其庸书画集》的问世，实际上就是宽堂教授深厚的综合文化素养的展示，这里有很多值得探索、深思的问题。在今日中国经济蓬勃发展之时，在举国上下普遍受西方文化影响之时，宽堂教授却继承传统、继承绝学，同时又结合生活，结合实际，开创出属于他自己的书画风格，书画径路，无疑此次"冯其庸书画展"、《冯其庸书画集》的面世，将如一声惊雷，给当今学术界、书画界带来震动，带来启迪，带来强烈的清新气息。

宽堂教授书画作品的风格可简略概括为"大气磅礴"、"雄奇神秀"。他并不是专业书画家，并不是为创作书画而创作书画，他是以其独特的修养和独特的感受创作书画，请看他三十五年前所书的《正气歌》，以排山倒海之势，挟风云雷电之气，真是大气磅礴，正义凛凛，令人不禁肃然起敬。他自题云："文文山正气歌，予于困厄时书之，觉天地浩然之气，令人胆壮，今已卅五年，犹不忘当时之厄也。辛巳（2001）夏五宽堂七十又九"（见《冯其庸书画集》35页），是书成于浩劫之际，借书寄怀，激扬文字，可见先生当时浩然胸襟。又其丁卯（1987）草书条幅《门外野风开白莲》，其气势直有"飞流直下三千尺"之意境，笔力之健，可剚犀兕，搏龙象，全以神运，气贯满纸。运笔之遒劲而流畅，吃墨之饱满而兼飞白，令我目醉神摇。（32页）其题《曹子建墓砖文拓本》，系冯先生作于戊寅（1998），突出了他读万卷书，行万里路，敏于思考之特点，因考证文太长，兹节录三段，藉见其学识。其一云："一九八六年丙寅，予至东阿鱼山，适曹植墓发，予乃至墓地，墓紧濒黄河，有口可入，墓内已荡然无物。至县文化局乃得见出土物，甚粗陋，此墓砖亦在焉。其文曰'太和七年三月一日壬戌朔十五日丙午，□州刺史奚（侯？）**（龙？）遣士朱周等二百人作垔（垒？）陈王陵，各赐休一百日。''别督郎中王纳司徍（从？）杨位张顺（？）'按太和魏明帝曹睿年号，七年二月已改年号为青龙。此砖书七年三月，盖地僻改号尚不及也。又陈思王陵初葬淮阳，淮阳固陈地。予曾两至淮阳考察，陈思故陵尚在，鱼山陈思王陵为遵王意迁葬。今鱼山墓前尚有隋碑可证。

按此墓随葬简陋，若无此墓砖文字，几不可认矣。而此墓砖刻字亦简陋至无可再简者。昔年张家湾出土曹雪芹墓石，论者以种种不合为辞，予以否定。然则此墓砖如此简陋，岂能合陈思王之身份，侪辈当更予否定矣。殊不知历史乃生动活泼之事，非可以格式衡一切也。盖历史有常有变，知其常而不知其变，安可论历史哉？执其常而否其变，直如痴人说梦矣。"此题可见先生之史识。其二云："鱼山陈思王墓极简陋，随葬之器皆为瓦器，一如平民。若非此墓砖刻文，则几不可认矣，是知曹子建才高八斗，位为陈王，而实一楚囚也。此历史之真相，得此墓发而更白。"其三云："此砖文书体多作楷隶，而其上祖亳县墓所出砖文已多为行草。而其后元康元年砖、马鞍山太元元年之孟府君志皆具楷行之意，是故知汉晋之季，固吾国书体之变革时期也，岂可执一而论哉。"读此三跋，可见先生治学求真求实之精神，而又旁征博引，融会贯通，则又可知先生胸次之宽也。

宽堂教授作画，由来已久，入京后潜心教育、究研学术，疏于绘事，因此至今闻其文名人多，知其画名人少，此自然之势也。然近年见其画作，皆大为惊异！以其不仅已由早期单纯学白石、青藤之大写意，转而师承黄山画派戴本孝、梅瞿山之焦墨皴法、金陵画派鼻祖龚半千之积墨法，竟又由清而上追宋元，直逼北宋之范宽、关仝，五代之巨然，凛然取法乎上，而又益之以读万卷书、行万里路，于是先生之书画卓然自呈其面貌矣！

读宽堂教授所作的书画，有一股清新之气、有一种厚重之感，且更有传统的笔墨神韵，而其设色敷彩，又随题变化，轻重得宜，他的《雪骨冰枝》图，为设色红梅，树干作墨渖腾翻状，肌理清晰，两处点苔，更增千年老桩之感，画人所未到之处，而红梅点缀左右前后，真是枯木逢春。右上题曰："雪骨冰枝驿路边。风风雨雨自年年。天涯为慰伤心客，先报春光到眼前。"亦别具雅致之意。（78 页）另一幅《重彩葫芦》，则色彩斑斓，硕果累累，赤橙青蓝，突兀而又谐和，令人目迷五色。其《盐水沟群峰》，水墨山水，以竖点作群峰矗立，画法独创而妙趣无穷。其题记曰："此玄奘大师当年西天取经之古龟兹国盐水沟，此处山行奇突，如浪卷云奔，又如万仞刺天，千剑森列，予奇其山水，十余年间曾五至其地观之，犹不尽也，予曾有诗云：'看尽龟兹十万峰。始知五岳也平庸。他年欲作徐霞客，走遍天西再向东。'"此画经此一题，即增加了画的历史内涵，而又诗画相映，越显出画家的书卷气。（117 页）宽堂先生的巨幅山水《青山一发是中原》，是写东坡诗意，画面波涛万顷，右下角是椰树茅屋。意存东坡故居，远处一发青山，海鸥低飞，紧扣东坡"杳杳天低鹘没处，青山一发是中原"诗意，其题记云："东坡于绍圣四年丁丑四月由惠州再谪琼州昌化军，即今海南儋州中和镇，至元符三年庚辰六月内迁，计在海南三年有余，其北归诗云：'余生欲老海南村，帝遣巫阳招我魂。杳杳天低鹘没处，青山一发是中原。'又渡海诗云：'参横斗转欲三更，苦雨终风也解晴。云散月明谁点缀，天容海色本澄清。空余鲁叟乘桴意，粗识轩辕奏乐声。九死南荒吾不恨，兹游奇绝冠平生。'予于去岁庚辰岁暮至海南，距东坡庚辰北归已九百春，予至中和瞻东坡遗迹，不胜低徊俯仰，乃作此图以纪念，工拙固不计也。"又题诗云："东坡与我两庚辰，公去我来九百春。公到儋州遭贬谪，我来中和吊灵均。至今黎民怀故德，堂上犹奉先生神。先生去今一千载，四海长拜老逐臣。人生在德不在力，力有尽时德无垠。寄意天下滔滔者，来拜儋州一真人。""投荒万死一诗翁。欲死先生海狱中。谁识先生心博大，天为穹室海杯盅，南荒蛮俗为吾化，诘屈方音让我通。千载黎民常奉祀，五峰山与大苏公。""太白雄才五柳身。此身只合是孤臣。光风霁月岩岩客，南海归来笔更神。"（129 页）。此画构图大胆而新奇，整幅画面都是烟波浩渺的海水，波光涛影，粼粼瑟瑟，令人如见浪动波涌，结合题诗，更见先生诗画功力。

宽堂先生为了探究古人的笔法墨法，又勤奋地临习古人，画册中的《临关仝秋山晚翠图》、《抚范中立溪山行旅图大略》、《秋山问道图》等都是在八十二、八十三岁时所作，且皆是八尺或六尺巨幅，每画一幅，都须经月。其耄耋之年好学如此，我们后生晚辈怎不汗颜（192、206、209 页）。

宽堂教授不仅能深入传统，登古人之堂奥，而且更能走出传统，自创新径，其所作《却勒塔格山群峰》、《浮翠烟峦忆江西》、《金塔寺前》、《取经之路》、《祁连秋色》、《古龟兹国山水》、《看尽龟兹十万峰》等画幅，均是浓墨重彩，但艳而不俗，艳而有味，艳而有时代气息！这些画法，前无古人，也可以说是从无法到有法，也可以说是自创新径。如《浮翠烟峦忆江西》、《却勒塔格山群峰》、《古龟兹国山水》。这些具有强烈个性、强烈色彩的画，怎么也无法想象，它竟会是出自一位专门研究传统文化的老人手里，可见他年纪虽然老了，但艺术之心却不老，他对艺术仍有像火一般热烈的追求之心。他在《玄奘入境古道》图中题到"唐圣僧玄奘法师于贞观十七年癸卯自印度取经东归，越一年始入国境，时为公元六四四年。其入境山口即今帕米尔高原之明铁盖达坂山口。予于一九九八年八月二十五日中午抵此山口，高四千七百米，时距玄奘入境已一千三百五十四年矣。至此玄奘古道始重彰于世，予乃恭写此图，以纪盛事。己卯岁朝宽堂冯其庸写并记，时年七十又七。"又题云："玄奘大师入境处，即图中右侧山坡，其下古道即瓦罕通道，其后雪山即喀喇昆仑山，图中朱红苔藓之巨石，予曾坐其上摄影，《大唐西域记》中所记之奔穰舍罗，汉译为福舍，应即在此附近。宽堂又记。"（210 页）从题记中可以明确见到先生虔信玄奘历尽艰难西行取经之精神，所以他笔下的山水是从真山真水中考察而来，是常人不到之处，故此画具有特殊的意义。

宽堂教授在其《书画集》自序中说："今年（2005，八十三岁）九月二十六日，予将进古楼兰，考楼兰古城遗址，探罗布泊之谜，验白龙堆、龙城之奇，寻玄奘入玉关之古道。至此，则予平生西游之愿足矣。然此行已不及画入本集，当俟之异日。"又在后记里写道："我们从米兰进入罗布泊，穿过罗布泊湖心，傍晚到楼兰，露宿在楼兰城外，距城仅十步之遥。是夜星月满天，银汉灿烂，面对着矗立在夜空中的楼兰遗迹，佛塔、三间房、依然耸立的房屋木结构、门框等等，使我思接千年，感慨无穷。第二天太阳还未出来，我们就进入楼兰城，跑遍了整个遗址，一直到日落天黑才出城，但是我的思绪似乎仍留在楼兰遗址。第二天日出，我们就再穿罗布泊，茫茫瀚海，四顾无尽，我们从罗布泊最低处穿越，停车环望，无边无际，除了带有凉意的晚风外，只有苍茫、荒凉、浑朴，真是'念天地之悠悠'。此时才让你真正感到宇宙之无尽，个人之渺小！我们于天黑到龙城，这就是《水经注》里所记到的：'龙城，故姜赖之墟，胡之大国也。蒲昌海溢，荡覆其国，城基尚存而至大……余溜风吹，稍成龙行，西面向海，因名龙城。'实际上这是奇特的雅丹地貌，并不是古城。高耸而绵延的雅丹，也确像一条条排列的长龙，它的西面就是已经干涸的罗布泊，当年确是茫茫大海。我们在龙城露宿两宵。考察了土垠、L.E. 遗址，即赴白龙堆，经三陇沙入玉门关，到玉门关已经是夕阳如火，照耀得孤立在大漠中的玉门关格外显出它历史的沧桑来。"宽堂先生以八十三岁的高龄作如此壮游，其豪情壮怀真令人钦敬。

拜观宽堂教授书画展，拜读宽堂教授书画集，我胸潮澎湃，给我感悟的方方面面太多太多了，要学的方方面面也太多太多了，这岂是一个单纯的书画展，也不是一本单纯的书画集，这里又包含着各门类的学问，它给了我非常实在而又明确的努力方向。广博的学问来自于勤学和考察，来自于无止境的追求，来自于昔年艰苦的生活，所以他笔下才能有如此雄伟壮丽的诗文书画！他的作品必定会受到世人的注目！更会受到世人的尊敬！对当代的画坛也必然会产生影响！

我敬祝先生彩笔常新，松寿长青！

2006 年 5 月 2 日

书是心迹　画乃性情

——读冯其庸先生书画有感

[顾森]

每次看冯先生的书画，都有一些新的体会和感受。5 月 20 日，冯先生又将在美术馆举办他第三次个展。前不久喜得先生惠赠已结集成册的出展作品画集。此画册印制之精，几乎无懈可击，可谓独步于当前印刷业。如黄豆般大小的钤印尚能清晰辨识出印文，其精致可想而知。正因为如此，冯先生的书画精神才能被忠实反映出来。敬阅之后，感触尤多。

一

冯先生的书法艺术，不仅仅是书体本身。更主要的是他如何用书法这种形式来表达他的情感。作为有高度文化修养的学者，冯先生的书法不像许多所谓"书法家"多以唐诗宋词、名人警句一类内容作为书材。他的书法作品，基本上是他自己的诗文和许多见解的记录。此其一。其二，冯先生的书法已达很高境界，就像呼吸一样，他的书法可随作者的情绪和心潮起伏跌宕。因此，要体会冯先生的书法之美之妙，在欣赏那些苍劲、潇洒、秀美的书体的同时，内容不能不读。冯先生书法的这种特点，在《曹子建墓砖拓本题跋》（作于戊寅，1998 年）、《东晋元康元年蒋之神枢铭》（作于戊寅，1998 年）、《曹雪芹墓石精拓本题跋》（作于丙子—丁丑，1996—1997）三件作品上表现得最为集中。首先，这三件作品都是在碑刻拓本上先后题写而成。作品的成型少则一年多则几年。因此，件件作品皆是思想的积淀和情感的汇综。第二，这几件作品均是以充分调动书法的形式和表达方式为表象，思想感情的尽情发抒为深层内涵。书法安排上，朱与墨、巨与细、长与短、疏与密，相互呼应，错落有致；穿插其间的大小不等、或朱文或白文的多枚闲章，使整幅书法凭添许多活泼与生气。情感发抒上，亦哭亦歌，亦吟亦叹，亦论亦评；五言六言七言，短议长析迭论，不拘一格，任性情之所之。第三，这几件作品都可作为文学作品和学术著作来读。如《曹子建墓砖拓本题跋》一作，既哀陈思王之困穷，又申历史认识之见解，也语书体变化之依据。其中"殊不知历史乃生动活泼之事，非可以格式衡一切也。盖历史有常有变，知其常而不知其变，安可论历史哉？执其常而否其变，真如痴人之说梦也"一段议论，可谓振聋发聩之语。又如《东晋元康元年蒋之神枢铭》一作，再提历史之"常变"观而论书体变迁有序。举安徽亳县东汉末曹氏家族墓，砖刻文字已有行草，及早于永和九年62年的这件西晋元康元年的书体已见楷行之意，态度鲜明指出："谁道兰亭不是真，元康一砖亦晨星。楷行实比兰亭早，六十年前已报春。"《曹雪芹墓石精拓本题跋》一作诗辞题跋九处，谈治红学中的艰辛，已超出纯研究范畴。尤其对《红楼梦》作者曹雪芹，研究愈深痛惜也愈深。故这件书法作品的内容可概括为三个字：哭雪芹。"哭君身世太凄凉，家破人亡子亦殇。天遣穷愁天太酷，断碑一见断人肠。"又："草草殡君土一丘，青山无地埋曹侯。谁将八尺干净土，来葬千秋万古愁"又："生前受尽凄怆。身后还遭诬妄。真是真非安在，抚石痛泪浪浪。"又："地下长眠丽年，忽然云破见天。反说种种不合，何如重阆黄泉。"……这些文字读了谁能不动容。当然，以上几件作品是冯先生书法中的特例，他的其他许多书法作品仍然是以常见的形式出现。这些作品可视为纯粹的书法艺术品，都是以书体自身的美和魅力与观众对话。但《曹子建墓砖拓本题跋》等几件作品富有表现力的这种形式，可以称之为书法中的交响乐。没有书法上深厚的功力和内容上的深刻与高品位，没有对二度空间书材安排的经验和位置经营的良好修养与驾驭能力，一般人不会去使用这种难度太大的形式。只要想想一些传世的书画名作，各朝各代有多少名家和收藏家在其上题跋、钤印。这些题跋和钤印共同构成这件作品深厚的文化性。而冯先生则将这一历史连贯的积累形式转换为个人的创作方法，以一己之力来走完历代诸贤递次方能完善的艺术过程。仅此一点，冯先生所付出的心血，以及这几件作品的价值就非同寻常。

二

西汉的《淮南子》在论及画绘之事的特殊性时，认为是"尧、舜之圣不能及"，"禹、汤之智不能逮"。①至宋代，郭若虚在《图画见闻志》里，进一步将画绘说成是极高雅之人所做的极高雅之事。②执笔作画看来也是一种超凡入圣之举。不过话又说回来，并非执笔作画就能成画家。真正的画手实际上只是两类人。一是画为余事者。一是心画合一者。前者是指画者特有身份、地位形成的特有心态——不以画求名利、谋衣食，进而造成特有的心境，故作画可无拘无束，纯任性情。郭若虚所指亦即此类。历史上的代表是士夫、隐逸画，如晋之戴安道顾长康、唐之李思训王摩诘、五代荆浩巨然、宋之苏东坡米襄阳、元之赵孟頫钱舜举、明之文征明董其昌、清之浙江八大苦瓜石豀四僧者流。后者是指画者制画时状态。这种失小我（现实中人）而得大我（艺术中人）的状态可以存在于任何一种身份或处境中的画家。诚如石涛题《春江图》所云："吾写此纸时，心入春江水。江花为我开，江水为我起。……一笑水云低，开图幻神髓。"以心写春江最后心画合一，当然能得到"开图幻神髓"的艺术"大我"。画为余事者的画，品位高；心画合一者的画，画情浓。能二者得兼，往往是有高度文化修养又是性情中人者。冯先生就是这样一位画手。他的画格调高而雅致，情意浓而天真。若论文人画，冯先生称得上是国内眼下真正的文人画家。

冯先生平素给人的印象是严肃而认真的。但有时在一些轻松的话题中他释怀大笑，那种笑容朴实得像一个老农。读冯先生的学术著作，看到的是前面那一个冯先生；读他的散文随笔，看到的就是后一个冯先生；而读他的书画，冯先生更是一个活生生的、无遮无碍的人。从他的书画中，我们能体察到他的种种情感，他的闲情与激情、诗意与理性、认真与达观、讽劝与感怀、出世与入世……如《牡丹》（作于丁丑，1997年）一作，题"除日醉后"。看后不能不使人想到杭州净慈寺禅僧居简写他的好友梁楷作画的一句诗："醉后亦复成淋漓。"这"淋漓"二字最能说清这件作品那种朦胧、似与不似之间的画趣。其实这朦胧、似与不似何尝又不是醉后人的那种充满天趣的状态。又如《邻家扁豆过墙来》，画面传达出一种闲适之情和对稼穑园圃之事的喜悦。同时也表现出一种回归田园的满足感，以及对邻里和睦的满足感。再如《红葫芦》，则是对自己早年艰辛生活的回忆和对故人的怀念："老去种瓜只是痴。枝枝叶叶尽相思。瓜红叶老人何在，六十年前乞食时。宽堂八十岁写六十年前旧家景色。物是人非，何处觅当时同饥饿人耶。"这些充满了感情的表达，无论是直白的还是含蓄的，皆充溢在冯先生的画作和题跋里。它们都最能拨动人深处的心弦，使人观后读后感叹唏嘘不已。

三

冯先生在山水画上用力极深。几年前，我因被冯先生所画葫芦所打动，曾开口求他一张葫芦。他说：你应该要我一张山水。我当时未理解他为何要强调山水，只以为是冯先生一片好意。因为较之一张葫芦，一张山水更费精力，更费功夫，冯先生也不轻易予人。这几年下来，看冯先生连续不断创作出来的山水，才真正明白他话语的含义。如果花鸟是他用来寄情寓性，山水则是他用来抒发襟怀、映照人生。花鸟能很好反映出冯先生落拓不羁的艺术性格，山水中更能淋漓尽致地表达他各种人生感触。两相比较，他自然更看重后者。在他的山水中，能读到他的山河之思，古往今来之思等等。但最让人感动的，还是他山水中的人生之思。如《深山读易》（作于甲申，2004 年），画的是山水画中常见的题材。都是对一种远离尘嚣、结茅深山、潜心修行的生活的向往。画中题诗："一生好入名山游，此地宜修读易楼。世上浮名都是假，悬泉飞瀑共清流。"也表明了这样一种心愿。《绿水独钓》（作于甲申，2004 年）一作题诗："青山绿水对门居。出没风波只打鱼。世上都知鲈味美，哪知风浪险斯如。"这首诗正好可作前一幅画的注解。就像《周易》中六十四卦，卦卦有危机，卦卦有转机。人的生活中也是收益与风险并存。"易"虽然深奥无比，但它那交感（交流）和转化的精神无时无刻不在我们生活中体现。我想，这幅画的题画诗就是送给从商的人或者从政的人，也非常合适。《青山一发是中原》（辛巳，2001 年完成）是一幅近六尺的大画。此作取苏东坡《北归诗》"余生欲老海南村，帝遣巫阳招我魂。杳杳天地鹘没处，青山一发是中原"诗意。构图上守住画幅四边，中间大片空旷，很好地表现了海阔天远之趣。极合东坡原诗意境。具体处理上，又极类似书法作品《曹子建墓砖拓本题跋》，在画面上也是渐次题跋，表达了对贬谪儋州（今海南）的苏东坡的尊崇之情和对人生的感怀。如"太白雄才五柳身，此身只和是孤臣。光风霁月崖崖客，南海归来笔更神。"在涉及世情处，题写道："人生在德不在力，力有尽时德无垠。寄意天下滔滔者，来拜儋州一真人。"这种表面是劝世的寄语，实际上表达了冯先生对不讲道德一味以强力行事的一种批评和反对。

四

在冯先生的画中，看不到一般画家所倚重的，象征画家个人标志的那些独有的、固定的、明确的风格或笔墨程式，也看不到一般画家视为自己门户的那种对某一题材或内容的专擅且不断重复的现象。冯先生的画一个最大特点就是泛滥各家，转益多师。因此，冯先生的画呈现出来的是一种流动的、形式层出不穷的面貌。他画中唯一恒定不变的，是他的感情。冯先生作画，正如他作书法，并不是为写而写、为画而画。他是要用这些表达形式来记录和释放他的心声。《水墨葡萄》一画题诗曰："满纸云烟认不真。是藤是葛是荆榛。老夫不是丹青手，为有胸中逸气生。"又题《青山一发是中原》一画："予于去岁庚辰岁暮至海南，……至中和瞻东坡遗迹……乃作此图以为纪念，工拙故不计也。"正因为他有了这种"为有胸中逸气生"和"工拙故不计也"的超然态度，一般画家最难突破的两层魔障——笔墨和技法，就一点不能约束他了。典型的例子，就是他的一大批以色为墨，色彩绚丽的山水作品。如《浮翠烟峦忆江南》、《金塔寺前》、《祁连秋色》、《古龟兹国山水》等。这些画图重彩如油画，色彩响亮，艳丽浓烈，气势逼人。在画法上，讲究厚实沉稳、力透纸背，故色彩在画面上一点也不轻浮，有如捶拓上纸，充满了强烈的金石味。这批画，充分体现出冯先生在以一个艺术家身份出现时那种无拘无束，落拓不羁，任意驰骋的艺术性格。当然，冯先生这些重色重彩之作也并非他空穴来风、独出心裁。凡去过上述画中所绘的地方，都有被当地那种丰富的色彩所惊骇、所冲击的感受；都体验过用传统水墨无法传达这一感受的无奈。因此，只有强烈的色彩才能唤起对这些地方的回忆。说到用色，不能不提朱屺瞻、刘海粟这两位已谢世的百岁老画家。他们是在国画中成功地以写意的手法大胆使用重色重彩的大师。而这两位大师正好均是冯先生所敬仰并在他们生前与之成为忘年之交。这两位大师晚年身上那种纵心所欲，"水到无边天作岸，山登极顶我为峰"的气度和气势，影响和引导着许多倾心艺事的人。冯先生与这两位大师生前过往甚密，承传和发扬他们的事业再自然不过。除极浓艳作品外，冯先生又有不少纯用水墨的清雅之作。如《凌云图》(甲申)、《平生一棹江湖趣》(壬午)、《云谷寺》(癸未)、《云山图》、《桃花岩》等。这些有着传统之风的画作，反映了冯先生认真学习古人、学习传统的另一方面。他在略拟龚半千的《豀山无尽图》中题写道："不学古人，不知古人之深也。"为了知晓古人之深，参悟传统技艺，冯先生认真摹临了上起五代下至清朝一些大师的作品。其结果当然是更增加了作品的传统底蕴和书卷气。

2005年年末，冯先生完成一幅巨作:《深山萧寺图》。这是一件长近四米的巨制。对这幅图的创作过程和心境，冯先生写道："乙酉八月十五，予登昆仑之巅，为玄奘法师东归明铁盖山口立碑，并系以诗云……予归京后，偶病，因作此图以养心。予以为作画实养心之道也。"又题诗道："平生出世想，世法同罗网。欲洗器尘土，何处得澐荡。画此萧寺图，如听钟磬响。画罢掷笔叹，心事归泱漭。悠悠万古意，化入郁苍苍。天地同一气，浩浩复莽莽。"平静与安宁的生活，这是坎坷一生、劳作一生的老人真实的愿望。但树欲静而风不止，在现今社会里好多事总是由不得自己。我真希望"尘器"尽量少地去干扰冯先生，让他能多一些时间安静做他喜欢的事，多一点时间去画画养心；让他能身心愉快、健康长寿。

2006年5月7日于北京惠新北里顾庐

注释

①《淮南子·修务训》:"宋江画吴冶，刻刑镂法，乱修曲出，甚为微妙，尧、舜之至不能及"，"蔡女卫稚，梱纂组，杂奇彩，抑墨质，扬赤文，禹、汤之智不能逮"。

②《图画见闻志·论气韵非师》说:"窃观自古奇迹，多是轩冕才贤、岩穴之士，依仁游节，探赜钩深，高雅之情，一寄于画。人品既已高矣，气韵不得不高。气韵既已高矣，生动不得不至。所谓神之又神，而能精焉。"

问君曾到西天否

——读《冯其庸书画集》

[范敬宜]

　　"志于学而游于艺",是中国文人的传统。特别是唐宋以来,文人而兼善诗、书、画者不绝如缕。如王维、赵孟頫、倪云林、文征明、郑板桥以及近代的陈师曾、吴昌硕、吴湖帆等等,都属于"三绝"式的人物。但是在当代学术大师中,在其本领域之外,又工诗、善书、擅画者,确实为数不多,其中堪称佼佼者,当推冯其庸先生。读了他最近出版的诗书画集,更加坚定了我的这个看法。

　　冯其庸先生是我六十年前在无锡国学专修学校读书时的同窗。在学生时代,他就以扎实的文史功底崭露头角,为师友所重。后来的几十年中,他一直潜心于中国古典文学的研究,著作等身,卓有创见。尤其是对《红楼梦》的研究,独树一帜,蜚声学界。早在 20 世纪 50 年代中期,他的一篇论文曾得到毛泽东主席的赞许,更令师友引以为荣。但是,他在诗、书、画方面同样造诣颇深,则知者不多。80 年代,我偶然见到他的诗、书、画作品,深感其出手不俗,天赋甚高,但总认为属于他专业之外的遣兴,因为中国传统学者素来把这方面的成就称之为"余事"。连他自己这次出版诗、书、画集,也在封底盖着一方表示自谦的闲章:"余事书画"。

　　现在有机会集中地读了他的诗、书、画作品,第一感觉是不能再把他的艺术成就视为"余事"了,而应该与他的学术成就联系起来进行研究,与他的人生阅历联系起来进行探索,找出学术与艺术、学问与阅历之间的共同规律。在这个问题上,他在八十一岁第七次上昆仑时写的一首题画诗,为我们提供了一把探秘的"钥匙"。

七上昆仑亦壮哉，万山重叠雪莲开。夕阳西下胭脂色，爽气东来白玉堆。肃立千峰韩帅阵，奔腾万马奚官台。问君曾到西天否？紫岫青峦逐眼来。

这里的"关键词"是一个"壮"字。壮阔、雄奇，形成了他追求的艺术境界和人生境界。正是这种执著的追求，使他的诗境由清隽进入豪放，书境由挺秀进入苍古，画境由雅逸进入雄奇，正如文物鉴定家杨仁恺先生所言："已逐渐自出机杼，卓然成家矣。"对这种变化，不能以寻常的"晚年变法"来解释，也不能机械地以随着年龄的增长，技巧日趋成熟来解释，而需要从学问、艺术、阅历三者的交融关系来进行探讨。

中国向来有"物艺相通"之说。所谓"物"，可以理解为实学；"艺"，可以理解为各种艺术门类。物和艺的关系，是一种水乳交融、互相依存、互为作用的关系。扎实的学问根底，可以赋予艺事以深厚的文化内涵；而艺事的潜质，反过来又赋予学问以丰富的艺术灵感。不论是学者还是艺术家，有没有这样潜移默化的"相通""交融"，其成就是不大一样的。在中国的文化史上，这样的例证不胜枚举。明代的文征明和仇十洲，同出一个师门，由于文化底蕴的不同，前者成为"大家"，而后者只是"大匠"。冯其庸做学问的功底，或曰"学养"，无疑给了他的艺术活动以广阔的文化视野和书卷韵味；而他在艺术上的修养，又反过来给他做学问带来了一种胆略和气魄。这可以从他近年来完成的几部学术巨著得到证明。而促成他"物艺相融"的"催化剂"，则是他进入晚年以后的遍游天下名山大川的阅历。

冯其庸在 70 以后，为寻找玄奘"西天取经"的踪迹，曾十赴新疆，七登帕米尔高原昆仑之巅，复历古楼兰、罗布泊、塔克拉玛干大沙漠，渡弱水探黑水城，更直造祁连深处，到人之所未到，见人之所未见。这样的"壮游"，不仅前无古人，即使在现代学者、艺术家中，恐怕也是绝无仅有，何况他还是一个心脏病患者。这样的"壮游"，已经超越了传统文人的寄情于山水，或者局限于"读万卷书，行万里路"的实用目的，而是表现了一个大学问家、艺术家的献身精神。壮游出壮怀，壮怀出壮思，壮思出壮笔，正因为如此，他才敢于向我们发出这样挑战性的问题：

"问君曾到西天否？"

——发表于《人民日报》2006 年 5 月 16 日

画到青藤更着花

——读冯其庸先生的书画

[尹光华]

　　我认识冯其庸先生，已有三十年了。而知道他的大名，则至少在四十年前。当时正读他主编的《历代文选》，知道他是中国人民大学的教授，也是无锡人，与我同乡。此后，又知道他还是个杰出的"红学"家，他写的关于研究传统道德的文章，受到毛泽东主席的赞赏。1975 年，我因张正宇先生的介绍认识冯先生，才逐渐了解他。他不仅学识渊博，在文学领域里有极高的声誉和造就，还精通戏剧、摄影、文艺评论和散文创作，又好交游，好游历，大江南北，三山五岳，都有他的足迹与朋友，是个古道热肠，求知若渴，才子名士型的学者。而与我趣味相投的是，他还工书法，长绘事，是个真正的文人画家。

　　听冯先生说，他自幼就喜欢画画，青年时代曾就教于无锡名画家诸健秋先生。崇拜吴昌硕、齐白石，新中国成立后，他到北京中国人民大学任教，结识了许麟庐先生，对齐白石的画更感兴趣，觉得构图与造型都比较简单的大写意画很适合他繁忙的教学、写作生涯，三笔两笔，顷刻立就，乘兴而作，兴尽而止，既消除疲劳，又发泄了胸中垒块，然后抛笔可以继续伏案做他的学问。"老夫不是丹青手，为有胸中逸气生。"他如此说道。

　　记得"文革"末期，我和无锡的另二位朋友同时收到他寄来的画，是他写作至夜深三点，饮酒薄醉，遥念故乡亲友而作的三幅《葡萄》。在那风雨飘摇的日子里，他用画笔来报告他的平安，寄托他对亲朋的思念。拿着这张浸透了乡情和友谊的薄薄的宣纸，我觉得分量特别的重。

　　1976 年，我去北京，在他家看了很多画，其中一幅特别引起我注意。

画的也是葡萄，比平时更加恣肆凝重，上面题着两句诗："刘琨死后无奇士，独对荒鸡泪满衣。"他告诉我，这是他听到前国家主席刘少奇被迫害至死的消息后画的，诗中暗藏有刘少奇的名字。当我再回过头去重读这张画时，我顿时发现，那飞溅的墨花和虬结的苍藤之间，正有一种苍凉之气迎面扑来。那题诗虽是信手拈来的古人成句，却恰到好处地抒发了他的慷慨不平之气，又因为隐晦而不至引起政治上的麻烦，让人不得不佩服他的才智和机敏。

十年动乱后，他结识了刘海粟、朱屺瞻、唐云等名画家，在画道上闻见益广而所知益深。政治清明起来，精神压束少了，他画的题材也逐渐宽泛起来，牡丹、梅竹、扁豆、紫藤以及螃蟹、青蛙等等，偶尔还画山水。用笔纵横矫捷，锋颖毕露，可以明显感受到他激昂豪迈的情怀。以前专画水墨，这时开始用起色彩来，几乎多用原色，单纯明亮，很朴素，却十分雅致。

20世纪90年代，他从中国艺术研究院领导岗位上离休，作画与出游的机会更多。为考察唐玄奘取经西行之路，他十次赴新疆，度大漠、越冰川，登雪山，探奇历险，御风扣天，胸中浩浩落落，荡涤着白山黑水的雄奇，笔底又有了新的气象。画的《取经之路》、《龟兹国山水》，红绿灿然，古色斑驳，和以前所写江南小景、黄岳烟云，风格大异，用笔则中锋直干，一变以往跳荡转侧的习惯，虽少了一波三折的变化，却多了一份雄直酣畅之气，苍沉朴茂之态。他有一首题画诗这样写道："七上昆仑亦壮哉。万山重叠雪莲开。夕阳西下胭脂色，爽气东来白玉堆。肃立千峰韩帅阵，奔腾万马奚官台。问君曾到西天否，紫岫青峦逐眼来。"这万山奔腾、紫岫翠峦，没有他那样的亲身经历，是谁也不敢想更不敢画的。

因为得山水熏陶，烟云供养，胸中又有万卷书诗，大块文章，加上识见高远，襟怀旷达，很自然地造就了他画中的大气、拙气和书卷之气。所以，读冯其庸的画，不能从细枝末节的技法层面去苛求，而应当从境界、格局、气息上去体味；不但要从笔墨之内去赏析，更要从笔墨之外去解读。要了解笔墨之外的东西，知人论画是其一，研读他画上的诗跋更是一种直接的方法。

"论交犹是少年时。垂老相逢鬓已丝。五十年来风兼雨，寒花幸在最高枝。"是他为昆剧名角周传瑛画梅并题的诗句，诗画映发，比兴贴切，虽感慨沉重，但情怀却是激昂的。

"生小青门学种瓜。老来橐笔走天涯。砚田活水无穷乐，画到青藤更着花。庚辰牡丹节，园中牡丹盛开，乘兴作此，以催紫藤着花也。"园里的牡丹盛开了，从江南深山中移植来的藤萝尚未开花，于是画上一幅，想用"砚田活水"催它早发。是幽默也是幽情，是童心也是诗心，读之，就像嚼橄榄一样，有不尽的余甘。

"此玄奘大师当年西天取经之古龟兹国盐水沟，此处山形奇特，如浪卷云奔，又如万仞刺天，千剑森列，予奇其山水，十余年间曾五至其地，仍不尽也。予曾有诗云：看尽龟兹十万峰。始知五岳也平庸。他年欲作徐霞客，走遍天西再向东。"诗文壮美，八十老人的雄心亦同样壮美。果然，在此后数年间，他又四度赴疆，三登帕米尔高原，二上喀喇昆仑山巅，"走遍天西"，终于印证考察出玄奘取经回归之路，这时他已是八十三岁高龄了。

冯其庸画中像这样可赏可诵的诗跋很多，读这些诗跋，我们的感受决不会简单地停留在画面之上，你会越过画面，想得很远，读这些诗跋，我们在欣赏其文字之美的同时，还能欣赏到他刚柔相济的书法之美。诗、书、画共赏才能真正理解中国文人画，才能真正理解冯其庸的画。

冯先生的书法功力很深，造诣也极高，特别是他的行书，放在当今一流书家中绝不比任何人逊色，论气息论格调，还可能高出一筹。只是书名为文名所掩，还没有受到足够的重视罢了。和画相比，他的书法成熟得相对要早些。他早年崇尚晋人，临摹过很多二王法帖，后来得到老师王蘧常的指导，加上勤于临池和读帖，悟性又高，六十左右便已形成清隽秀朗、风神潇洒的个人面目。七十后益趋纵放，飞腾绮丽，八面出锋，有一种轩昂跌宕意气风发的神情。八十左右，则渐入雄浑之境，秃管中锋，藏巧于拙，苍中毓秀。而他每一次书风的变化，都明显影响着他画笔的变化。"直将书法演画法"，是中国文人画的一大特点，很多画家琢磨了一辈子都不得要领，而冯其庸一开始便以书入画，并且心手调畅，实在令人羡慕和佩服。

近几年，年至耄耋的冯其庸先生突然像初学者一样，孜孜矻矻地临摹起古画来，他喜欢关全、范宽画中嵯峨崇高的雄峻气象，喜欢龚贤的苍茫浑厚和戴本孝的润泽清逸，因为都是得到山川蒙养，趣味相近，襟怀相通，所以尽管以前他从未临摹过古画，但一入手便抓住了他们的精神气度和苍楚的韵味。其中一幅《抚范中立溪山行旅图大略》竟用了将近一个月的时间，他却乐此不疲，根本不在乎老之已至，还自称："不学古人不知己之不足，不知古人之深且奥也。"正是这种永不知足，自强不息的学者精神，使他在各种学术领域里取得了极高的成就。相信他再度步出古人堂奥的时候，同样会在书画领域里创出一新境界新气象来。

2006 年 5 月于上海

心在天山
——冯其庸先生诗书画艺术的西部情结

［朱玉麒］

一个人的成就往往有着太多的异数。当我们在现代中国的环境里为冯其庸先生融诗、书、画于一体的传统艺术品格拍案叫绝时，一定会有兴趣探求其成功背后的因素。在笔者看来，其中最重要的一个异数，是先生晚年对于中国西部的倾情。

在包孕吴越的太湖之滨，冯其庸先生度过了他青少年时代的耕读生涯。与多数的江南文士一样，长江下游地区深厚的文化积淀为其成长提供了优良的条件；但与多数的江南文士又不一样，先生在启蒙之初就遭遇到国破家亡的民族危机，日本的侵略使他的读书生涯饱经流离颠沛。艰难的境遇之所以没有阻碍先生的求学历程、并最终成就了他今天作为学者、诗人、艺术家等多元的传统文化人的形象，一个很重要的原因，在其后来的回忆中提到："予少读玄奘法师，遂仰之为师，虽万劫而不灭求学求真之心也！"（《冯其庸书画集自序》）

由《西游记》而《大慈恩寺三藏法师传》而《大唐西域记》，玄奘法师西天取经的形象在冯其庸先生少年时代的求学历程中成为不灭的明灯。而先生后来锲而不舍的奋斗经历与成功，也无不打上了玄奘"诚重劳轻，求深愿达"（唐太宗《大唐三藏圣教序》）的精神印记。

正是由于这样一种少年情节，当年过花甲的先生在1986年的新疆焉耆——当年玄奘西天取经路过的渡口——拍下他西部摄影中最早的精彩篇章"开都河落日"时，他最近二十年的艺术生命就与中国的西部紧密相连在一起。从此以后，几乎每隔一年，新疆的山水便会迎来冯其庸先生不辞艰辛的跋涉。"莫负明年沙海约，驼铃声到古城边"（《和田赠雏君》）似乎成了先生与新疆、与西部终生的契约。

如果说以往六十年的历程是玄奘西天取经的精神激励了先生的话，那么六十岁以后的生命中，又是玄奘西天取经的丝绸之路以更形象的体验丰富了先生的文化创造。中国西部在先生的花甲之年后成为其永不枯竭的营养源，先生曾经说："我的文章有两个来源，一是读书，二是游历。"（《夜雨集自序》）在艺术领域，先生的"文章"就是大气磅礴的传统诗书画！如果说这些作品在其六十岁之前一直作为一个古典文学研究者的"余事"而停留在读书、养气阶段的话，那么当先生此后的行踪游历到玉门关外、在西部广袤的大地上留下深深的印痕时，先生包蕴着时代步伐和传统精神的独特风格便逐渐形成了。

冯其庸先生的旧体诗词以豪放见长，在先生十九岁之年写下"东林剩有草纵横"（《呈湖山诗社张、诸二社长》）的诗句时，就被前辈诗人以"清快"相呼。

此后当先生的行踪走遍中原各地，这清快的诗才记录下了日后成为其绘画素材山山水水，而当先生涉足西部辽阔的山川时，漫长的"丝路"更提供给了先生行吟的古代场景。笔者曾经多次伴随冯其庸先生坐车穿越冗长的考察旅途，往往是在乏味的颠簸之后停车小憩时，先生已经开始记录下刚才吟成的诗作。这时候先生的思绪已经与古代的吟士千古相接：

> 庚午初冬十一月十二夜到凉州
> 轻车昨夜到凉州，千里关河一望收。
> 忆得王翰诗句好，葡萄美酒不须愁。

> 题唐北庭都护府故址
> 荒城故垒尚迷离，想见嘉州寄语时。
> 我亦故园东向望，漫漫长路接天涯。

作为一个学者，冯其庸先生也有诸多的诗篇表达对西域历史的思考，尤其是那些发生在西域而对中华民族文化产生巨大影响的人物，都在先生的诗中得到称颂：

访疏勒

千山万水不辞难，西向疏城问故关。

遥想当年班定远，令人豪气满昆山。

再题高昌城

乘危远迈有孤僧，国主高昌亦可偶。

难得焚香深结拜，西天一路好徐行。

题塔什库尔干揭盘陀古城

高原万古揭盘城，负笈东归有圣僧。

我到九天寻旧迹，白云半掩宫巷横。

西域雄浑的山水更与先生豪放的禀赋契合，融汇为明快旷达的新边塞诗：

题龟兹山水

地上仙宫五百闉，赤霞遥接北天门。

平生看尽山千万，不及龟兹一片云。

再题龟兹山水

看尽龟兹十万峰，始知五岳也平庸。

他年欲作徐霞客，走遍天西再向东。

以西域为题材的诗作成为冯其庸先生近年最为多产的文学作品，而先生也最乐意以其洒脱的行草书写这些同样洒脱的作品。在新疆，当代的方志多收录了先生那些最能揭示地域风貌的美妙诗篇。

在先生的绘画艺术方面，西部的考察更是留下了深刻的烙印。先生早年的作品大多是花卉藤萝，其中最主要的原因是先生以教学和学术研究为主要工作，"为了可以利用短暂的时间，我就只学作花卉。"（《墨缘集·学画漫忆》）这些小品也熔铸着先生的浩然之气，烂漫的牡丹与泼墨的葡萄，无不显示出旺盛的生命力。那幅先生题为"刘珉死后无奇士"的葡萄就非常鲜明地体现了先生在"文革"中听说刘少奇含冤屈死的消息后愤懑难抑的不平之气。及至先生游历西域，在遥远的和田看到枝干纠结苍老的葡萄王、看到硕大无比的葫芦王时，先生的花卉作品更加汪洋恣肆，赢得了刘海粟大师"泼墨葡萄笔法奇，秋风棚架有生机"的称誉。

但是，先生"觉得山水更能与我的本性合"（《墨缘集·学画漫忆》），因此当晚年离休之后，便重学山水。先生刻苦地临摹古代名家的山水名作，同时，往日所历的山山水水，也都奔赴笔端，成为先生驱遣的素材。先生临写王石谷、黄大痴、龚半千、戴本孝等的大幅山水，几可乱真。而最能显示其本色并别开生面的作品，却是先生体验天山、昆仑之奇，感受龟兹佛国山水之独特皴法而创作的诸多设色山水。先生的《金塔寺》诸作以赤、橙、黄、绿的浓重色泽勾画了祁连山中"黄叶丹崖共一径，寺门高挂碧霄垠"的绚丽景象，其写实的风格确实描画出了一个佛相庄严的绝境，而像《却勒塔格山群峰》、《取经之路》、《古龟兹国山水》无疑渗透了先生对龟兹石窟"古寺千相金剥落，奇峰乱插赤参差"（《题克孜尔千佛洞》）的参悟，这些画幅以烂漫的色泽和非凡的造型，为中国传统绘画增添了新的题材。

相比于传统中国文人，在诗书画之外，冯其庸先生的艺术表达还多出了摄影这样一种工具的使用。先生早期的西部摄影作品曾经汇集为《瀚海劫尘》。"人文摄影"或许是冯先生西部摄影最为恰当的定位。在先生看来，丝绸之路的意义在于反映一个民族上下求索、追寻真理的精神特质，先生的西部摄影作品的内涵正是以玄奘取经之路为中心，考察中国境内丝绸之路沿线的历史地理与民俗文化景观。因此，在其摄下的空寂的风景背后，都可以读出丰富的语言。"汉家烽火两千载，我到沙场有余温。"（《题腾格里沙漠中之汉方城》）"东洞更存无上笔，圣僧夜渡葫芦河。"（《题安西》）与这些诗句相应，通过摄影，先生立体地表述了人类经营西域的历史和文明。

如前所揭，冯其庸先生近二十年来在诗、书、画方面的西部题材作品，是与他早年对玄奘的敬仰，与他几十年来对中华民族的感受连接在一起的。几十年的人生经验使先生坚信："伟大的中华民族必定会强盛！而强盛之余，除了改革、开放、民主、进步之外，全面开发大西北是其关键。"（《瀚海劫尘序》）先生希望通过自己的学术研究和艺术创作，为开发大西北作出贡献。在先生北京的书房，有关西部的图书资料和大家所熟知的先生作为红学家而收藏的《红楼梦》文献相垺，而在新疆，先生也舍弃了方便的度假村与伪民俗，直上崎岖的山路寻访"丝路"古道，颠簸几百里的长途看望一个烽燧遗址。《玄奘取经东归入境古道考实》是先生在翻阅大量文献资料和翻越五千米的高山之后，以二重证据法考订的迄今为止最具说服力的玄奘行踪文字。在西部，即使有了便利的交通工具，真正的考察还是辛苦异常，因为恶劣的天气与地貌并未改变，"惊砂夕起，空外迷天"（唐太宗《大唐三藏圣教序》），玄奘时代的情景依然如故。但是，从"风雪如狂"的天山绝顶老虎口达坂，到帕米尔高原五千米以上的"头痛山"，都留下了先生寻访的足迹。特别是荒无人烟的楼兰故国，先生最终以八十多岁的高龄，在 2005 年克服种种困难，野营七日，穿越罗布荒原，完成了他在西域最终的心愿。而且，特别令人感动的是，在每次辛苦考察结束之后，先生都坚持写日记，及时记下当日的感受与内容。艺术创造与学术研究一样需要亲身的经历与感受，正是这些自古以来中原画家不曾经行的绝境，因为先生的亲临，才有了他对西部题材出色的表现。

1995 年，冯其庸先生总结其十年西部的行踪，出版了摄影作品集《瀚海劫尘》。十年之后，《冯其庸书画集》作为其艺事的又一次总结，虽然不仅仅反映了先生在西部经行的历程，但先生在前言、后记中对"横绝流沙越大漠"的再三致意，以及选择在三上帕米尔、走过罗布泊之后出版其包含众多西部作品的书画集，也无疑可以看做是对自己二十年来西部关怀的回顾。

"边缘不是世界的尽头，而是世界阐释自己的地方。"中国的西部边缘，正是古代中西文化交流而创造新的文明的起点。冯其庸先生以玄奘的精神对中国西部文明史的寻访之路，也必将以更新的艺术手段，结出更为丰硕的成果。

——发表于 2006 年 5 月《经典艺苑》2 卷

[牛克诚]

丰富的文本

——读《冯其庸书画集》

一

《冯其庸书画集》近日由文物出版社出版，一百五十余件作品集中展示了冯其庸先生在诗书画方面的全面修养与创造能力。冯先生是一位以红学研究而名世的学术大家，因此，人们在欣赏他的作品时就会很自然地想到一个词——"文人画"。然而，大概是由于这个词先天地具有一种上品雅性，它就被太多的舞文弄墨者竞相附庸，曾由董其昌赋予它的褒义，也就在一片滥用之中而渐渐消却。于是，它既可以为那些专于学问而后又能挥舞几笔的人所标榜，也可以成为那些致力于书画而后又能写点文字的人的一个招牌。以此而言，在当今画坛历历可见的"文人画"，就只不过是一张颁给那些"业余"地治学或治艺的人进入名利场的许可证。在这个证件中，文化涵养的醇度、诗文书法的深度以及绘画技巧的精度等等，统统都可以被免去考核。"文人"与"画"就都变成了招摇的然而却是苍白的标志。

尽管这样，我们却仍然要把"文人画"用在对冯其庸先生作品的鉴赏与评定上。

冯先生在其《水墨葡萄》轴上题道："老夫不是丹青手，为有胸中逸气生。"又在《深山萧寺图》卷题："作画实养生之道也。"以画为寄，以书画的方式抒发胸臆；以画为娱，以书画挥写作为一种生活方式，先生的两句诗正表露出文人画家对于书画创作的一个本质态度。因此，他的书画创作是在"抒高隐之幽情，发书卷之雅韵。点笔闲窗，寓怀知己；偶逢合作，庶几古人"（笪重光《画筌》）。其作品就天然地浮动着一种与庸工俗史迥异的风神，这也就是一直为画史所推崇的"文人气"。先生以"宽堂"为号，也许可用《红楼梦》中所说的"英豪阔大宽宏量"为解，先生不仅在人生际遇上从容达观，在艺术创作上更是气量宏阔。高迈的人格精神支撑起先生作品宽博儒雅的气局，在其沉厚坚实、雅正宏远的作品中所发散出的文人气，就不同于倪云林式的萧条淡泊、荒寒简远，而更近于范宽、沈周式的沉着厚重、雄浑堂正。

南宋赵希鹄在《洞天清禄》中所说的"胸中有万卷书"、"目饱前代奇迹"和"车辙、马迹半天下"，虽不特指文人画，但，后来董其昌所说的文人画的画外修养也无过于此。因此，"文人画"的"文人"其实并不只是会写点诗文那么简单，它应该承载着全面的学问修养与丰富的人生阅历。冯先生以红学著述而饮誉海内外，著有《曹雪芹家世新考》、《论庚辰本》、《石头记脂本研究》、《论红楼梦思想》及《梦边集》等专著二十余种，并主编《红楼梦》新校注本、《红楼梦大词典》等，同时在中国文化史、古代文学史、戏曲史、艺术史等方面也卓有建树。广博渊深的学问，培植出先生艺术作品中浓厚的学术气息和深邃的文化内蕴，这并不只是体现在类似于其行草书《文天祥正气歌》中对"形"、"冥"等字的考辨上，它更通过覆盖在其花鸟、山水画中风骨儒雅的书卷气，不经意地但却是无所不在地显露出来。先生又擅诗词，早年在无锡国专时曾受诗法于钱仲联，而后，又将人生感受融入诗思，其诗作激越昂扬。所写诗词多有感而发，如游当涂采石矶寻太白捉月处而叹"飘零知己绝"；为《石头记》甲戌夲而"相逢西海一怆然"；看到葫芦成熟而追想"六十年前乞食时"……先生又是著名书法家，其书法以欧阳询《九成宫》、《虞恭公》等为入门，继而学习魏碑汉隶及先秦石刻，更后则学行草，于王羲之《圣教序》、《兰亭序》用力最深，并参以右军家书及汉晋简牍，从而以恣肆而不失儒雅的行草书而卓然成家。吴昌硕曾云："诗文书画有真意，贵能深造求其通。"因此与其说"文人画"是诗文后的一种余技，莫如说它是诗文书画间的通融与神会。这也即如王原祁所云："画法与诗文相通，必有书卷气。"冯先生在《赠韩国李东泉诗》中云"腹有诗书气自馥"，这正道出他作品书卷气的由来。

《赠韩国李东泉诗》的下一句是："笔参造化神始足。"这又表述出冯先生"车辙、马迹半天下"的壮游经历。先生足迹遍布名山大川，在直接的登山临水中而领会名山大川之性情。特别是在"文革"后，先生十游西域，历昆仑、大漠、居延、黑城、丝路之奇险壮美，并通过与文献的印证，确认玄奘负笈东归之路。"到人之所未到，见人之所未见，其胸中藏有天下奇山异水，故一发而不可收也"（杨仁恺《冯其庸书画集》序）。先生又对传统书画浸染极深，于故宫遍览晋唐宋元名迹，又数次到国内及海外重要博物馆观摩古代遗珍，在实践其启蒙老师诸健秋"看就是学"的教诲过程中而"目饱前代奇迹"，因而识见宏远，胸中具上下千古之思；神会画中三昧，腕下具纵横万里之势。

　　游艺的态度、堂正的品格、渊深的学问、精湛的诗文、娴熟的书法、丰富的游历及深入的习古，这种种的一切综合地塑造出冯其庸先生的"文人"身份，透过这样的身份，我们才有重新看到业已被弄得苍白了的"文人"的原有的厚重底色，从而使我们在当代可以寻找到一位可以与古典大师相比肩的"文人画"代表者。

　　以"文人"来滋养绘画固然不是当代中国画发展中的唯一取向，但在竞相以玩弄语言来掩盖贫乏的内涵，在整体学养不足而导致绘画精神萎靡的现状中，"文人画"至少可以提示出一条由语言而造意境，自体貌以达精神的行进路向，这也即是冯其庸先生书画艺术的当代价值。

二

　　戴熙《习苦斋画絮》曾谈到画学"三长"，谓"识"、"学"、"才"，其云："识到者笔辣，学充者气酣，才裕者神耸。"浑厚的画风固然来自冯先生宽博的气格，然而又何曾不是植根于他充沛的"学"、"识"呢？

　　只是，如果一个人只是学识，只是诗文，那他充其量不过是个"文人"，而与"文人画"家却还尚隔一尘。因为清代笪重光在其《画筌》中所说的"时流托士夫气，藏拙欺人"，不仅是当时，而且也同样是当代中国画时弊之一。"文人画"固然强调作为文人的综合学养，但这些学养最终还是要浸灌于绘画，并通过绘画语言与形象等表现出来；文人画家要旁通于诗文书法等，但他毕竟不是诗人、书法家或文学家，他最终还是一个通过笔墨来进行视觉形式创造的艺术家。在此方面，文人的书画之"才"便成为更为基本的东西。

　　冯先生自幼酷爱书画篆刻，抗战胜利后曾考入苏州美专，后因家贫中途辍学，1946 年又考入无锡国专，从唐蔚芝、王蘧常、钱宾四、钱仲联诸先生，受书法于王蘧常。此一时期，冯先生又从无锡名画家诸健秋学习山水。20 世纪 50 年代来北京后，先生主要从事教学与学术研究，但对笔墨却须臾未忘。至七十四岁离休后开始全身心地投入艺术创作。

　　先生天资颖悟，在几乎是自学的摸索中而会意于笔墨真髓与书画内奥。在他的作品中，山峰的高下起伏、山脉的勾连逶迤、树木的参差错落、水口的远近隐现、屋宇的布置安排，以及枝藤的对比呼应、果叶的虚实疏密等，还有笔墨的迟疾顿悟干湿浓淡、画面各要素间的分寸感、画面整体的神采意象等，都在冯先生自由的驾驭下被处理得恰到好处，特别是在其重彩山水作品中，更反映出他对色彩表现的高度敏感，以及对于重彩与书写的融会能力。而这一切就不是靠着拥有丰厚的学养就可以的，它们乃是冯先生超凡的书画之"才"的充分展现。

　　先生的书画之才还表现在，与一些藏拙欺人的所谓文人画家只以会画上几笔为能事不同，他竟可以优游从容于"率意"与"工稳"的两种风格之间，从而，他的作品既有"物外风尘"之洒脱，又有"礼乐之和"之沉凝。

　　先生初以青藤白石的花卉为宗，颇能得其神理；又以变化于王右军《圣教序》的行草为其书法之台基。在七八十年代时，冯先生的书与画醋畅奔放、流动跌宕，那放笔直扫、纵情挥洒的水墨葫芦、葡萄等，活脱脱地映现出一个千杯畅饮、笑看江山的冯其庸先生。

　　及至近年，先生的创作，其题材渐由花卉而山水，其画风渐由率意而工稳。与通常的"由博返约"的过程相反，先生恰恰是从一种简洁而回归一种宽博。先生对于书画如宗教般的痴迷，至少是这一回归的原因之一。冯先生少读玄奘法师传，遂仰之为师，虽万劫而不灭求学求真求美之心。因此，他才能够以八十三岁高龄而临写关仝《秋山晚翠图》和范宽《溪山行旅图》，二图幅高均在七尺左右。在如此深怀敬意的学习传统的过程中，"益悟古人之深，其构图用笔，皆师造化所得"（《冯其庸书画集》自序）。此一时期先生的创作，一为拟古山水，一为西部山川。其拟古之作，山容稳重而空灵，云华变幻而流动；笔力扛鼎，墨气沉着，以其笔拙墨重，形成一种醇厚坚实的绘画风格。北宋郭熙《林泉高致》曾描述过一种笃实而恪勤的创作态度与方式："凡落笔之日，必明窗净几，焚香左右，精笔妙墨，盥手涤砚，如见大宾，必神闲意定，然后为之。……已营之，又彻之，已增之，又润之，一之可矣，又再之，再之可矣，又复之。每一图必重复始终，如戒严敌，然后毕。"北宋山水那种厚重沉雄的气象，正是出自这样的经意创作。工稳时期的冯先生正是以宋人式的"如见大宾"的心态去经营山水的，如果说从前他是"解衣般礴"地挥写花卉的话。

这一题材与画风的转变，其实标志了冯先生在治学与治艺上"知见日进于高明，学力日归于平实"（董棨《养素居画学钩沉》）的过程。如果更远地追溯，那么大概可以说，先生在无锡国专及与诸健秋学画时，是其"初求平正"时期；七八十年代的写意花卉与书法是其"务追险绝"时期；而90年代至今的拟古山水，则是其"复归平正"时期。

范玑《过云庐画论》云："士夫气磊落大方，名士气英华秀发。"也许可以用它来分别表述率意与工稳时期冯先生书画作品的精神风貌：前一时期是英华秀发的名士气，后一时期是磊落大方的士夫气。在其率意时期，多用可以尽情挥写的湿笔，在其工稳时期，多用可以积见精微的干墨；在其率意时期，画多不求形似而取意到情适，在其工稳时期，画重形质复注入学识；在其率意时期，笔迹简括，在其工稳时期，笔致趋繁；在其率意时期，用笔多奇峭，在其工稳时期，笔墨见苍劲；在其率意时期，近于禅家之南顿，在其工稳时期，更近禅家之北渐；在其率意时期，更显先生之才情，在其工稳时期，愈见先生之学识……

三

如果说，率意与工稳分别代表着冯先生不同创作时期的绘画风貌，而不同时期的审美心态与创作观念，会使差不多所有的书画家都能形成阶段性的画风，因此，冯先生的优游于率意与工稳也还只是一个通常现象；那么，他以耄耋之年临摹五代北宋巨幅山水，并在此基础上直探古人堂奥，并形成一种蕴涵丰富的"极古"风貌，而竟也是在这同一时期，他又西赴新疆，在壮美的山川中取稿，并在外师造化中得心源的基础上创造出一种重彩的"极新"画风。这种极古、极新的两极并美，也许才是《冯其庸书画集》最为令人惊叹的地方。

先生"极新"画风的作品以《金塔寺》、《金塔寺前》、《取经之路》、

《祁连秋色》、《古龟兹国山水》、《看尽龟兹十万峰》、《却勒塔格山群峰》等为代表，它们是先生十几次造访西部，将其对西部山川的体悟与情怀诉诸重彩的一种绘画新样式。与这一时期的《西岳问道图》、《访幽图》、《幽谷飞瀑图》等作品所表现的董、巨风骨与龚、戴意趣不同，这些重彩作品中的勾皴点染几乎完全找不到与古人的对应，它们是对西部山川独特地理风貌的直接表达，其皴法的样本不在前人，而在大地之间。

这是一种没骨重彩的山水画样式。这也是一种在我国山水画史上未曾得以充分展开的绘画样式。被推为这一样式开山宗师的张僧繇并没有画迹流传，但他却一直是后代画家进行没骨山水画创作的一面精神旗帜，至明代晚期"浙派殿军"的蓝瑛正是以"拟张僧繇"或"仿张僧繇"的形式，创作出以《白云红树图》等为代表的一系列重彩没骨山水，并在"武林画派"画家的共同创造下，形成了古典时期没骨山水的创作高峰。此后，重彩没骨山水还一直没有大家出现。如果从这样一个历史脉络中考察，冯先生的重彩没骨山水是对张僧繇传统的当代阐释，因而他也成为蓝瑛之后没骨山水的一位重要画家。从注重色彩表达，消隐山石轮廓，以及化皴法的线性表达为色彩的块面表现等方面看，冯先生的山水与蓝瑛的具有共同的创作旨趣。而冯先生作品中那种一如他草书般洒脱、灵动的用笔，使他的作品比蓝瑛的更具写意风神；而先生取诸自然山水并酿自心源的色彩表现，又使其作品比蓝瑛的更为鲜活生动。冯先生的重彩没骨山水以具有跃动感的笔触塑造西部独特的山岩形貌，笔随心遣，当行则行，当止则止，一切似乎都是随意为之，而其实它们都遵循着画面的内在结构与理法。笔形、笔势的调动，虽以山石树木为推移，但以意到形随而表述着穿透自然景物外在形质的生命本质。具有草书笔意的点线铺排，混融在青绿与朱砂的重彩构成之中，在厚重中透露着飞扬的动势与节律。石涛曾描述过山水画创作中的一种自由状态："襟含气度，不在山川林木之内，其精神驾驭于山川林木之外。随笔一落，随意一发，自成天蒙。处处通情，处处醒透，处处脱尘而生活，自脱天地牢笼之手归于自然矣。"如果说石涛所言是以墨笔山水为对象，那么，在具有"三矾九染"传统的重彩山水中而可以进行随意而自然的表述，冯先生的作品则提供了极具价值的尝试。

冯先生重彩没骨山水中具有动势的用笔，终归是他对于西部山川激情感受的一种表达形式。就是现在，一谈起与《金塔寺》、《金塔寺前》等创作相关的经历，先生仍禁不住激动之情，仿佛那燃烧般的峰峦就在眼前。这种内心感受，也同样形诸于他的诗文。其《风雪登嘉峪关城楼诗》云："天下雄关大漠东。西行万里尽沙龙。祁连山色连天白，居塞烽墩接地红。满目山河增感慨，一身风雪识穷通，登楼老去无限意，一笑扬鞭夕照中。"这般具有画面感的诗句，绝不是在书房中苦思就可以创编出来的。戴熙《习苦斋画絮》云："画有诗人之笔、词人之笔。高山大河，长松怪石，诗人之笔也。烟波云岫，路柳垣花，词人之笔也。"无疑，冯先生的西部重彩山水是"诗人之笔"。因而，冯先生笔下的画境就一如其笔下的诗境：雄奇豪放、宏阔大美。

这种"笔境兼夺"的重彩没骨山水也同样是冯先生充沛"才情"的显现，如果说与这种山水处于同一创作时期的拟古山水主要源于他的"学识"滋养的话。而显露于重彩山水的"才情"与此前写意花卉的"才情"也有不同：后者主要是变化传统之能力，前者则主要是由自然景象焕发的艺术创造力。

正是以这样的才情，冯先生在其晚年创造了"极新"的重彩没骨山水，它甚至可以"新"到不见古人；而当他用对古人的无限景仰之情把这种才情略作收敛，就又创作出"极古"的墨笔山水，它甚至可以"古"到消却一切当代痕迹。范玑《过云庐画论》曾云："文人作画，多有秀韵，乃卷轴之气，发于楮墨间耳；远行之客，放笔多奇，良由经历境界阔也。"如果说范氏在这里所论述的是两种画家类型，那么，在冯先生一人身上，这两种类型竟得到高度统一：他是一位文人，他也是一位远行之客；他在典籍中会晤古人，他在西部风沙中悟对山水。一如我们难以把冯先生定位在学者还是书画家，我们同样不能把他定位在静坐于书斋的文人，还是行走在山川的诗人。

《冯其庸书画集》是一个蕴含着多重品格与风貌的丰富文本。在其内容，诗文与书画共美，花卉与山水竞秀；在其风格，写意与工稳俱擅，拟古与创新并存。然而，比之作品，冯先生本人则是一部更为恢宏磅礴的人生巨著，如果说以往我们对于作为文人、学者的冯其庸先生还约略读出了一点只言片语，那么，对于书画家、诗人的冯其庸先生的解读，则只是刚刚掀开书页。

——发表于《美术报》2006 年 7 月 1 日

求道之路
——有感于冯其庸先生摄影展

[孟宪实]

　　玄奘的取经故事是家喻户晓的，但玄奘取经的精神动机早已经模糊不清，实际上已经不容易理解。他在前往印度之前，曾经在当时的中国到处求学。遍访佛教寺院，请教大德高僧。在这一切努力之后，他认为他心中的疑问和难题依然没有得到解决，于是甘冒唐太宗的禁令，毅然决然前往印度。他在给西域的高昌国王麴文泰的信中解释自己的取经背景，是因为佛教传入中国几百年，佛经多由外来的人翻译成中文，用语不同，语义悬殊，理解纷乱。"纷纭争论，凡数百年，率土怀疑，莫有匠决。"隋唐的政治统一时代虽然到来了，但佛教内部的争吵却没有完结的迹象。玄奘希望解决这种争论，但在中国却没有可能，因为中国连《瑜伽师地论》这部佛经都没有。"恨佛化经有不周，义有所阙，故无贪性命，不惮艰危，誓往西方，遵求遗法。"玄奘要解决的佛教义理问题，佛经应如何翻译，佛法应如何理解。这在当时，自然就是佛学重大课题了。

　　玄奘不论在国内求学还是到印度取经，都不是为了追求富贵，这一点是很清楚的。在高昌国，国王仰慕玄奘的学问，恳请他留在高昌教导众生。这就是帝王的导师了，而这毫无疑问意味着富贵荣华。但玄奘不同意。高昌王甚至采取了强迫的办法，但仍然没有导致玄奘屈服。他坚持原来计划，不愿意半途而废。玄奘取经归来，学问之名，声震寰宇。唐太宗发现玄奘是个政治家的好材料，于是劝他还俗从政。玄奘再一次拒绝了唾手可得的富贵生活。追问一些人生道理，比如探讨人的佛性，在当时的佛教世界是公认的重要问题，于是如玄奘者不避艰险，西行求法，希望通过自己的求学努力得以解决。追求得道，而宁愿放弃富贵荣华，玄奘的行为感动了当时的许多人，于是许多人伸出援助之手，帮助玄奘获得成功。丝绸之路，尽管以沟通东西方贸易而闻名于世，但由于玄奘这些求道者的足迹，大大丰富了这条道路的文化内涵。是的，玄奘也许并没有获得最终答案，关于人生的许多问题依然纠缠在我们的现实生活之中，可能人性、佛性等等根本就没有终极答案。但玄奘的足迹告诉了我们，人之为人，并不在于物性，人是必须有精神追求的。人生问题重要的不是完美的终极答案，而是探索本身。

今天，玄奘的行为能在多大程度获得理解，我们是不敢乐观的。如果玄奘在今天，也会经常面对"学问有什么用？"的诘难不知如何回答。玄奘的时代，毕竟信奉佛教的群众是广泛存在的，即使一般群众对于佛教义理没有丝毫理解和兴趣，但他们是承认佛教有益处的，所以对于玄奘这样的僧人完全可以满怀敬意的。但在今天，玄奘这样情愿放弃富贵荣华而去追寻一些没有用处的行为不是太奇怪了吗？不用说受教育有限的人群，即使是学界中人，以学获利者在在而有，连起码的敬业精神也难寻难觅，真诚更是无从说起了。因为学问贬值，从事学问者与社会的富裕阶层绝缘，包括部分拥有学者头衔的人谈起学问也是满脸不屑，后继者当然望而生畏，久而生厌。不用说对玄奘精神的效法，即使理解起来也困难万分。求道之路，正面临荒芜。

在当年的求道之路上，近些年经常出现一位老先生的身影，他就是冯其庸先生。已经连续七年了，冯先生在古代的求道之路上往返奔波。这位红学的权威学者，书画之余，突然发现了我国的西北的历史魅力和照相机的功用。他拍敦煌千佛洞历尽沧桑，拍炳灵寺夕阳残照，拍交河城，如千载不沉的战舰，拍汉长城，心路历程如缕如烟……厚厚的冯其庸摄影集《瀚海劫尘》，记录了冯先生多年以来的对于中国西北考察、记录、思考和呼唤。现在，冯先生玄奘主题的摄影展，是他多年西北考察的另一个中心课题。玄奘走过的路，现在怎么样了？冯先生用他的摄影，娓娓道来。

高昌王热情款待玄奘的高昌城，在玄奘走后一千年左右的时候，毁灭于一场战争。这座享誉千年的丝路古城，只剩下残垣断壁，无声地诉说。龟兹古国的风韵，如今在克孜尔石窟的佛教壁画上还多有保留，但玄奘经过的雀梨大寺，现在点点滴滴的壁画已经被黄沙半掩，似乎是无话可说了。

人与自然的破坏，加上文化变迁，丝绸之路的文化景观呈现了迥异的风貌，玄奘的时代，正退缩成历史。但我们在冯先生的摄影中，还是能够看到亘古不变的山河以及人类行为的历史延伸。公格尔、慕士塔格依旧巍然耸立，天山、昆仑，依然逶迤浩荡。泪泉不尽的甜水，已经流淌了一千年。千年未倒的烽火台，看累了人间的悲欢离合。天山飞雪的季节，人马通行的山涧谷道被大雪掩藏，当年的凌山脚下，现在依然集聚着等待春天翻山的人群。考古出土的古杏树，它的许多代子孙还在为今天的人类提供甘美。高山流水边为行人提供休息的一块石头，也许记忆起千年以前另一个行人的体温……

人类的文化承继性，道路也许是最具有代表性的。即使利用了现代化交通工具，你仍然无法摆脱先人为你开辟的路线。冯先生的这些作品为我们提供了西北的历史风貌，以及风干的历史，古道沧桑传递着关于人世变迁的种种规则。但对于冯先生来说，这不过是他多年追随玄奘足迹的一小部分记录而已。七次西北行，冯先生拍摄了几百卷胶片，在调整镜头的上万次动作中，冯先生进行的是与古代先贤的认真对话。在古代遗迹的旁边，现代城市拔地而起，在测量两者之间的距离的时候，冯先生头脑中印出的是历史兴衰的步伐。我曾见过冯先生的一张照片，挎着照相机的冯先生，在戈壁远山的背景下，凝视远方。我猜想，在冯先生的脑海中，玄奘正一人单骑踽踽而行。冯先生不停地举起照相机，在求道之路上，冯先生到处都能看到玄奘的身影。在玄奘隐去以后，只有玄奘的背景和求道之路，不声不响地停在镜头里。阅读冯先生的摄影，我忽然获得了来自心灵的消息，在求道之路上追随求道者的足迹，不也是一种求道吗？

我的心情变得轻松起来。与众生生活密切相关的物质运动因为关涉众生幸福，趋利行为不难理解，毕竟只有精神的生活是畸形的。同时，有冯先生这样的学者这样执著的努力，我们更不必担心人真的会变成物化动物。我们的思维空间不会越来越狭小，我们的精神生活不会被物质完全占领。作为玄奘精神的传人，我们终于不会数典忘祖。

求道之路，从来不是、也不需要熙熙攘攘。

写于 2001 年

以心观照　情系瀚海

——为冯其庸『大西部摄影展』作

［柴剑虹］

　　冯其庸先生应该是一项吉尼斯世界纪录的创造者：以一个学者兼艺术家的身份，在年逾花甲后的十多年时间里，连续七次深入中国的大西北，涉流沙，绝大漠，翻越达坂，登临雪域，上达海拔四千九百米的红其拉甫，下至海平面以下一百五十四米的吐鲁番艾丁湖，在饱览西陲风物、寻访千年古迹的同时，又以独特的眼光，拍摄了数以千计的彩色照片。这在当今的中外学界，恐怕再没有第二人。

　　冯先生曾将他前几次的西部摄影作品，选编成《瀚海劫尘》出版。这次展出的其他一些作品，我也曾有机会先睹为快。我观后的一个突出的感受是，冯先生是以其热爱大西北的一颗赤子之心在进行考察，是以其充沛的艺术家激情在精心创作，是以一种极其虔诚而执著的精神在追慕前贤。

　　冯先生对大西北的热爱决非猎奇，也不是一时心血来潮，而来自对大西北这块神奇土地发自内心的向往，来自对开发大西北重要性的清醒的认识。说到底，这源自对伟大祖国的深挚的爱。请看，他在《瀚海劫尘》的"诗序"一开头就这样深情地吟唱：

　　　　西域，我们伟大祖国的西部
　　　　至今，你尚未脱去你那神秘的面纱
　　　　我怀着儿子般的虔诚，来向你巡礼

　　他歌颂嘉峪关长城"是我们祖国和民族的象征"，赞美敦煌"是祖国的明珠，世界的瑰宝"，描画白杨沟是"沟通世界的孔道"……因此，他要用自己的摄影创作来揭开面纱，展示瑰宝，袒露一颗赤子之心。他拍摄的大漠山川、故城石窟、关楼峰燧，仿佛都跃动着生命的节律，都喷发出情感的火花，都在诉说着历史的沧桑和人间的悲欢。近几年冯先生每次从西陲回到北京，和我们侃侃而谈的便都是他的西行见闻、感受、收获，拿出一摞摞的照片来边看边讲，甚至兴奋得可以彻夜不眠，绝不是"西出阳关无故人"，而是"探家归来话亲情"了。我曾在新疆工作、生活过十年，但十分遗憾，走过的地方远远不及冯先生多和熟。记得 1995 年 8 月我和冯先生一道从新疆克孜尔千佛洞到库尔勒，途中几次停车拍照，都是冯先生向我们介绍那些动人的景点，从哪个角度拍，多少景深，如何用光，对这里的山川形胜，他早已烂熟于心，又进而能以心观照并得心应手了。当然，这其中甘苦，又是一般的专业摄影师难以体会的。我知道在社会科学工作者中，冯先生是最早撰文建议重视中国西部大开发的。他认为开发西部是强国富民之必需，而正确地宣传西部则是科学开发的必要前奏，这正是他身体力行的缘由。

冯先生的创作激情，使他不仅能十分贴近所拍摄的对象，而且能真正触发灵感，领略其丰富的文化内涵——即便是历经数百千年风霜的断墙残垣，在他的眼中也绝不是一堆僵化不变的、毫无生气的泥石瓦砾，而是蕴含着生机和无穷的魅力，有强烈的现实感。试看他拍摄的黑水国故城遗址，他将蓝天下一排绿杨围着的故城一角设置在照片上端三分之一处，下边是被风吹成波纹的细沙，蒙着一层绿色，左中部有一串脚印，这就巧妙地赋予了沉寂的故城以生机与活力。1996 年我也曾到该城踏看拍照，却没有获得这种灵感。冯先生所拍克孜尔千佛洞附近的倒海翻江、万仞刺天、层峦叠嶂的山景，我都是在冯先生的提示下才发现其美的。这里还要特别提出的，冯先生也十分重视拍摄西部景物的大场景，注意突出其完整性，体现整体美。他克服了视角、设备及洗印上的许多困难，创作了《麦积烟雨》、《临洮风云》、《唐北庭都护府故址全貌》、《交河故城全貌》等佳构（这次展出的交河全景图，宽达十一米），大大提高了这些历史古迹的鉴赏价值和资料价值。情系瀚海，情满西域，是冯先生摄影创作的鲜明特色。

谈到冯先生追慕前贤的精神，就必须提及这次摄影展的一个重点——沿着玄奘取经之路所拍的照片。玄奘西行东归，其意义早已超越了单纯的取经，而是中华乃至人类文明史上文化交流的空前壮举，是人类坚忍不拔和崇高献身精神的象征。冯先生在考察丝绸之路的同时，一直想重走玄奘取经之路，1995 年为调查玄奘出境的路线，他到了别迭里山口；1998 年即将目标定在探寻玄奘从印度归来翻越的明铁盖山口。1998 年冯先生已经七十六岁了，居然经行著名的"瓦罕通道"，攀登到海拔四千七百多米的明铁盖达坂跟前，终于亲自验证了《大唐西域记》中的记载，而且拍摄了许多极具史料与艺术双重价值的照片。这些照片所体现出来的精神，也正是玄奘的精神，是中华民族吃苦耐劳、舍身求法优良品质在新时代的结晶。冯先生讲他自己："到目前为止，玄奘取经之路，在国内的部分（主要是甘肃到新疆的部分），基本上已经清楚了，能去的地方也都去了，楼兰、罗布泊当然不易进入，目前还未能去，但我仍希望能去，不希望留下空白。"从此可见冯先生非同寻常的决心和勇气。我期待着在不久的将来能观赏到冯先生拍摄的楼兰、罗布泊的照片！

写于 2000 年 7 月 12 日

红学大师冯其庸的壮举

[陈左高]

冯其庸教授，红学大师也。撰有《曹雪芹家世新考》、《论庚辰本》、《脂本〈石头记〉研究》等十九种力作，加上整理及主编典献，出版了三千一百多万字宏著。先兄巨来生前读冯著最多，谓红学专著深度广度，佳构纷呈，推冯氏第一。红学家博涉旁通，兼擅中国文化、文学、戏曲、艺术史研究。因是驰誉欧美亚洲各国者久，出国学术活动频繁。如两度应邀赴美，讲学于史丹福、哈佛、耶鲁等著名大学，聘者翕服，获富布赖特基金会荣誉学术证书，即是一例。

冯氏诗文书画四绝，亦蜚声于世，但未知其长年"流沙万里行脚"之壮举。今岁庚辰九月底，《解放日报》、上海图书馆等举办"冯其庸发现、考实玄奘取经路线暨大西部摄影展"，爰知其以七十六高龄，八进新疆，旁及河西走廊，两次勇攀帕米尔高原顶峰，足迹遍及大西部，纵横十万八千里，排除了千难万险，从而进行发现、考实之壮举。或以诗画家视角，选取镜头，或以考实家之底蕴，摄成考定之画卷，揆其动力，坚信全面开发大西部，是中华民族必定强盛的关键之一。

展出图片之四十——《天山一号冰川》。其上连天雪峰，其下冰川下泻。附诗纪实："弯环九折上苍穹，风雪如狂路不通。虎口遥望穷碧落，天门俯视尽迷蒙。身经雪岭知天冷，人到冰川见玉宫。最是云生双袖里，欲寻姑射问行踪。"

图片之五十六——《明铁盖山口，玄奘归来古道》。在断定玄奘归路前，要翻越四千七百米高山口，反复实地勘察，摸清周边环境，弄清历来西域专著中含糊处，进而发现"瓦罕通道"，沿此而去明铁盖。再取本证于《大唐西域记》中玄奘亲自记述，再据章巽、杨廷福等相关论述，作为旁证。治学严谨，一丝不苟精神可见。

值得注意的，先前出版了《瀚海劫尘》大型大西部摄影集，二百余幅彩图。重点昭示了甘肃新疆等地悠久文化，展示了与敦煌莫高窟、大同云冈、洛阳龙门石窟齐名的——甘肃麦积山石窟，分别摄成栈道、佛寺、大佛、壁画等，附有考证。尤其是四十多幅莫高窟图片，雪景三幅，取其寂静，深雪摄入远处金黄色沙丘，牌坊九层楼之巍峨庄严，为窟之标志。以及北魏北周盛唐之彩塑，千佛壁画、窟顶一角，凡此图片，不同于一般人摄影，善于剪取，如诗似画。或体现考实之结晶，令人神往于大西北之山河壮丽。诚如钟敬文教授誉为"万里山川，拨烟雾而进影"。旨哉斯言。

——发表于《澳门日报》2000 年 11 月 14 日

［何长运］

文化艺术界空前的一次盛会

——记冯其庸书画摄影展

冯其庸先生是著名的红学家，文史研究专家，著作等身，这是大家所熟知的。但冯先生还是一位书画、摄影的大家，这方面。却还不是人所共知的。今年4月3日至8日，在中国美术馆主楼东西两大厅举行的冯其庸书画摄影展，轰动了京华，成为文化界的一件大事。

书画摄影展由中国艺术研究院主办，上海公牛广告公司承办，鲁迅美术学院、中国红楼梦学会、红楼梦学刊杂志社、中国汉画学会协办。由中国书法家协会名誉主席启功题总展标，由著名学者饶宗颐教授题冯其庸摄玄奘取经路线摄影展标。这两位国内外著名学者、书画家共同题标，已经是空前的了，而4月3日开幕式参加的专家权威，更是胜友如云，极京华一时之盛。

当天参加开幕式的专家，书画鉴定界有徐邦达、启功、杨仁恺、朱家溍、杨新诸先生；学术界有季羡林、周一良、任继愈、王世襄、金维诺、李希凡、王文章；著名作家有王蒙；著名书画家有许麟庐、黄苗子、韦江凡、蒋风白、欧阳中石、马书林；著名书画评论家有邵大箴、刘正成、刘曦林、水天中、杨悦浦、顾森；著名摄影家有朱宪民；文博界有原国家文物局局长张德勤、文博专家罗哲文、黄能馥；戏剧界的老前辈有马少波、袁世海；红学界的著名专家有蔡义江、胡文彬、吕启祥、孙逊、张庆善、杜春耕诸先生。

在开幕式以后陆续到的有人民日报社社长邵华泽、全国文联书记高占祥、中国摄影家协会主席高帆、中国摄影家协会前书记吕厚民，著名老作家杨绛、著名文物鉴定家史树青、著名漫画家丁聪、英韬；著名雕塑家钱绍武先生等。

政府领导有文化部副部长艾青春、北京市副市长汪光焘。

中国书法家协会主席沈鹏先生送来了贺信。著名民俗学专家九十九岁高龄的钟敬文先生、著名历史地理专家侯仁之先生、著名学者周绍良先生等都发来了贺电、贺信，送上花篮。

舆论界认为，集当代文化界、学术界、书画界、艺术界的数十位顶尖人物于一堂的这种开幕式的盛况，是近数十年来所没有的，据了解，参加开幕式和参观展览的九十岁以上高龄的老专家，就有四位，像徐邦达、周一良这样从不轻易出门的专家，也兴致勃勃地参观了展览，真是难得。

季羡林先生离开展览会时，对冯其庸先生说："你是五绝，不是三绝。"徐邦达先生连连跷起大拇指对冯其庸说："了不起，气魄大！"他回去后第二天就填了一首《木兰花》词送给冯先生，以记他的一时感受，任继愈先生看后第二天，给冯先生去电话说："你的画真好，把墨色用活了，只有刘海粟先生是这样的。"启功先生说："冯先生的画，每次看都不一样，都在变，真是好极了！"邵大箴、水天中、刘曦林等美术评论专家都称赞冯先生的书画和题跋，都有很深的文化意境和文化内容；有不少人则更欣赏冯先生的西部摄影。摄影专家朱宪民说："冯老的摄影，刚好解决了当前摄影界的两大问题，一是摄影文化的问题，摄影必须有文化，光靠光、影、线是拍不出深度来的；二是写实摄影和历史文化内涵的关系，冯老的不少写实摄影，都是从文化历史或宗教、艺术的角度拍摄的，所以他的作品内涵丰富，不是光有表面的风光照片。所以，冯老的摄影，为当前的摄影界提出了也解决了当前的两大问题，为我们指出了道路。"

书画评论家和摄影家们一致认为，无论是冯先生的书法、绘画和摄影，都是他深厚的文化、历史、文学、艺术修养的综合体现，是中国传统文化的全面继承和融合、创新，所以才能得到这么多老一代专家的关注！

据知有不少人要求展览延长，也有多位外国观众要求到国外展出。

这一切情况，都说明了这次展览，获得了极大的成功。

写于 2001 年 4 月

浮舟沧海　立马昆仑
——著名学者、红学家、书画家冯其庸先生

[耿毓亮]

　　冯其庸先生是我国当代著名的学者，名冠中西的红学专家，其研究领域的广度和深度都为世人所惊叹。书法和绘画也达到了很高的艺术境界，对先生的艺术之途作一探索，应是一件有益学界的事。

　　冯其庸先生，名迟，字其庸，号宽堂，以字行。江苏无锡人，生于1924年，1947年参加党的地下活动，1948年毕业于无锡国专。1949年5月参加中国人民解放军并在苏南行署工作，9月任教于无锡市第一女子中学，1954年8月调北京中国人民大学，历任讲师、副教授、教授、硕士研究生导师等职，1975年至1986年借调文化部主持《红楼梦》的校注工作并创建了红楼梦研究所，任所长，1986年8月调入中国艺术研究院，任副院长，兼职中国人民大学语言文学系教授。

　　冯其庸先生以红学专家名世，"治红"精深博洽，显示了多方面的修养。先生对中国文学史的研究和教学，对中国文化的探源考察，对戏曲、诗歌、书法、绘画的研究及创作，均成绩显赫，从而确立在我国文史艺术领域应有的学术地位。

　　冯其庸先生在《红楼梦》研究方面的论著已有十几种，一千多万字。近期名著《曹雪芹家世新考》，在曹氏家世研究方面，取得了重大突破；在《红楼梦》的抄本研究上，有《论庚辰本》、《石头记脂本研究》等专著问世。受到国际学术界的重视，1980年应邀赴美国参加国际《红楼梦》学术研讨会。

　　在关于曹雪芹和《红楼梦》的思想性质的研究上，冯先生发表了《千古文章未尽才》、《曹雪芹与红楼梦》等重要论文。他指出：曹雪芹是中国历史上一位杰出的天才作家，他说："曹雪芹是在吸取了传统先进思想和传统文化精华的基础上，才自我造就成为天才式的人物的。他的天才是个人的勤奋学习和社会给予他的重重苦难中磨炼出来的。"在论及曹雪芹和红楼梦的思想性质时，冯其庸先生深刻地指出："贾宝玉和林黛玉的叛逆思想和叛逆行为，充分体现了那个时代思想界的先进思想和斗争精神。他们是一对洋溢着 18 世纪中期的时代精神的典型。他们在意识形态领域起到了启蒙作用。"又说："曹雪芹是当时的先进的思想家，《红楼梦》所表现的自由、民主、平等完全属于近代范畴的思想，从历史的角度看，至今仍有着生命力。"冯其庸先生还说：《红楼梦》这部书不仅是对两千年来的封建制度和封建社会的总批判，而且还闪耀着新时代的一线曙光。它既是一曲行将没落的封建社会的挽歌，也是一首必将到来的新时代的晨曲。"

冯其庸先生所主持的《红楼梦》校注本，以乾隆抄本"庚辰本"为底本，发行后受到学术界高度评价。全国古籍整理组长李一氓先生撰文指出，这个本子可以作为《红楼梦》的定本，它是古典作品整理与校注的典范。据统计，近十年该版本的《红楼梦》已发行五百多万部，影响之大，可见一斑。

冯其庸还编了《脂砚斋重评石头记汇校》，全书约近千万字，是红学研究中卷帙最大的一部；主编《红楼梦大辞典》、《八家评批红楼梦》。此外，冯其庸先生还出版了《梦边集》、《秋风集》、《漱石集》、《瀚海劫尘》、《落叶集》、《夜雨集》等著作。

近二十年来，冯其庸先生还致力于祖国西部原始文化和历史地理的研究。曾多次深入甘肃、新疆的戈壁沙漠，作实地考察，基本走完了唐玄奘西天取经的国内路线。早在 80 年代初冯其庸先生就说过，我向往祖国的大西部是因为我坚信伟大的中华民族必定会强盛！而强盛之途除改革、开放、民主、进步而外全面开发西部是其关键，从历史看，这样众多的人口，这样伟大的民族岂能久虚西部。回思汉唐盛世，无不锐意经营西部，现在到了全面开发西部的关键时刻了，我们应该为此做点学术工作，多做点调查工作。1993 年秋到了民丰，深入俗称死亡之海的塔克拉玛干大沙漠，1995 年 8 月冯先生以七十三岁高龄第四次到吐鲁番作调查，当时吐鲁番中午高温已达五十至六十度，先生冒着酷暑对交河、高昌古城和胜金口千佛洞做了认真考察。并直上四千七百公尺的帕米尔高原红旗拉甫。此间写了大量的文化实迹考察文字，拍摄了上千幅珍贵的照片。1998 年 8 月 25 日，冯先生以七十六岁的高龄，第二次上帕米尔高原四千七百米的明铁盖达坂山口，发现并考实了一千三百五十五年以前唐玄奘从印度取经归国的山口古道，冯先生的论文发表后，立即引起国际学术界的高度重视，多次请他在国际会议上作学术报告。论文已被多种学术专著收录。

冯其庸先生的全部学术活动、学术著作的最大特点是坚持调查研究，坚持亲知亲闻。他虽然已经是七十多岁的人了，但仍然克服重重困难，连续坐三个多月的汽车，行程三万华里。在大西北的黄土高原上，在戈壁沙漠中，有时每天只能吃一顿饭，有时连水都喝不上。种种困难都没有改变先生深入沙漠进行实地考察的勇气和决心。冯先生说："我深深敬佩玄奘排除万难的伟大意志力，所以我得出一条启示：不有艰难，何来圣僧？为学若能终身如此，则去道不远矣，为人若能终身如此，则去仁不远矣！"我想这也是冯其庸先生的自身写照。

冯先生不仅是著名的学者，还是一位诗人。先生于二十岁前后开始在《大锡报》发表旧体诗词和散文，三十八岁主编《历代文选》。近年先生写了不少西部纪行诗和其他题材的旧体诗，如他到了玄奘西行的库车，饱览了古龟兹国的风光，惊叹其特异的山川后题诗云：

> 看尽龟兹十万峰。
> 始知五岳也平庸。
> 他年欲作徐霞客，
> 走遍天西再向东。

1993 年 9 月第四次赴新疆时，他的题诗体现了先生老而弥坚、壮心不已、藐视困难、勇于胜利的豪情壮志。诗曰：

> 老来壮志未消磨。
> 西望关山意气多。
> 横绝流沙越大漠，
> 昆仑直上竟如何。

1990 年 11 月 18 日风雪中登嘉峪关，题诗曰：

天下雄关大漠东。

西行万里尽沙龙。

祁连山色连天白。

居塞烽墩接地红。

满目山河增感慨，

一身风雪识穷通。

登楼老去无限意，

一笑扬鞭夕照中。

　　冯其庸先生集学者、诗人、书画家于一身。其书法楷书初学大小欧，篆书学《石鼓》，隶书学《张迁》、《孔庙》、《衡方》、《朝侯小子》，行书初学李北海，后专学王字，从《圣教》、《兰亭》到《家书》，数十年浸淫于此。于苏字则心赏《寒食帖》，于米字则喜《蜀素帖》，尤重《深秋帖》，于晚明时特重黄道周、倪元璐、傅山、张瑞图，而于倪元璐尤为心仪。清初王铎也是冯先生最为欣赏的一家。由于先生遍通诸家，眼界非凡，其书法既起伏跌宕，流动婉转。又清秀潇洒，逸气四溢，既充盈着书卷气，又散发出浩然大气，从而形成了格调清新逸气豪迈的书风。

　　冯先生的画学青藤白石，而钟情石涛、石溪、石田、昌石，先生曾名自己的画室为"五石轩"。其画为大写意，笔法灵动，雄浑典雅，畅快而变化无穷，元气淋漓，情深意厚，无处不透露出其才情和学问。近年来其作品颇为世人所重，画册、展览、题词、问道之邀应接不暇。先生的书法、绘画具有独特的个人风格．具有一种与众不同的潇洒清新的文气和洒脱不羁、豪放超迈的浪漫精神。人们评论他的画是真正的文人画。刘海粟称赞他的书画都是第一流的，是他的学问和修养自然造成的。

　　1998 年 5 月在中国美术馆举办了冯其庸先生书画展，取得了巨大成功。顾廷龙、启功、杨仁恺、史树青、许麟庐等著名的学者、书画家、鉴定家都出席了开幕式，对冯先生的书法和绘画给予了极高的评价。1999 年 10 月中国文联、中国书协举办了京华十老书法展，其中赵朴初、启功、冯其庸先生的作品最为夺目，人们评论冯先生的书法具有很强的学术气息和高深的文化内涵。

冯其庸先生现为中国红楼梦学会会长，中国艺术研究院副院长，中国汉画学会会长，中国炎黄文化研究会副会长，中国戏曲学会副会长，《红楼梦》学刊主编，敦煌吐鲁番学会顾问。

冯先生待人热情、真诚，他常告诫年轻人，做学问是一辈子的事，要甘于寂寞和淡泊。近年来先生多醉意于书画的研究，过七十岁才觉书法写得稍可寓目。先生是多么的谦虚啊，这正是真正大家的风采。先生的红学研究已举世瞩目；西部文化研究正发挥着巨大的作用；书画艺术已进入化境，已达自然天成之境。先生是学术界、文化艺术界的骄傲，是我们后学的典范。我们期待着冯先生有更多的作品问世。

愿先生身体康健，艺术之树长青。

2000 年 6 月后学欧毓亮于万竹轩

——发表于《传记文学》2001 年

上下求索路漫漫

——记著名红学家冯其庸先生的学书道路

[王磊]

　　冯其庸先生是举世知名的红学大家、红楼梦研究会会长、中国艺术研究院副院长。然而，他亦是一名学者型书画家。冯其庸先生从小就喜欢书画篆刻，抗战开始，他才小学五年级，失学在家，除种地外，余下的时间就是读书写字和画画。那时并没有人指点他，全靠自己摸索。

　　读书方面，在这一段时间，他先后读了《三国演义》、《水浒传》、《西游记》、《聊斋志异》、《夜雨秋灯录》、《唐诗三百首》、《古诗源》、《古文观止》、《古文辞类纂》、《左传》、《论语》、《孟子》、《西厢记》等等。当时是借到什么书就读什么书，既无人指导也不可能有计划，所以读的书也是忽东忽西，各不相关的。对他特别有益的是《水浒》、《西厢》的金批本，还有金圣叹批的才子古文，《三国演义》的毛宗岗评本，《论语》、《孟子》等的详注本以及《唐诗三百首》、《古诗源》的注本。通过这些批本和注本，使他懂得了读书怎样的从识字到谋篇，怎样去揣摩古人的原意。

　　在书法方面，更没有人对他作指点，只凭他自己的理解和兴趣。当时他想学欧阳询的《九成宫》。恰好借到了这本帖，于是就开始学《九成宫》。连续临了好几年，后来又学《皇甫君碑》，之后又回到了《九成宫》，觉得《九成宫》结体严整，典雅大方。后来又找到了欧阳通的《道因法师碑》、《泉南生墓志铭》等，都进行了临摹。他参悟到通过欧字不同的碑帖来学习他们不同的字体结构、笔法等等，这是有用处的，但要论书法的境界，则还是《九成宫》高。《九成宫》用笔端庄凝重，含而不露，静而欲动，具有晋唐小楷的神韵而又有开阔庄严的气象，所以《九成宫》一直是他学习字的范本，始终没有离开过。当然为了多方吸收，他又临过北魏的《张猛龙》、《张黑女》、《始平公》，后来还临过《爨龙颜》、《爨宝子》等。

行书冯先生一开始就是临《圣教序》，临了好多年，后来又临《兰亭》。冯先生认为欧体字与王羲之的结体是一致的，学了楷书欧字再学行书王羲之就容易过渡。冯先生认为无论《圣教》或《兰亭》，都是静中有动，行中有楷；单独来看，《圣教序》里就有不少端庄凝重的楷书，《兰亭》也有这种情况。但从整体来看，这些字又上下呼应，前后顾盼，极行云流水之妙。在临《兰亭》的时候，冯先生还用功作双钩，经过几遍，几十遍的双钩，对《兰亭》的字体结构和上下关系就更为清楚了。特别是神龙本《兰亭》是冯承素的双钩本，钩本还残留多处细部未曾填墨，双钩时一处处都在笔下经过，就感到大有接古人謦欬之感。之后，冯先生又见到了流传到日本去的王羲之的《丧乱帖》、《二谢帖》等五帖。冯先生认为这五帖更见神妙，连同王羲之的其他各帖，如《姨母帖》、《初月帖》、《寒切帖》、《平安帖》、《何如帖》、《奉橘帖》、《快雪时晴帖》等等，都是学习王羲之行书的范本。冯先生对《丧乱帖》等五帖尤所心赏，他得到的又是日本珂罗版精印本，所以朝夕观摩，不离左右。1947年冯先生在上海读书，恰值白蕉先生举行书画展，白蕉先生是学王字的大家，尤其是学右军家书一路成就最高，冯先生早已对他仰慕。在画展期间，冯先生拜识了白蕉，并与同学一起为他的画展布置，因而得饱看白蕉先生的王字书法，寻求其用笔起落处，因而悟出从今人学王字的墨迹中寻求学王的门径，并且以此上推，也从古人学王字的墨迹中寻求学王的门径，这样取法就宽，参悟就更多了。特别是冯先生的老师王蘧常先生，是当代的书法大师，日本书法界称他为当代的王羲之。冯先生师事王先生四十年，奉教惟勤，从未间断，冯先生在书法和书学上受教甚多。特别是王老先生在去世前五天，还写了十八封信，后来称《十八帖》送给冯先生，并嘱冯先生亲去上海接受王老的亲授。王老在授予冯先生这部《十八帖》后五天，就不幸逝世了，现在这部《十八帖》已成为当代书法史上的一宝。

冯先生在篆书方面，学过石鼓，也学过李阳冰的《滑台新驿记》、《三坟记》等，在隶书方面，曾学过《张迁》、《曹全》、《衡方》、《孔宙》等碑，还学过《朝侯小子碑》等。冯先生对李北海也是极为推崇的，他的《麓山寺碑》、《云麾将军碑》以行书入碑，笔画转折，特具峰棱，使人有如读《伯远帖》之感。所以，以上两碑，也是冯先生常临常读的作品。

对历代名家的作品，冯先生也特别重视学习和鉴赏，他说一定要让自己的眼界提高，自己的书法才会提高。他常喜欢写黄山谷的一首诗，"瘦藤拄到风烟上，欲与游人眼豁开。不知眼界阔多少，白鸟飞尽青天迥。"意思是要能目尽青天，才能使自己的眼界广阔，知道天外有天，避免闭门造车，自以为是。

冯先生对历代书法名作，也是十分重视观摩和学习的，50年代，故宫每年都有历代书画名作展览，每到这时，冯先生总是绝不肯错过这个学习的好机会，因而他也看到了不少稀世珍宝。例如陆机《平复帖》原件，王珣《伯远帖》原件。尤其是《伯远帖》，冯先生特别喜欢，曾多次到故宫去观摩。因为现今流传的王羲之帖，都是后人的摹本，虽然摹得极好，但终非真迹。唯独这个《伯远帖》是真迹原件，其用笔起落，斩绝爽脆，转折处先后笔过搭尚能目验，反复观摩此帖，更有助于领会右军的笔意。冯先生观之不足，还特地到琉璃厂买了新中国成立前印的《雍睦堂帖》，里面收有此帖，且印得较好，以资朝夕观摩。此外，如冯承素本《兰亭》，也即是神龙本《兰亭》，王献之《鸭头丸帖》真迹，都曾多次观摩。细验冯承素本《兰亭》，可证确是唐摹珍宝，帖上贼毫破锋和双钩未填处一一可验，观此钩摹珍本，更似如接右军风采。而王献之的《鸭头丸帖》，绢本墨迹，逸笔草草，一气流转，更见晋人风流洒脱之概。

在墨迹中，对冯先生影响很深的还有苏东坡的《人来得书帖》，此帖真迹展出后，冯先生曾一连去观摩三次，每次总是依依不舍。此帖墨如点漆，宛然如新，精光四射，而用笔之转折流畅，自然随意，可见东坡当时风度。看此帖，又可知古人用纸、用笔、用墨都极精良，故千载而还，依旧入眼如新。后来冯先生买到了建刻本《澄心堂帖》，内有《人来得书帖》的刻本，建刻《澄心堂帖》是名刻，刻工极精，故看此刻本，虽终不如墨迹风采，但在无法经常看到真迹的时候，看看此刻本，也可以慰情于无了。于明清人的书法，冯先生最重黄道周、倪元璐，两公风骨峻嶒，读其书如见其独挽狂澜的气概。明代后期的张瑞图，也是冯先生所重视的一家，当董其昌书风风靡天下之时，张瑞图却以方折之笔，劲峭之姿，独立书坛，实为难得。冯先生常说，可用张瑞图之方拙，以疗董其昌之软媚，所以冯先生亦常看张瑞图的书法。但张瑞图的书法常易过头，形成习气而近于做作，至其高处，实不让前贤。明末清初的王铎，更是冯先生非常心折的古贤。他曾有诗题王铎云："孟津一世雄，六合谁与同。奋彼如椽笔，扫除鄙陋风。偶然有细瑕，态势失从容。至若高浑处，登堂北海翁。"王铎的行书，气势雄浑，笔意高古，其小字工楷则宛然晋唐面目。王铎实亦学王羲之而变化者。王铎喜作八尺条幅或丈二条幅，绢本，更有古意，冯先生亦常从王铎研摩其笔法而求古人的笔意。

冯先生小楷学文征明，他用的是文征明的墨迹影本，写得最多的是《离骚经》，也写过《九歌》。早先冯先生藏有仇文合著的《西厢记》。文征明的小楷极为精整，他也曾学过，后来因为工作忙就没有时间写小楷了。到了"文革"时期，一切学术研究都停止了，白天还要接受造反派的批判，到夜里冯先生就用小楷精抄一部《脂砚斋重评石头记》庚辰本，朱墨两色精妙，前后抄了一年，开始是用端庄凝重的晋唐小楷，中间是用秀逸的文征明体，末尾因时间不够，要去干校了，就改用小行书，这部《石头记》抄完，既是重习了小楷书法，也是认真读了一遍《红楼梦》。冯先生抄罢此书感慨很多，他题诗云："红楼抄罢雨丝丝。正是春归花落时。千古文章多血泪，伤心最此断肠词！"

冯先生在学书过程中，亦十分重视收藏碑帖，惜"文革"中失去不少。冯先生认为学书当以真迹为第一。然去古日远，有不少前贤的墨迹早已不存，即使有存者，亦不能随意取观，故追求古人书法，除墨迹外，历代流传的古碑名拓，亦是取法之一途，不能不知。冯先生在研究古碑拓本时，还往往追根究底，寻访原石以验看刀笔字口而想象当时的墨书笔迹。他曾到汉中博物馆验看《石门铭》原石，到山东平度验看《郑文公碑》上碑，到掖县验看《郑文公碑》下碑，到曲阜孔庙验看《孔宙碑》，到邹县孟庙验看《莱子侯碑》。特别是近几十年来，地下发掘的古代文书日多，如楼兰残纸、高昌墨迹，以及睡虎地秦墓竹简，银雀山汉简，马王堆帛书种种，最近又有长沙吴简大量出土，对于我们研习中国书法和研究中国书法史来说，是最好的时机。

学习中国书法，除了以上这些方面外，冯先生还特别注意读古诗词和文章，其中尤其是游历名山大川及历史遗迹，在这方面冯先生尤有人所不能及者。他天下的名山大部分都已去过，而且不止一次，如黄山已六上、华山两上、庐山两上、泰山两上、雁荡山、衡山、恒山、嵩山均一上。此外，翻越天山三次，登四千九百米的帕米尔高原一次，去新疆入塔里木盆地一次，到南疆入大沙漠先后共五次。冯先生总有诗云："老来壮志未消磨。西望关山意气多。横绝流沙越大漠，昆仑直上意如何？"在库车，即古龟兹国，冯先生曾连续去了三次，也有诗云："看尽龟兹十万峰，始知五岳也平庸。他年欲作徐霞客，走遍天西再向东。"冯先生自己感到这样广阔地域的游历调查，无论是对他做学问、书法、绘画都是有极大帮助的。古人讲究读万卷书、行万里路。对于书画家尤其讲究要"得江山风月之助"，孟子则讲"吾善养吾浩然之气"。冯先生认为游历名山大川和调查历史遗迹，对提高一个人的阅历修养、胸襟气度和精神境界是大有益处的。所以对于一个书画家来说，这种游历更是必不可少的。

冯先生也善于作画，他从小就想学画，抗战胜利那年，他考入了苏州美专，但因没有钱，上了两个月只能失学。后来得到名画家诸健秋先生的帮助，经常到诸先生处请教。冯先生原本就喜欢青藤白石，1954年到北京后，更容易看到白石老人的作品，于其他各家的画他也广泛学习，博采众长，所以冯先生的画，可以明显地看到受白石老人的影响但又不是死摹白石，而是根据他自己的兴味来的，所以刘海粟大师看后，说这是真正的文人画，是诗人、学者兼书画家的画，所以他与众不同，独具风韵。

总之，无论是治学，无论是书法，也无论是绘画，冯先生都是走着与众不同的路，实际上是他自己摸索出来的路，当然是一条艰苦卓绝的路但却是成功的路。

今年，冯先生已经是虚龄七十五岁了，他的书法和绘画也已有了广泛的社会影响，不少同志劝他举行个展，他总是觉得水平不够。据知今年9月，他在主持完北京的国际红楼梦研讨会以后，又将去新疆作第六次的沙漠之旅了，对他来说，那真是：

路漫漫其修远兮，吾将上下而求索！

——发表于《中国书法》1998年

综论篇

————————

师友笔下的冯其庸

翰墨结缘 诗书名家

[李经国]

    1999 年，我受冯其庸先生之托，请周一良先生为"冯其庸发现考实玄奘取经路线暨大西部摄影展"题词。一良师有些惊讶：只知道冯先生是著名的红学家，不知他还研究中国的西部，多次作玄奘取经之路和丝绸之路的实地调查，并精研摄影、绘画。细细品赏过冯先生的作品后，一良师执意要参加在美术馆举办的先生书画摄影展，而其时他因患严重的帕金森病，已多年未出门参加社会活动。记得开幕当日，一良先生坐着轮椅逐一观看冯先生的作品，兴味甚浓地了解冯先生去西部考察的情况，赞叹不已，后又一再让我代向冯先生转达他的敬意。

    冯先生的红学研究固然为世人所熟知，同时在中国古典文学、古典戏曲、中国文化史、中国绘画、紫砂工艺、书法、摄影、中国汉画像、武侠小说、西域史地等领域也建树良多。2007 年 6 月，先生在《中华文史论丛》上发表《项羽不死于乌江考》，9 月，九十三岁高龄的王世襄先生特为此新说题诗云：

    下相英豪盖宇寰，奈何残骑突围难。
    楚中子弟来凭吊，泪洒东城四溃山。
    项王自刎误作乌江由来已久，宽堂先生遍稽古籍，详征博引，复经实地勘查，确定其地在定远县南东城之四溃山，一扫千古迷霾，厥功甚伟。爰赋小诗以志钦佩。

12 月，香港的饶宗颐教授欣然为先生题识：

　　冯其庸兄承王蘧常先生之学艺，发扬光大，颛志于文史，世人多称其红楼梦说部之研究，此仅其治学之一端耳。观其去岁所刊布论垓下地望，考证详确，足见功力之深。比岁以来，不殚风沙万里跋涉之苦，仆仆于西北，蹈玄奘法师取经之路，入于画幅，是其能综学艺于一途。谨识数言以表我敬佩之私。

同年 7 月，南京大学的卞孝萱教授也致信先生：

宽堂先生道鉴：

　　顷接特快专递，内有墨宝二张，论丛一册，拜领拜谢。法书秀逸清雅，富有神韵，见者无不赞美，已寄出版社影印，为拙著增光，出版后邮呈诲正。

　　大作二篇，认真研习，正确的结论，源于先进的方法，具体表现在：（一）将《史记》中有关项羽败、死的文字，全部录出，排比梳理，如陈垣所云竭泽而渔。（二）进行实地调查，纠正古籍讹误，发展了王国维的双重论证法。（三）又从文章学角度，解读《史记》，文史结合，使结论立于不败之地。（四）指出《史记》原文叙述上之矛盾以及各家疏解上的矛盾，对项羽"欲"渡乌江得出正确理解。（五）考出乌江自刎之说，源于元杂剧。二十年前虽有文章，绝不如大文之面面俱到，有说服力，大文出而后项羽死于东城，可为定论。先河后海，信矣！又详论九头山之有名无实，归结到项羽死于东城的主题，相辅相成，毫无遗憾矣！欣佩之余，略抒胸臆，环堵私言，敢以质诸天下学人。

　　耑此。敬颂

暑祺。

教弟卞孝萱拜上

七月十七日

2005 年，中国人民大学聘请冯其庸先生为新成立的国学院首任院长，由校长纪宝成专程登门送上聘书。

冯先生毕业于无锡国专。其时无锡国专人才荟萃，周谷城讲授中国通史，周予同讲授经学通论，童书业讲授秦汉史，蔡尚思讲授中国思想史，钱萼孙讲诗学研究，夏承焘、吴白匋讲授词学，朱大可、顾佛影教授诗学，顾廷龙、王佩玪讲授版本目录学，谭其骧讲历史地理学，葛绥成讲中国地理，朱东润讲《诗经》、《史记》、《杜诗》、传叙文学，刘诗荪讲《红楼梦》，胡曲园讲授中国通史和逻辑学，赵景琛讲戏曲学，王蘧常讲授《诸子概论》、《庄子》，张世禄讲音韵学，冯振心讲文字学。正是在国专期间，冯先生打下了深厚的国学基础，多年后他主编的《历代文选》广为人知，并受到毛泽东主席的称赞。

南、北方的学习、工作经历，特别是渊博的学识和对中国书画的嗜好，使先生与众多书画界前辈名公、当世才彦结下翰墨因缘，宽堂先生的友朋来鸿记取了他一生的儒林风雅。

一

冯先生是一位考据型学者，治学伊始即崇尚王观堂倡导的"二重证据法"。20世纪80年代初，先生指导叶君远撰著《吴梅村年谱》，为验明吴氏葬地，曾远赴苏州探查，终于梅村落葬三百余年后找到了已平为梅林、但墓基砌石依然如故的墓地，使淹没百年之吴氏墓重现人间。后经先生呼吁，有人出资在当地政府的支持下重新修缮了梅村墓，一代大诗人又可为后人所凭吊矣。

中国文人自古有"读万卷书，行万里路"的传统，司马迁"年十岁则诵古文，二十而游天下"，李白二十五岁离开蜀地，"仗剑去国，辞亲远游"，而冯先生则以二十载的春秋考察西域，十次入疆，翻越天山险途老虎口，到达著名的一号冰川，三次登上帕米尔高原最高处，直抵海拔四千九百米的红其拉甫和四千七百米的明铁盖达坂山口，历尽艰难，终于在1998年找到了一千三百五十五年以前玄奘从印度取经回国入境的山口古道，引起国内外学术界的轰动，其时先生已年届七十五岁高龄。作为一名考据型学者，他绝不限于在史料典籍之中皓首穷经，而信奉"纸上得来终觉浅，绝知此事要躬行"的治学态度，其亲身跋涉、以求实据之执著，浑然忘我、笑傲艰险之达观，与先人共旅、纵天下一行之豪放，在而今众多习惯于文山会海、游山玩水的学者文人中实属异数。冯先生说："我在年轻读书的时候，就对祖国的西部特别感兴趣，这可能是受了高适、岑参、李颀等人诗歌的影响，但更是受到张骞、班超、玄奘精神的影响。尤其是玄奘，我读过《大慈恩寺三藏法师传》后，对他艰苦卓绝的伟大精神产生了无限的崇敬。"正是这样一份由衷的崇敬与痴心的追随，才让这位学者穿越千余年的历史风沙与高僧玄奘的足迹重合，也才有了一部亦史、亦诗、亦画的《瀚海劫尘》大型摄影集的问世。仁者乐山，智者乐水，从冯先生的一首游历诗中我们可以真切地感受到他耄耋不减的豪情："看尽龟兹十万峰，始知五岳也平庸。他年欲作徐霞客，走遍天西再向东。"

1999 年 1 月 8 日，佛学大师赵朴初得知冯先生发现玄奘取经归途消息后，即致信先生，约请将《玄奘取经东归入境古道考实》一文于《法音》杂志转载，朴老书札云：

其庸先生：

　　承惠大作《玄奘取经东归入境古道考实》，具见跋涉艰辛，考察周详，不胜感佩。窃拟转载佛协会刊《法音》，不知能见许否。如荷慨允，更愿赐予有关照片，以满足佛教信众之瞻慕，功德无量。

　　顺颂

吉祥如意，并贺

新禧。

赵朴初拜状

二

在国专师从王蘧常先生时，冯先生便因慧心独具，为王老所钟爱。王氏是草书大家沈曾植的弟子，所书章草名冠于世，日本有"古有王羲之，今有王蘧常"的说法。王羲之传世有《十七帖》，冯先生与师弟王运天提议王老书写《十八帖》。1989 年 11 月，《十八帖》书就后数天，王老遽然仙逝。冯先生挥泪撰联泣挽恩师："五十年相随左右，是师是父是长兄；十八日忽然永别，如梦如幻如惊雷！"

冯先生不仅继承恩师之学，亦擅长书法，书宗二王，尤擅行楷题跋。2005年，我受黄苗子先生委托，请冯先生为黄老藏韩羽所绘《傅青主听书图》题跋，黄老看到先生题跋后，连连赞叹"文、字俱佳"。先生素以擅长书法而著称，以后又专注于绘事，因而结识周怀民、唐云、谢稚柳、许麟庐、刘海粟、朱屺瞻、苏局仙、启功、侯北人等书画名家。

20世纪70年代末，经江辛眉介绍，国画大师刘海粟请冯先生为其画展撰写序言，先生得以结识海老，此后往来不断，时常合绘丹青，并应海老邀请多次为海老画作题诗。1988年5月底，海老致信先生：

其庸教授友爱：

国际摄影艺术基金会筹备完成，欣慰无量。"艺海无涯"已书就，但笔札荒芜，恐不可用。又水墨葡萄一幅，祝贺老兄访新加坡播扬红学成功，草草具答，余惟珍爱不宣。

刘海粟

并随信赠诗一首：

一梦红楼不记年。须弥芥子如长天。

饭瓜换得文思健，无痴无怨即神仙。

几乎同期，先生结识了朱屺瞻，遂引为知己，《屺瞻老人画册》序言即由先生撰写。朱老致先生书札云：

其老大鉴：

前日在医院寄上一信，定已收到。我于前天出院，回家休养，接得蒙赐《红楼梦学刊》一册，敬谢。

前函中拜恳在林老为我编写《画谭》一书之内，将拙绘看法，赏赐宏文编进书中，此系林老的意见，嘱为恳请，乞不吝赐教，林老说今岁六七月间去美讲学，他是专门研究"沙士比亚"者，那时或能与你老在异地作朋也，我体力尚未完全恢复，草草上书，顺颂

春安。

弟屺瞻顿首
三月三日

　　在冯先生相识的书画前辈中，年龄最大的一位是与孙墨佛一起被称做"南仙北佛"的百岁书法老人苏局仙。70年代末，一位中华书局的工作人员请吴恩裕先生的夫人骆静兰女士代其朋友辗转向冯其庸先生求画，冯先生以所绘葡萄册页相赠。不久，苏老即以六绝句回赠：

　　　　天马行空不可羁。气吞河岳逞雄姿。
　　　　古人尽扫笔端外，只向阴阳造化师。

　　　　老来堪笑似顽童。犹识珍奇拜下风。
　　　　反快山斋瓦缝薄，宝光直射斗牛官。

　　　　英流怀抱不寻常。一掷千金宁望偿。
　　　　敢告珍藏传后世，勿轻上市换壶觞。

　　　　十年错未结因缘。同感蹉跎离恨天。
　　　　可是今朝深识面，南田画笔句青莲。

　　　　天假残年逾九六，幸持晚节不羞竹。
　　　　白圭诗句久废吟，毛选五卷日三复。

　　　　静待无妨再十年。申江重过补因缘。
　　　　还丹九转凭君乞，同作长生不老仙。

　　冯先生尝因书画事致信启功老，信中以晚辈自居，落款带有"晚"字。启老回信时却将"晚"字撕下，贴到空白笺纸上，并郑重地写"尊谦敬璧"一语。寥寥数字，道出了启老的谦逊，也道出了启老对冯先生的敬重。

三

先生从学生时期即好填词，后又结识钱仲联、夏承焘、潘景郑、杨宪益等词学、诗学大师。

钱仲联先生尝致信先生，书札云：

其庸同志史席：

前奉手札，知已到历史研究所，已着手工作否？

恩裕先生南来，下榻敝寓，恨未尽东道之谊。与同游织造局旧址，即曹家曾住之地，作《买陂塘》一词，今录以求正。

《中国古代文学》第三册已印好，今寄上一册。其中胆大妄论，必多错误。最近看到一月二十七日中央领导同志讲话记录稿，其中报道主席指示颇多，因书已印好，亦不及一一照改矣。审阅后，请指出谬误，俾在教学实践中改正。

古津游杭，大发病，住院数日后即返锡，近闻已勿药矣。

匆上，即请

撰安。

弟仲联顿首

二月十七日

目录上所载《中西历简明对照表》已停印，因最近看到文物出版社《中国历史年代简表》大致相同。

信后附《买陂塘》一阕：

甲寅初夏，恩裕先生过访吴门，因同游织造局。旧圃地有奇峰一，花石纲故物也。

蒯门西，苍烟乔木，余春和梦归早。七襄当日机声里，曾记补天人到？钗凤杳，剩一角红楼，妆点沧桑稿。云荒地老。看水涸方塘，尘封败碣，何况不周到。

畸笏叟，逢尔定呼同调。零编收拾多少？飘然青埂峰头过，犹有幻尘能道。歌好了，为稗史旁搜，踏遍吴宫草。巢痕试扫，正燕子飞来，不应还问，王谢旧堂好。

　　其庸诗人正

仲联呈稿

词学宗师夏承焘时与先生赋诗唱和。有夏老致先生书札云：

其庸兄：

　　手教欣悉。小文承兄允为仔细批改，甚望再请两位同志指谬，不胜感荷！时间不必亟亟。古津前日有书来，谓已出院，体气甚弱，嘱其小郎代笔，但附来一词二诗。即复一函，嘱其病后切勿枉抛心力，应好好养病。

　　两同志晤中请先代致谢悃。专此。复承

著安。

　　吴闻附候。

　　连夕读评红大著，甚佩，甚佩。

弟承焘上

一月九日

　　杨宪益先生是中国红楼梦学会的顾问和《红楼梦学刊》的编委。据冯先生回忆，1980年，《红楼梦》英译本出版后，先生听国外有关学者评价杨译本是公认最权威的《红楼梦》英译本。先生也非常认同杨老对曹雪芹祖籍及家世的观点。杨老爱石、擅诗、嗜酒，先生却是在杨老最困难的时候，专门托人捎去两瓶陈年佳酿，其情其意尽在不言。

　　2008年，95岁高龄的学者虞逸夫致信先生，并赋诗唱酬：

　　　　和其庸兄见怀三绝句

　　东望吴头不见家，寄栖何敢怨长沙。

　　羡君如在众香国，乐有瓜庐拥百花。

　　老得康强胜得仙，别无长技愧前贤。

　　岳麓名碑今破碎，待君补写复当年。

高咏南天第一楼，平看吴楚掌中浮。

何时相约君山住，管领烟波狎白鸥。

昨得吴君电话，知兄病情大有好转，已能下床送客，我闻其语，如释重负，为之欢喜不已。吾年将望百，平昔交游零落殆尽，知我爱我，堪称德邻者，今日世间，唯兄一人而已。急写小诗三章，以博一笑。

顺祝

康泰。

弟逸夫附白

大文已拜读，读来句句知心话，看去晶莹字字珠。敬此拜谢。

四

先生还与文物鉴定大师杨仁恺、古籍目录版本学家顾廷龙、收藏家周绍良交谊甚笃。

先生与顾老初识于1948年，在顾老认真细致的安排下，先生得以顺利地完成《蒋鹿潭年谱考略》初稿。至顾老去世，前后五十年往来不断，顾老曾致信先生，为上海图书馆纪念集约稿，信云：

其庸同志：

昨奉手书，敬悉——。

承许为敝馆纪念论文集撰文，光我篇幅，至深感荷！

大著《蒋鹿潭年谱考略》，甚好。希望得暇命笔。为荷！近阅杨殿珣君年谱目录，鹿潭年谱尚付阙如。尊作出，足弥此憾。

闻京中炎热，上海尚不过二十八九度。诸惟珍摄。匆复，不尽——。

祗请

撰安。

弟廷龙敬上

六月二十日

1998 年 5 月，顾老又光临中国美术馆，参加先生书画、摄影展开幕式，其时身体甚健，不意到 8 月 22 日即仙逝。

20 世纪 50 年代，京城雅好藏墨赏墨的诸君子，若叶恭绰、张絅伯、张子高、尹润生、李一氓、周珏良及周绍良先生，经常不定期举行墨会。聚会时，大家各自拿出珍品，观摩品评、探本究源、去伪存真。从而成就了墨史研究的一个辉煌的时期，为世人留下了许多明清墨的研究资料，墨学珍籍《四家墨录》即刊行于其时。当时冯先生刚刚调到北京不久，虽然不曾专门藏墨，然对"墨"学亦甚感兴趣，且为以上诸先生所知，即应邀参加"墨会"。绍良先生为著名红学家，同好之故，先生与周老数十年往来不断。2004 年，冯先生曾致信绍良先生，内中即言及墨事，札云："前承赐墨录大著，受教良多。顷得孙渊如墨、曼陀罗花阁墨两枚，后者为秀水杜文澜。杜曾刻蒋鹿潭《水云楼词》两卷，版口署'曼陀罗华阁'，刻甚精，好用古字，晚藏有此本。昔年撰《蒋鹿潭年谱》，曾考及杜文澜多事，惟未及其制墨。此墨形亦古雅，暇当并孙渊如墨一并奉呈鉴定。先此奉闻。"

多年来，冯其庸先生以他那独特的鉴赏力致力于艺术品的集藏。走进瓜饭楼，仿佛进入了一个小型艺术展览馆：陶器、瓷器、造像、书画、古籍、古墨、瓦当、紫砂壶、雕塑，满目琳琅，令人羡叹。但与世人的市值考量不同，先生的集藏更多的是从学术性和艺术性的角度取舍，以为其研究所用。2001 年 2 月，我与柴剑虹老师陪同启功先生专程走访瓜饭楼时，启老感慨而又郑重地对先生说："一定要将藏品拍照结集出版。"

冯先生赠韩国李东泉的一首长诗中有这样四句："十年一碑何足论，腹有诗书气自馥。江山满目钟灵秀，笔参造化神始足。"这正是先生以风神为骨，以学养为肌的书法艺术的审美结晶。先生认为，好的书法作品不仅仅是书家之书，更应是学者之书、诗人之书。好的书法作品是从学问中来，从诗境中来，只有这样，才能气韵独具、不染尘俗。为世人垂范的书法大家，古如王羲之、颜真卿、苏东坡，近如王蘧常、启功等，无一不是大学问家。

冯其庸先生潜心于学问，寄情于诗书，结缘于翰墨，放旅于天下，任持自性，不拘一格，七十余载，水到渠成，终成一代诗书名家。

——发表于《传记文学》2006 年 2 月第 2 期

求索不辍　境界常新
——体味冯其庸先生的学术品格

[张晨]

一

有幸认识冯其庸先生已是十六年前的事情了，他当时给我印象最深的是，额头宽宽的，目光炯炯，笑容里含着宽厚和诚挚。给人一种真切的"望之俨然，接之也温"的感觉。那时，我正在鲁迅美术学院任职，学校专门请他来做学术报告，并举行了特聘他和杨仁恺先生为鲁美名誉教授的仪式。自此以后，我渐渐地成了他忠实的读者。每当新书出版的时候，他都会托延奎兄捎给我，并总是于扉页处签上自己的名字，这让我倍感亲切和珍贵。我喜欢他的严谨而流畅，平实而深邃的文风，更加确信"文如其人"的千古定律。我也非常喜欢他的书法和绘画作品，我家的客厅里挂着他七十八岁时写的条幅，餐厅里挂着他八十八岁时画的梅花图，我时常能够感受到他的书画里散发出来的疏朗俊逸的气息。

读冯其庸先生的著作文章、诗词绘画，最让我感动和敬佩的是他的卓然独立、一以贯之的学术品格。

依常理而论，冯老已是著作等身、声名远播的大学者了，已是聚诗书画诸艺于一身的艺术大家了，现在年事已高、身体又多病，该是悠闲自在、颐养天年的时候了。但是，他似乎从来就没有真正地休息过，依旧是兴致勃勃，孜孜不倦，求索不辍。

冯其庸先生在2009年出版的《瓜饭集》中收录一篇写于1988年的文

章，题为《大块假我以文章》，这是一篇回忆童年和青年时期所受苦难的散文，他在文中说，他之所以将自己的书房取名为"瓜饭楼"，就是为了不忘记吃南瓜度日的苦难经历。他把人生的经历比做自己书写的文章。他在文章的结尾处写道："至于我自己呢？现在还在写一篇充满艰难困苦、甜酸苦辣和充满着人生的热情、人间的友情和爱情，充满着学术上的探奇和幻想精神的文章。""总之，我现在写的是一篇暂时还写不完的文章。"从中可以看出，他对自己的人生使命认识得十分清晰。不管有多少酸甜苦辣，不管有多少艰难困苦，他都会饱含热情和真情地勇敢前行。"充满着学术上的探奇和幻想精神"，既是他的性格使然，也是他的使命所在、乐趣所在。在艰难困苦中求学求知的经历，使他对学术有着深入骨髓的挚爱。他把数十年的精力倾心地贡献给学术，同时也从学术中获取了无可替代的心灵上的滋养与慰藉。这使得他于今仍在书写着的这篇人生大文章既丰富厚重，又生趣盎然。

二

早在上个世纪五十年代，著名京剧表演艺术家盖叫天曾亲自对冯其庸先生说：你知道我这几分钟的"圆场"，是走了几千里的路才走出来的吗？冯其庸先生那时还是人民大学的年轻教员，他对此感慨不已，并产生了强烈的共鸣，他说："这些老艺术家了不起的本事是一辈子苦练出来的，不是一天两天练成的。做学问也是一个道理，需要一辈子下真功夫、苦功夫。有人想短时间就成为专家，怎么可能呢？"诚如叶君远所说，"一辈子下真功夫、苦功夫"，由此成了冯其庸先生身体力行的座右铭。

冯其庸先生以为，读书或读诗，一是要有功力，文字、音韵、训诂之学不可不治，史学不可不治，这是大厦的基础；二是要能解会，要能领悟。如果只有死读书，不能贯通融会，不能妙悟，缺乏灵气，那么也终究不能有所发明的。

这是他青年时期的学习体会，也是他一直坚持的求学求知的基本路径。他在学问上所下的真功夫、苦功夫，真是世所罕见。叶君远在《冯其庸传》中记载了冯其庸先生在人民大学任教时为了讲授《离骚》所下的真功夫、苦功夫："他把几种注本都借来，对照着读，从字，到词，到段，到篇，一层一层，直到完全理解贯通，了无窒碍，直到有了自己新的、深一层的理解，他还把全诗翻译成白话，多数能背诵了，才去讲。"冯其庸先生自己也讲过"在重重的课程压力下，我克服了凄清的心情，勤奋读书，每天到深夜，数十年如一日。"（《瓜饭集·自序》）。

在《敝帚集》中，冯其庸先生详细记述了他抄写《石头记》的经过，1966年"文革"开始时，他首先受到了冲击，他的《红楼梦》也被抄走了，而且还被当做黄色书籍展览，这使他感到十分气愤和震惊，他非常担心这部巨著从此被彻底毁掉，他下定决心要把影印庚辰本《石头记》抄录下来。每天夜深人静以后，他就用毛笔依原著行款朱墨两色抄写。因为每天只能深夜抄写，所以整整抄了一年。他说，"这一年的抄写，是我真正深入《红楼梦》的过程"。"到抄完这部书，我自觉从思想上与曹雪芹的'满纸荒唐言，一把辛酸泪。都云作者痴，谁解其中味'相通了许多。我最后抄完了重读此诗，忽觉这四句诗实在就是一部《红楼梦》的最好的概括，此诗既是开头，更是全书的总结！从此以后，我大概算进入读《红楼梦》的真境界了。"

经过长期的辛勤努力，他已积蓄了深厚的学术功力，养成了广博的文化素养，可他仍旧觉得自己读书不多，古文字学得功夫不足，他在78岁时感叹道："如果能加我一倍年寿的话，我一定从现在开始再从头学起，以前学的，实在太少太浅了！我感到中国的学问实在太深太广了，如果真的让我再从头学起的话，现在我可能知道如何学习了！"（《瓜饭集·我的读书》）

三

茨威格曾经说过："凡是感到一种秘密时都要穷追其竟，这是人的精神的最为可贵之处。"可以说，人世间的所有学问，都是经由追询而得来的，都是在不断探究中取得的。然而，在追寻和探究的过程中终归是要付出代价的，有时甚至是巨大的代价。如果我们只是仰慕和感叹大学者的成就，而不去体味他们的艰辛、痛苦与快乐，终是距学术很远、很远。

抗战胜利后，冯其庸先生读到了《大慈恩寺三藏法师传》，玄奘追求佛典经义而万死不辞的勇气，实实震撼了他的心魂。他感到，"私心窃慕，未有穷已。窃以为为学若能终身如此，则去道不远矣；为人若能终身如此，则去仁不远矣！"为了追求真理而顽强探索的精神由此在他的心中生成，并逐渐得以确立，进而成为他的学术品格的一个显著特征。

几十年来，冯其庸先生奉行的学术道路，一是重视文献，二是将文献资料与实物对证，三是实地考察。他认为，这不但是基本的原则，而且是行之有效的。他在研究《红楼梦》的过程中，首先接触到的是曹雪芹的家世问题，其中也涉及到祖籍问题。那时，周汝昌先生关于曹雪芹上祖的籍贯是河北丰润的结论，已为学界广泛采信。冯其庸先生通过搜罗大量的文献，深入研究了《五庆堂辽东曹氏宗谱》，还亲自到沈阳、辽阳等地实地考察了有关曹氏上世的碑刻、牌坊等实证，最后得出了曹雪芹的祖籍是辽阳的结论。他的《曹雪芹家世新考》1980 年初版时近三十万字，1997 年增订时达到五十六万字，2007 年三版时达到八十万字，大量的翔实的资料和严密的论据，使别人无法置喙，因为实在拿不出能够推翻这些资料的论据出来。

他特别注重实地调查，自称是在"读天地间最大的一部书"。从 1986 年到 2005 年的二十年间，他十赴新疆，三次上帕米尔高原红其拉甫和明铁盖达坂，其海拔高度是四千九百米和四千七百米，两次穿越塔克拉玛干大沙漠，并积数年之功，绕塔里木盆地走了一圈。这一次规模浩大的西部大考察，从六十多岁一直延续到八十多岁。他的顽强的探索精神和非凡的气魄，给中国的学术界带来了巨大的震撼。他所写的《玄奘取经东归入境古道考实》，解决了千年悬案。对此，佛学大师赵朴初给予了"跋涉艰辛，考察周详，不胜感佩"的高度评价。

四

很显然，冯其庸先生的学术精神，是一种愿意将任何假设或理论加以验证的精神，这无疑是非常先进和科学的。他拥有一颗始终向往着创造的心灵，他的思维空间一直是开放着的，是可以向着深度和广度自由伸展的。

正是由于他建构了开放的思维空间，始终保持着对有关联的问题、有关联的学科、有关联的领域的浓厚兴趣，所以，他的学者生活不但不单调、枯燥，反而更加有滋有味，多姿多彩。同时，他也为自己的学术路径的进一步延伸，学术领域的进一步拓展，创造了十分有利的条件。

比如，他在讲授和研究古典文学，并且屡有建树的同时，又对京城的戏剧舞台产生了浓厚的兴趣，还在报纸上连续发表了精彩剧评，引起好多梨园界的艺术家的关注，将他引以为知己。再比如，他一方面以曹雪芹的家世和《红楼梦》的版本为主要研究目标，另一方面还时常关注对《红楼梦》思想内涵的研究。当人们正在谈论他对红学考据所做的杰出贡献的时候，他的注意力已经转向了《红楼梦》的思想研究，随后便有了《论红楼梦思想》等一系列学术成果的问世。

冯其庸先生的研究领域还经历了由文学研究、戏曲研究、红学研究，到历史研究、文化研究、书画研究的跨越与拓展。他在十赴新疆的过程中展开的历史文化大考察，开辟了他学术领域的新天地。读他的《西域纪行》和《瀚海劫尘》，可以体会到他考察时的阔朗心境和飞扬的神思。与学界的好友论学，是冯其庸先生的一大乐趣。在与启功、刘海粟、朱屺瞻、谢稚柳、徐邦达、杨仁恺等先生的交流切磋中，他进一步拓展了书法和绘画研究的新境界。对此，他的《瓜饭集》中有很多深情而有趣的记述。

五

体味冯其庸先生的学术品格，不能不体味含蕴其中的诗人禀赋和诗人气质。读他的学术著作、文章，总能感觉到诗情的流露与灵感的跃动。

比如，他在《论程甲本问世的历史意义》一文中就有这样一段散文诗一般的论述："因为曹雪芹实在太过崇高了，所以后四十回难以比肩。但是如果拿后四十回与时及后来的众多续书来比，它仍然是众多续书中的一座高峰。譬如华山，曹雪芹的前八十回如果是东峰、南峰、西峰这太华三峰的话，那么后四十回就是北峰。从山下走到北峰已经是十分艰险了，俯瞰周围也已经是群峰罗列了，但是再仰望三峰，依然是云雾缭绕，高不可攀。所以后四十回自有它不可磨灭的价值。"还比如，他在《千古文章未尽才》中写道："曹雪芹的《红楼梦》是一部伟大的现实主义巨著，他精确地反映了我国清代康、乾时期的社会历史面貌，塑造了栩栩如生的典型形象。特别要指出的是它比欧洲最早的现实主义大师司汤达（1783—1842）、福楼拜（1821—1880）要早出整整一个世纪，……也就是说，世界文学史上由作家创作的现实主义文艺的强烈光芒，是由东方的中国遥遥领先地放射出来的。"在他的著作文章里，时常可以看到系统的考据、严谨的论辩与饱满的热情完美地结合在一起，使人感觉到这是一种"含着微笑的阐说"，是一种"心与心的交流"。

冯其庸先生很小的时候就开始作诗填词了，以后虽然以学术研究为主业，但从未终止过诗词创作。他的有些诗其实就是在形象地述说他的学者识见、史家情怀。比如，他在发现吴梅村墓后所做的诗中写道"天荒地老一诗翁。独立苍茫哭路穷。千古艰难惟一死，伤心岂独属娄东。"又比如他在海南岛游览苏东坡流放地所做的《儋州东坡歌》中说："东坡与我两庚辰。公去我来九百春。公到儋州遭贬谪，我来中和吊灵均。至今黎民怀故德，堂上犹奉先生神。先生去今一千载，四海长拜老逐臣。人生在德不在力，力有尽时德无垠。寄意天下涛涛者，来拜儋州一真人。"再比如，他在鉴定俄藏《石头记》抄本时所做的诗中说："世事从来假复真。大千俱是梦中人。一灯如豆抛红泪，百口飘零系紫城。宝玉通灵归故国，奇书不胫出都门。小生也是多情者，白酒三杯吊旧村。"

六

在冯其庸先生的精神世界里，学术研究与艺术创作始终是相通相融的。他研究诗词文章，也从事诗词文章的写作；他研究书法绘画，也从事书法绘画的创作。将学术研究的所得付诸于艺术创作，再将艺术创作的所悟作用于学术研究，如此循环往复，以致形成独具特色的大家风范。

中国文化向有圆通和融的特质，冯其庸先生对此理解甚深，并掌控自如。诚如《冯其庸传》所述"除了专业学问以外，对于传统文化的方方面面，如古典戏曲、古典园林、紫砂工艺、汉代画像、绘画书法篆刻等等，他都广泛涉猎，并且不是一般性的了解，而是钻研得很深，在传统文化方面具有他那样全面修养的学者是很少的。"冯其庸先生自幼就痴迷于写字画画，以后数十年也一直研习不辍。这在他的《学书自叙》、《学画漫忆》中均有较为详尽的记述。长期的艺术实践，使他的书画作品逐渐形成了自己的独特风格，也使得他对书画之道的理解越来越深刻，技艺越来越精到。以致他对其他书画家的作品的评论，往往一语中的，令人十分信服。

冯其庸先生的诗书画俱佳，已经达至"三绝"的境地。他的诗，境界很开阔，语言畅达，不但奔放苍劲，而且往往流溢着和煦的真趣。他的字，看似随意写来，却是修短合度，平正中可见变化自如，疏朗中愈显意味绵长。他的画，气足而俊逸，意奇而简约，具有浓郁的书卷气和那种轶于象外的风韵依依。他的诗书画是他的情感世界的真实写照，是他的学者情操的形象再现。

总之，我对冯其庸先生的人品学品艺品历来是非常敬仰的，总想有机会来竭力地表达我心中久存的感动，可是，真的动手写起来的时候，方知笔力的拙钝，言不及义，心自惶惶。尽管如此，我依然坚信，冯其庸先生的学术品格和他所创造的学术成就，不但将对我国文化发展的进程产生不可替代的积极影响，还将对有志于学术研究的人们产生言说不尽的启迪和影响。

冯其庸的三封信

［蒋星煜］

　　冯其庸是《红楼梦》专家，对传统戏曲也研究有年，又有书法绘画方面的成就。我现在要说的则是另一方面的事情。一位学者为别的作者的投稿提供一些对口的刊物，或向出版社、刊物作推荐，在彼此之间起了桥梁作用，这当然也是常有的；但我觉得冯其庸在这方面做得特别认真负责，甘愿为之花去许多时间、精力。当然没有任何报酬，他却无怨无悔，始终坚持这样做。我现在以切身的经历，谈一谈1980年前的往事。

　　"文革"以前，我学术论著写得不多，但是关于《西厢记》的研究和思考则从未间断，并未因受迫害、被隔离而忘记了这部"天下夺魁"的古代名著。因此，虽然有关《海瑞上疏》的冤案平反稍迟，但从粉碎"四人帮"起，我就凭多年来关于《西厢记》的考证、思考陆续写出了一批初稿。

　　这些文章基本上都先请赵景深教授审阅，他不仅看得快，又都作了必要的修改，而且他主动写信推荐给《中华文史论丛》主编之一朱东润教授。不久，我的论文就开始在《论丛》陆续刊发了。

　　考虑到《论丛》每年至多出四辑，而我写出的初稿越积越多，关于《西厢记》版本的研究心得投寄北京《文物》等刊，均被退还，我的心情相当沉重。在和远在北京的刘厚生通信时，我谈起了内心的苦闷。刘厚生一向办事慎重，他要我先寄两篇给他，看过之后再研究其他的问题。就这样，我把《从佛教文献论证"南海水月观音现"》等寄去。很快，回信来了。他说，对文章质量是满意的，已经和冯其庸同志谈过，而且冯其庸同志乐于帮这个忙。又说，他已写了介绍信，让即将南下的冯其庸同志到上海时来看我。此时冯已南下杭州，而且从杭州写信，让马彦祥老带给了我。原信如下：

　　星煜同志：

　　您好。厚生同志给写了一介绍信，让我去拜访您。我是早已拜读过您的不少大著，很想能见到您。您的论《西厢》的版本的文章，我也拜读了，我虽是外行，觉得是一个重大的发现，不知可不可以给《社会科学战线》发表，如可以，我当与他们一谈。另外，《戏剧报》要厚生同志和我各写一篇关于周信芳同志的文章，这也是一定要向您请教。我现在杭州，已决定七号上午八时五十分的一趟车到沪。马彦祥老与我同在杭州，今天他乘这趟车先到上海，我迟两日到，到后一定去拜访您。这封信先请马老他们带来，见面再谈吧。我到沪后，可能与马彦老他们住在一起，我带的介绍信是文化部给市革委会的。匆此，即问

　　近好。

其庸敬上

11 月 5 日清晨于杭州

　　这封信我是从马彦祥老手里接过来的，看了之后很是激动。因为在"文革"之前的十七年间，我们一直没有打过交道，如今他如此热情、诚恳，真是使我喜出望外。

　　他到上海之后，我们虽然初次见面，却无话不谈。他再一次表示将推荐我的论文，而且决不限于《西厢记》版本考证。他回北京之后，又来了第二封信：

　　星煜同志：

　　沪上一别，瞬已一月，奉书未能速复，诸事丛集，谅之为幸。尊稿已交《社会科学战线》，据云前稿已收入《论丛》。此稿弟嘱其争取补入，或可赶及。照片弟只见一张，见附件中三张，是否要补？可速与该刊王慎荣、林之满同志联系，林是负责编排的，王是编辑部主任。另一关于鲁迅稿，可先在《社科》发，兄论《西厢》版本专著，弟前与古籍谈，当时他们很肯定，或因事忙一时未暇顾及耳。稍等，如彼无此计划，则此间亦可

为推荐也。嘱为《学术月刊》撰稿，月内弟尚压有两篇论文债，势不能拖，编辑部郑心永同志亦来信，热情可感，无奈月内实在事忙。加之弟一入冬，心脏即有反应，近日已有此兆，故事非得已，只得缓待后日也。弟有一事相恳，拟恳兄代借周信芳《乌龙院》剧照（《刘唐下书》一，《宋江杀惜》一，最好是杀后的一张，弟曾见过，眼神极好，赵晓岚饰阎惜姣。）、《跑城》剧照一或两张，盖叫天《武松》一或两张，华传浩《芦林会·姜诗》剧照两张。以上用毕即归还，不知兄能与有关同志一商否？因弟昔年习作论剧诸文，出版社拟结集出版，如有照片附于书端，则是文虽陋，有此诸家剧照，亦可略免读者失望也。匆匆不一，顺问

　　近安

其庸
12月18日

　　我的研讨《西厢记》版本的论文出版单行本事，在谈话中，我只是随便提了一提，因为当时已发表的篇数还不够出专书也。没有想到他已经和上海古籍出版社的负责同志谈了，而且他们也同意了。他如此热心，现在想想，也是一贯的。

　　不过我后来并未和上海古籍出版社联系，我的《明刊本西厢记研究》编成后，是由刘厚生决定交中国戏剧出版社于1982年出版的。但冯其庸的推荐还是起了作用。1988年的《西厢记考证》，1997年的《西厢记的文献学研究》二书，都是在上海古籍出版社出版。

　　很可能冯其庸并不是一般性地向"社科"介绍我的文章，而是将我对古典戏曲研究的成果向"社科"的各级领导作了高度的评价，事情发生了戏剧性的变化，此后，不再是我向"社科"投稿，而是"社科"向我积极地组稿了。

　　接着，过了年之后，冯其庸又来了第三封信：

　　星煜同志：

　　前蒙惠书赐赠珍贵资料，极感盛情。近又于报端屡见大文，益增怀想。前足下所交我的两篇大文，均已由《社会科学战线》要去，他们会刊用的。最近我室已经文化部批准正式成立，九号我要去昆明开会，约月底回京。

三月中旬，可能还要因事来沪，届时当再图把晤。我院刘恩伯同志有一信，今附上。信已写了多日，因我为别事牵缠，至今才发，歉甚歉甚。匆匆不一，顺问

近好。

其庸

2 月 5 日

我真是对冯其庸感激万分，可是除了信中表示感激之外，没有任何其他表示，他来上海多次，我也没有请他进过馆子。在社会风气讲究厚礼重谢的环境中，他却乐此不疲，是颇为罕见的。

此后，全国各学术刊物都对我敞开了大门。从 1979 年到 1989 年的十年之中，我的《西厢记》研究论文八十二篇，其他古典戏曲论文五十多篇得以先后刊发，主要是赵景深前辈和冯其庸的热情推荐，起了决定性的作用。

——发表于《文汇报》2007 年 10 月 3 日

荷蘤发幽香　昭然
历劫新

——冯其庸侧记

［黄殿琴　孙维媛］

　　不论什么时候，当诗人大概是天底下最便宜的事儿了；有了才和情、纸和笔，就可以上路。2007 年 12 月 14 日，我们两辆车八个人赶往目的地，摄像机、照相机、采访机缺了哪一样都不行，当记者绝不简单。这是一个阳光明媚的好天气，太阳散发出冬日少有的活力，让每个人都感觉精神振奋，似乎在这样的天气里，光秃秃的树枝都在说着春天的语言。

　　阅读老人的历史，就仿佛在瞻读一本厚重的春秋，走近冯老，就宛若走近一座学术上的高峰；他学识丰厚，秉性正直，言出行随，表里清澈。冯其庸冯老的家在北京通州张家湾，我们从电视台出发足足开了一个半小时才到达。独门独院，有些隐居的味道，远离了都市的喧嚣，这个僻静的小院颇有闲情逸趣。轻轻叩响大门，几声犬吠从院中传来，打破了静如止水的空气。门开了，冯老的老伴笑盈盈地领着我们穿过略显空荡的小院，如不是冬天，我想，这里定是一片"榆柳荫后檐，桃李罗堂前"的盎然生机。

　　冯老神态安然地坐在古色古香的椅子上，喝着茶，正等待着我们的来访。冯老相当的有被采访的经验，就连采访拍摄的地点都选好了，相对而立放着两把椅子。我十分感激冯老的周到，冯老的老伴客气地告诉我们，前几天中央电视台的采访就是在这里拍摄的，不知道是不是符合我们的要求。通过这次采访，我们也能将冯老选择这样"隐居"生活的缘由理解一二了。这是我们唯一的一次没有被其他来访者打扰的拍摄，除了几个简短的来电，冯老给了我们整整两个小时的采访时间，耐心地不厌其烦地配合着我们。

　　一切准备工作都很快地完成了，最后架好了机器调好了镜头，我与冯老面对面地坐下，我为他老人家整理了一下衣领对话就开始了。我当时就感觉到这个画面的镜头语言一定很棒，镜头拉开的话，冯老的背后是高高的满当当的书架，左手边的大书案上放着一摞一尺厚的书，书的旁边就是毛笔架，这样一个意味深长的镜头就足以道出冯老的读书生活。

生活就是读书　读书就是生活

冯老的这二层小楼中一共有六个书房，一楼有两个，一个主要收藏戏剧和明清小说并兼做客厅；另一个收藏各种古董和艺术珍品兼做画室，我们就是在这个书房里进行拍摄的。二楼一个收藏文学作品，一个收藏线装书和书画作品，一个收藏西部和敦煌的文献，一个收藏历史类和红学类书籍。冯老告诉我，其实还有一个专门放佛经的书房，但现在这里放不下，就搬到别的地方去了。

如此多的书不要说认认真真、字字句句地阅读，单是将每本书的书名浏览一遍都不是件轻松的事情，我们很惊讶和感叹，又很好奇冯老究竟是怎样能读得过来这么多的书呢？冯老说，他的生活就是读书。读书是自我造就、自我成才的唯一道路。冯老至今清楚地记得在他小学五年级的时候抗日战争就开始了，生病请假休息了几天的冯其庸再次来到学校的时候却发现学校关门了，老师和学生都不在了。而这时他的书包里还放着一本从学校图书馆借来的《三国演义》。没有学上，家在农村的冯其庸就开始种地，而那本没来得及还的《三国演义》就成了他的固定读本，因为没有别的书可读，就反反复复地读这一本。

后来，冯其庸又找到了《水浒传》，读到有的地方都能背得出来了。也正是"三国"、"水浒"这两本名著引起了冯其庸读书的兴趣，觉得越读越有滋味。冯老说："后来又读《西厢记》，因为词句漂亮，虽然是很深的文言，但是也喜欢读，几乎读得一部《西厢记》基本上能背出来。"那时候，天还没亮，冯其庸就起来读书，夜里家里人都睡了，他秉烛夜读，就这样一直读了很多年。对于这样艰苦的读书经历，冯老为我们写下了自己的体会：读书能使人聪明，启人智慧，读书是自我造就、自我成才的唯一道路，所以青年人应该勤奋读书。而冯老将自己的家取名为"瓜饭楼"也是为了记住曾经以瓜代饭的苦难岁月。我们在冯老的家中还真的看到了桌上、地上摆着的大南瓜，和墙上挂着的那幅"瓜饭楼"的书法作品相映成趣。

冯老说："我这一辈子读书还有个特点，就是白天都没机会读书。"解放初，因为需要参加的会议特别多，几乎所有的白天的时间都在开会，冯其庸只有到了晚上关起门来，自己拼命地补课，总是要读到两三点才睡觉。后来调到艺术研究院以后，负责行政工作，不能不上班，天天一早就去上班，晚上到家了才开始读书。所以冯老现在有个习惯，白天写不了文章，因为脑子不集中，一到晚上脑子就集中了，自然而然就能够写东西了。

冯老的生活就是被一本本书摞起来的，冯老的人生就是一个书架，读过的书中有着他的记忆。

与《红楼梦》的一生情半生缘

很难用"某某家"来确切框定冯老的身份。如果说他是一个画家，那他的书法作品"严谨而潇洒豪放，具有浓郁的文人气息和书卷气"；如果说是书画不分家，那他在诗词上也颇有建树；如果说诗书画本是一体，那他同时还是优秀的摄影家、戏曲评论家，甚至是一位探险家。他属于这些集合的交集，有人称他为"国学大师"，他却拜托媒体不要再用这样的称呼，并幽默地说，要是"大师"理解为"大学教师"，自己倒很符合。

而作为红学家的冯其庸是最为人所熟知的，著有《曹雪芹家世新考》、《论庚辰本》、《梦边集》、《漱石集》、《秋风集》等专著二十余种，并主编《红楼梦》新校注本、《红楼梦大辞典》、《艺术百科全书》等书。近三十年来，中国红学界几乎所有的重大活动都有他的功劳，比如说中国红学会的创立，中国艺术研究院的创立，《红楼梦学刊》的创立。就学术研究本身，冯其庸对曹雪芹的生平、家事、祖籍的研究，对《红楼梦》版本的研究，对《红楼梦》思想内容的研究，也卓有成就。

冯老回忆说："中学有一位范先生叫我读《红楼梦》，读了一半就读不下去，觉得婆婆妈妈。我喜欢《三国演义》、《水浒传》，看这个觉得没劲。"那时候冯其庸十九岁，年少的他热爱读书，却和《红楼梦》擦肩而过，直到过了而立之年才与红楼再续前缘。1954年，冯其庸到中国人民大学任教，正好赶上批判新红学派胡适唯心主义思想的运动。作为古典文学研究的专家，冯其庸不得不重新读起《红楼梦》。这一看，就再没放下。一本书如同一个人，认识与熟悉以至于了解一个人都不难，而走进一个人的内心却是不易之事，但如果你和他有着相似的经历，彼此之间心灵就有了默契。真正让冯其庸与曹雪芹的"一把辛酸泪"产生共鸣的，是在抄写《红楼梦》以后。"文革"一开始，冯其庸被打成吴晗"三家村"的人物，之后又升级为所谓中宣部"阎王殿"的人物。那是 1969 年，他怕红卫兵把书抄家抄走，就偷偷抄一本保留下来。这项抄书工程是秘密进行的，每天夜深人静，等家人都睡着以后，冯先生就挑灯夜战，一笔一笔地抄，每次几个小时，抄到抄不动了就睡觉，第二天再去挨批。整整一年，冯其庸按照《红楼梦》的原行原页，用朱墨两色抄成，一共十六本，终于在 1970 年下放前赶完了。在那个雨夜，冯其庸在写下最后一个句号时又赋诗一首："红楼抄罢雨丝丝，正是春归花落时。千古文章多血泪，伤心最此断肠辞。"这些经历也让冯其庸先生对曾经觉得没劲的《红楼梦》有了新的认识。他说："《红楼梦》实际上是写一个人的人生。这个人生的遭遇啊，你了解曹雪芹一家的遭遇就知道了，《红楼梦》实在是辛酸得很。等到经历了这一场'浩劫'以后再看《红楼梦》，觉得《红楼梦》写了多少他个人的辛酸，尤其他隐蔽写的，当初看不出来，后来慢慢看史料以后慢慢地懂了。也只有曹雪芹，只有经历过这样事情的人写得出来。"

时至今日，冯老以其八十五岁的高龄仍然致力于红学的研究，在我们采访的前一周刚刚把为人民文学出版社重新校订的《红楼梦》交出去，冯老告诉我们这已经是他第三次校订《红楼梦》了，二十多年随着红学研究的深入，自己的体会和朋友的体会都多了，大家就又集中在一起重新清理了一遍，校正了不少，这次改动比较多，大概有五六百条正文。对于此次校订冯老感到特别的高兴，他说："因为这种东西，光读是体会不到的，只有一字一句地抠了以后，才会觉得，这个地方一直心里有个问题，到现在豁然明白了，就改过来了，改完以后就觉得很痛快。解决了一个问题，对读者来讲也觉得自己说得过去，否则有时发现了错误，误导了别人，心里也不舒服。"

总在读万卷书总在行万里路

我问冯老："读了那么多书，编了那么多书，写了那么多书，您最深的体悟是什么？"冯老认真地回答："关于读书，我觉得要读好书最根本的问题，是要非常认真地、一字一句地仔细读，不能想当然，要搜集有关资料，要真正弄明白，所以我一辈子读书体会的一个经验就是要把读书和调查结合起来。"

冯老的调查方法有两种，一种是"读万卷书"。他说："这是我自己读书的一个习惯，也是我自己的一个方法、门径，该读的书都要弄齐，弄到手，仔细看，慢慢地领悟。"另一种就是"行万里路"了。冯老作过一首诗："看尽龟兹十万峰，始知五岳也平庸。他年欲作徐霞客，走遍天西再向东。"他曾亲自跋涉至黄河源头，进入了白雪皑皑、险峰重叠的积石山深处；曾踏访过位于内蒙古额济纳旗的古居延海、甲渠侯官遗址和西夏古城黑水城；考察过位于天山北面吉木萨尔的唐北庭都护府故址、新疆南部的喀什、莎车、叶城、棋盘、若羌等地以及尼雅、瓦石峡、米兰、且末等古城遗址；曾两次穿越塔克拉玛干大沙漠，探寻楼兰古城遗存。特别是 1998 年 8 月，冯其庸以七十六岁的高龄，第二次上帕米尔高原，于海拔四千七百米的明铁盖达坂山口，发现玄奘取经回国的山口古道，此古道为玄奘回国以后一千三百五十五年来的第一次发现。这一发现，轰动了中外学术界。

回忆起玄奘取经路的调查，冯老讲起了其中一段经历：

调查队伍到了新疆莎车附近，冯老听人说成吉思汗西征的时候，在莎车附近实行了屠城，把那个城的老百姓全都杀了。冯老很想去看看那个地方，于是在当地老乡的带领下在大沙漠里寻找。沙漠面积太大了，前两次都走错了路，无功而返；冯老并没有放弃，第三次终于走了进去。冯老说："老乡带着锄头，一刨就是一个骷髅，一刨就是一个骷髅，当年屠城的遗骸啊，都还在沙漠里头，风吹了盖起来了，稍微一刨就出来了，所以，有些东西看起来时间长了，实际上原封不动还在。"

"我认为人才是靠自我造就、自我奋斗的，人的一生一直在自我造就中，从无知到有知，从浅知到深知，都靠自我奋斗。所以人要不断地自我否定自己，再不断地自我前进，这就进入更高的一个境界，如此不断循环，不断前进，最终使自己成就大智慧。前进的最大障碍是骄傲，所以，人切不可骄傲。"

艺术不是感觉的事情，而是表达的事情，满怀着敬重和向往，我们就要离开这个屹然矗立的小楼。走出"瓜饭楼"已近中午，冯老坐在桌前，为我们提笔写下那亦是读书箴言亦是人生箴言的画面仍停留在我眼前，他是一个真正的求知者，淡泊名利、甘于寂寞地用一辈子做学问的智者。逻辑之美，严谨之美，理性之美，思维之美，思辨之美，我们在冯老的身上都看到了。我们似乎已看到，冯老怀揣着历史在院中悠然地散步，漫无目的又聚精会神地走得鲜明生动。院中开满了金黄的野花晒在太阳底下，一股微微的激动翘首闪烁着、瞭望着。我们的汽车驶出了幽静的巷道，树木从两侧伸展开去，继续奔跑在喧杂的人流中。城市飞快地膨胀，到处都是诱惑，层出不穷的电视频道，动辄几十页厚的报纸，水涨船高的物质欲望，以及随之而来的不懈追逐……所有这些，都要以分得一部分时间来完成、实现。生活内容的繁华，意味着有限时间被切割得更细密，碎片化更严重。外在环境势必影响到内在心性，当许多棉絮、落叶样的碎片在眼前飞舞时，人还能看清楚什么吗？碎片遮掩了真正的目标，以至于它所承载的那个人的生活也不再有什么意义。如此的躁动、如此的飞舞，这警示着我们，世上最稀有的东西就是闲暇，我冥想着冯老的人生境界。

冯老，学贯中西，精通古今，上晓天文、下知地理，引经据典，从文学谈到人生、谈到社会、谈到美好、谈到丑恶……涉足领域之广、造诣之深，后学难望其项背。他潜心研究《红楼梦》几十年，"红学"只是一专；他不是书法家，但他的字体独树一帜；他用长了牙的脚一步一步地啃着，没有肝胆人生哪有血泪文章。只有把今天铸成青铜，才无愧那一沓厚厚的历史，冯老就是这样做的。

稻香家世　翰墨因缘

——《瓜饭集》读后

[吕启祥]

　　新春伊始，得读冯其庸先生新书《瓜饭集》，其乐何如。

　　书的封面由先生亲自设计，是一幅人们熟悉和喜爱的"秋风图"，瓜熟叶老、彩墨相间、淳朴清雅。先生曾释其意为忆旧怀人；在我看来，这画面意味着收获和成熟，有一种阅历沧桑，由丰赡归于平淡的韵致。

　　翻读全书，既感亲切，更觉新鲜。亲切是因为此前曾读过先生多种随笔集，对某些相关的人和事并不陌生；新鲜是因为书中的重要篇章如《我的母亲》、《稻香家世》、《我的读书》等是首次发表。说实在的，像我们这样与冯先生熟识已久的人，对他的童少年和家世知之不多，这是第一次见到他如此深情地回忆和讲述他的母亲。在长年的饥饿和战乱中，母亲默默地承受着苦难和重压，有担当却无名字，让人真切地感受到慈母之心和无私之爱。母亲的照片也是首次刊发，清癯的面容上写着长夜的啜泣，也呈示执著的秉性。《稻香家世》是和书香家世相对而言的，描述了耕作的家世、成长的环境和苦读的历程。在本书中，篇幅最多的是对师友的眷念，其中近年所写属首次发表或首次入集。来自过去集子中的各篇当其编入本书也有了新的面貌。首先，这是经过精心选取的；其次，对全书各篇进行了重新整合编次；再则，每篇之前都冠以大幅照片，每幅照片无论是人物或手迹均弥足珍贵，提神醒目。因此，就全面、精粹的程度而言，《瓜饭集》都超过了以往《秋风集》、《落叶集》、《剪烛集》、《墨缘集》等诸种随笔集，让人耳目一新。

　　可以这样说，《瓜饭集》是一本励志之书，也是一本问学之书，就文章本身而言，还是一本可供赏鉴之书。

谓其可以励志，是因为人们从书中体会到：没有挨过青黄不接、断粮停炊、以瓜代饭的况味，就不会懂得温饱之可贵；没有经历强敌蹂躏、亲人惨死、刀尖逃生的灾难，就不会珍惜和平的生活和国家的尊严。自幼缺少书香的熏染，也许是缺憾；然而脚踏大地，从春播到秋收，干遍一切苦活、累活、技术活，练成一个种田的全把式，这是一本更大更为刻骨铭心的书。由此磨炼出的意志和毅力，足以贯注终身。

谓此书足以问学，是因为冯先生本人兼学者、诗人、书画家、剧评家于一身，他所求教问道的多为学林前辈和当世名家，这部分怀念和记叙文章构成了本书的主体。读者可以通过各篇平实而又深情的忆述领略他们的风采，窥见他们的学养。这里有王蘧常、刘海粟、朱屺瞻、苏局仙，有郭沫若、钱仲联、李一氓、陈从周，有谢无量、张伯驹、顾廷龙、周绍良，有启功、杨仁恺、杨廷福、江辛眉，有林默涵、光未然、冯牧，有厉慧良、张君秋、袁世海，……还有于今健在的饶宗颐，创作旺盛的韩美林，等等。冯先生与他们的结识交往有早有迟、有疏有密，共同之点是先生都怀着一颗敬重仰慕之心和一片真诚求教之意，其中有数十年的师生情谊，有多方面的同好知音，即或有的所记只二三事，所见只一二面，也都缘于学问艺事，而且对每一位师友几乎都有诗词相赠、相和、相忆，都是发自肺腑的情真意切之作。特别要提到的是所交并非都属名人，比如太原的张颔老先生就是一位"隐于市、隐于学"的学问大家，精于古文字、古历法，古史地、古钱币，人们也许并不熟悉他的名字，然而他以精湛深广的学力破解学术难题却令人震撼。由于同样出身贫苦自学成才，冯先生对张颔老的人格学问更有亲切的体悟。

本书是一部散文随笔集，按中国传统，散文的概念是宽泛的，即大散文。书中各篇除随文融入诗词外，有少数几篇是用文言文以至骈文即赋体写的，如《锡州大楼赋》，已被故乡无锡镌之于壁，供人赏颂。书中还有一个重要部类即"西域纪行"和《瀚海劫尘》序"以及有关扬州等各篇，可以看做游记，但并非一般纪游而是包含了厚重的学术内容。因为冯先生是学者，也是"行者"，行万里路，重亲历、重考察、重实证。他十赴新疆，登冰川，上帕米尔高原，考得玄奘取经归国山口古道，得到学术界、佛教界特别是赵朴老的肯定和赞许。以文章论，这些"游记"独具一格、开人心胸。因此，从写作的角度，我们可以由本书中领略到先生对各种文体的驾驭自如，对汉语文字的运化由心，无论记事、忆人都能撮其要、传其神，往往于细部见精神。这是高水平的散文，是美文。

借用本书最后一篇附录的概括，"冯其庸先生潜心于学问，寄情于诗书，结缘于翰墨，放旅于天下，任持自性，不拘一格"，水到渠成，终成大家。《瓜饭集》固然怀往忆人，从中亦映照出著者自身学问人生的投影。

《瓜饭集》版式别致，字大行疏，言浅旨远，兼具学术性、史料性和鉴赏性。无论学林内外、年齿长幼，于此都将有所会心、有所收益。

2009 年己丑年农历春节

情真意切　怀旧创新
——在《瓜饭集》出版座谈
会上的发言

[柴剑虹]

　　承蒙冯老和商务印书馆的信任，让我和江远编审一起担任《瓜饭集》这本重要的散文著作的责编，给了我一次难得的学习机会。冯老在书的"后记"中称我为"老友"，使我感到惭愧，因为我实在只是一名不合格的学生。二十九年前，我的导师启功先生请冯其庸先生到北师大来主持研究生论文的答辩，冯先生渊博精湛的学问、严谨的治学态度、虚怀若谷奖掖后进的精神，当时就给我们留下了深刻的印象。后来，我们读了冯老的著述，看了他的书画与摄影作品，有了更多的求教机会，更为冯老的道德文章所折服。而《瓜饭集》这本散文集，恰好从一个极为重要的方面体现了冯老的精神风貌、学术风范和文章风格。

　　《瓜饭集》的内容，侧重于对家乡亲人、师友的热诚眷恋和深挚怀念，对祖国大好山川的热情讴歌，对优秀传统文化的倾心钟爱。具体内容，无需我在此赘言。我只想谈两点最真切的读后感受。

　　第一点，我觉得评价叙事、抒情、怀人类的散文美不美、好不好，最重要的标准是情真意切，而情真意切的首要条件和基础是扬善求实，不虚美，不隐恶，讲真话。这本书中对家庭往事的回忆，对出身"稻香世家"的农家子弟求学艰辛与勤奋的记叙，对一些重要历史事件的追述，都真正做到了敞开心扉、毫不掩饰地坦陈。冯老在书中所记述、怀念的一些师友，涉及的一些人和事，是我国现当代文化史、学术史、艺术史乃至国家政治生活中举足轻重和影响重大的人物，对他们的评述难度极大，有时褒贬一字都会引起不同反响，而冯先生却在尊重历史的大前提下，认定主流，辨明是非，举重若轻地解决了这个难题，做到恰如其分，没有丝毫的矫揉造作。他对真诚关爱、扶植、帮助过自己的人，不管自己或对方处于顺境还是逆境，始终感怀于胸、铭记在心。和冯老接触多的人，都会感觉到他是一位"性情中人"，对事、对人、对治学、对创作，都极为认真，有强烈的正义感、责任感，原则问题决不迁就，特别厌恶讲假话、搞权术，为此也得罪了一些人。但同时，他又是大度的，以全局为重的。我这里举一个亲身经历的例子：80年代中，主持国家古籍整理出版规划小组的李一氓老指示中华书局影印出版苏联列宁格勒收藏的《石头记》写本，要书局的李侃总编约同两位"红学"专家去列城东方所考察和谈判，当时先点了冯先生的将，李老秘书沈锡麟同志就让我带着到艺术研究院见冯先生，当谈到还要找一位专家时，冯先生毫不犹豫地推荐了一位与自己学术观点上很有分歧的先生。可是后来那位先生在工作中却以怨报德，不仅搞了小动作，还写文章歪曲了访书的事实。再举一个最近的例子：对前一段时间闹得沸沸扬扬的季老"字画门"、"父子相认"事件，冯老一眼便识穿了有人造谣生事、诬陷好人，企图置季老于不仁、陷北大于不义，借以谋取私利的实质，而有些媒体却不辨青红皂白，热衷于不良炒作，在国内外造成恶劣影响。为此，冯老义愤填膺，仗义执言，多次打电话向关注此事的友人表明自己的看法。我由此联想到不仅现在有的回忆录、口述历史有掺水造假的现象，就连发生在不久前的事实也会被扭曲或抹杀，确实让人无法认同，当然更不敢恭维。我认为，冯老书中的这些文章，不仅值得我们信服，也具有弥足珍贵的资料价值。

第二点，读冯老的文章，我深感他把对祖国传统文化的热爱真正化为了追求知识的强劲动力，既注意文化艺术学养的广博深厚，又追求继承基础上的不断创新，做到学无止境，老而弥笃。他对《红楼梦》的研究，数十年如一日，学风端正，举世瞩目，从文本的整理、评批、研究，到作者的家世考评，到相关大型工具书的编纂，可谓成果丰硕，贡献至钜。可他一直到耄耋之年的今天，几乎每天深夜仍坚持逐字逐句研读、评批《红楼梦》。过去，有人曾称赞启功先生是诗、书、画、文史研究与文物鉴定的"五项全能"。冯先生也给自己定下了"多劳多能"的标杆，力求拓展自己的治学与创作领域，不仅在大西部及玄奘之路的考察中能独领风骚、卓有成就，而且勇敢地迈进摄影阵地，以独到的视角让西部风光显露风采，增添了摄影艺术的魅力。冯先生自 40 年代后期在无锡国专求学时期开始，他所师从的一批老师和交往的许多学者，均是文史研究领域或书画界泰斗级的人物，他立雪程门，尊师奉道，毫无懈怠，从不自满，总是以"转益多师"为宗旨，而且充满了时不我待、快马加鞭的意识。2000 年元旦，新世纪到来伊始，冯老曾满怀豪情地写下一首七绝表白自己的心志："百年一瞬驹过隙，新纪长鸣到眼前。我欲披风追日月，千山万水着先鞭。"他最早建言西部开发，而且以实际行动实践誓言，从 1986 年到 2005 年的二十年间，西出阳关，十赴新疆，翻越冰达坂，三上帕米尔，二进罗布泊，越戈壁，渡流沙，宿营楼兰，取得了极其宝贵的第一手资料与丰硕的研究成果。这种新时期的"玄奘精神"，正源于他对祖国历史文化的热爱和对边疆壮丽山河的钟情。它的丰富内涵，我们可以在本书中首次发表的《西域纪行》一文中领略一二。冯老的经历与成就告诉我们：要成为一位名副其实的学术大师、艺术大家，必须具备哪些最基本的条件。

冯老的虚心好学，开拓求新，《瓜饭集》中多有体现，这里，我可以再补充一个例子：2001 年早春，我陪同启功先生到通州张家湾拜访冯先生。启功先生鉴赏了冯先生收藏的艺术品，也观摩了冯先生的一些画作。回城之后，启功先生对我说："以冯先生的学养和本领，他可以在继承发展宋代以来文人画上取得进展，除了葡萄、南瓜等小品外，可以请他多画些山水、人物。"我转告此话后，冯先生非常重视，更加奋发创作，不仅对传统水墨画的技巧掌握得更为纯熟，而且另辟蹊径，开拓了画"西域重彩山水"（请原谅我用了自己体会的这个名称）的新路子。听说一位外国著名导演在观看冯老西部山水画展时，对画中色彩之鲜艳、丰富大为称赞，当冯老告诉他这些都是用我们中国自己生产的颜料画成时，他更是十分惊讶，连声赞叹："太了不起了！"

本书中还有冯老回忆与众多戏剧家交往的文章，不但反映了他和这些杰出的艺术家之间的深挚感情，也体现了他对祖国传统戏曲的热爱，表现出他的艺术鉴赏眼光。他谈起戏曲剧目和演员，可以如数家珍，一口气讲上两个小时。仅在《四十年梨园忆旧》一文中，他写到的剧目就超过了百出之多。有许多戏，他看过多次，还写过不少精辟的评论文章，又将自己的情感与体会融进了书赠戏曲名家的诗作之中，读来令人赏心悦目，回味无穷。实际上，这也从另一个侧面反映了冯老"学而不厌，诲人不倦"的精神。同时，将忆旧、怀旧化为继续学习和开拓创新的动力，这也是本书的精髓所在。

最后，我还要再一次感谢冯老和商务印书馆给我提供学习的机会。此书从编定到出版印行，只用了短短一个多月的时间，让我切实地感受到商务领导对出版好书的重视和雷厉风行的务实作风。如果说这本书在编校、印装上还存在着不足的话，那是应该由我来承担责任的。

写于 2009 年 2 月 10 日

京东『瓜饭楼』

——记录冯其庸老先生的点滴

[卞毓方]

　　冯其庸先生送我一部《瓜饭集》；"瓜饭楼"，乃先生晚年住所的雅号，《瓜饭集》，则是先生部分散文的汇编。

　　掀开，首篇为《永不忘却的记忆》，劈头就说："我家老屋的西墙下，有一片空地，长满了杂草，面积不大，倒有个名字，叫'和尚园'。每到秋天，大人在这里种的南瓜就会丰收，那硕大的金黄色的南瓜，一个个在南瓜叶底下露出来，它就是我们一家秋天的粮食。"童年的经历，是一个人生命大厦的基座，不管你以后爬得多高，走得多远，那饱满金黄如朝暾，用手指轻轻一敲，就能敲出暖洋洋的曲调来的南瓜，总是要一而再、再而三地浮现出来，伴随着泥土的呼吸与藤蔓的吟哦。

　　也有连南瓜也吃不上的时候。冯先生在《大块假我以文章》中回忆："……所以一个秋天，在稻子登场以前，我们有一大半时间是靠南瓜来养活的。但我家人口多，自种的南瓜也常常不够吃，我永远忘不了我的邻居邓季方，他常常采了他家种的南瓜给我们送来，有时还送一点米来，这样我们才勉强度过了几个秋天。我现在给我的书房取名'瓜饭楼'，就是为了不忘记当年吃南瓜度日的苦难的经历，同时也是为了不忘记患难中给我以深情援助的朋友。"

　　冯其庸的曾祖父有过功名，不大，也许是秀才，也许是举人，这算得是源远流长的文化基因。祖父务农，书没听说读过多少，田是尚余数垄。到了他父亲手里，就现出没落子弟的败相：游手好闲，坐吃山空。在冯其庸的记忆中，刻骨而铭心的，莫过于母亲终夜啜泣——家中断粮，来日将无法举炊！母亲的啜泣是无字的《离骚》，冯其庸坦言从小就"多感多忧"，这一气质，和散发吟啸在汨罗江畔的古诗人无师自通、一脉相承。

小学、中学，读读停停，靠的是一边种地，一边刻苦自学——在当代一流学者中，少年时期种过十多年地的，恐怕无出其右；故而他能彻悟并且终生实践：生活就是读书，读书就是生活。其间，又经历了八年抗战，饱尝黍离之悲，国难家仇。最高学历，仅为无锡国专。最快意的事，则是无锡解放，他加入了人民军队。1954 年，冯其庸年方而立，上调到北京中国人民大学，任国文教员。盘点往事，仍离不开柴米油盐，区区一份薪水，不光要管京城这个小家温饱，还要供养并接济在无锡老家的母亲和亲属。

1983 年，冯其庸在一篇评析曹雪芹生平的文章中说："在我看来，曹家的飞黄腾达，宾客盈门，牙签玉轴，烟海缥缈，固然是对曹雪芹的培养，而曹家的大树飘零，沦为贫民，流于市井，从另一个角度来看，这也是一种'培养'。"同理，冯其庸的"瓜饭"前尘，何尝不是造物主按照特定的意志在对他精雕细镂。

冯其庸时来运转，1959 年秋天，他有一篇剧评在《戏剧报》发表，得到戏剧界权威田汉的赏识，后者特意请他吃饭（其时国家已进入三年困难时期），且与吴晗、翦伯赞等大学者共席。后来，冯其庸主编的《历代文选》又得到毛泽东主席的褒奖，校内外传为美谈，人民大学校长吴玉章特地找他谈话，并赠书以资鼓励。后来的后来，因为讨论《再生缘》一书，又和郭沫若结成忘年交。周扬亦曾当众予以表彰，说他的文章好，写得畅快。冯其庸由是崭露头角，跻身京城名流；这时，他的餐桌——笔者着重指的是精神的餐桌，已不只是五谷杂粮、瓜菜代，分明有了香茗佳醪、山珍海味。

"文革"沉浮。先说沉，冯其庸首当其冲地遭到批判，连他钟爱的《红楼梦》也给抄家抄走了，还当做黄色书籍公开展览。冯其庸深受刺激，他怕此风一刮，这部巨著将招致毁灭，于是，托人从图书馆借出一部影印庚辰本《石头记》，依原著行款朱墨两色抄写，此事只能在夜深人静之际悄悄干，所以紧抄慢抄，整整抄了一年。抄完之日，值 1970 年一个霏霏细雨之夜，冯其庸掷笔徘徊，百感交集，吟成小诗一首，诗曰：《红楼》抄罢雨丝丝，正是春归花落时。千古文章多血泪，伤心最此断肠辞。"

再说浮，1973 年至 1974 年，北京市委从各单位抽调了六七位笔杆子，成立评《红楼梦》写作组，其中就有冯其庸。这背后是否有阴谋、阳谋，冯其庸不得而知，他遵照安排，撰写了全书的前三章，即："序言"、"曹雪芹的世界观和他的创作"、"二百年来围绕着《红楼梦》的斗争"。鉴于毛主席对《红楼梦》有一系列的评点，以及"文革"惯性，他的文章，自然是以当时的政治需要为准绳，如今，走出庐山之后再返身观望，未免失之教条、武断，流于生硬、肤浅。"此书只能覆瓿，不宜上书架"，他说。后来有人据此发难，说他已堕落为"御用文人"，口含天宪，信口雌黄，篡改历史，为虎作伥。冯其庸认为这恰恰是"文革"故伎，他引黄山谷的诗自解："桃李无言一再风，黄鹂唯见绿葱葱；人言九事八为律，倘有江船吾欲东。"

冯其庸服膺实事求是，他在"真理标准大讨论"的前一年——1977年——就率先提出"实践是检验真理的唯一标准，除此之外，不能有第二个标准"。这番话，见于他的学术专著《论庚辰本》第91页，写作时间为1977年5月20日至7月23日。

1975年，冯其庸被借调到国务院文化组，参与《红楼梦》校订。从那时起，他正式投入《红楼梦》的研究，一搞就是三十多年。算上50年代的泛读，60年代的抄写，冯其庸与《红楼梦》结缘，如今已将近一个甲子。那天，2010年7月20日下午，我首次采访冯其庸，提的第一个问题就是："一辈子研究一本书，值不值？"

冯先生答："一、不能说一辈子只研究一本书，在我的文集里，《红楼梦》研究仅占三分之一稍强；二、要看怎么研究。《红楼梦》是一部伟大的著作，是'前不见古人，后不见来者'的千古绝唱，如果路子正，绝对有价值，如果路子不正，终生只是在胡说八道，那就毫无意义。"冯先生随后就曹雪芹的家世和清王朝的政治斗争娓娓谈起，一口气讲了一个多小时，末了总结："打个比方，今天，如果有人能把《庄子》解释得清清楚楚，把《论语》、《孟子》解释得清清楚楚，你说那是多大的贡献！因此，即使有人一辈子只研究《红楼梦》一本书，把它研究透了，那也值！"

冯先生于《红楼梦》之外，亦致力于西域学。他曾有诗云："看尽龟兹十万峰，始知五岳也平庸。他年欲作徐霞客，走遍天西再向东。"自20世纪80年代中期起，冯其庸陆续完成十进新疆、三登帕米尔高原、两穿塔克拉玛干大沙漠等壮举，最终考察清楚当年唐玄奘从西天取经东归的路径，并在唐僧进入中国边境处立了碑。近年，冯其庸又在人民大学创办了"西域历史语言研究所"，将西域学纳入国学研究范畴。

冯其庸视野开阔，涉历广泛，于文学、历史、戏曲、古文字等领域亦屡有建树。"你这本书应该写张颔"，初次见面，他就向笔者建议。张颔是谁？冯先生在《瓜饭集》中介绍："张老是学术大家，他毕生从事考古发掘，精通古文字，精研古史，并精于天文历法、古地理学，而且还精于音韵训诂之学。"识人是一种眼光，荐人是一种品质，一种"不解藏人善，逢人说项斯"的高格。

是日，我事先准备了五个问题，鉴于第一个问题占用的时间太长，只得省去其余，见好就收。一代大家的高度在于学术专攻，功力则见于整体修养，也可比喻为金字塔的底座。冯先生学问之余，还工于诗词、书画，如他所言，世界是立体的，知识也应该立体化。笔者仰慕冯先生已久，今日亲炙，快何如之，我拿出一本册页，请老人家题词留念。冯先生欣然执笔，题的是唐代诗人刘禹锡的成句："长恨言语浅，不如人意深。"

冯先生早年住在城里，90年代中期，相中京东张家湾，来这儿建了一栋两层小楼。庭前有花木扶疏的园圃，圃内有奇石作石破天惊势，予人以"大荒山无稽崖青埂峰下"那块顽石的联想。楼号"瓜饭"，三个朴朴实实的大字，为刘海粟九十四岁时所书。冯先生与南瓜一世情缘，园里种的是南瓜，屋里陈列的是南瓜，笔底画的是南瓜，诗文写的是南瓜，闲常食的是南瓜。他有一首咏南瓜的诗云："老去种瓜只是痴，枝枝叶叶尽相思。瓜红叶老人何在？六十年前乞食时。"此诗请人刻在一把紫砂茶壶上，冯先生纵然有心当陶渊明，捧壶品茗之际，怕也悠然见的是南瓜，而不是南山的吧。

——发表于《文汇报》2010 年 9 月 3 日

对话篇

师友笔下的冯其庸

论『红』何止一千年

——著名红学家冯其庸先生访谈

[江继兰]

《红楼梦》是中国古代文化的结晶，红学是 20 世纪的显学。在时光之箭即将射入 21 世纪时，红学还红吗？红学当下的状况如何？红学的前景如何？带着这些问题，本刊记者走访了著名红学家冯其庸先生。

红学越来越显

冯其庸先生刚刚从外地考察归来。他虽已逾古稀之年，仍精力充沛，谈锋锐利。当了解到我的来意后，便不顾旅途之劳，在书斋中高兴地接受了采访。他首先透露了一个信息，今年 8 月将在北京召开"国际红楼梦学术研讨会"，这是继 1992 年"扬州国际红楼梦研讨会"、1994 年"莱阳全国红楼梦学术年会"、1996 年"辽阳全国红楼梦学术研讨会"之后的又一次大型红楼梦研讨会议。冯先生认为，近二十年来红学研究的成就是非常显著的，总体情况是良好的，是红学史上最辉煌、最活跃的时期。无论是版本整理（各种乾隆时期的抄本，几乎全部面世，过去鲜为人知的"列宁格勒藏本"也公开出版）、专著出版（二十年来，各种著作已近百种），还是学术交流（国际性研讨会、海峡两岸研讨会、国内研讨会已举办过多次），都取得了很大进展。特别是红学队伍的壮大令人兴奋，大批新生力量出现了。北京的中国艺术研究院红楼梦研究所、中国社会科学院、北大、北师大等大专院校以及上海、南京和全国各地出现了一批中青年红学专家，可以说全国各地都有认真研究红学的人，红学界的队伍很整齐。冯先生说，红学研究从历史的角度看，只是开了一个头。20世纪的红楼梦研究一方面是做了不少研究工作，另一方面更是为后人做了资料整理工作。各种版本基本整理出来了，曹雪芹的家世基本搞清楚了。对《红楼梦》的思想内涵、艺术成就也做了研究，但还需要往深处探索，这是21世纪的任务。毛泽东说《红楼梦》是一部百科全书，讲得很形象。从思想上说，《红楼梦》具有超前的思想意识。如婚姻自由思想，既不同于《西厢记》，也不同于《牡丹亭》。《西厢记》和《牡丹亭》的人物是一见钟情，不是真正的恋爱，结婚也都是皇帝赐婚。《红楼梦》不一样，贾宝玉、林黛玉、薛宝钗在一起，开始时贾宝玉还拿不定主意，最后选择了林黛玉。贾、林之间的爱情不是一见钟情，而是长期理解的结果，是思想、文化和生活情趣的一致。封建制度干扰他们的爱情，但他们非常执著，宁要木石前盟，不要金玉良缘，态度非常明确。曹雪芹婚姻自由的理想、反对封建仕途的精神以及反对等级、主张平等的思想是非常突出了，曹雪芹是有超前意识的思想家。曹雪芹的婚姻自由思想和社会平等思想，在今天仍有现实意义。

红学界内部不乱

红学越来越显，红学的论题也越来越多。围绕《红楼梦》的作者、版本等问题，学术界展开了激烈的争鸣，冯先生认为这是好事。在学术上通过争论，明白了是非，最后得到的是大的收获。近年来出现了一些问题，在不了解情况的读者看来，红学界很乱。其实，红学界内部一点也不乱，乱子并不出在红学界本身。

当问到曹雪芹的祖籍问题时，冯先生说，曹雪芹祖籍是辽阳，地方志等史籍写得清清楚楚，白纸黑字，是无法否定的，也是红学界所公认的。可偏偏有人说曹雪芹的祖籍是丰润，但又拿不出翔实的史料来，只是说有碑文可证，却又不公布碑文内容。红学界对此是不赞成的。现在的所谓乱，并不是红学界自身乱，而是红学界之外的问题，有些是经济上的干扰。

冯先生进而指出，目前一些出版社一味追求经济效益，出了一些并不是真正研究红学的书，在社会上产生了一些不良影响。例如所谓索引派的《红楼梦解梦》一书，不负责任地乱说一气，说什么雍正皇帝是被曹雪芹和他的情人一起谋杀的。作者还吹嘘自己是驳不倒的，实际不是驳不倒的问题，而是不能成立的问题。一般不研究《红楼梦》的人，觉得这种说法很新奇，但实际这不是在搞研究。还有人在搞所谓太极红楼，把《红楼梦》一书拆散，重新拼合，结果连《红楼梦》的故事情节都无法连贯了，竟还有出版社给他出版。红学界大多数人是不赞成这些做法的。

还有的人连脂砚斋的乾隆抄本都没见过，却说它是别人伪造的，这样无根据的说法，红学界绝大多数人也是不赞成的。红学是学问，做学问不能乱来，没有根据随意乱说是不行的。如果都是这样的话，那做学问就太容易了。

衷心希望

冯先生作为德高望重的红学专家，对今后红学的研究充满了信心。当问到红学研究的前景时，他满怀激情地谈了四点希望：一是希望随着社会的进一步安定，法制的进一步健全，管理的进一步科学化，从而减少对红学研究的社会干扰。有关部门应该管一管广告，因为有些广告做不符事实的宣传。二是希望有关部门进一步重视关心红学这门学问，匼为红学是世界性的学问。例如，中苏关系紧张时，两国很长时间没有文化来往，后来如何松动的呢？其中与红学还有些关系。苏联有一个《红楼梦》的本子，邀请我们去鉴定，最后还达成了两国联合出书的协议。后来由中华书局出版了列宁格勒藏本《红楼梦》，中苏紧张关系在某种程度上出现了缓和。因为《红楼梦》，我们得以到台湾、香港，到新加坡、美国、日本、马来西亚等地去交流。《红楼梦》这部书是我国在文化方面与世界各国联系的一个重要题目，因为这个研究题目谁都能接受。三是希望从事红学研究的人认真做学问，不要因为社会上的某些干扰，影响了自己的研究，做学问就应该严肃认真。《红楼梦》这部书有研究不完的课题，思想内容方面的题目，艺术方面的题目，都还需要深入研究。做学问要耐得住寂寞，冷静地思考问题。越思考就会发现《红楼梦》越伟大，越值得研究。四是希望通过贵刊也通过我们的《红楼梦学刊》使大家都知道红学的生命是常青的。

——发表于《文化月刊》1997 年 5 月 10 日

《红楼梦》与『瓜饭楼主』谈

[刘琼]

春意融融的上午，记者有幸在北京通州区张家湾开发区芳草园书香四溢的瓜饭楼，聆听老人博闻强识、思维敏捷的一席高论，确生胜读十年书之感。

记者：《瓜饭楼重校评批红楼梦》一书出版后，记者来采访您，您对《红楼梦》有个总括性的评价，说《红楼梦》是世界上最好的小说。这当然是多年研究心得。这么说，有何依据？

冯其庸：这个评价早被公认，不是我的独创。20 世纪 80 年代在国外开红学会议，美国一位专家就告诉我，无论是思想还是艺术，《红楼梦》已超过《安娜·卡列尼娜》等女性题材小说。

《红楼梦》真是一部了不起的书。这部书政治性其实很强，写四大家族在政治上一荣俱荣、一损俱损，这实际上就是揭露当时的大官僚政治集团，作者只重点写了一个贾府，作为典型代表。结合当时的时代背景来读，就可以看到康、雍、乾时期有许多政治利益勾结的官僚集团。故事情节貌似杜撰，实际上揭露了当时社会的阴暗面。它借宝玉反对参加科考博取功名，触及到封建社会男青年的出路问题，折射出当时社会思潮对科举制度和八股文的尖锐批判；借婚姻问题，批判包办婚姻门当户对的观念。所谓金玉良缘是政治势力的结合。除了婚姻问题外，官场腐败在《红楼梦》里作了充分的揭露。

尽管政治性非常强，但贾宝玉林黛玉的爱情故事感动了无数的读者。贾宝玉林黛玉以共同话语为基础的爱情很超前，写得非常深刻。这种爱情观很具现代色彩，曹雪芹比马克思恩格斯早一百年，一个世纪后才在法国批判现实主义作家巴尔扎克的小说中得到呼应。

《红楼梦》的艺术性和文学性很高，典型人物生动。细看《红楼梦》，艺术性最高之处，是塑造的人物一个个新鲜活跃，哪怕是市井小民，也各有其貌，不会混淆。包容这么多尖锐的政治问题，同时又有非常吸引人的故事情节——表面上爱情故事很吸引人，再细一看，尖锐的政治批判隐藏其中，还处处流露着身世之感。

记者：红学作为显学，前前后后许多专家学者曾投身其中欲罢不能。红学研究现状怎样？

冯其庸：新中国成立以来，红学研究真是大大地超越了以前，对以前遗留的许多问题都有了很深的认识。

我现在居住的张家湾，明清时期是潞河（现称通惠河）汇入古运河的交点，十分繁华。曹頫给康熙上奏折报告家底时称："张家湾佃地六百亩，当铺一所。"在张家湾发现曹家大坟，发现曹雪芹墓石，上面刻着壬午的纪年，与脂砚斋的批注相符合，因此确认了曹雪芹的卒年。

解放前后还发现了一大批乾隆时期的抄本，己卯本、庚辰本、甲戌本是解放前发现的，解放后发现了蒙古王府本、杨继振藏本、甲辰本、列宁格勒藏本等。还有曹家档案、家谱、碑刻、传记的发现。这些史料的发现大大地推动了《红楼梦》的研究。当然，1954 年批判俞平伯先生，在全社会掀起了《红楼梦》阅读热，这对俞先生是不合理的，但对《红楼梦》的广泛传播和研究影响特别大。因此，解放以后的五十年与解放以前的五十年相比，在全体研究人员的努力下，取得了很大成绩，推动人们对《红楼梦》的认识越来越深刻。

记者：四十多年来，您"身陷红学"，有许多独到的理论建树，比如对曹雪芹老家辽宁辽阳的考证。如今又耗费五年时间撰写《重校评批红楼梦》，有什么新的学术动机？

冯其庸：我之所以写《瓜饭楼重校评批红楼梦》，是因为有这么多好的乾隆时期的抄本。我把它们汇集起来重新校了一次，整理了一个可读性强一点的本子。我是一边校，一边评。为什么评？我要把许多专家在解放前后有助于说明《红楼梦》历史背景和故事情节的考证成果包括我自己的研究成果，汇集到这个本子里。

长期以来，考证归考证，文本归文本，研究成果归成果，没有汇总到文本上来。应该说，这是第一次把大家的研究成果、考证结果与欣赏阅读《红楼梦》紧密联系在一起，不同历史时期的思想言论也记载其上。把新的东西汇聚起来，把一些猜测和随意解释加以澄清。

记者：《红楼梦》曾经是我们成长过程的必读书，不知道在多元文化并行，传统文化的影响力日渐式微的今天，它是否还拥有这样的魅力？

冯其庸：现在传统文化的教育太弱了，这是个大问题。但就我所知，大中学生都是很喜欢《红楼梦》的。大学生还有红学组织，甚至在济南居民里有一个"读红"小组，还出"读红小报"，已出很多期了。年前我还收到中学生的来信，《红楼梦学刊》也发表过中学生的研究文章，挺有见解。在《瓜饭楼重校评批红楼梦》一书中，我采用半文半白的语言，是想以此承传传统文化。《红楼梦》的传播，对继承传统文化大有好处。

记者：就美学的角度看，《红楼梦》中您最喜欢哪一个人物？比如就有人说薛宝钗很符合当代审美标准。

冯其庸：从艺术创造的角度，每一个人物形象都很有特点，有几十个成功的典型形象。即使是袭人这样的人，写她的虚伪，当面一套，背后一套，对上一套，对下一套，简直入木三分。所有这些典型形象，从艺术上来说，我都喜欢。就个人感情而言，我同情林黛玉、晴雯，理解贾宝玉，但薛宝钗的性格我不喜欢。薛宝钗表面热情，骨子里冷得不得了，一点人情味都没有，完全从个人利益考虑，而且善于趋奉，她是重权势不重真情，与林黛玉刚好相反。柳湘莲为了尤三姐自刎痛苦地出家，连薛蟠都哭了，她却觉得走就走了，有什么可伤心的。任何一个天真少女都不会如此。看到这里，当代的人还会爱她吗？

每一个人物都有深意，富有感情。《红楼梦》内涵之深，不是三言两语可以说完的，所以说要大家认真地去读，仔细品味！

——发表于《人民日报》2005 年 3 月 13 日

［董宏君］

冯其庸：让传统文化给我们自信

炎热的夏日，北京通州区，张家湾。不知是因为主人的淡雅、怡然，还是汉瓦、石刻、线装书流溢出的古韵，走入这座被冯其庸先生称作"瓜饭楼"的青翠小院，清凉与安逸的氛围，仿佛有意带着访客洗去都市尘嚣，感受中国文脉一个安安静静的小小瞬间。

没有传统文化，一个民族就没有根

记者：最近，中国人民大学将组建国内高校中第一个国学院，首期国学班今年 9 月就要正式开班了。请问，您对此有什么看法？

冯其庸：我非常赞同。这是非常有远见的事。国学是我们文化传统、思想传统、民族智慧的精华，是我们这个民族顶天立地的柱子，也是我们无形的强大的精神长城，没有她，我们站不起来。她也是我们自强不息、勇往直前的原动力。没有了她，一个民族就没有根底，就没有了扎根大地永不可拔的根。

记者：20 世纪二三十年代，曾经出现过短暂的一段国学研究的黄金期，像 1922 年北大文科研究所创办国学门，1925 年清华大学创办国学研究院。跟那个时候比，今天的国学教育对中国有什么不同寻常的意义？

冯其庸：二三十年代，是民族危亡、积贫积弱。现在我们处在一个走向强大的开端。我们已经走了相当长的一段路程了，中华民族越来越强大。现实问题是，我们要走向强大，不能不改革开放，就排除不了外面一些消极的东西也会进来。重振国学，就是一个好的办法。我们要建设有中国特色的社会主义，当然更应该振兴中国的民族文化，把我们的历史特点、文化特点、思想特点呈现给世界。振兴"国学"，现在我们有了强大的后盾，这是时代的需要，也是与二三十年代振兴国学不同的地方。

让年轻人精神上得到滋养

记者：现在不少青少年对好莱坞大片趋之若鹜，却不知道屈原、司马迁为何许人也；能考出托福高分，却背不出几首经典的古代诗词。他们追求网络等时尚生活方式的兴趣浓厚，对传统文化的兴趣普遍不高。怎样才能让年轻一代对传统文化感兴趣？

冯其庸：这不能怪孩子，也不能怪改革开放。我小时候生活在农村，西洋的东西接触的少，传统的东西接触的多。现在年轻人接触的面很广，有些东西挡是挡不住的，因为年轻人觉得新鲜嘛！建议教育部门、宣传部门、文化娱乐业多宣传传统的东西，让传统文化的精华与我们的生活结合起来。让年轻人在精神上得到滋养，让他们有自信心、自豪感。

记者：现在古代诗文作品在教科书中的比例也有所增加。年龄大的人出于怀旧，有的也喜欢读读古代经典。可是，最具活力的中青年人则没有多少人读，因为他们面临生存的压力，读书问的是有用无用，讲究"投入／产出"，您怎么看国学在现实中的困境？

冯其庸：这是客观存在的一种现实，但不是全部的现实。只要加强这方面的宣传教育，我相信这种困境会逐步改变。我接触的一些中青年，其中有不少是喜欢传统文化的，他们在默默地学习，很用功但不张扬，还有一批学中国传统画的中青年画家很有成就。所以我感到并不是传统的东西没有出路了。当然我们也不排斥外来的东西。关键是要懂得好与坏，然后再学习、引进。要排除外来文化中不好的东西。

记者：现在不少专业人士对传统文化知之甚少，认为他们不在这个"圈子"内，没必要懂这么多。您认为，传统文化在今天的社会里，是否应该成为现代人必备的一种文化修养？

冯其庸：那当然！作为中国人，应该有一种基本的文化因素在里边。不管你是在哪个领域工作或者生活，传统文化都会给你更多的联想和启示。这种修养让人不肤浅、不浮躁，也会更优雅。

传统文化给我们更多思想的空间

记者：我们的传统文化中也有一些局限性和负面的东西，有些不合时宜的内容是否给人一种错觉，认为传统文化与现代经济生活日益格格不入？

冯其庸：首先对待传统文化要区别精华和糟粕，更要正确地理解，不能误解。要历史地辩证地看问题，灵活运用，而不是生搬硬搬。有些东西确实属于糟粕，应当摈弃。我们应多考虑怎样吸收传统文化中的精华。这就首先应该理解她，真正懂得她，才能很好地利用她。有些东西不能只看一时、一地。曾经有人认为汉字影响了中国的现代化，要改汉字为拉丁字母。现在怎么样？在电脑上输入汉字，比字母更快！

记者：今天，人们追求成功、渴望成才的愿望似乎比过去任何时候都更强烈。而传统的东西教给人们更多的是诉诸于内的"道理"、"规矩"，好像与今天张扬个性、提倡创新的现实矛盾了。学习了太多传统文化，会容易放不开手脚吗？

冯其庸：青年人追求事业的成功和创新，这都是向上的动力，是好事。但成功和创新，都要有坚实的基础，都要靠艰苦的努力，而不是空想，更不是赌博。不能希望一朝发运。今天，国家渐渐强大起来，文化也应该强盛。我们的文化越来越被世界认可，这是非常好的转型时期。要鼓足信心，发扬我们的传统文化。传统文化中确有许多精华，能给我们更多思想的空间，能启发我们的智慧。

记者：有人说，西方的商业文化几乎全面覆盖了我们的话语，影响了我们的价值取向。您认为应该以怎样的心态看待新一轮的"国学"热潮？在追求成功、卓越的道路上，传统文化会给我们增加哪些营养？

冯其庸：中国有五千年的文化，西方覆盖得了吗？那（指西方文化覆盖了我们的话语的说法）是个肤浅的想法。历史就是这样，每个阶段会有每个阶段的一些特点，看问题不能光看表面，有的浮在面上，有的沉在底下。浮在面上的不一定就是真实，不一定能长久。

新一轮"国学"热，就要让大家多吸收传统文化中有益的、正面的东西。"学然后知不足"，只有认真地学习后，才能懂得传统文化深刻的内涵，才能懂得她的好处。

"腹有诗书气自华"。传统文化的熏陶，会提升人的精神境界，给我们一种自信、自立、自强的力量。

——发表于《人民日报》2005 年 7 月 6 日

藏书逾万　坐拥书城

——冯其庸的读书生活

[黄殿琴　孙维媛]

　　一部旷世名著《红楼梦》，让他一生痴迷，岁月镌刻了他的面容，却不曾改变他对《红楼梦》的情感。历经人生风雨，他却依然用一生的时间来珍藏这段情感。作为一位令人敬仰的国学大师，耄耋之年，他仍不断地改变着中国民族文化的未来和命运。本期为您讲述，"红学"大师冯其庸的读书历程。

　　2007年，北京电视台主办了名为《红楼梦中人》的大型文化选秀活动，一时间在全国激起了对《红楼梦》的重读和"红学"研究的热潮。众所周知，在"红学"的研究领域，冯其庸无疑是当今最具代表性的人物之一。无论是对曹雪芹墓碑及其人物史的研究，还是对《红楼梦》及相关各类史书的解读，冯其庸都作出了不可磨灭的贡献，甚至可以说，这种巨大的贡献是不可替代的。今天，我们就带着大家走进冯其庸的生活，看看他的生活有什么与众不同的地方。

　　2007年岁末，我们来到了冯其庸老先生远在张家湾的家中。庭院看上去更像是一个农家小杂院，而这座不高的二层小楼，便是冯其庸老先生享誉中外的"瓜饭楼"。走进冯老家中，给我们印象最为深刻的，就是这满屋的书籍。

　　冯老一共有六个书房，楼下楼上各三个，冯老说了，这六个书房各有各的用处，因为藏书太多，种类太多，所以不分开还真是不行的。

　　冯其庸：北边的房间是放明清小说，明清一代的东西。楼上是历史、文学史方面的，历代文学家的诗集、文集，还有有关的历史书，还有《红楼梦》的书，还有一个房间是专门放佛经的，现在这里放不下了，我搬到别的地方去了。

我弄不动了，我自己年龄大了，身体不行了，搬不动书了，有的书印得很重、很大，我都拿不动，现在没人整理，没人帮着整理，整理也要懂，不懂越弄越乱。

冯老告诉我们，楼下的这间房间，是专门用于书法和画画的。

冯其庸：这些画册都是我自己学习参考的资料，这画册还有很多，放不下了。

说着，冯老提笔写下了这样的感言："生活就是读书"。

记者：现在正在读什么书？

冯其庸：最近我正在重新校正《红楼梦》，已经是第三次校订了，因为从开始到现在，已经有二十多年了，逐步逐步"红学研究"也深入了，自己体会也多了，朋友们的体会也多了，我们大家又集中在一起重新清理了一遍，纠正了不少，这次改动比较多，大概有五六百条正文，因为时间长了，本子也多了，逐步的也作深一些，这次改的大家都觉得非常高兴。

冯其庸老先生现任中国人民大学国学院院长，中国红楼梦学会会长，中国汉画学会会长，中华炎黄文化研究会副会长，中国戏曲协会副会长，《红楼梦学刊》主编。这样一位集数职于一身的大师，谈起读书来，显得那么认真。

冯其庸：因为这种东西，光读是体会不到的，只有一字一句抠了以后，才会觉得，这个地方一直心里有个问题，到现在豁然明白了，就改过来了。改完以后就觉得很痛快，解决了一个问题，对读者来讲也觉得自己说得过去；否则有时发现了错误，误导了别人，心里也不舒服。最近刚又一次校正完《红楼梦》，好几个朋友一起弄的，7月开始的，一直弄到上个礼拜才交出去，现在刚交完了也稍微休息一下。

再一次忙完《红楼梦》的校正工作，冯其庸老先生觉得身体疲劳，是该好好休息一段时间了。其实，很难在冯其庸的名字前，冠上一个非常合适的称谓，尽管我们都知道，他是一位非常著名的"红学"家。但是当我们真正地走进他，去了解他，我们会发现，他更像是一位诗人，一位画家，一位书法家，一位非常优秀的摄影家、戏曲评论家，在他六十岁以后呢，在某种程度上，他又成为一位高龄的探险家。很难想象一个人能够把自己的人生拓展的如此饱满，在他的身上，非常完美地融合了诗与酒、剑与情。应该说，冯其庸演绎着中国传统文人的理想化的生活。

冯老与《红楼梦》结下不解之缘，与书结下了不解之缘，讲到读书，冯老有说不尽的故事，有讲不完的陈年往事。

冯其庸：我读书也没读好，我读书是非常困难的，因为我小学五年级就是抗日战争开始，我记得非常清楚，从农村背着书包，跑到学校，有三里路吧，三华里，还没街道，街的背后，日本鬼子的飞机就飞来散传单。

一到学校呢，学校也没有了，学校关了门了，老师老早已经不在了，学生也没有了，我也病了好几天，没有上学，病好了到学校去，就发生这样大的变化。

书包里还放了一部《三国演义》，要去还学校图书馆的，结果学校关了门了，我就只好背着书包回来。从此呢，就开始在家里种地，因为农村的孩子十来岁就开始种地了，我也一样，也是很早就开始种地，这本《三国演义》成了我的读本，读了好几遍，因为没有别的书读嘛，就反反复复地读。

冯其庸1924年出生于江苏无锡的一户乡下人家，自幼家境贫寒的他酷爱读书。因为身处抗日战争年代，冯其庸幼年时期没有稳定的学习环境，但是，这并没有影响他对读书的热情。

冯其庸：之后呢，又找到了《水浒传》。《水浒传》也读了好多遍，读得有的地方都能背得出来，等于说，"三国"、"水浒"这些书把我领上读书的兴趣了，觉得越读越有滋味。后来又读《西厢记》，词曲都很漂亮，但都是很深的文言，但是也喜欢读。因为词句漂亮，读起来又顺口，几乎读的一部《西厢记》基本上能背，因为没有什么别的书嘛。

读的《古诗源》里头印象最深的是《古诗十九首》，"行行重行行，与君生别离"，那些诗，觉得容易理解，"相去日已远，衣带日已缓"。当然也有些诗句不太懂，不太懂也读下来了，也记熟了。《唐诗三百首》，还有《古文观止》，一系列的书，实际上读书的路，就是找到什么书就读什么书，因为是喜欢读书，别的不想了，到处找书读。

并非出身书香门第，从小也没有耳濡目染的文化熏陶，但是冯其庸对中国传统文化有着执著的热爱。在那个战火纷飞的年代里，冯其庸没有放弃读书，1946年春天，冯其庸顺利地考取了当时国内唯一的一所私立国学专科学校——无锡国专。

冯其庸：天还没亮我就起来读，夜里他们都睡了，我点了个蜡烛自己读，夏天是躲在蚊帐里头读，这样一直读了很多年。我托了我的二哥到苏州去买了一批书，那个时候古书没人要，便宜得很，买来不少。有名的《西青散记》啊、《华阳散稿》啊，还有《叶天寥四种》《陶庵梦忆》《西湖梦寻》《浮生六记》《万红友词律》《纳兰饮水侧帽词全稿》等等，至今我还保存着这些书。有的书上还有当时的题记，有的书我还读不懂，但我也读了，尤其是诗词，读多了也就慢慢懂起来了。

除了对读书的热爱，年轻时期的冯其庸，还打开了自己对中国传统书法和绘画的兴趣。在长达十多年的耕读生涯中，冯其庸有幸在无锡遇到了当时的著名词人张潮象、顾钦伯和著名画家诸剑秋。正是因为有了他们的教诲，冯其庸的诗词书画，也有了弥足长进。

冯其庸：诸老先生就很慷慨地说，到我那儿去，跟我学，我也不要你任何的费用，你就来看就行了，我不说正式收徒弟，你来看就行了。他说看就是学，当时给我很大启发，我一直记住这句话，所以我就不上课了，礼拜天了，我就去他家里看画，看他画画。那个时候没有画画，就是看，除了看他画画以外，他家里藏了很多画，我也借此看了不少，有时候去看看，他给我讲讲这张画的意义、那张画的意义，慢慢地就懂一点。

对书画的热爱，让冯其庸在中国传统文学的道路上，结识了不少的良师益友。正因为对国学的痴迷和对读书的热爱，冯其庸和这些国学大师走在一起，君子之交淡如水，君子之交忘年交。

冯其庸：经常向他们学习，主要是看他们画，有时候自己在家里也画，画一点，也是很幼稚的。一直到抗日战争胜利，1945年"8·15"抗战胜利，那个时候我正在农村，高兴得不得了，我印象特别深的。

抗日战争胜利之后，冯其庸读了无锡国专，1954年，冯其庸到中国人民大学任教。正是在那一年，一场借批判俞平伯《红楼梦研究》的文章而发起的，实为批判新"红学"代表人物胡适的运动，波及全国，影响了很多人的命运。在这场运动中，作为古典文学研究的学者，冯其庸这时就借此认真学习《红楼梦》。在此之前冯其庸更喜欢读的古书是《三国演义》《水浒传》之类侠义之作，当时对《红楼梦》还不大能理解。从1954年开始，冯其庸就认真读起了《红楼梦》。

他因为红学研究闻名于世，在他人生最低潮的时候，他与《红楼梦》的人物同悲共喜，由此开始了他的"红学"之路。晚年他又行走在帕米尔高原上，用十二年的时间，找到了一千三百多年前唐代高僧玄奘取经回归的古道。他，就是中国当代"红学"大家——冯其庸。

记者：您一共出版了几本书啊？

冯其庸：现在啊，出版了三四十种了，我记不住了，要查一查。他们统计过，四十几本，大概三十多种，今年还有一种二十册的快要出来了，大概这月底能出来。

记者：您编了多少书？

冯其庸：编的不多，编就是一个《历代文选》，一个就是你知道的《艺术百科全书》、《百科大辞典》，还有《红楼梦大辞典》。《红楼梦大辞典》是跟别人一起编的，《历代文选》是我独立编的。

冯其庸写作的书，有很多。

按冯老自己的话说，他是后来才明白《红楼梦》真正的精华所在，原先认为是儿女情长的琐碎的东西，突然变成了反映封建家族生活的内涵深刻的宝贵资料。冯老经常在朋友面前谦虚地说，对于《红楼梦》的研究，更像是一次又一次的自我反省。

记者：编了那么多书，写了那么多书，读了那么多书，您最深的体悟是什么？

冯其庸：关于读书，我觉得最根本的问题，我觉得要读好书，还是要非常认真地、一字一句地仔细读，要搜集有关资料，要真正弄明白，不能想当然，不能大而化之，所以我一辈子读书，自己体会的一个经验呢，是读书和调查要结合起来。

冯其庸读书经验：读书与调查相结合。

冯其庸：我在新疆调查，调查玄奘取经的路，我到了莎车附近，他们跟我说成吉思汗西征的时候，在莎车附近实行了屠城，把那个城的老百姓全都杀了。

在当今学术界，冯其庸一向以考据型学者著称。近二十多年间，他的研究重点转到了我国西部历史文化上。而一千三百多年前，唐代高僧玄奘远赴西域，历经十七年求取真经的历史，更是令冯其庸从小就心向往之。经历了几十年人生风雨之后，冯其庸作出了一个令人吃惊的举动，重走玄奘路。

从 1986 年到 2005 年，他十次到新疆，三次登上帕米尔高原，两次穿越塔克拉玛干大沙漠，足迹遍布了玄奘取经时走过的国内所有线路。

冯其庸： 成吉思汗屠城的地方我去了以后，我想去看看那个样子，老乡就带着我到大沙漠里头。进去三次，两次都走错了路，因为沙漠面积很大，不容易辨认，第三次终于走进去了。走进去了，老乡带着锄头，一刨就是一个骷髅，一刨一个骷髅，当年屠城的遗骸啊，都还在沙漠里头。风吹了盖起来了，稍微一刨就出来了，所以有些东西看起来时间长了，实际上原封不动还在呢。

1998 年 8 月，七十六岁高龄的冯其庸第二次登上帕米尔高原，在海拔四千七百米的明铁盖达坂山口，他发现并确认了玄奘取经回归的古道。这是一千三百五十五年以来的首次发现，轰动了中外学术界。2005 年 8 月 15 日，冯其庸第三次登上帕米尔高原的明铁盖达坂山，并在玄奘取经回国的山口古道上，树立起了一座纪念碑。2005 年 9 月，作为文化考察活动"玄奘之路"的总顾问，冯其庸随同考察团穿越罗布泊，到达楼兰古城、白龙堆等西域著名的山，这里是很危险的地方，他在大漠里一共待了十七天。

冯其庸： 我一直读书，边读书边调查，很多问题都是从调查中间出来的新的思想。调查也不光调查地理，有时候读书搜集资料也是调查。有关的资料你都要读齐，你缺了资料就说不清楚，所以我最深的体会就是一定要跟实地调查结合起来。这个调查包括古代的文献资料，包括地下的发掘，包括地面的遗存，有时候你都想象不到的，隔了这么长时间，那东西还在。

也许正是因为冯其庸对历史和中国传统文化的喜爱，才促使他不断地在文化、历史考证等各个方面，取得了常人无法企及的成就。在冯老的书房里，我们很随意地就发现了各类史书和古书。冯老告诉我们，这些大部分的书都是为了正确地解读历史、证实历史，没有可靠的历史依据，读书就只能是一种消遣。

冯老的书房里放着大量的史书，文学书籍，佛经书籍。

冯其庸： 譬如我今年夏天发表的，《项羽不死于乌江考》，就是这样读出来的。

在今年 8 月，最新一期的《中华文史论丛》杂志中，冯其庸的一篇名为《项羽不死于乌江考》的文章备受关注。相传公元前 202 年，西楚霸王项羽被刘邦的汉军围困于垓下，四面楚歌，后来项羽力战脱身，来到乌江岸边，却因无颜再见江东父老，自刎而亡，于是后世便有了一出《霸王别姬》的凄美爱情故事，和一首"生当作人杰，死亦为鬼雄。至今思项羽，不肯过江东"的千古名篇。但是冯其庸的这一发现，却给乌江岸边的千古悲歌，画上了一个大大的问号。

冯其庸：1982年我就开始调查了，后来时间都断断续续，中断了一段时间，后来又去调查，调查了三遍，从垓下，《霸王别姬》的戏有这个，那个地点就在蚌埠北面的垓下，《史记》里头的垓下之围就在那里，我从垓下调查起，到灵璧，然后渡过淮河，一路都调查过去了，这样对《项羽本纪》里写的项羽的战斗历程，才比较清楚了，他怎么走的，从哪里到哪里，遇到什么事情，所以才最后得出了他是死在东城，没有死在乌江。

东城，在今天安徽省定远县境内，距离乌江120公里。那么项羽被困东城之后，又如何死于乌江岸边呢？据《汉书》记载，项羽东城突围，是在当时东城县境内的一座山上，而《江表传》中说，项羽兵败于此，与汉军一日九战，此山因而得名九斗山。为了进一步考证，冯其庸对这座山进行了查找，结果却发现，这座传说了两千多年的九斗山，竟然根本不存在，这一发现更加坚定了冯其庸关于"项羽不死于乌江"的考证。

对于一位中国传统文化的学者来说，把历史和文学融会贯通起来，无疑是一种乐趣。除了实地考察，翻阅各类相关文献作参考，冯其庸老先生对古董更是喜爱有加。书房里到处可见各类大小的古物，这些对冯老来说，也正体现着当今传统文人的独特气质。

冯其庸：这是唐代的，真的唐代的瓦当，莲花瓦当，这是扬州出土的，这个很珍贵。燕下都，就是涿县那边，河北涿县那边出土的，春秋战国时候，燕国都城的瓦当，大瓦当。这些就不太可靠。这个是淄博出土的半圆形的瓦当，这个动物多漂亮，生动得很。这个是齐国的。

这个佛像已经风蚀的差不多了。这是元代的一个酒壶，它是适应元代人马背上的生活，所以壶扁平，壶口很小，拴起来挂在马上。

这是唐代的一个俑，风沙吹成这个样子了，这都是齐国的。

冯其庸常说，读书和游历是他文章的两个来源，而游历是为了读天地间最大的一部书。他一生游历地方无数，越是人迹罕至之地，越能激发他的兴致。十次西行，他换过近十台相机，拍摄了数万张照片，而西部独特的风光，更使冯其庸在绘画风格上独树一帜。他创立的重彩西部山水，画作热情奔放。斑驳陆离，大红大绿而又契合协调。

说到这儿，就算不认识这位国学大师的人，也能够对冯其庸老先生有一个相当的认识了。一个现代的中国传统文人，有着剑与酒完美结合的侠骨气质；一个考据型学者，将历史和中国传统文化的研究融合相承；一个诗人，一个画家，一路走来留下无数的斑驳情怀。有的时候我们觉得，这么一位大师离我们太遥远了，但是当我们真正走进他生活的时候，冯老是那么亲切，那么随和。在谈到读书的时候，冯老为我们写下了一些文字，其中有一段这样写道：读书能使人聪明，启人智慧，读书是自我造就、自我成才的唯一道路，所以青年人应该勤奋读书。

这就是冯老对于读书意义的解读，也是一代国学大师对年轻人无私的教诲。为什么冯老能对《红楼梦》有过多次的研读和校正，这不正是因为冯老对读书有着如此严肃的态度，他要求自己要将读书和调查结合在一起。

冯其庸: 这成了我自己读书的一个习惯，也是我自己的一个方法、门径，就是离开了调查，心里不放心，看到了实物心里才踏实。书也是一样，你该读的书都要弄齐，弄到手，看，仔细看，慢慢地会领悟。所以我读书要求证，没有证据不要随便瞎说，随便瞎说等于骗人，自己没弄清楚就随便说了，别人信以为真，结果就上当了。

除了自我要求的调查研究，冯老还透露了自己几十年读书的第二个习惯。

冯其庸: 我这一辈子还有个特点，白天都没机会读书，我到了工作以后天天课程很重。解放初，会议多得不得了，每天开会，时间都耗在开会上，我到夜里我就关起门来，自己拼命地补课，总是要读到两三点才睡觉。

解放初期，冯其庸在中国人民大学担任国学课讲师，2005年，八十三岁的冯其庸又被推选为国学院院长，身兼数职的冯老日常事务繁忙，备课、修改文稿、参加各类会议和活动，所以，在白天根本无暇读书。

冯其庸: 调到艺术研究院以后，我做行政工作，不能不上班，天天一早就去上班，晚上到家了才开始读书。所以我这一辈子，读书也是在工作之余，写文章更是工作之余，从来没有办公的时间写文章，都是回家以后写文章。

这也成了习惯，白天也写不了文章，因为脑子不集中，一到晚上脑子就集中了，自然而然就能够写东西了，现在还是这个习惯。

冯其庸：我以前喜欢杜甫，也写一些关于杜甫的文章。杜甫整个的写诗的历程，经历的地方，我大部分都调查过，一点一点都走过，所以想有可能呢，我想再重新读读杜甫的诗，研究一下杜甫。

有关杜甫的资料我都搜集了，因为杜甫的资料太多了、太丰富了，但是我主要的资料都搜集了，特别是很难得的宋代刻本的杜甫的集子，我昨天去买回来了。

项羽，玄奘，杜甫，这就是冯老的古道侠气，这就是一代文人的亦酒亦诗的儒雅气质。我们还想多聊一会儿，可是这个时候，有几位外乡的客人远道而来，谈话只能暂且作罢。

和冯老的谈话只有短短的一个小时，但是在场的每一位记者都觉得受益匪浅。读书要结合调查，这叫求真务实，在各行各业的工作中不都应该是这样吗？看到冯老这样的高龄还在不断地买书、不断地读书，真是令人佩服，叫人敬仰。活到老学到老，说起来容易，真要做呢，而且要不间断地坚持下来，这工夫可就深了。现如今，大伙儿工作都很忙，每天都要拖着疲惫的身体回家，回家还要做饭，要看孩子，有的时候还要和朋友聚会，喝酒打牌，哪还有时间读书。也许这就是常人和一代巨匠之间的差别了。我们不希望每个人都成为什么大师、巨星，但是多读些书，多看看世界，总是件好事儿，总会给人带来收获。

采访结束，冯老最后写下了这段话：我认为人才是靠自我造就、自我奋斗的，人的一生一直在自我造就中，从无知到有知，从浅知到深知，都靠自我奋斗。所以，人要不断地自我否定自己，再不断地自我前进，这就进入更高的一个境界。如此不断循环，不断前进，最终使自己成就大智慧。前进的最大障碍是骄傲，所以，人切不可骄傲。

『我不是国学院院长理想人选』

［郭少峰］

著名红学家冯其庸耄耋之年出掌人大国学院，引用古诗"少壮功夫老始成"勉励学子。

■**对话动机**

今年 5 月，人民大学国学院成立，著名红学家冯其庸被聘为首任院长。人民大学选择已步入耄耋之年的冯其庸出任国学院院长，是出于什么考虑？作为著名红学家，他将为国学院的建设发挥什么作用？他对国学院的建设有何设想？他怎么看待外界的质疑？日前，在位于通州张家湾的"瓜饭楼"家中，冯其庸接受了新京报专访。

校长两度登门

新京报：冯老，您当初是怎么知道人民大学要成立国学院的？

冯其庸：在筹备过程中，我的学生来看我，提到这个事情。听说人大要办国学院，我非常支持也非常赞成。

新京报：他们是什么时候邀请您出任院长的？

冯其庸：我知道人大要成立国学院时，完全没跟自己联系起来。我已经八十多岁了，离休都九年了。

后来听说要请我当名誉院长，我也没太在意。名誉院长嘛，反正也不会费多大的事。隔了一段时间，纪校长来看我，说要请我当院长，我当时以为就是名誉院长。

纪校长回去后，我让与纪校长同来的叶君远教授跟他确认一下，纪校长说就是院长。这下我紧张起来了，因为当院长我就要投入很多力量。

说实在话，依我看，我不是院长的理想人选。主要是因为年龄大了，学术上做得也很不够。从早年读书到在人大教学，我一直很重视先秦两汉以来的学术发展，后来被调去作了30多年的《红楼梦》研究，早年喜欢的这些学术相当程度上都荒废了，所以我没想到要担任这个职务。

新京报：您最终是怎么答应下来的？

冯其庸：我在电话里跟学校说，不要让我当这个院长。后来又写了一封信转交给纪校长。信中很恳切地说，我能力不够，年龄也大了，希望不要让我担此重任。

结果纪校长又来了，那时马上就要开学了，我要是再坚持不去的话，那就耽误这个事啦。设立国学院，纪校长是个非常有作为的人物，但也不是他一个人的责任，我们应该支持他。所以我就只好勉强答应了。

等这个班子建立得差不多了，我就退下来。我说我只能过渡一下，以便校长物色更合适的人。这样才勉强接受了纪校长的邀请。

大概念的国学

新京报：现在社会上对国学的概念很有争议，您怎么看这些争议？

冯其庸：讨论一下当然不是什么坏事，这样也让大家对这个问题的认识清晰一点，明确一点。但是光停留在概念的层面上没有太大的用处，问题是要实干。

新京报：您怎么界定国学的概念？

冯其庸：我理解的国学是大概念的国学，我们的传统文化都应该包括在内。中华民族遗留下来很多宝贵的传统文化，都应该纳入国学的范围。

国学本身也在发展。国学作为一门学问，随着历史的前进不断在丰富。汉代肯定比秦代丰富得多，到了唐代又比秦汉丰富得多。国学的内容越来越丰富，积累的东西越来越多。所以国学本身不是凝固的，而是不断丰富发展的。一百年以后，人们看我们这个时代人的许多重要著作，也会列入国学的范围里头去。

新京报：我们这个时代的国学跟以往有些什么不同？

冯其庸：今天这个时代，西方文化与传统文化交流融合，使得我们近代以来的文化发生了很大变化。同时，传统学术也在不断发展更新，今天我们再来读先秦两汉的经典著作，我们的理解和认识也会跟前人不同，而且会比前人更客观、更准确。

经史子集之外

新京报：除了开设经史子集元典研读课程之外，您主张在国学院开设西域学、敦煌学、简帛学、汉画学和红学等课程，您是怎么考虑的？

冯其庸：我们要开发西部，不去研究西部怎么能行呢？

敦煌学不仅仅是我主张开。敦煌学已经有百年的历史了，早已成为国际显学，而且我国对敦煌学的研究，近半个世纪以来成就卓著，在全世界居于领先地位。我们应该好好把它继承下来，传给我们年轻的一代。

新京报：那简帛学呢？

冯其庸：近半个多世纪以来，我们出土了大量的简牍帛书，震惊了世界。这么多地下文书，你不能不去研究它，还要去抢救，有些东西，你不去抢救的话，它就会消失了。所以简帛学也非常重要。

简帛为现在研究国学提供了很多新的文献和典籍。我认为我们今天处于一个前所未有的文化大发现的时代，以往学者所无法见到的东西我们见到了，以前根本不知道的典籍出现了，我们可以从新发现的典籍和文献里寻找新的资源。

我还建议研究西部的古文字。不少西部的古文字，都变成死文字了，但它却蕴藏着许多西部古代的历史文化信息，以及它与中原的紧密关系。

新京报：大家对红学的了解比较多，而对您提到的汉画还比较陌生，您是怎么想到应该把汉画引入国学院课堂的？

冯其庸：汉画是一门新的学问。尽管很早就有人重视汉画，但作为一门学问还是近代特别是解放以后的事。

形象地讲，汉代的画像石、画像砖、墓室壁画和帛画等等，就是汉代人留给我们的一部关于汉代的社会形象史。汉代人是怎么生活的，我们现在无法直观了，但汉画上都有，有些内容你都无法想象。从艺术的角度来说，它又是一部无比生动的艺术史。

红学，包括明清小说，是一门亟待深化研究的学问。

特别是红学，一方面是大众非常关注的学问，另一方面又是近些年来被任意曲解得远离学问的学问。在学术领域，红学是最容易被闯入并可以信口乱说的一个领域，所以红学亟待规范化、科学化、学术化，不能把猜谜当做考证。

红学的内容非常丰富，因此不能把它简单化、单一化。它需要真正的历史学、考证学、版本学，也需要新的文艺学、美学、语言学等等。《红楼梦》作为一部小说，它的思想和艺术形式最贴近我们，最具有现代意义，所以国学院也准备设立专门的课程。

请教师重专长

新京报：学生已经开始上课了，您跟他们接触过吗？

冯其庸：我没有参与具体的考试和录取，这由国学院的其他几位领导具体负责。

这个学期已经见了一次面，给他们讲了一次课，但没有讲得很深。刚高中毕业，太高深的学术问题他们现在还没有接触，现在还是要他们打基础。我跟他们讲我以前是怎么读书的，讲了一些最基本的读书方法。

新京报：现在的中国学生对传统文化了解也不是很多，他们学习时会不会跟外国人一样不能很好地理解呢？

冯其庸：不管怎么样，总比外国人要好得多吧。你生长在这块土地上，生活方式、语言上要比他们好得多了，学自己的东西当然要容易理解得多。国家这么大，人才总该有的吧，我对此很乐观。

新京报：那您担心什么？

冯其庸：不怕没有人，就怕请不到好的老师教。没有好的老师，这是一个很大的问题。一块很好的材料，如果没有好的老师指点，就很难成才。我认为每个人都有自己的天分，所以古人讲的"因材施教"非常重要。不是"兴趣主义"，但必须要有兴趣。如果他没有兴趣，你勉强他？怎么勉强得来呀？

新京报：国学院聘请教师的标准是什么？

冯其庸：首先要有专长，要有专著。国学院目前请的老师都是著名专家，现在还在继续聘请中，还没有全部请齐。但我相信是能圆满解决这个问题的，因为不少专家，热爱学术，愿意把自己的学问传给下一代的。

新京报：很多大家和名家是不是冲着您这个院长来的？

冯其庸：不是这样。人民大学的社会影响是很大的。

当然，不少知名学者大部分跟我有私人交往。但更重要的是，大家都对传统文化非常爱惜，自己研究的这门学问，当然不希望将来没有人懂，都愿意把自己的学问传给后来人，让他们都能够掌握，而且能够得到发展。所以我想不会请不到人，不会没有人教课。

新京报：现在您为国学院找的老师能满足国学院以后的长远发展吗？

冯其庸：国学院的老师是要不断聘请的，不是一次聘定就长期不变的。教师要相对稳定，但不可能一次聘定。尽管老一辈学者已有不少去世了，但我们解放到现在已五十多年了，已经培养出了不少有真学问的专家，而且有了发展，所以我相信国学这门大学问不会断绝。

新京报：国学院的老师在今后的教学中，是否可以从古代私塾和书院那里借鉴一些方法？

冯其庸：许多方法应该吸取与继承。比如背诵名篇，比如训练自己做旧体诗词等，这些都应该继承。

其实我们更强调继承古人对社会、国家的责任感和使命感，"先天下之忧而忧，后天下之乐而乐"。这种境界是应该世代相传的。

拟创国学论坛

新京报：现在国学院的课程设计进行到哪一步了？

冯其庸：课程设计现在已经差不多了。今年5月决定设立国学院时，就开始课程设计了。当然其中也反复了很多次，最后确定由我担任院长之后，又做了些调整。我强调一点：学生要精读原著，老师要指导学生深入学习和逐步进行研究，要培养他们广泛的学术兴趣，启发他们自身学习的积极性。

新京报：其他教学计划进行得怎么样？

冯其庸：课程设计好以后，要创立中华国学论坛。国学论坛不分门派，各种不同见解都可以讲，应该真正是百家争鸣。论坛除了讲传统的国学方面的课题外，还决定特设西部论坛、简帛学论坛、敦煌学论坛、汉画学论坛和红学论坛，论坛向社会开放。论坛的主讲都是著名的专家，现在正在筹划之中。

新京报：除了经典原著以外，国学院有没有编写其他国学教材？

冯其庸：教材方面，一是可以采用前人和今人的学术专著，另外也可以逐步组织人力编写一些，但这要时间，只能逐步进行。我们请了许多专家，他们在自己的学术领域里都有专著。

我们也可能会编写一套自学教材，但这不是完全针对国学院学生的，而是面向社会的。编写一个国学的自学书目，从先秦两汉一直到今天，必须要读的都有哪些书，哪些版本。让上不了国学院的社会青年也可以根据这些书目自学，希望他们自学成才。

新京报：这么说，您的考虑不仅仅是国学院？

冯其庸：我还建议将来建立一个考试制度，比如一年或两年以后，限定这些自学的社会青年第一阶段要从哪里读到哪里，我们做一次考试，成绩好的，我们给他一个国学自学考试证书。但这不是国家发的文凭，你的工作单位如果认可当然更好，如果不认可也没有关系，我们重视的就是真才实学，而不是一张文凭。

如果学完了成绩非常拔尖，我们能不能考虑从中挑选一些优秀的学生来深造，来读研究生？这些我现在都在琢磨之中。我们现在的制度，要读研究生必须得大学毕业，但现在有些优秀的社会青年，他没有大学毕业，他怎么能来读研究生呢？

我是长期失学过的，我理解这样的社会青年，希望尽力能为他们开辟一条新路，使他们得以成才。社会青年中也确实有人才，我们要发现他们，扶助他们，为国家广开才路。社会要营造重视实学，重真才而不光看文凭的风气。

研究实干并重

新京报：您估计什么时候会出现国学院培养的第一批国学人才？

冯其庸：那不是短时间的事。十年树木，百年树人，这需要几代人的累积。一个学术专家的成长，需要做一辈子的努力，大器晚成，尤其是国学方面，陆游说"少壮功夫老始成"，这是很实在的。当然这是一般规律，也有特殊情况，有一些专家年纪不算大，但他的学问真让人佩服，这样的专家我也接触过好几位。

新京报：将来国学院的学生毕业，有没有专门的要求？

冯其庸：肯定要有专业论文，但这不能由我来规定，应由各个导师来决定。当然，总的要求不会低，每个导师决不会马马虎虎，会按照自己的学术标准要求他的学生。人家说学术水平高的导师，绝不会让自己的学生在学术上马马虎虎就能过去，这一点是普遍规律。

新京报：国学院培养的人，可能会在哪些方面有较大的发展空间？

冯其庸：国家必须得有一批研究人文社会科学的专家，不管大学还是研究机构。比如敦煌学，解放初，日本人笑话我们，"敦煌在你们中国，但敦煌学在我们日本。"现在他们不敢这么讲了，因为真正的敦煌学权威都在我们这里。

关键就在于我们要把学校办好，把导师请好。而且要鼓励学生有这种志气，不是为了到社会上找一个职业，为了自己个人的前途，应该为我们民族、我们国家、为我们民族文化来争这口气。

新京报：那能不能这么理解，国学院主要是为了培养研究型人才？

冯其庸：都应该有。研究型人才非常重要，如果国家的文化没人研究，将来文化就断了，我们首先要培养这样的人才。但实干的也要有。要培养他们的实际能力。有了这些实际能力，你将来做什么都可以。至于个人的文化修养，也应该有一定的基础。一个研究中国传统文化的人，如果连字都写不好，这也不太像样。

——发表于《新京报》2005 年 11 月 29 日

冯
其
庸
：
书
画
媲
美

红
学

［金力维］

　　驱车到通州区六环外，在一片工地后找到了国学大师冯其庸先生的住所，一栋并不张扬的小白楼，进门的一块旧匾上题字"瓜饭楼"。一生致力于红学、古西部文化研究、著作等身的这位八旬老者并没有找些意境悠远的古词诗意来平添风雅，应是自有他的一番道理。其实，老先生并非不识风雅，他近五年来所习的七十余幅国画、书法正在中国美术馆展出，京城文化名流纷纷到场观看，老先生每天都惦记着到美术馆走一圈，那里倒成了他会老朋友的一处佳所。采访时，我先就问起了他"瓜饭楼"的讲究。

吟诗作画　跟着感觉走

　　记者：您的画册并没有完全收录画展上的作品，是因为其中有很多是新作吗？

　　冯其庸：对，时间差得太远了，去年我的画册开始筹划。展会上有两个大屏风，他们布展时问我能画一幅写一幅，不然会空着两面白墙。我觉得太难看了，生着病就随性写了一幅字，画了一幅画，结果大家都称赞这两幅作品最精彩，而这并非我计划中的事。有时候兴致来了，随手拈来是佳作，艺术这个东西要随性、静心，不能勉强求之。

　　记者：展览中很多描绘西部的画作都源于自己的亲眼所见所感，八十三岁依旧登帕米尔高原，您说过自己非常重视游历，看来，您的游历和都市人热衷的旅游不太一样？

冯其庸：不一样，我的目的是为了寻找历史遗迹才去的，不是为了那个地方好看才去。每看到一份历史遗迹对我来说都是一份真实的知识，也往往能看到出人意料的奇观，那是最壮丽的祖国风光。我们国家西部经济发展慢，地貌破坏得少，因此在游历中我看到了很多自己完全想象不到的东西。历史看起来很遥远，有时候又很近，遗址都在，你感觉历史就近在眼前，所以我说，读书、游历都很重要。

记者：听说您除了擅长书画还爱好摄影，进沙漠也要在脖子上挂三台照相机？

冯其庸：对，我从"文革"时候开始学照相。后来我寻访玄奘西行路，到西部的机会多，总能碰见些人间奇景，我怕相机出故障，总是带三架相机，十年前我身体好，可以把三架都挂在脖子上，现在只能挂一架小数码了。虽然我没有更多地去钻研，只是研究了些基本技法，但我觉得艺术这东西有时你要跟着感觉走；虽然我不懂得摄影那许多的术语和规则，但我从古诗、古画、古文化中得到了些启示，就按照自己取景的标准拍，也拍出了些新意。我在河西走廊看到一群马在啃枯草，我选中了一匹正在吃草的马，边上有一个水窖，我马上想到了乐府诗集里的饮马长城窟，就是这番意境呀。

瓜饭楼主　不妄称大师

记者：您在红学研究方面可谓著作等身，而近二十年来又专攻西部历史遗迹考察，成果累累，但每当有人称您为国学大师时，您却总纠正说自己只是大学老师，这太谦虚了吧。

冯其庸：因为我心目中有很多我崇拜的对象，从我老师一辈到同龄一辈还有比我年轻的一辈，都在国学方面比我有修养，我自己心里明白，不敢妄称大师。我家贫，小学五年级失学，然后下田种地，养羊，什么都会。八年抗战时家里没粮食吃就自己种南瓜，南瓜少一家人不够吃，靠邻居再送点勉强度日。所以现在，我给这栋小楼命名瓜饭楼，我是真正的农民出身，只不过从小爱读书，受到几位名师的提点而已。

记者：您身为人大国学院院长，对现在大学生的国学教育怎么看？

冯其庸：我们有一段时期对传统文化有偏见，于是国学断代了。现在，国学院最大的困难是很难找到好像当初教我们那代人一般学识的国学老师了。已经过去的毕竟无法再回来了，于是有人说以后再也没有国学大师了，我觉得这个说法也不全面，我相信这时代有这时代的国学人才，国学人才在新时代也会发挥新的作用。

——发表于《北京晚报》2006 年 5 月 25 日

老树春深更着花

——冯其庸先生访谈

李
一

丙戌暮春的一个下午，如约前往北京东郊的"瓜饭楼"，楼外的桃花正在盛开，一片春意。走进楼内，会客厅里"瓜饭楼"主人冯其庸先生正在与几位书画界来访的朋友交谈。5 月 20 日，冯先生将在中国美术馆举办书画展，观看了部分即将展出的作品后，我们对冯先生作了采访。

李一（以下简称李）： 您的书画展即将在中国美术馆举行，书画界的朋友们都很关注，很想了解一下您近年来在书画方面的探索和想法。

冯其庸（以下简称冯）： 五年前，我在中国美术馆举办过一次书画摄影展。近年来又有了一些新的想法，想寻求传统绘画中的特色。目前国内美术界对传统的继承和发扬已开始重视。要发展民族艺术，传统文化艺术的博大精深必须要认真学习和研究。我对五年前自己的作品不满足，觉得对传统的理解不够，于是近年来努力学习古人的用笔、用墨，通过对董源、巨然、关仝、范宽、黄公望、沈周、龚半千、戴本孝的临摹学习，对前人的笔墨有了进一步的理解。

李： 看您近期的山水作品，有一种苍浑之气，笔墨比以往沉静老到而又松活，耐人琢磨。中国画传统讲读万卷书，行万里路。作为一位国学家，您读书何止万卷，据我所知，您常外出考察，行路又何止万里，外出考察对绘画创作上一定有很大影响吧。

冯： 是的。我外出考察多是因学术活动，在行路中深深地感受到祖国山河之美。20 世纪 70 年代还在干校时，我就去过黄山，到现在已经去了十多次，每一次都有新鲜的感受。昆仑山、天山、华山、终南山、秦岭等天下名山我几乎浏览遍了。中国的山水很美，观山则情满于山，观海则意溢于海。画家由自然山水激发出的审美冲动，就寄托在画作之上。画家一方面要寻求传统，一方面要寻求大自然。去年9月，我为了考察楼兰古城遗址，探索罗布泊之谜，寻找玄奘入玉关的古道，再次到新疆。从米兰进入罗布泊，穿过罗布泊湖心，傍晚到楼兰，露宿在楼兰城外。当夜星月满天，银汉灿烂，面对着矗立在夜空中的楼兰遗址，佛塔、三间房、依然耸立的房屋木结构、门框等，使我思接千载，感慨无穷。第二天太阳还未出来，我们就进入楼兰城，跑遍了整个遗址，一直到日落天黑才出城，但是我的思绪似乎仍留在楼兰遗址。第二天日出，再穿罗布泊。茫茫瀚海，四顾无尽，我们从罗布泊最低处穿越，停车环望，无边无际，除了带有凉意的晚风外，只有苍茫、荒凉、浑朴，真是"念天地之悠悠"，此时真正感受了宇宙之无尽，天地之大美。

在万里行路中进一步认识到传统绘画与大自然是有密切关系的，其笔墨、意境都是有所本的。范宽的《溪山行旅图》，范宽的画风与他生活的环境大有关系。五代、两宋的绘画，笔法都是从现实中提炼出来的。对现实和大自然的体验感受很重要，直接影响到创作的立意。我去海南儋州考察苏东坡在海南的遗迹，面对茫茫大海和远处若隐若现的青山，联想到苏东坡被贬此地时的生活，以及他所写的北归诗："余生欲老海南村，帝遣巫阳招我魂。杳杳天低鹘没处，青山一发是中原。"于是就根据这首诗意挥笔写下了海南的山水。

李： 您的山水画有一部分作品用色很大胆，敢用大红大绿，色彩非常艳丽，很有新意，与传统文人画的淡雅很不同，您能谈谈这些作品吗？

冯： 这些作品也是来自对大自然观察和体验。画的是新疆、甘肃等地的景色。祁连山、库车的景色非常瑰丽，现实中就有五色山。五色山在晴天里，有赤、青、蓝、黄、白五种颜色，整片的大山无边无际，五彩斑斓，连对面的河水都是通红的颜色，当时给我很强烈的震撼。传统的淡雅水墨很难表现这种瑰丽的景色，过去的皴法也很难表现奇异的山石，必须用饱和的色彩和新的皴法来表现。

李： 您从什么时候开始画画的？

冯： 我从幼年时就喜欢画画，读小学时就画了许多画，请教过许多老师。70年前苏州美专在无锡招生，我去报考，全部科目还未考完，就被学校看重而录取。颜文樑等先生对我很鼓励，但因家贫我只在美专学习了两个月。虽然未能专门学画，但在几十年的学术生涯中，我一直不间断地学画，遍观故宫唐宋元明绘画，向各位前辈学习，在与朱屺瞻、刘海粟、谢稚柳、唐云、周怀民、许麟庐等先生的交往中，学到了很多东西，看他们作画是一种学习，我认为看就是学。

李： 作为一个学者，您的书法越来越受到书法界和社会的关注。我近日在研究共和国的书法史，发现学者书法仍是当代书坛的重镇。您认为学问与书法之间是个什么样的联系？

冯： 自古以来，书法是与文人联系在一起的，做学问要用毛笔，与书法连在一起，杰出的书法家也都有很好的学问。书法的书卷气和学问密切相连。所谓书卷气与书法创作，我觉得最重要的一点在于精神内核的一致。首先是个态度问题，我搞学术是下苦功夫，究根穷源，找不到证据不罢休，学书法也要有钻研精神。比如对《兰亭序》，我是反复研究过的。藏在日本的《丧乱帖》最近在上海展出，我特地到上海去观摩。看，就是学。不仅要临帖，还一定要多看，最重要的是悟，悟其中的"道"。年轻时我曾将喜欢的法帖张贴在家中门内，进门出门反复看，时间久了，就镌刻在心里了。

李： 书法是您这次展览的一部分，在"悟"的过程中，您最深刻的体会是什么？

冯： 一要真下功夫，二要融化，不拘泥。苦功是基础，功夫还没练好，就想创新，不符合规律。就像水果有一个由青到红的过程，由不成熟到成熟。艺术同样要符合这个规律。学问做深，悟得也就深，艺术创作也是这样。有了深度，整个人就会沉静下来，不浮躁。作品，不要求别人如何赞赏，只要自己认真写，做好内心安详，才有利于进步。融化更是重要，吸收传统的营养，经消化要变成自己的。既要尊重传统，也不要拘泥于一些成说，历史总要往前发展。比如执笔，有人说执笔要紧，其实应该是松紧恰到好处，求得笔锋与手指浑然一体，又与心灵连为一体。用笔时根据需要也是可以转指的。再比如有人说要笔笔中锋，其实是应该中锋侧锋并用的。魏晋行草，晋唐小楷，结体自然，用笔有轻重变化，中锋侧锋是并用的。书法前辈白蕉先生对二王书法领悟得最好，真正有魏晋风度。我的老师王蘧常先生学问深，章草的写法都有根据，他是不择笔的，对各种笔能驾轻就熟，最难得的是在古质中写出了秀气。你是写章草的，曾学习过王蘧常先生的书法，对此应该有所领悟吧。

李： 您在毛笔的选择上，近年来是否有变化？

冯： 我过去一直用硬毫，近年来尝试用鸡毫作书。鸡毫很软，许多人觉得难以驾驭，但我觉得使用鸡毫更能收放自如。书法的探索是无穷无尽的，当代人应该在传统的基础上向前发展。

——发表于《美术观察》2006 年 6 月

读书·实践·真知

——冯其庸访谈

[张公者]

冯其庸先生在无锡国专读书时，唐文治、王蘧常、冯振、童书业、朱东润等先生都曾教过冯先生。同时，冯其庸先生又拜钱仲联先生为师。这些恩师影响了冯老的一生，包括为人与治学。冯老今天回忆起自己的诸位老师仍充满着敬佩和感恩。

老师的影响与自身的刻苦，也成就了冯老在文史、诗词、红学、考古、书画诸多领域的业绩。

冯老重视文献史料，同时重视实地考察，以验证文献记载的真实性。冯老通过实地考察常常发现古人记载上的错误，予以纠正。兼顾读书与实践，从而得出真知，做真实的学问。

张公者（以下简称张）：您在无锡国专（无锡国学专修学校）读书时，唐文治、王蘧常先生都在国专教书。

冯其庸（以下简称冯）：无锡国专是这么个情况，校长是唐文治先生，唐文治先生已经年龄很大了，但他还给我们上课，我听他讲《诗经》，他是前清的进士。1945 年日本鬼子投降，无锡国专于 1946 年春节过后就恢复招生了。抗战时期迁到广西去的无锡国专本部还没有回来，先在无锡开始招生。那个时候王蘧常先生是教务长，但是他在上海无锡国专的分校，他是隔段时间来一趟无锡。下半年广西分校迁回来了，教务长是冯振先生。冯振先生是研究老子、古文字、诗词的。就在这个时候，我还专门拜了钱仲联先生为师。

张：钱先生那时在苏州。

冯：他在苏州。因为他受了汪精卫的牵累，汪精卫喜欢词，就去拜钱仲联先生为师。钱先生是一个教授，那时候，能逃得了吗？汪精卫是大汉奸，汪伪政府的头头。所以日寇投降后，钱先生受了牵累。实际上钱先生是从来不问政治的，只教书。因为汪精卫拜他为师，抗战胜利后，就算他的一个问题。所以，无锡国专复校以后就没有能请他来上课。

张：您拜钱先生是谁推荐的？

冯：当时，我有一个朋友，是钱先生的学生，诗写得极好，他叫严古津。他说我的诗写得比较好，天赋好，他觉得我不拜钱老先生太可惜了；他又对钱先生说，你不收这个学生也太可惜了。所以钱先生就答应了。

张：钱先生在诗词方面的成就很高。

冯：“江南二仲”嘛！一个是钱仲联，一个是王瑗仲王蘧常先生。当时我已拜王先生为师了。严古津说这两位老师都要拜，所以他专门请了钱仲联先生到无锡来。我就从学校出来，专门去拜钱先生，是在无锡公园的一个茶座里拜他为师的。这两位老师很了不起，我永远也忘不了，我读书也是受他们的影响。再一个我还受朱东润先生的影响，朱东润先生对我也特别好，他讲的《史记》，讲的杜甫，我都认真听。他的书法也好，他给我写了不少字，我现在都保留着。他真草隶篆写得都好，有书卷气，学术成就也非常高。还有一位对我影响较深的是童书业先生，讲秦汉史。我觉得这几位老师都非常难得。王蘧常先生讲课从来不带书的，钱仲联先生讲课也不带书。

张：听说王蘧常先生一学期就讲一篇《逍遥游》还未讲完。

冯：是。王先生最有名的著作是《诸子概论》，他专门给我们讲《庄子》。一个学期一篇《逍遥游》也没讲完，但是他给我最深的启示是读书一字一句也不能含糊。他每读一句庄子《逍遥游》的原文，就把这一句各家的注疏都背诵给你听，而且分析谁说得对，谁说得不对。最后，他综合前人的注疏，结合自己的体会，这一句应该怎么解释。他做学问都非常扎实，虽然一篇文章没讲完，但却给了我重要的启示。懂得了如何读先秦的古籍。童书业先生讲秦汉史也是不带书的。

张：都吃到肚子里了。

冯：全在脑子里，童先生凭记忆背出来，在黑板上写：《左传》，几年什么什么;《战国策》什么什么。他全都记得清清楚楚。他穿的长褂子两个口袋都装满了粉笔。说了就写,我们这边一个同学,那边一个同学,听他讲,帮他记录。后来出版的《秦汉史》就是给我们讲课的记录修改而成的。

张: 童先生也研究古文字。

冯: 童先生跟唐兰先生讨论古文字、金文,他每写一篇文章都要跟我们畅谈,"我这篇文章写得怎么怎么下功夫,我要驳倒唐兰先生。"文章很快就发表了,发表以后,唐先生就回应他的文章。他们当时都非常友好的。

张: 唐先生当时在故宫工作。

冯: 唐先生在故宫工作。童先生看到唐先生的回应文章,马上就很坦诚地讲:"哎呀!唐先生又回答我的文章了,把我的论点驳倒了,我要进一步作论证了。"他们的辩论都是很认真而和谐的,童先生每次讲这些争论,都非常高兴,把我们这些学生都带到这种认真的学术氛围里头去了。我就仔细地去读他们的文章,读他们的文章所牵涉的许多资料,越读越有兴趣。王蘧常先生、钱仲联先生、冯振先生、童书业先生、朱东润先生把我带进了学术领域。他们首先给我影响的是他们读古书、读原书,下了很大的功夫,而且思维深刻,这是给我最大的教益。读书要多思考、多了解。后来我受钱穆先生的讲演影响(钱穆后来到台湾去了),他有一次演讲说做学问要"我见其大",要看大的,不能钻牛角尖。我后来反复思考这句话,一直牢记这句话。我觉得做学问要大处着眼,而且还要小处下功夫,小的细节都不能放过。所以我后来形成了自己做学问的方法,就是读古代文献,认真地细读。我写《项羽不死于乌江考》,就把古代文献反复读了。不仅只读古代文献,还必须作实地的调查。还要重视地下发掘,实地调查是地面的调查,我们国家历史悠久,发展得慢,到解放前基本上原始地貌都保留着。我要调查项羽的古迹很多,当年秦汉的遗迹还在,我到苏北盱眙那一带去调查项羽起兵的情况,他们告诉我项羽起兵时,有一支起义部队归属项羽了,起义部队占领的那个古城,现在还在呢,我们到那个古城去,城墙很高,四周的城门口都还在,城外的护城河也都还在。项羽立楚怀王孙心为帝的地方叫盱眙,但是盱眙已经换了位置了,古盱眙不是现在的盱眙。弄明白以后,我就专门到古盱眙的遗址去做了调查。看到了当年留下来的一些遗址。又到了项羽的故里,《史记》上写"项籍者,下相人也",下相就是现在苏北的宿迁。到了宿迁,他们还请我写了"项王故里"的牌子。那里还有项王手植的梧桐，这当然是后来传说的。

总而言之，古代文献、地面调查、地下发掘三个方面结合起来，进行研究，会使你对历史事实了解得更确切，更有证据。我第一篇学术文章写的是《澄江八日记》，那是1947年夏天的事，我二十三岁，我去调查江阴人民抗清斗争的史实，清兵占领江阴，死了三王十八将，江阴全城的老百姓只剩下八十几人，其余的全都战死或不屈而死了，其中一部分是被清兵屠城屠杀的，一部分是不做亡国奴自杀的。有一个大的四眼井，这井圆周很大，上面一个大石板，开四个井口。据记载，老百姓不愿做亡国奴，死不投降，都挤到四眼井里去自杀，到后来井都满满的了，还有人将脑袋硬挤进去淹死。这个"四眼井"我去时还在。还有玉带河、明伦堂、花山，这些地方我全部调查过了。所以回来后即写了这篇文章，发表在当年的《大锡报》上。

张：除去对古人的记载验证之外，经过实地考察之后，会不会又产生了与古人不同的观点？或发展，或纠正。

冯：那是必然的。因为有时实地调查以后会增加新的理解，或者别的方面的启发。

项羽没有死于乌江。《史记》里明确记载："五年卒亡其国，身死东城，尚不觉寤而不自责，过矣。"东城在现在安徽省定远县境内，离乌江二百四十华里。司马迁明明白白地讲"身死东城"了，那还怎么能到乌江呢？现在有的人牵强附会地解释说乌江就属东城，所以说死在乌江就是"身死东城"。这完全不符合事实。看秦汉地图，东城、乌江中间还夹着一个全椒县，隔开一个县呢！结合历史地理认真调查以后，对历史真相就会明白了。

玄奘取经之路也是我要搞清楚的问题，他从哪个地方出去，从哪个地方回的祖国，他回来的那个山口我也调查清楚了。也是根据古代文献，因为唐代文献记载着玄奘是从瓦罕地区回到中国的。我到帕米尔高原，第一次到了红其拉甫，四千九百米高的高原，崇山峻岭，没有找到什么证据。我还不死心，第二次，我再去帕米尔高原，我要到明铁盖达坂，部队还不让我去，说那里已是边界，道路很险，很危险。我说"你们南疆司令亲自批准让我去的，我一定要去"。后来他们就送我去了，部队前线接近边境了，对面是克什米尔，印度与巴基斯坦争议的地方，以喀喇昆仑山为界，这一边是我们。我先是到部队的宿营地，我出来看看周边环境。意外地看见路边插了一块牌子"瓦罕"，箭头指向远处的喀喇昆仑山口。我一看"瓦罕"高兴得不得了。因为这个古代的地名没有变。古代文献就是说玄奘是从瓦罕地区回来的。

张： 当时是什么原因促发您对玄奘取经路线进行研究的？

冯： 我从小就崇拜玄奘刻苦治学、追求真理的精神。玄奘那种一辈子吃苦，从来没有向困难低头的精神也影响着我。他在佛学方面的贡献真是无出其右。我觉得这种做学问，这种做人太值得人崇拜了。他一辈子追求真理，求真求实，一辈子奉献，自己从来没有什么享受，这种精神是崇高的，永远值得人们学习的。后来到了无锡国专，读了不少书后，就更加崇拜他那种做学问的精神和他的道德力量了。

张： 之前没有人去做过实地调查？

冯： 以前也有人研究过，但他们大都是从文献研究，实地调查的较少。我是一直坚持要读文献后再去实地调查，这样才能弄明白。我从长安（西安）出发，一路调查过去，先后十次，很多文献记载不是很确切的东西都弄明白了。找到瓦罕我就高兴得不得了，因为唐代文献上记载玄奘是从瓦罕回来的。我看到那箭头方向是指向瓦罕。

张： 是现在做的牌子？

冯： 牌子是现在的。因为还有高山牧民要来回走，部队也在边境驻扎，要有个指路牌。我告诉那个部队的政委："我就是要找这个瓦罕通道。"他就说："那我就陪你去。"我们就坐着部队的车，他就指挥着一路上去。到了那个山口，边境的战士告诉我，这是唐僧取经回来的地方，是世世代代的高山牧民流传下来的。然后，一查玄奘《大唐西域记》记载的、一路上遇到的、一个波斯商队遇上暴风雪冻死埋葬的地方——波斯人墓。还有传说中的藏宝洞，还有玄奘记载到的公主堡。藏宝洞只是传说，不可能找到，但这个传说却在当地流传至今。所以这些实地的证明使得古代文献活起来了。在4700公尺的高山上，平时只有牧民来住，所以这些东西都还在。

张： 与古代文献记载的一致。

冯： 是的，完全一致。

张： 实地考查时有没有文献上的记载与实地不一致的？

冯： 也有。我给你举一个例子。唐诗里头有一个《香积寺》，王维的诗，

"不知香积寺，数里入云峰"。我 1964 年在长安县搞"四清"的时候，就问清了路线取道到香积寺去。当时身体很好，我爬上高原，一直往香积寺走，跑到香积寺，香积寺遗址都还在。现在寺也在，只是范围缩小了。我一看尽是高原没有山峰，我想古代的香积寺地址没有变，地理位置也没有变，山也不可能移动。但是现在是一望无际的大高原，估计那个时候树木一定比较多，现在的香积寺前还有一棵大树，唐诗说"数里入云峰"，其实这山峰还离得很远呢！所以，最终要理解古诗的意境，还是要亲自去了解。在诗里，不是说古人说假话，是形容，形容它与远处的深山。那么，你不去看，光从字面上去理解，还以为香积寺在深山里头，其实并不在深山里，离深山还有很长一段路。

我觉得读古书跟这种实地考查的感受都太重要了。1964 年搞"四清"运动，我在终南山底下，终南山很高，我在西边，早晨起来看不到阳光。因为终南山很高，把太阳挡住了，终南山西边要比终南山东边晚亮两个小时，至少有一个小时。所以，我就想到了杜甫诗《望岳》，"岱宗夫如何？齐鲁青未了。造化钟神秀，阴阳割昏晓。"我住在终南山西边以后才明白，这个"割"字，从音韵上来讲与隔开的"隔"一个音，实际上是"阴阳隔昏晓"，隔开，把"昏"和"晓"隔成两半，那边已是晓了，这边还是昏。如果是切割的"割"，它的意义就讲得不准确了。终南山把整个天地分隔成这面是阳面，那面是阴面。所以要理解古书，实地的体会、调查也是非常有意义的。我喜欢考证，什么问题都要找证据，到现在还是。这几十年我找出来了曹雪芹家世的许多史料。不考证不调查，没有史证，不放心啊！《澄江八日记》那篇文章是 1947 年 10 月 23 日发表在《大锡报》上的。那时才二十多岁，到现在八十六岁了，我写文章还是离不开文献的阅读和实地的调查。

张：在实地考查的过程中，可以对古代文献进行检验，史书上的记录是不是正确的，吻合了就证明古人是对的，不吻合也可以疏证出来。

您的每一位老师都有自己的专长，那么您认为他们个人独特的地方在哪里？

冯：王蘧常先生当然主要是先秦诸子，他熟悉先秦诸子，而且记忆力强。有一次去看望他，告诉他我去调查项羽本纪，我说项羽实际上死在东城的，没到乌江，死时只剩一十八骑。他说"你错了，是二十八骑"。还说

"你不相信，可以从书架上拿出书来查"，那年他已经九十岁了。我说不用查了，我明白了，我是把《三国演义》里的华容道一十八骑误记到《项羽本纪》里来了。你想，王老先生的记忆力有多惊人，对古书熟到这个地步。王老先生看问题精辟啊！这给我一个深深的教训，对古书要认真地读，反复读，要记在脑子里。凡是记住了的、能背诵的、忘不了的才是你自己的东西。你看过的，再用还要去查书，这还不完全是自己的东西。

钱仲联先生，我没有听他讲过课，因为是学校以外拜他为师的。但是他的记忆力是人所共知的，他与我谈诗文，所涉及的诗和文章，都可随口背出，而且一点不差。

张：王蘧常先生的章草有创造性。在书法史上有重要的价值。王老的章草集皇象等古人大成，但主要是从篆而来的，非完全从隶书化来，能接上古，在文字方面有自己的创造性。

冯：你讲得非常对。他对甲骨、钟鼎、古字太熟悉了，他每一个字的写法都是有根据的。王运天同志要给他编一本字典，每个字的来源要注释出处来，这是很难的事，但也是很有学术价值的事。不过，我们现在识读他的字还是可以的，但为什么他这么写？这就很难完全弄明白了，有几次我们在他那里，问他几个字，他马上就说："把书架上第几本书给我拿下来，我告诉你。"他脑子清楚极了！

张：他创造了一种新的章草字体。

冯：对。

张：可以这样讲，他的字是创造出来的，但是都有根据。

冯：我觉得他真是了不起。谢稚柳先生对他说："你的字应该叫'王草'，你不是'章'了，是章草的继承和发展，所以应该叫'王草'，你了不起！"谢老晚年那个"壮暮堂"匾是请王老写的，他们原来都是来往很多的，但一直没有请他写，谢先生说再不请他写，怕来不及了。

张：王老给您写了十八封信——《十八帖》，王羲之有《十七帖》。

冯：那是我们说的，我们跟他开玩笑。那时他九十了。"王羲之有个《十七帖》，您应该有个《十八帖》。"我们开玩笑的说话，说了几次，他也不吭声，只笑笑。他也很谦虚，从来也不说自己怎么样怎么样。后来忽然有一天，王运天告诉我，说"王先生给你写了《十八帖》了"，哎呀！我很高兴。他隔一段时间写一封信，也并没有立即寄给我，留在那里，隔一段日子写一点，到了快要完成的时候，就剩一两个帖了，他就叫王运天打电话给我，说："十八帖已快写完了，老师说，要你自己来拿，不能邮寄。"我一听，高兴极了，就专门去了上海，他让我在他家吃饭，他吃得比我还要多。他叫他的女儿和我们一起吃饭，他的女儿是名医，他说"你要多照顾冯先生"，他叫学生也叫先生，可见他对学生的爱护和器重。这与钱仲联先生一样，仲联先生给我写信，常写"其庸学人"，有时写"其庸诗人"，我多次说"我是您的学生"，可他仍旧照样称呼。

张：称学生为先生？

冯：他老是说冯先生，让女儿"要多照顾冯先生"。他说："很快就给写完了，你带回去。为什么要你来呢？因为，这是我用心写的，这个专门是给你写的。"后来没两天就写完了，我去拿回来了。《十八帖》是这么被我们鼓动他写成的，就是这十八封信。只是没想到，写完后没几天他就去世了。这就成了最后的绝响了。

张：钱仲联先生对您的影响在哪些方面？

冯：钱仲联先生给我的影响，一是他读古书真熟，他讲任何诗集的一句话马上就能念出来。他的研究生告诉我"你去试试看，你叫他背《红楼梦》，连《红楼梦》都能背给你听"。我没有敢去试他，但他告诉我，他母亲嫁出来时（她是翁同龢家的），嫁妆里头就有一部《红楼梦》。他给我最大的教育就是要多读古诗。另外，写诗要不停地、不断地写。可是我每次去请教他，他都说我的诗好，这是勉励我。他写信来，从来都认真。我永远忘不了的，他得了癌症，动了手术在医院里头，开始没有告诉他是癌症，动完手术以后，被他知道了。他一听说是癌症了，他说那我还有一件大事没做，得回去做。刚动完手术你怎么能回去啊？医生不同意。后来伤口开始慢慢愈合了，他就不顾医生，让保姆拿个轮椅把自己推回家。回家干什么大家都不明白啊！有什么重要的事？他关起房门，一天一晚，写了一首七百多字的长诗送给我。他一直说要写一首诗送给我，有这个病了，他怕没有多长时间了，他一定要完成这件事，写完了这首长诗，他就算没有牵挂了。这是他的研究生告诉我的，我听了非常激动，非常感谢，我说老先生怎么能这样劳累呢？我就赶到苏州去看望他，告诉他"您不能这样不顾自己啊！"他说："这是我心里的事！写完了，我心里就舒坦啦！否则，我老记得这件事。"我说："您这是结肠癌，癌症部位切掉了，没事了，以后您会更好的。"后来愈合以后，有段时间确实挺好。他告诉我："你说的真灵，我现在比以前还好呢！"但是，一年后又发作了。我再去看他，不行了。他这首长诗称赞我，称赞得太热情了，我都没敢给别人看，我觉得老师的夸奖不能拿去给人看，怕有炫耀自己的嫌疑。前些时要出钱先生的诗集，知道有这首长诗，他们无论如何要放在他的集子里。他们说："他冒着生命危险给你写下来的，你不放进去，说不过去。另外，大家也会明白，你现在也不需要用老师的夸奖来炫耀自己，应该尊重老师，把它收到诗集里，印出来。"所以我就抄给他们了。现在这部钱老的诗文集已经出版了，收了好多首他赠送给我的诗和词。

张： 这几位老师从不同方面对您的治学产生了非常大的影响，您也形成了自己的治学方式与思想。

冯： 王先生对我读古书，钱先生对我写诗，朱东润先生对我研究《史记》、杜甫，童书业先生对我研究秦汉时期历史，影响都很深。还有吴白匋老师是我的词学导师，他送给我一本他与乔大壮合出的词集。他还指导我填词。当然，我的读书时代，已是抗战时期到解放时期了，我小学、中学都未能毕业，种了十多年地，初时全靠自学，我没有能像老师们那样刻苦地、从小就开始读古书，那样下功夫。比起他们来觉得我没有能够继承他们的学术事业，与他们比差得多，真是愧对恩师。

张： 您这是谦虚了。您对诸多学科都有研究。

冯： 因为我家里很贫困，根本就没有人读书！小时候在农村放羊，我两个哥哥都只是小学毕业，我父亲仅仅能写信。我不知道什么原因，喜欢读书，喜欢写字，喜欢画画，完全自己摸索。后来碰到这几位老师给了我最大的启示，我永远都忘不了他们。包括钱宾四先生告诉我做学问要大处着眼，这对我影响也很大。后来，我到西部去，看了那广阔的天地，胸襟更加扩大，眼界也更加扩大。

张： 几位老师在治学与为人都影响着您。

冯： 我这几位老师主要还是在做学问和做人对我的影响大。他们的学问和知识面都非常宽。王蘧常先生不仅是先秦诸子，文史哲他基本上都是贯通的。他还是一个大诗人。有的学者不一定是诗人，钱仲联先生、王蘧常先生既是学者又是诗人，朱东润先生也是诗人。我在上海读书时，教诗学的是顾佛影先生，他也称赞我的诗。还有我去拜访原无锡国专的老师陈小翠，她是当世知名的女词人。有人称她是当代的李清照。她看了我学填的词，也给我鼓励。她的哥哥是陈定山，是大画家，也接见了我。我还见到了词学大师龙榆生（沐勋）先生，他也给我极大的鼓励。我永远怀念这些前辈老师。钱先生的诗当时影响很大啊！抗战时期钱先生写了很多抗日的诗歌。所以他们给我另外一个方面的影响，就是学问不受任何约束，诗词文章都要兼通，学问的境界要扩大。

张：您出身清苦，这对您产生了什么样的影响？

冯：我是穷苦出身，穷苦对我来讲，是一个非常好的基础，人一定要吃苦，什么都要自觉地吃苦，个人吃点苦没什么了不起。另外，跟朋友交往，一定要尽力量去帮助别人。孔夫子说："为人谋而不忠乎？与朋友交而不信乎？传不习乎？"这几句话我从小就记着。哪怕是平时在地里干活劳动，别人干不了，我就去帮他。我自己读书也是这样，白天黑夜地刻苦，我觉得力气是自己身上长出来的，用完了他还会长出来，你为什么要吝啬它，拼命地使劲就行了，不刻苦不行！我自己当时就给自己一个规定，小时候每天记日记，记上今天读了几小时书，如果没有读完那就不要睡，一定要拼命地补这个课。当时读的《论语》、《孟子》、唐诗、《古诗源》、《古文观止》。后来就读得多了，一系列的书。我每天干完活以后一定要读几个小时的书。我上地里干活都带着书，每天干活，中间总有一段要休息的，一起干活的父亲、哥哥，还有邻居，休息时他们就在田埂上坐下来抽烟、聊天，我就拿出书来读，我觉得要抢时间，多读书。

张：哪些书对您的影响比较大？

冯：从写文章上来讲，《浮生六记》对我影响特别大。别人以为是《红楼梦》，我说不是，《红楼梦》是我很晚才读的。《浮生六记》的文笔太漂亮了。还有晚明小品，张岱的《西湖梦寻》、《陶庵梦忆》、《琅嬛文集》，还有史震林的《西青散记》、《西青笔记》、《华阳散稿》，晚明的小品，都给我影响很大。后来我读了《史记精华录》、《古文观止》等又给我另一方面的影响。我的文章力求清通、潇洒，就是受晚明小品的影响。小学五年级我就失学了。我很小就写诗，第一首诗是五年级失学以后写的。一个种地的小朋友，叫邓桐方，他和我交换着书读，他借的书读完后就给我读，我借了什么书读完了也给他读。有一次，他要到远处去当学徒了，那时，印象是到云南，小孩子不知道云南在什么地方，觉得是到天边去了。我就写了一首送别他的诗，五言古诗，当时都能背。后来我到高中一年级时，我的老师顾钦伯先生是诗人，我就抄给他看，他一看就称赞得不得了。我说这是我小学五年级失学后写的，不是现在写的。那时是高中一年级，已经大一点。顾老师说：哎呀！你小孩子时候就写成这样了，太不容易了。我说你能不能帮我改一下，他说一个字都不要改，他还念了两句。这两句我倒还记得，叫"簇上春蚕老，垄头麦油油"。因为送别时是五月，我们南方的农村都养蚕，整个蚕从小一直养到结茧，我都会。小伙伴走的时候是 5 月份，刚好蚕已经要结茧了，所以说"簇上春蚕老"。"垄头麦油油"，5 月的江南，地里的小麦长得油光油光的。这是一首较长的诗，（上世纪）50 年代我还能背，现在想不起来了，只记得老师称赞的这两句了。

张：您的字优雅洒脱。于书画您形成了自己的风格。

冯：书画方面，也主要是靠自学，自己领悟。我喜欢书画，最早是因唐寅的两句诗"闲来写幅丹青卖，不使人间造孽钱"。抗战时期，国民党是很腐败的，社会也是很腐败的。当时一个单纯的农村青年，看到社会上这样，心里也很反感，所以读到唐寅这两句诗，就觉得非常有味道，清高！人就应该这样清清白白的。所以，很羡慕能写字画画的。我在无锡读高中一年级，认识诸健秋老先生，无意间，他从他的学生手中看到了我画的一把扇面，他很奇怪，问是谁画的，我也刚好在那里，我的朋友说是我画的。他看了我半天，对我的朋友说："你跟我学了三年，也没有他这几笔好。"我的朋友就说："他很贫困，他的家庭很困难。"他说："不要紧，你到我那里去，看我画就行了，我不把你当徒弟看。因为拜我为师要交很多钱，要请客吃饭，这些都不要，你就来看我画，你就当我的学生，但不拜师，你看我画，看就是学"。他说"看就是学"，这句话就给我很大的启示，使我终生受用。从这个时期，我就更加喜欢画画了。在此之前，我就喜欢画画，看了诸老先生的画以后就更受影响了。无锡还有一名老画家，叫秦古柳，秦古柳画得也非常好，对我特别器重，说我本来就是画画的材料，"你应该好好画画"。我最后一次见他是"文革"以后，我去看他，他已经神经不正常了，看到我去后就号啕大哭。他说"你是我好朋友啊，你比我年轻啊，我对你期望很大啊"，然后就号啕大哭。他说"我本来应该画张画送给你，你难得回来，但是我连笔都不会拿了，我不知道笔是怎么拿的了"。神经完全紊乱了，因为"文革"中把他斗得不像样了，毁了这样一位好画家。

张：您与刘海粟先生接触，来往得比较多，您为刘老写了很多文章与诗。

冯：是的。我对刘海老很崇拜。上海有位诗人叫江辛眉，也是王蘧常先生的学生，他的诗也是了不起的，出口成章，就是他对刘海老说："您去北京一定要去看看冯其庸，这是我的好朋友，他文章写得很好。"他称赞我不得了。所以刘海老一到北京就来找我。

张：是哪一年？

冯："四人帮"刚刚垮台，1976 年还是 1978 年，他画展那一年，第一次画展。刘海老找我，他要我为他的画展写序，我也答应了，但是当时情况很复杂，"文革"的余风还在，有人拼命地排挤他，不断地给我来电话，威胁我，真的是威胁我，"你要写一篇，我们就写十篇文章来批判刘海粟"，我感到情况很不好，也不好直接告诉刘海老，当时黄镇是文化部长，他知道这个情况，就安排请了美术界的一个老前辈江丰来写这篇序。最后，展览会还是开成了。海老知道了这个内幕，他是海阔天空的，不当一回事。他跟我特别好，所以一到北京就告诉我，又写诗送给我。有一次我画了一幅画，又写了一首长诗送给他，最后两句是讲到请他画画的事。他画了一幅山水人物，托了一个人带给我，结果那个人就一直没有影子。直过了好长时间，他忽然问起我，"我给你的画收到了吗？"我说"我不知道啊"！他说他画好了，刚好那个人来，他说和你是好朋友，我就托他带给你。我问他叫什么名字，他记不住了，后来又重新画了一幅葡萄送给我了。我觉得刘海老的成就是了不起的，尤其他晚年画的黄山。而且品德也很好，我跟他多次提到过去别人整他的事情，他总是说"不要谈这些啦，过去的就过去啦"。心胸很大，从来不说人家的坏话。这件事我觉得他非常的了不起。他和我 20 年的交往，从来没说一句别人的坏话。他到德国去，德国总理要请他留住在德国，他说"我是中国人，我一定要回中国去，我到你这里来做客是可以的，要永久留下来是不可能的"，讲得多坦诚啊！那个时候谣传他不回来了，我写了一首诗，我说他肯定回来。后来他回来了，我把这诗给他看，他高兴得很。他要我写三份，一份自己留着，一份给常州刘海粟美术馆，一份给上海刘海粟美术馆。我自己也留了一份，我说"你能不能在这个上面写几句话"，他说"你那么称赞我，我再说好，就不合适了"。我就说"你不要写说我诗写得好不好，因为是写你的，你看过了就完了。你只要写'海粟经眼'"，他说"这个可以"，他就在诗后面写了"海粟经眼"。

张：您用自己的方法来研究《红楼梦》，而且是在"文革"后，早年并没有去投入过多的精力。为何有兴趣研究《红楼梦》？

冯：我开始研究《红楼梦》已经是"文革"开始以后了，自己的人生观、自己的学术道路已经奠定了。我是用自己的研究方式、做学问的方法来研究它的。我自己觉得对它的理解几十年来逐步逐步加深，到今天我自己觉得我比较了解了一点了。《红楼梦》是一部非常渊博、很深的书，要想完全了解是很难的。我觉得《红楼梦》是一部真正经天纬地的、了不起的大书，要解读这部书一定要把清代的历史康、雍、乾了解清楚，这一段思想斗争史、社会史、封建制度所造成的许多对人的不幸，各个方面都得研究明白。《红楼梦》把整个人生都写进去了，把人生跟时代、跟社会的关系写进去了。为什么他写了那么多婚姻不能自由？是因为社会，因为制度，因为人的这种思想。所以从思想的角度来讲，《红楼梦》是一部写思想斗争的书；从社会制度来讲，《红楼梦》是写封建制度腐败现象的一部书；要从人的感情关系来讲，《红楼梦》又是写人与人之间最深的感情的一部书；要从社会角度来讲，《红楼梦》把社会形形色色的、肮脏的、见不得人的东西都揭露出来，也把人生的最深刻的、最神圣的、最美好的感情写出来了。《红楼梦》综合来讲，是一个大海，把人生的各个方面都写到了最深的深度，尤其是写人生，写人的最深最纯净的感情，男女间最刻骨铭心、生生死死的感情，写得那么深刻，所以，《红楼梦》这部书，很难一下子凭个人的力量完全穷尽的。但是《红楼梦》是怎样形成的呢？是曹雪芹苦难的家世造成的。曹家经历了百年的飞黄腾达，他自己小时候经历了曹家最后的辉煌，同时也亲眼看到了自己家庭的彻底败落，自己亲戚家庭的彻底败落。那个败落的惨啊！是无法想象的。你想李煦一家败落以后，两百多口人全部放在苏州标价发卖，卖不出去的，就拿到北京放在崇文门标价发卖。再没有人买，就把他们分派给许多大臣，你家里几个，他家里几个。曹雪芹那时已经懂事了，已经不是一个很小的小孩了。所以他说，"因念当日所有之女子，一一细考校去，觉其行止见识，皆出于我之上"，为什么念念不忘这些啊？眼看着自己的亲友、同龄人、长辈，他们的青春年华都断送了，这种悲剧的命运和自己辉煌的大家庭彻底败落的结果，永远铭刻在他的心头。还有当时程朱理学与反程朱理学的斗争，妇女的命运，不合理的科举制度，社会和官场的腐败，种种现象都在他的心里激荡，所以他要用他如椽大笔把它写出来，但是又不能照实写，所以就编了假语村言。当时的斗争是非常尖锐的，《红楼梦》为什么强烈反对科举制度？反对四书五经？是当时社会上反正统思想的一种客观的反映，这个要不是曹雪芹的亲身经历是无法写得那么天衣无缝的。写贾宝玉、林黛玉的爱情写得深刻，那种刻骨铭心的爱情，是以前都没有达到的。《西厢记》写得好，那只是那个时代的产物；《牡丹亭》写得深，但还是明代的东西。曹雪芹写人的心理、思想、感情写得更加深刻，而且比以前有更深刻更先进的思想，所以我觉得《红楼梦》这部书，是要凭多年的经验去读，一定要跟社会、历史、制度、思想斗争、社会风俗结合起来读，才能完整地透彻地理解它，但它最集中的思想，是写人生，写人的命运，人的理想生活，写人的最纯洁的心灵，他是把希望寄托于未来的。

张：研究《红楼梦》有何现实意义？

冯：一个是要了解这部书表达了中华民族的文化达到了什么高度，我们写人能写到这种深度。读《红楼梦》使你的文化水平提高，使你的人生理想提高，因为《红楼梦》里把人最深、最广、最美好的人生理想描述出来，人与人之间的和谐，爱情的完美。完美的标准是文化、思想、性格、心灵的完美的和谐，是双方的整个心灵的契合。这种契合，不是有钱就可以解决的，是人的精神境界的升华、净化、超逸！宝、黛的爱情，意味着什么呢？意味着不要一切财富，不要一切门第，而要思想、要文化、要知识，要心灵的高度融合，要精神世界的高度一致。所以，《红楼梦》所描写的理想，是一个很高层次的理想，是人类两性关系的崇高的理想境界和精神境界的展望和预期。他所描写的这种婚姻理想，到今天也没有完全能够实现，因为现在这个社会，从全世界范围来看，人的感情是被金钱和权力扭曲的。《红楼梦》是一部包含深远社会理想的书，这一点我觉得大家应该好好去领会它，理解它。读《红楼梦》所能理解的深度，也标志着自己文化的深度。

访谈于 2008 年 9 月 28 日

——发表于《中国书画》2008 年第 11 期

关于中国书法和中国画的对话
——冯其庸采访录

[汪为胜]

汪为胜（美术评论家）： 大家都知道您是当代著名的红学家，也对中国传统文学诗歌和戏剧有很深的研究，今天我来采访就是想谈一谈中国书法和绘画的问题。记得前年在中国美术馆举行了书画展览，专家们的评论就是你的书法大气，有学者的风范，有很深的文学底蕴和传统文化的底蕴，能不能请您具体介绍一下您的学习书法和绘画的过程？

冯其庸（著名红学家，书画大家）： 书法和绘画都是从小就喜欢的，抗日战争爆发时我小学五年级，小时候开始很自然地就喜欢书法和绘画。我家是农民，家里都没什么文化，但我父亲字写得较好，我两个哥哥都是小学毕业，但是什么原因使我喜欢书法，喜欢画画的，我自己也想不起来了。小学五年级抗战开始，学校关门了，老师也没有了，就回家和父母一起种地、放羊，同时就写字。找一些帖，当时找的是欧阳询的《九成宫》，很普通的石印本，写了很长时间，后来老家举办农村中学，我就开始上中学了，学校有一个干事姓唐，他喜欢书法，他写王羲之的《圣教序》，我感觉他写得很像，后来我也学《圣教序》，我觉得他临得比我好，我就一直琢磨怎么才能临好，原来是平放着临，后来有人告诉我，临帖要立起来，有一种架子可以立着放帖，我就找个架子把帖立在上面，自己照着临效果就好得多，那时候《九成宫》、《圣教序》都学，之后又学《兰亭序》。后来又碰到一个姓罗的朋友，他喜欢写字，他写魏碑《张黑女》，我觉得他写得也不错，我也有《张黑女》的帖，也临摹，但我主要还是学习欧阳询，后来我把欧阳询难得见到的几个本子如《虞恭公》、《化度寺》都找到了，欧阳询的字到《化度寺》，我认为到了画境了。《九成宫》庄重典雅、大气，代表皇家的气度。《化度寺》有较深的内涵，文秀而典雅，经得起看，看起来味道完全不一样，所以后来我有一段时间学《化度寺》。古人曾经说过，学书不在多，不论几十个字还是几个字都可以领略到书家的风范，含咏他的神采。所以我有一段时间一直是琢磨《化度寺》的神韵和风味。我体会到不论是楷书或行书、草书，都必须有内涵，有风韵，让人一看再看到看不厌，这才是书法的最高境界。我当时一直把这种境界作为我永远追求的目标。行书我先学《圣教序》，后来学《兰亭序》，学《兰亭序》得到一位老先生的指点，让我先双勾，双勾以后对每个字每一笔的来龙去脉就会很清楚，这样每个字的形体在你脑子里印象就深了，双勾之后你再临帖，每一笔就知道怎么起，怎么落，互相之间的关系，这个老先生的指点很有道理。后来我学冯承素《兰亭》，通常又称神龙本，冯承素本是在王羲之的原本上勾摹的，冯承素的勾摹水平很高，与原本一丝不差，所以后世称它为"下真迹一等"，就是说比真迹只差一点点。冯承素本上还遗留数处双勾后没有填墨的地方，可以让你看到他当年勾摹的真实状况，我在这上面学了一段时间。后来到了北京，我到北京已经五十多年了，这段时间，我有一个朋友送给我一个日本影印的王羲之的《丧乱》五帖，印得非常好，我高兴得不得了，这《丧乱》五帖是唐代流传到日本的，一直在日本的皇室里秘藏，没有回到中国，所以原本没有藏家的收藏图章和题跋，只有当时日本皇室的图章，所以很多名家都没有能看到这个"真迹"（这也是唐代的勾摹本）。去年上海博物馆和日本合作，就拿回来展览了，我特地乘飞机到上海去看这个唐摹真本，真是感到非常幸运。后来上博送我一份印得非常好的影印本，我到现在还经常拿来细看，领会它的神韵。我喜欢《右军家书》，又称《万岁通天帖》，是武则天时代勾摹本，原件藏在辽宁博物馆，解放后我们也印过，也是一个珍贵的本子。学王羲之的行书，国内上海的白蕉先生写王羲之这一路的字最有成就。解放前，我在上海见过他，帮他布置书画展，他的每一幅字、画、题款，盖的章上都有一张衬纸，这些纸都是他写字写坏了，不要了的，上面都有字，多的有几十个字，我帮他把画都挂起来后，这些带字的衬纸都掉下来了，我就捡了好几十张拿来学。在光线下一照，看得出来他运笔的变化，哪一笔在先，哪一笔在后，用笔的方法在这里也可以琢磨出来。我就通过学白蕉再上升到王羲之，这样可以找到一个途径。这是我自己琢磨出来的办法。到现在为止，我仍非常喜欢白蕉的字，经常看看对自己也有启发。白蕉的文学修养也很好，书画是离不开文学的，没有文学修养不行，我的老师都是大师，如王蘧常，钱仲联都是大师，还有教诗词的朱大可、顾佛影先生，还有陈小翠是上海有名的女词人，我从他们身边受益匪浅。填词我从小就喜欢，一面琢磨词，一面琢磨古字，因为有些是用很古的古字刻的，如蒋鹿潭的《水云楼词》，通过它我认识很多古字，到现在《水云楼词》里许多名作我都能背出来。所以学书法和绘画，一定要有文学修养，没有文学修养到不了那个境界，到不了那个意境。现在书画界有一种我不能理解的事情是，以丑为美，历史上早被扬弃的东西，却拿来当经典，甚至于不像字的这种东西也拿来作为书法。这样的书法继续发展下去，将是什么样呢？我深深为此担忧。在我看来这是当前书法界的一个很大的误区。我个人认为书法上要取得真正的成就不能走那条路，那条路再走就越走越窄，越走越不像字，越不要文化，但是书法是非常高层次的文化，不要文化，不要继承精华，不下苦功，而去追求怪异，追求捷径，书法是没有捷径的，屈原说："惟捷径以窘步。"走捷径再后是走不通的。

汪：冯老，我们写书法当然是写汉字，既然写中国书法，就要尊重传统文化，吸收它的精华。人们还常说，书画同源，您写书法也绘画，您认为您的绘画是不是和书法有关系？

冯：你说的这些意见我都非常赞成，说到书画同源，我对此没有研究，只好说一些我个人的理解，是否正确，我不敢自是，只能供参考。说书画同源，我理解不是字可以变成画，画可以变成字，不是这个意思。而是书画共同来源于我们的传统文化，这是最根本的。画画当然用笔画，和书法用笔，笔法有很多是可以相互渗透的。书法功底好，你画画当然就不一样了。书法完全不行，画画就相当吃力。书画同源是从根本来讲同一文化传统，都是使用毛笔来画画和写字。根本上来讲，书法好了，画画就不一样了。真正书画学上的同源是指同一个文化传统基因，而不是字可以变成画，画可以变成字。中国的书和画都是中国特有的，当然日本也有书法和绘画，但日本的书法和绘画，也是从中国传过去而后加变化创造的，其他国家我没有听说有书法，有的也是写中国字的书法，而不是外国字的书法，所以书法确实是我们独特的文化，是中国独有的，因此我们要珍惜它，要懂得中国书法几千年来的演变过程，演变过程也是扬弃过程。历史上留下来的当然都是精华，当时不被人们认可的也都淘汰了。古代有代表性的书法家，如东晋的王羲之，如唐代的颜、柳、欧、虞都是书法的经典。照现在流行的观点和书风，那这些就不用学了，我认为这是很大的误解，对书法的发展是不利的。有人主张学地下出土的新东西。当然地下出土的也有书法好的，因为当时有"书吏"，专门抄书的，抄的时间长了，当然书法也写得非常好。最近长沙出现了一大批东晋王羲之时代的竹简，这样与王羲之同时代的书法的风貌看得更多了，也就不会怀疑《兰亭序》是假的了，但是按照书画美学的标准来看，仍不能把王羲之放在次要的，把另外出来的定位最好的，不能这样。因此我们现在要继承传统，要继承传统的精英，不是要继承被传统淘汰的东西。不管唐代的也好，宋代的也好，长沙出来的也好，还是最近吐鲁番出来的一批，其中当然也有极好的，但总体来说，毕竟不能把它来取代传统，地下出来的我们当然要珍惜，好的书法当然也可以学习，（如马王堆出土的帛书）但它更重大的意义是它的文化历史价值，不能忘记了这一点。所以我们要加强对它的研究。所以我觉得书画要走正道，首先要提倡学文化，书家首先要重视中国的传统文化。

汪：通常说诗书画，是不是说一件好的作品，要诗、书、画都好？

冯：这要分开来说，历史上传下来的一批优秀作品，有些是诗书画三绝，但有一些也不是三者都绝。有些就是画好，因为在画上题诗是后来的事，开始并不要求在画上题诗，到后来就重视在画上题诗或题跋了。但作为一位优秀的画家，最好这三方面都有修养，像我们接触过的老一代的画家，如齐白石、吴湖帆、张大千、溥心畬、陈小翠、谢稚柳、白蕉、刘海粟、唐云等等，都是诗书画三者全能的。所以有志于继承传统和创新的中国画家，应该重视这方面的修养。

汪：人们都知道您不但善书、善诗而且善画，作画不仅是山水而且还有花卉，还有有些充满了现代感的绘画，能否请您介绍一下这方面的情况。

冯：我从小就喜欢诗词和古典文学，二十岁左右，我就在无锡的《大锡报》上发表诗词和散文了，我同时还喜欢书法，前面已经说过。当时我还喜欢画画，理想是当一名画家，但是我家境贫寒，1945 年抗战胜利后考取了苏州美专，也无力上学，只好跟着无锡的一位名画家诸健秋先生学，诸老是山水名家，又是诗人，我的高中老师涨潮象先生又是有名的大词人，别号"雪巅词客",是他逼着我写了第一首诗,结果大受他和诸先生的称赞,说我:"清快,有诗才。"这是对我的极大鼓励,后来我又拜了王蘧常,钱仲联两位大诗人为师,他们当时也名满天下,称"江南二仲",所以我的学诗书画,就是在这样自然的条件下同时学起来的,但因为没有条件,当时主要是学书和诗,画是到了北京,直到离休后才重新拾起画笔,近几年来我一直在用功学宋元山水,我学了很长一段时间龚半千,学龚半千,是想了解他为何学习古人的,从中得到启示,不是死学龚半千。现在我一直在学习元和宋。我的重彩山水是我多次去西部到昆仑山、祁连山看到了西部雄伟奇特的山水和强烈的色彩而创作的,没有任何依傍,完全是根据大自然而创作的。色彩上略有夸张。这是出于视觉的需要。但大自然也有非常强烈的色彩,不过要到一定季节才能看到,不是任何时候都能看到的。下一步我准备研究元代怎么继承宋代的,我从底下往上走,一直到范宽、关仝、董源、巨然,范宽、关仝、巨然,我已经临过了,但是直接临的没有从底下一步步往上走,理解得更深入。书法小楷我学文征明,因为他离我们比较近,可以看到他的真迹,影印的本子也都笔笔清晰。画画也是这样,从近到远,一步步往上走,当你完全掌握了古人的各种表现技法和他们的构图、意境后,你再结合大自然去作创作就大不一样了。我到了新疆看了那么多大山大水,气势那么雄伟,色彩那么斑斓,在古画中找不出来,传统中是没有的。传统的山水还是江南和西北部(陕西一带)比较多,到了大西部就完全不一样了,就逼着你去创新。我的这些色彩强烈的西部山水,就是这样被自然逼出来的。

汪: 你这些浓烈的颜色是国画颜料吗?是真实刻画自然,还是自然看过以后的感受呢?

冯: 是通过感觉来画的,但是基本没有离开真实,比真实夸张了一些,这是艺术的需要。但祁连山漂亮得不得了,我们到了三千米以上,大家都不想走了。越往上走越漂亮,金塔寺的悬崖都是红色的,悬崖前还有一大排白桦树,白的皮,金黄色的叶子简直就像油画。远近山峰上都是白云,树叶是黄的、鲜红的、碧绿的相间,山坡上的草是绿色的,灌木丛是红叶、黄叶相间的,在灿烂的阳光下,色彩强烈极了。回来以后,回忆了这些景色就画了这些画。取他的颜色,取他整个外景,有些地方色彩有些夸张。画新疆玄奘取经之路那幅画的色彩也有些夸张,但山的形体没有夸张,奇特的结构是来自自然，我用强烈的色彩来画西部的山水，也是一种尝试，也是对自然的真实写照，而绝不是凭空杜撰。只有身临其境，而且是要在最好的季节，你就会感到大自然无比丰富的色彩。

汪：那么您对这个尝试满意吗？

冯：我非常喜欢，别的朋友看到了比较称赞。后来一位美国的专家，看了我的展览会，他就奇怪地问是中国的颜色吗？我说一点没有外国的，全是中国自己的颜色，他是赞叹不已，他说中国画也有这么漂亮的颜色。他认为我们的画就只有水墨。这一下改变了他的看法。

汪：在中国美术馆展览，有很多理论家都说您书法很大气，很有内涵，诗书画融为一体，把中国传统文化发挥到了极致，那今后你还有什么打算呢？

冯：理论家的评论是一种鼓励，我还没有学好，今后我还是觉得要好好学，先要临摹，临摹是一种重要的学习方法，临摹中也必然会有创造。我临的不少，有一个十四米的长卷，现在已经裱好了，还有一幅四米宽，一米四高的大画，是临宋人的巨幅，但我也作了结构上的调整，这是用一张乾隆以前的旧纸画的。上海博物馆的专家给我裱的。我是想通过临摹来探索宋元画法，我现在想探索王蒙、黄公望和方从义，从他们的画探索元代到宋代。这些对我来说是一个学习和研究的过程。越学越能丰富自己，越能理解古人，学习也就是继承，而继承也就是创新的基础。不继承完全靠自己创造是不可能的，那是倒退。风格要由你自己的修养逐步来形成，风格是自然而形成的，你自己的美学修养，文化修养，爱好，喜欢什么不喜欢什么，这些融合在一起，变成你自己的文化修养，自己的气质，自己的个性，这样你的风格就自然逐步形成了。风格不是做出来的，千万不要想做自己的风格。布封说："风格就是人。"这话是很对的，所以你先要做一个有学养、有品格的人，然后才是有风格的画家。

——发表于《中国画坛》2009 年 1 月 11 期

『文字归巢』是国家的一项伟大创举

——专访中国文字博物馆馆长冯其庸

[张 悦]

　　"成立中国文字博物馆是一项伟大创举。"中国文字博物馆馆长冯其庸向本报记者表示。11 月 6 日，中国文字博物馆在甲骨文的故乡河南安阳正式开馆。中华文明源远流长、浩如烟海的历史，通过文字的记录和梳理，其发展轨迹变得脉络清晰、有章可循。中国文字博物馆以出土的文字文物为支撑，向世人全面展示汉字的起源、发展和演变历程，并呈现我国多民族文字大家庭盛况。本报记者近日专访了冯其庸先生。

今天充分认识到"文字"的意义

　　记者：您强调中国文字博物馆的成立是一项伟大创举，它的意义和价值何在？

　　冯其庸：作为历史文明传承的载体和见证，数千年来，中国文字始终以其强烈的民族凝聚力和绵延不断的历史，印证着中华民族前进的足迹，展现着中华民族的卓越智慧和伟大创新精神，对促进中华民族文化和世界文明的发展作出了不可磨灭的贡献。因此，每一位中华儿女都应该了解中国文字起源、发展、演进的历程。而中国文字博物馆恰恰给世人提供了这样一个场所，它作为一座全面反映、集中展示和专题研究中国各民族文字历史的国家级博物馆，将荟萃历代中国文字的文物和样本精华，诠释中国文字的构形特征和演化历程，反映中华文明与中国语言文字的研究成果，展示中华民族的灿烂文化和辉煌文明。中国文字博物馆的建设，不仅填补了我国语言文字类博物馆建设史的空白，也将对我国的历史、文字、文化、文明的传承、保护、研究和发扬产生重大而深远的影响。

记者：从对文物的重视到对文字的重视，是否说明人们对于文化、文明的认识更加深入？

冯其庸：文字，大家太熟悉了，熟悉得都有些熟视无睹。仔细想来，文字应称得上是"宝中之宝"。中国历史源远流长，中华文化博大精深，有多少出土文物都是宝，但我说只有我们天天写、天天用的文字是"宝中之宝"，因为没有文字，我们的历史便成为空白，一件出土文物，它的上面有无铭文，其价值就相差很大，因为只有有了铭文，才能弄清楚这件文物所蕴含的历史背景和相关的事实。所以说没有文字就没有历史、文明、文化的传承与发扬。值得高兴的是，今天我们将"文字"的意义认识到了，并充分重视，建立了这样大的一个博物馆将中国文字归巢，这是国家的创举，是河南省的创举，是安阳市人民的创举，更是我国文化建设进程中的一个重要步骤。

甲骨文前已有文字产生

记者：汉字是中国文字大家庭的主要成员，汉字的源头究竟在哪里？您对甲骨文的发现如何看？

冯其庸：文字是由符号转化来的，人类进步到一定的程度，懂得需要用文字来记录，这是思维的进步、智慧的结晶，而这个过程是无比漫长的，这是文字成长的"婴儿期"。文字真正的起源仍需借助考古发掘来揭开面纱。在河南安阳，我们发现了三千多年前的殷商遗址，在殷墟出土的文物中发现的甲骨文单字约四千五百个，能够释读的约一千五百字。在甲骨文之前，中国文字还有一个漫长的发育过程。我们知道甲骨文还不是最原始的文字，文字发展到甲骨文的时候已经相当丰富和成熟了。我并非文字专家，只是一个外行人，但按照我的推测，殷商之前，也就是夏，应该就有文字产生了，而且是与商代文字相衔接的，我想在现今发现的甲骨文中就应有一部分夏代的文字在其中，因为我们不能想象，一到商朝，突然间冒出来大批相当成熟并且以之纪事的文字来，难道它不需要有一个发展过程吗？但在甲骨文里是否含有夏代的文字我并没有什么证据，只是推测，这就要靠现在的许多文字学专家做进一步的研究和发掘。还有山东莒县发现的陶器上的原始文字，四川大溪口发现的原始陶文，以前我都去考察过。河姆渡发现了骨刻和陶刻的图画，而且画得已经很细致了，比如在一块骨头上刻画了形如凤凰的鸟，还有看到如野猪一样的陶刻图画。更令人惊奇的是：在一片陶片上画着一个类似的花盆，其中有一棵叶片对称的万年青，这说明当时的思维已经能够将客观的东西摹写下来了，而且已经懂得对称的美，我理解这些就是文字的前奏。从形象的图画到抽象的文字，是人类思维的一个很大的飞跃。

文字简与繁的相互调节体现人类的进步

记者： 文字起源阶段的文明脉动其实也触及着人类社会的进步。馆藏文物中的甲骨文、金文、简牍和帛书，展示出中国文字在推动人类社会进步中的重要作用。

冯其庸： 甲骨文已经有比较复杂的结构了，因为甲骨文也发展了很长的时间，除甲骨文外，刻在青铜器上的商周金文同样重要。金文从商朝开始，至西周达于极盛，共经历了一千二百多年历史。殷商文字至西周演化为大篆，奠定了方块字的基础，也使汉字的发展到达繁复的极点，这证明了人类的思维越来越精密了，一点点的区别都能够在文字上表现出来。所以我一直认为，中国古老文字呈现出的繁复程度绝对不是我们的祖先随意而为就写出来的，而是他们精密思维的反映。后因为在使用方面的简便，又由大篆到小篆。社会也从战国各诸侯国"车途异轨，律令异法，言语异声，文字异形"进入到秦朝大一统和书同文的时期，李斯奉诏"罢其不与秦文合者"创制小篆。小篆大多是从大篆中的一部分结构演化而来，可见由繁到简，更是体现了人类思维的进步，既照顾到长久使用过程中的习惯，不完全破坏原有字体的形象，又使文字的书写和使用的过程大大简便了。很快，由于书写的不便，小篆渐渐"隶化"，一种新的字体——隶书出现了，所以秦代也成为古今汉字的分水岭，从此以后，汉字又发展出楷书（正书）、行书、草书等，但其形态都是渊源有自的。另外，近当代将楷体又简化了一步，就是简化字。我们可以从几千年传承中简与繁的相互调节统一中看到汉字演进的脉络和线索。

记者： 简化字之于中国文字的发展您如何看？

冯其庸： 应该注意到简化字是古代就有的，您所问的当然不是指古代的简化字，而是指现代的简化字。对于现代的简化字，我个人认为和中国传统文字有若干脱节，它的特点是向西方的拼音文字发展，重在声音。如果真正要实行汉字拼音化，如西方的文字一样，这就意味着要废弃汉字，完全改用西方式的拼音文字，这是否行得通，汉字是否会中断，这是值得深思的问题。我认为简化汉字，和向西方的拼音文字转化，这是两个不同的问题，前者是历史上有过的，后者却是中国传统文字根本性的改变，这就涉及中国传统文化、历史的继续和传承的极端重大的问题，这就值得慎重深思了，简化字和它的发展方向的问题，我想这在以后的文字学术界还是会有所讨论的，我未研究过简化字问题，不敢妄论。中华汉字是中华民族悠久历史文化的载体和精神纽带，五千年来，这条纽带始终绵延不断，虽然有变但却不断，一直绵延至今，这都是依靠文字的记录，没有文字我们什么也不知道，历史就是一片空白，这就再度提到了文字的重要性，中国文字博物馆建立的重要性。

汉字为促进多民族团结功不可没

记者： 中国文字博物馆还专门设有"民族文字大家庭展厅"，不仅展示了如藏文、蒙古文、维吾尔文等在中国社会中使用较为广泛的兄弟民族的文字，也展示了一些虽然在中国文字史上使用的时间不算太长，但是对于解读一些兄弟民族的典籍，了解和发掘兄弟民族文化历史十分重要的文字，这是如何考虑的？

冯其庸： 我认为中国文字博物馆将兄弟民族文字和汉字一视同仁、平等对待，弘扬了中华民族多元一体的包容性。我们说文字是历史文明传承的载体和见证。中国有很多兄弟民族早期的文字已经失落了，我认为现在当务之急是要把一些最原始的文字、一些曾经出现但今天已无法解读，已经成为死去的文字，包括发现出来的早期的文字都好好保护起来，因为我们今天有一批著名的专家能识读和研究甲骨、金文，还有一批专家能识读和研究中古时期西部地区的文字，他们已作出了卓越的贡献，这就为我们研究远古、中古时期的历史文化创造了条件也为后人对远古、中古时期历史的再认识铺平了道路。所以我们要格外珍惜这些古代的文字。

记者： 在中国文字史上，汉字和一些少数民族文字之间产生过不同程度的影响。

冯其庸： 的确，有一些兄弟民族的文字是根据汉字创制而成的。应当说，汉字和一些兄弟民族文字之间的相互影响和借鉴，体现了民族文化的交流和融合。经过历史的选择，汉字逐渐成为具有强大民族凝聚力的符号系统，维系着中国各民族之间的团结和睦。有了统一的文字，不同地域、不同生活习俗的人民就能够通过共同的文字和语言来沟通思想、交流情感。我十余次去新疆，多次到维族老乡家里去，他们大多可以看懂汉字，并能听懂汉语，有的也会说一口流利的标准汉语，我们交流起来没有什么障碍。56 个兄弟民族能够成为一个和谐大家庭，应该说汉字的功劳是无可估量的。

再造善本　与文字结缘

记者： 中国文字博物馆入藏了一套现已出版的《中华再造善本》，作为这项工程编纂出版委员会委员之一，您认为"再造"的意义何在？

冯其庸： 我们好多珍贵的文献典籍由于年代久远，许多已经失传，有的是珍贵的孤本，不能借读，我读书的时候，宋元孤本就不能借读。所以长期以来，古籍保护与利用的矛盾十分突出，为了适应社会发展的需要，使古籍得到充分利用，2002 年起开始实施中华再造善本工程，从现存国内图书馆、博物馆、大学图书馆、私人收藏的古籍善本中精选珍贵版本，用现代和传统的相结合的仿真影印技术，使得稀有、珍贵的古籍善本"化身千百"，实现了"继绝存真，传本扬学"的目的，以往看不到的宋元孤本，现在可以看到了，这对于弘扬传统文化，促进学术繁荣有很大作用。现在第一期工程已经结束，效果很好，第二期工程已经开始启动了。

记者： 您曾谈到过您年轻时就与文字结缘，经历纷飞的战火和大时代的变迁，如今在八十七岁高龄任中国文字博物馆首任馆长，定有一番感触？

冯其庸： 我很小就喜欢古文字，在无锡国专读书时，有一门"说文解字"的课程我的成绩最好，对古文字的研究也最有兴趣。1947 年我参加党的地下活动，1948 年大学毕业后在小学里教书，1949 年 4 月 22 日我迎接解放军过江后，第二天就报到入伍，参加解放军，从此就再也没有机会学古文字了。1954 年调到中国人民大学教书，教大一国文和文学史的课程，那时运动一个接连一个，我的课程又特别重，这样对古文字的学习也没有时间继续下去了，但是只要碰到与古文字相关的事情，我仍然特别有兴趣，比如我们家乡"文革"期间发现有铭文的五件青铜器，铭文都较长，其中一件是很大的铜鉴，唐兰先生还与我一起琢磨过铜鉴上的铭文，后来差一点被毁掉，经过努力，我把它运到了北京，不少古文字专家对它做了研究，把它定名为"郏陵君鉴"。我把它无偿地交给了南京博物院。中国人民大学建立国学院的时候，我八十三岁，那时还参与了许多课程设置、专家聘请的具体工作。此次聘我为中国文字博物馆的首任馆长，我倍感荣幸的同时也深感责任重大。我年事已高，学识有限，但我相信有党的领导（从中央到省市），有各位学术造诣精深、治学风范严谨的知名专家作顾问，还有许多社会著名人士的支持，中国文字博物馆会越办越好的。我将竭尽所能、全力以赴，为中国文字、文化、文明的传承发展作出自己的微薄贡献。

——发表于《中国艺术报》2009 年 11 月 24 日

『请关注《道德经》』

——冯其庸先生如是说

[杨君]

1月10日下午，在北京市通州区一所黑瓦白墙的别致小院——"瓜饭楼"中，我们拜访了八十多岁高龄的冯其庸先生。当听说今年4月22至27日将在西安和香港举行国际道德经论坛时，老人非常高兴。他表示，道家、道教以及《道德经》对中国的影响极其深远，但长期以来，获得的关注与研究相对较少。"你们做的这个工作很有意义，希望可以通过论坛，带动对道家与《道德经》的关注和重新评价。"

冯老认为，道家、道教以及《道德经》是在我们本土产生、发展起来的思想宝库，现在的重要问题是怎样挖掘其中的闪光点，古为今用。他说，"我觉得应该特别重视《道德经》中的辩证思想，很多问题它都不止看一面，而是观察其变化。这种变化不是细微的变化，而是带有根本性的变化。从弱可以变强，从大也可以变小。《史记·项羽本纪》中，韩信对刘邦所说'其强易弱'，还有我们熟知的'塞翁失马，焉知非福'，与《道德经》五十八章'祸兮福之所倚，福兮祸之所伏'的思想是一致的。事物的转化应该是'道'中最重要的一点，我们的哲学思想这么早就看到事物间的联系与转化，而且还讲得这么圆通，是非常难得的。我觉得这种哲学思想太重要了，体现出社会、人生的规律，应该更好地加以认知。"冯老又指出，秦灭汉兴、隋灭唐兴，统治者都是通过老子清静无为、无为而治的思想来治理国家、休养生息。现代社会面临人心浮躁的问题，就可以从《道德经》中吸取思想养分，加以纠正。《道德经》中顺其自然的思想也很重要，对自然界无休止的攫取，会带来自然对人类的惩罚。现在所提倡的环保，其实与老子的思想是一致的。

得知即将举行的国际道德经论坛的主题是"和谐世界，以道相通"时，冯老表现出浓厚的兴趣。他说，我们的治国理念从斗争哲学转到提倡和谐、包容、开放，是巨大的转变，也是巨大的进步，"讲和谐世界太重要了"。冯老特别指出："'道'的特点是通。但这种'通'，除了相互间的沟通，还需要约束自己、还需要有自律的意识，这样才能实现和平、和谐的世界。"

冯老还饶有兴致地谈起弘扬传统文化与吸收外来文化的关系。他说，我们首先应该鼓励弘扬传统文化。中国人几千年来都用自己的思想管理自己，治理自己的国家，难道到了今天就都一无是处了吗？外国优秀的思想当然要学，但要与中国的实际相结合。"结合"两个字太重要了，不结合就是教条，结合得好就是两个主体取长补短，不丢失自己。'中国的佛教就是中国文化与外来文化相结合的很好例子。我们的国家到了今天，经济发展的同时，确实应该恢弘我们自己的文化，用我们原有的思想结合外来的先进思想，来治理我们自己的国家。现在经济发展了，应该更多地开始考虑文化复兴的大问题，经济的复兴应该伴随着文化的复兴。冯老说："在现今的社会背景下，对《道德经》等中华文化精髓进行重新发掘和阐扬，既是弘扬传统文化，也是寻求传统文化与外来文化相结合的途径，这是一件非常有意义的工作。请大家都来关注《道德经》。"

冯老欣然为国际道德经论坛题词："《老子》一书是我国早期的哲学经典著作，其中蕴蓄着丰富的思想内涵，我们应该认真研究它，使它在我们构建社会主义和谐社会中起积极作用。"

2007 年 1 月

编后记

2007 年,《诸人笔下的王世襄》(出版社更名为《奇人王世襄》)出版,友人倡议续编《诸人笔下的冯其庸》,得到冯老师友的响应,因开始着手搜集相关资料,至今日得以结稿。十数年来,始终得到宽堂冯其庸先生的无私帮助,今次编辑《师友笔下的冯其庸》,以申谢意。

李希凡先生欣然为本书撰写序言"相知五十年"一文。周退密先生为本书题写了书签。

谢辰生、冯其庸、刘宗汉、郭延奎、任晓辉、谭瀚冰、付冬全等师友也为本书的出版提供了帮助。峪良世讲从始至终参与了编选工作,金燕编辑倾注了大量的精力。在此一并表示感谢。

本书截稿于 2011 年 12 月。

2011 年 5 月李经国记于观雪斋

图书在版编目（CIP）数据

师友笔下的冯其庸／李经国主编．—北京：文化
艺术出版社，2012. 2
ISBN 978 - 7 - 5039 - 5327 - 9

Ⅰ.①师…　Ⅱ.①李…　Ⅲ.①冯其庸 – 生平事迹
Ⅳ.①K825. 6

中国版本图书馆 CIP 数据核字（2012）第 005940

师友笔下的冯其庸

主　　编　李经国
责任编辑　金　燕
责任校对　方玉菊
装帧设计　李　鹏
封面设计　冯其庸　高海英
出版发行　文化艺术出版社
地　　址　北京市东城区东四八条 52 号　100700
网　　址　www.whyscbs.com
电子邮箱　whysbooks@263. net
电　　话　（010）84057666（总编室）84057667（办公室）
　　　　　（010）84057691—84057699（发行部）
传　　真　（010）84057660（总编室）84057670（办公室）
　　　　　（010）84057690（发行部）
经　　销　新华书店
印　　刷　国英印务有限公司
版　　次　2012 年 4 月第 1 版
　　　　　2012 年 4 月第 1 次印刷
开　　本　787 × 1092 毫米　1/16
印　　张　25. 25
字　　数　396 千字
书　　号　ISBN 978 - 7 - 5039 - 5327 - 9
定　　价　58. 00 元